RENÉ DESCARTES

Regulae ad directionem ingenii
Cogitationes privatae

Lateinisch – Deutsch

Übersetzt und herausgegeben von
CHRISTIAN WOHLERS

FELIX MEINER VERLAG
HAMBURG

PHILOSOPHISCHE BIBLIOTHEK BAND 613

Bibliographische Information der Deutschen Nationalbibliothek

Die Deutsche Nationalbibliothek verzeichnet diese Publikation in der Deutschen Nationalbibliographie; detaillierte bibliographische Daten sind im Internet über ‹http://dnb.d-nb.de› abrufbar.
ISBN 978-3-7873-1981-7

www.meiner.de

 Satz: Tanovski & Partners, Leipzig. Druck: Strauss, Mörlenbach. Bindung: Litges & Dopf, Heppenheim. Werkdruckpapier: alterungsbeständig nach ANSI-Norm resp. DIN-ISO 9706, hergestellt aus 100% chlorfrei gebleichtem Zellstoff. Printed in Germany.

INHALT

RENÉ DESCARTES

REGELN ZUR AUSRICHTUNG DER GEISTESKRAFT

PRIVATE GEDANKEN

EINLEITUNG

A. Vorbemerkung: Zur vorliegenden Ausgabe

Die vorliegende Ausgabe enthält zwei Texte Descartes' aus der Zeit zwischen 1619 und 1628: die *Regulae ad directionem ingenii* und die *Cogitationes privatae*. Letztere erscheinen hier zum ersten Mal in deutscher Sprache und in vollständiger Übersetzung. Vollständig: Das heißt freilich nur, daß die durch eine Abschrift von Leibniz überlieferten Ausschnitte aus dem zugrundeliegenden Text Descartes' nicht erneut in einer Auswahl gebracht werden, sondern ungekürzt so, wie Leibniz sie angefertigt, bzw. Foucher de Careil, der erste Herausgeber dieser Abschrift, sie veröffentlicht hat. Der Titel *Cogitationes privatae* stammt höchstwahrscheinlich nicht von Descartes; er ist ein Arbeitstitel entweder von Leibniz oder Foucher. Der Textfundus, von dem Teile bei Leibniz unter diesem Namen überliefert sind, besteht aus verschiedenen Teilen, die allesamt aus dem Notizbuch Descartes' stammen, das er am 1. Januar 1619 begonnen hatte. Adrien Baillet hat ein großes Teilstück aus diesem Notizbuch in seine Biographie von 1691 eingebaut: Die berühmte Erzählung der drei Träume, die Leibniz allem Anschein nach befremdlich fand und bei seiner Kopie ausgelassen hat. Um die beiden auf verschiedenen Wegen überlieferten Hauptstücke dieses Notizbuches zu unterscheiden, bezeichne ich die Abschrift von Leibniz immer als *Cogitationes privatae* und die durch Baillet überlieferte Traumerzählung mit ihrem wohl von Descartes selbst stammenden lateinischen Originaltitel *Olympica*, obwohl es diesen Unterschied bei Descartes nicht in dieser Weise gegeben hat.

Die *Regulae ad directionem ingenii* sind das größte Fragment aus der Zeit vor Descartes' Übersiedlung in die Niederlande. Auch wenn sich nicht mit letzter Sicherheit ausschließen läßt, daß Descartes auch nach 1628 noch an diesem Manuskript gearbeitet hat – er nahm es immerhin 1649 mit nach Stockholm, wo man es nach seinem Tod 1650 in seinem Nachlaß fand –, spricht alles dafür, daß er die Arbeit daran 1628 abgebrochen hat. Die diesen Text motivierende Fragestellung freilich hat er nie fallengelassen: Die Frage nach der Methode. Anders als es später bei Kant der Fall ist, gibt es bei Descartes keine (selbst methodische) Trennung zwischen vorbereitenden methodischen Schriften (Kritik) auf der einen, und Schriften zur ausgearbeiteten Metaphysik (Doktrin) auf der anderen Seite. In Descartes' Philosophie bleibt die Frage nach der Methode immer aktuell, auch dort, wo metaphysische, physikalische oder ethische Inhalte verhandelt werden; anderseits sind diese Inhalte aber immer auch dort vorhanden und erfahren eine nicht bloß vorläufige Behandlung, wo Descartes' Hauptaugenmerk methodischen Überlegungen gilt. Die Fragestellungen, die Descartes 1619 beginnt, beschäftigen ihn mindestens bis in das Jahr 1637, in dem er in Leiden anonym den *Discours de la Méthode pour bien conduire sa Raison et chercher la Vérité en Sciences* erscheinen läßt. Der hier vorliegende Band der Philosophischen Bibliothek steht deshalb in engem Zusammenhang mit einem künftigen weiteren Band, der den *Discours* und die *Olympica* enthalten soll. Der besseren Handhabung wegen geschieht die Aufteilung der Texte auf die Bände aber nicht chronologisch, sondern sprachlich. Deshalb enthält der vorliegende Band die beiden lateinischen Texte, der Folgeband hingegen die beiden französischen. Von diesem Prinzip macht der vorliegende Band eine Ausnahme nur in bezug auf die wenigen Absätze in den *Cogitationes privatae*, die im Original bereits französisch geschrieben sind, und die hier nicht ausgegliedert werden, um den ohnehin ja nur in Ausschnitten und auf zwei Wegen überlieferten Grundtext nicht noch zusätzlich zu zerfleddern. Aus demselben Grunde sind auch die mathematischen Teile der *Cogitationes privatae* hier vollständig enthalten, obwohl ihr tieferes Verständnis offen gestanden meinen Horizont übersteigt. Ich verlasse mich in bezug auf die Wiedergabe der von Descartes in cossischer Notation geschriebenen mathematischen Formeln in moderner Notation ganz auf die Erläuterungen Gustav Eneströms und anderer für den Band X von AT.

Die Zusammengehörigkeit der beiden Bände besteht aber zudem in einer Besonderheit der beiden Einleitungen. Die beiden in diesem Band enthaltenen Texte hat Descartes nie druckfertig gemacht. Für die Erstellung des Textes ist es deshalb nicht möglich, auf eine von Descartes in irgendeiner Weise autorisierte Fassung zurückzugreifen. Leider sind in beiden Fällen Descartes' Handschriften verschwunden, so daß beide Texte nur durch Abschriften überliefert sind; wobei im Falle der *Cogitationes privatae* zudem auch noch die Abschrift von Leibniz verlorengegangen ist. Die Text- und Editionsgeschichte dieser beiden Texte ist also, anders als im Falle des *Discours*, nicht kurz abzuhandeln. Die vorliegende Einleitung ist deshalb allein philologisch-historisch ausgerichtet und wird philosophisch nur dort, wo es darum zu tun ist, Editionsmaximen anderer verständlich zu machen, die ihrerseits auf philosophischen Interpretationen beruhen. Damit ist die Einleitung zum vorliegenden Band für diejenigen enttäuschend, die eine Interpretation der vorliegenden Texte, oder doch zumindest eine Hilfestellung dazu erwarten. Diese Leser seien auf die Einleitung zu dem Folgeband verwiesen, bei dem die Verhältnisse gerade umgekehrt liegen. Denn der *Discours de la Méthode* wirft philologisch keine Probleme auf, und die beigegebenen *Olympica* sind allein bei Baillet überliefert und lassen sich in Ermangelung irgendwelcher anderern Quellen philologisch nicht nachbearbeiten – so wünschenswert dies auch sein mag. Die beiden Einleitungen zu den beiden Bänden verhalten sich somit komplementär zueinander.

Was die Maximen der Übersetzung betrifft, so verweise ich auf meine diesbezüglichen Ausführungen in den Bänden 596 und 597/598 der Philosophischen Bibliothek. Wiederholt sei hier nur meine feste Überzeugung, daß es bei der Übersetzung eines philosophischen Textes – also eines Textes mit systematischem Anspruch – in aller erster Linie um die Einheitlichkeit und Abgestimmtheit der übersetzten Terminologie zu tun sein muß, hinter der alle (berechtigten) Wünsche nach Wohlklang und Gefälligkeit der Sprache zurückzustehen haben: Es muß Aufgabe einer Übersetzung sein, terminologische Besonderheiten nicht nur nicht zu glätten, sondern zu belassen und sie ggf. sogar herauszustellen. Dies betraf in früheren Fällen etwa die vom deutschen Sprachgebrauch abweichende Verwendung von *experientia* = *Erfahrung* und *experimentum* = *Experiment*; im Falle der *Regulae* kommt noch die Besonderheit hinzu, daß Descartes in diesem Text das Verhältnis von Methode, Metaphysik und Mathematik behandelt. Dies verlangt auf der einen Seite, Ausdrücke wie *doctrina* = *Lehre*, *Gelehrsamkeit*; *scientia* = *Wissen*, *Wissenschaft*; *methodus* = *Methode*; *regula* = *Regel*; *propositio* = *Vorschrift*, *Proposition*; *mathematica* = *Mathematik*; *mathesis* = *Mathesis* terminologisch genau zu unterscheiden; auf der anderen Seite verwendet Descartes aber einen Begriff wie *dimensio* eben nicht nur in dem Sinne einer *Raumdimension*, sondern im Sinne von *quantifizierbares Merkmal*. Descartes' Mathematik, Metaphysik und Methodik übergreifende Begrifflichkeit zeigt sich aber auch gerade an Begriffen, für die sich keine einheitliche, die angegebenen Bereiche gleichermaßen repräsentierende Übersetzung finden läßt, wie beispielweise der Begriff *terminus*, den Descartes (in dem ihm zeitgenössischen Sinne) physikalisch als *Grenze* verwendet, metaphysisch (onto-gnoseologisch) als *Merkmal*, mathematisch als *Term* und technisch-methodisch als *Terminus*.

Anders als im Falle der bisherigen Bände scheint mir hier ein Wort angebracht zu sein in bezug auf die Notwendigkeit, die *Regulae ad directionem ingenii* überhaupt neu herauszugeben und zu übersetzen – denn der vorliegende Band tritt an die Stelle des noch verhältnismäßig jungen Bandes 262a der Philosophischen Bibliothek von 1973.[1] Seit dem Erscheinen dieses Bandes hat sich philologisch nichts ergeben, was ihn von außen her über-

[1] *Regulae ad directionem ingenii / Regeln zur Ausrichtung der Erkenntniskraft*. Kritisch revidiert, übersetzt und herausgegeben von Heinrich Springmeyer, Lüder Gäbe und Hans Günter Zekl. Hamburg: Meiner 1973.

holt erscheinen lassen könnte – wie z. B. die Entdeckung des Cartesischen Originalmanuskripts. Der vorliegende Band verfolgt das Ziel, auf der Basis der Textausgabe von Giovanni Crapulli[2] eine terminologisch transparente Übersetzung zu bieten: Springmeyers über die kritische Textausgabe Crapullis von 1966 hinausgehende Revision des Textes bestand im wesentlichen in der Ausgliederung zweier Passagen der Regeln IV und VIII in den Anhang. Diese Maßnahme ist von keinem der auf Springmeyer folgenden Editoren übernommen worden.[3] Zudem ist es meine feste Überzeugung, daß Springmeyers Gründe für sein Verfahren weder philologisch noch philosophisch haltbar sind – abgesehen davon, daß es schlicht unpraktisch ist, Texte voneinander zu trennen, die ein systematisch interpretierender Leser wieder zusammenbauen wird. Damit soll nicht gesagt werden, daß die Überlegungen Springmeyers und Jean-Paul Webers, auf die Springmeyer m. E. nach zu unkritisch aufgebaut hat, in Bausch und Bogen unsinnig wären. Im Gegenteil: Webers Analyse der *Regulae* stellt einen Meilenstein in der Forschung zu diesem Text dar, einen honorigen Interpretationsansatz, der sich jedoch – das ist meine Behauptung – philologisch nicht rechtfertigen läßt, sondern selbst schon philosophisch ist, und sich

[2] *Regulae ad directionem ingenii. Texte critique établi par Giovanni Crapulli avec la version hollandaise du XVIIème siècle*. La Haye: Martinus Nijhoff 1966.

[3] *Regole per la Direzione dello Spirito*. übers. v. Santo Arcoleo. Padua: R. A. D. A. R. 1971: Eine vollständige Übersetzung auf der Basis der Crapulli-Textausgabe; Ausschnitte aus den *Regulae* hatte Giovanni Crapulli selbst bereits 1970 für seine komprimierte Ausgabe des Cartesischen Werkes unter dem Titel *Il pensiero di René Descartes. Una antologia dagli scritti a cura di Giovanni Crapulli*. Turin: Loescher 1970, 1–30 übersetzt. *Règles utiles et claires pour la direction de l'esprit en la recherche de la vérité*. Traduction selon le lexique Cartésien, et annotation conceptuelle par Jean-Luc Marion. Avec des notes mathématiques de Pierre Costabel. La Haye: Martinus Nijhoff 1977. *Regulae ad directionem ingenii/Rules for the direction of the natural intelligence*. A bilingual edition of the Cartesian treatise on method. hrsg. u. übers. v. George Heffernan. Amsterdam/Atlanta: Rodopi 1998.

deshalb nicht auf die Gestaltung einer Ausgabe auswirken darf, deren Aufgabe es ist, eine philosophische Interpretation möglich zu machen, nicht aber, sie vorauszusetzen in einer Weise, die es dem Leser unmöglich macht, sich ihr zu entziehen. Bleiben wir bescheiden.

Es ist daher erklärtes Ziel der hier vorliegenden Ausgabe, die Textedition von Giovanni Crapulli als Standardausgabe der *Regulae* durchzusetzen. Damit soll nicht gesagt werden, daß diese Edition genau dem verschollenen Manuskript Descartes' entspricht; aber es soll mit Entschiedenheit darauf hingewiesen werden, daß es mehr als müßig, teilweise auch anmaßend ist, auf der Basis der desolaten Quellenlage eine über Crapulli hinausgehende Verbesserung des Textes vornehmen zu wollen. Crapullis Edition, weniger freilich seine editorische Vorbemerkung, muß daher solange anstelle des Cartesischen Manuskripts stehen, bis dieses wieder aufgefunden wird. Dies wäre so sehr im Interesse der Descartes-Forschung, daß wohl niemand die Hoffnung aufgeben wird, daß dies irgendwann geschieht, obwohl der gesunde Menschenverstand die Chancen als sehr gering einschätzen wird; denn es gibt auf der Welt unglaublich viele Idioten, die solche Manuskripte wegwerfen oder zum Verschwinden bringen, ganz zu schweigen von denen, die Kriege beginnen, in denen neben allem Unrecht und Leid dann auch noch solche Dinge verbrennen. Die besondere philologische Ausgangslage macht es nötig, im lateinischen Text der *Regulae* vier Paginierungen mitzuführen, deren Sigel selbsterklärend sein dürften. Aus den angegebenen Gründen steht im lateinischen Text der *Regulae* und in der deutschen Übersetzung die Paginierung Crapullis und nicht die von AT am Rand; die anderen drei werden im lateinischen Text mitgeführt. Im lateinischen und im deutschen Text der *Cogitationes privatae* ist nur die von AT maßgeblich und steht am Rand. Die jeweiligen Indices verweisen auf die angegeben Paginierungen von Crapulli und AT. Textpassagen der *Cogitationes privatae*, die sich als Zitate nachweisen lassen, sind durch eine abweichende Schrifttype kenntlich gemacht.

B. Zur Editions- und Textgeschichte der *Regulae ad directionem ingenii* und der *Cogitationes privatae*

Die Editionsgeschichte der von Descartes selbst herausgegebenen philosophischen und naturwissenschaftlichen Werke läßt sich durch eine bezeichnend geringe Anzahl von Jahresangaben umreißen: 1637 erscheint in Leiden der *Discours de la Méthode pour bien conduire sa Raison et chercher la Vérité en Sciences* mitsamt den Essais *Dioptrique*, *Météores* und *Géométrie*; 1641 in Paris und ein Jahr später in Amsterdam die *Meditationes de prima philosophia* mit den Einwänden und Erwiderungen; 1644 die *Principia philosophiae* und 1649 in Paris *Les Passions de l'Âme*. 1650 stirbt René Descartes, ohne seine Leser mit Konvoluten von Vorentwürfen und voneinander abweichenden Erst- und Zweitausgaben zu verwirren. Dementsprechend gering ist der philologische Aufwand, den ein Herausgeber dieser Schriften zu leisten hat, zumal seit dem ersten Erscheinen der großen Standardausgabe von Charles Adam und Paul Tannery in den Jahren 1897 bis 1913 der Textbestand dieser Werke so gesichert vorliegt, daß er seitdem keiner grundlegenden Revision unterzogen werden mußte. Philologisch unbedenklich sind selbst noch die ursprünglich als Einheit konzipierten nachgelassenen Werke *Le Monde ou Traité de la Lumière* und *L'Homme*, und zwar aus dem einfachen Grund, daß es Claude Clerselier war, Freund Descartes' und Erbe seines Nachlasses, der sie auf der Basis der Handschriften herausgab;[4] und trotz einer gewissen, durch Ergänzungen bedingten Unübersichtlichkeit kann AT selbst in bezug auf die Briefe Descartes' noch den Anspruch erheben, nicht nur die umfassendste, sondern auch die philologisch verläßlichste Quelle zu sein.

Anders indes verhält es sich mit den in Band X von AT versammelten Fragmenten, die Descartes bei seinem Tode in Stockholm hinterließ. Zu diesen Fragmenten gehören die beiden hier vorliegenden Texte, die *Regulae ad directionem ingenii*, die die

4 1664 *L'Homme*, 1677 ergänzt um *Le Monde*.

am 14. Februar 1650, drei Tage nach Descartes' Tod,[5] angefertigte Inventarliste unter dem Ordnungsbuchstaben F verzeichnet als »neuf cahiers relié ensemble, contenans partie d'un traité des règles utiles & claires pour la direction de l'esprit en la recherche de la vérité« (AT X, 9); und die über eine Abschrift von Leibniz unter dem Titel *Cogitationes privatae* erhaltenen Auszüge aus einem Notizbuch (*dem* Notizbuch) Descartes', das seine vielleicht ältesten Texte enthält. Da Descartes keinen dieser beiden Texte jemals druckfertig gemacht hat, konnte Charles Adam, der nach dem Tod Paul Tannerys 1904 gerade die philologisch kniffligen Texte ohne die Hilfe seines Mitarbeiters und Freundes herausgeben mußte, nicht auf von Descartes selbst besorgte Erstausgaben zurückgreifen. Inzwischen aber waren auf abenteuerliche Weise die Autographen sowohl der *Regulae ad directionem ingenii* als auch der *Cogitationes privatae* verschwunden; im Falle der *Cogitationes* waren zudem auch die Exzerpte von Leibniz nicht mehr auffindbar, auf deren Grundlage Louis-Alexandre Foucher de Careil im ersten Band seiner *Œuvres inédits de Descartes*. Paris: Durand 1859, 1–57 die erste Ausgabe der *Cogitationes privatae* erstellt hatte – mitsamt einer unzulänglichen französischen Übersetzung, die leider einige der schwierigsten Passagen schlicht unterschlägt. Charles Adam konnte für AT deshalb nur auf Fouchers Ausgabe zurückgreifen, während die Edition der *Regulae* auf der Basis zweier Quellen erfolgen konnte, nämlich der Amsterdamer Erstausgabe in den ohne Nennung des Herausgebers veröffentlichten *Renati Des-Cartes Opuscula Posthuma, Physica et Mathematica*. Amsterdam: Blaev 1701 und einer Abschrift der *Regulae*, die irgendwann zwischen 1676 und 1679 in den Besitz von Leibniz gelangte und in der Niedersächsischen Landesbibliothek (MS IV 308) noch vorhanden ist.

[5] Baillet II, 427–428.

I. Zur Editions- und Textgeschichte der *Cogitationes privatae*

Geneviève Rodis-Lewis hatte 1991 die schöne Idee, daß es Isaac Beeckman gewesen sein könnte, der Descartes am 1. Januar 1619 in Erwiderung auf dessen Geschenk, dem *Compendium Musicae*, ein Notizbuch schenkte.[6] Descartes benutzte dieses Notizbuch, um Gedanken aufzuzeichnen, die er offenbar gleich verschiedenen, thematisch motivierten Abteilungen zuordnete. Leibniz, der 1676 in Paris zusammen mit Tschirnhaus Clerselier besuchte, hat unter anderem aus diesem Notizbuch Exzerpte angefertigt, dabei aber die Abteilungen nicht verzeichnet, aus denen seine jeweiligen Exzerpte stammen. Entweder von Leibniz oder von Foucher de Careil stammt deshalb der Titel *Cogitationes privatae*, den jedenfalls die beiden Quellen nicht verzeichnen, die uns noch Informationen aus erster Hand über dieses Notizbuch liefern können. Diese beiden Quellen sind Adrien Baillets große Biographie *La Vie de M. Descartes* von 1691 und die bereits erwähnte Inventarliste, die das Notizbuch, das Descartes offenbar mit nach Stockholm genommen hatte, unter dem Ordungsbuchstaben C folgendermaßen beschreibt:

> »Ein kleines Notizbuch in Pergament, auf der Innenseite des Buchdeckels datiert: *1. Januar 1619*, in dem sich zuerst unter dem Titel *Parnassus* 18 Blätter mathematischer Betrachtungen finden.
> Nach sechs leeren Blättern findet sich ein Schriftstück, das weitere sechs beschriebene Blätter umfaßt.
> Wenn man das Buch umdreht und vom anderen Ende beginnt [prendre le livre d'un autre sens] einen Diskurs betitelt *Olympica* und am Rand: *Am 11. November begann ich, das Fundament einer wundervollen Entdeckung einzusehen.*
> Wenn man das Buch wieder richtig herum dreht, finden sich zwei mit einigen Betrachtungen über die Wissenschaften beschriebene Blätter; danach eine halbe Seite Algebra.

[6] *Le Premier Registre de Descartes*. in: Archives de Philosophie 3–4 (1991), 353–377 u. 639–657; abgedruckt in: *Le Développement de la Pensée de Descartes*. Paris: Vrin 1997, 37–79; 39.

Danach zwölf leere Seiten; danach sieben oder acht als *Democritica* betitelte Zeilen.
Nach acht oder zehn leergelassenen Blättern folgen, wobei man man das Buch herumdrehen (tourner) muß, fünfeinhalb beschriebene Blätter unter dem Titel *Experimenta*.
Danach zwölf leergelassene Blätter und zuletzt vier beschriebene Seiten unter dem Titel *Praeambula. Initium sapientiae timor Domini*.
Dieses gesamte mit C indizierte Buch scheint in seiner Jugend geschrieben zu sein« (AT X, 7–8).

Die von Leibniz als *Cogitationes privatae* bezeichneten Exzerpte entstammen also ganz verschiedenen Abteilungen des Notizbuchs, nämlich *Parnassus, Olympica, Democritica, Experimenta, Praeambula*, einem unbetitelten Textabschnitt und einer halben Seite Algebra. Henri Gouhier[7] hat die Gestalt des Notizbuches auf der Basis des Darstellung in der Inventarliste rekonstruiert. Die freien Seiten deutet Gouhier plausibel als freigelassenen Raum für die Fortführung der Eintragungen unter den jeweiligen Titeln (12). Das auffälligste Merkmal des Notizbuches zumindest im Zustand von 1650 ist freilich die Notwendigkeit, es bei der Lektüre umzudrehen, die Gouhier ebenso plausibel dahingehend deutet, daß Descartes es von beiden Enden beschrieben hat. Die Abfolge der Texte, die die Inventarliste verzeichnet, bildet die Gestalt des Buches deshalb nur unzulänglich ab; genauer betrachtet enthält es zwei Serien von Titeln, nämlich die Serie A: *Parnassus*, sechs freie Blätter, sechs beschriebene Blätter, Betrachtungen über die Wissenschaften, eine halbe Seite Algebra, zwölf leere Seiten, sieben oder acht Zeilen *Democritica*. Zwischen den sechs beschriebenen Seiten und den Betrachtungen über die Wissenschaften liegen sechs Blätter, die zu den *Olympica* gehören, aber nicht zu der Serie A, weil sie in ihr »auf dem Kopf stehen«. Die Serie B bilden die *Praeambula*, zwölf leere Blätter, die *Experimenta* gefolgt von leeren Seiten und die *Olympica* (12–13). Gouhier rekonstruiert sogar die mögliche Paginie-

7 *Les Premières Pensées de Descartes. Contribution a l'Histoire de l'Anti-Renaissance*. Paris: Vrin 1958.

rung der jeweiligen Serien. Hierbei unterscheidet er richtig zwischen »feuilles/feuillets = Blättern« und »pages = Seiten«. Dies ergibt nach der Inventarliste:

Serie A:

Nummer bei Gouhier	Titel	Umfang nach Inventarliste	Seite nach Gouhier	Zusatzangaben bei Baillet
1	*Parnassus*	18 Blätter = 36 Seiten	1–36	»Le principal de ces fragments, & le premier de ceux qui se trouvaient dans le registre était un receuil de *Considérations Mathématiques*, sous le titre de *Parnassus*, dont il ne restait que trente-six pages« (I, 51).
2	freie Blätter	6 Blätter = 12 Seiten	37–48	
3	kein Titel	6 Blätter = 12 Seiten	49–60	
5	Betrachtungen über die Wissenschaften	2 Blätter = 4 Seiten	73–76	»1. Quelques *considérations sur les sciences* en général« (I, 49)
6	Algebra	eine halbe Seite	77	»2. Quelque chose de l'*Algèbre*« (I, 49)
7	zwölf freie Seiten	12 Seiten	79–100	
8	*Democritica*	sieben oder acht Zeilen	101	»3. Quelques pensées écrites sous le titre *Democritica*« (I, 49)

Serie B:

Nummer bei Gouhier	Titel	Umfang nach Inventarliste	Seite nach Gouhier	Zusatzangaben bei Baillet
12	*Praeambula*	vier Seiten	1–4	»5. un traité commencé sous celui de [unter dem Titel] *Praeambula: Initium sapientiae timor Domini*« (I, 49)
11	frei Blätter	12 Blätter = 24 Seiten	5–28	
10	*Experimenta*	fünfeinhalb Blätter = 11 Seiten	29–39	»4. un receuil d'oberservations sous le titre *Experimenta*« (I, 49)
9, 7	freie Blätter	acht oder zehn Blätter = 18 oder 20 Seiten (Nr. 9), zwölf Seiten (Nr. 7) = 30 oder 32 Seiten	40–86	
4	*Olympica*	k.A.	87–98	»Un autre [traité] en forme de discours, intitulé *Olympica*, qui n'était que douze pages« (I, 49).

Gouhier zufolge

> »spricht alles dafür, daß Descartes sein Notizbuch mit der Absicht von beiden Enden her zu beschreiben begonnen hatte, zwei Arten von Einträgen voneinander zu trennen. Die einen, die präzise Fragestellungen der Mathematik und der Physik zum Gegenstand haben, bilden die Serie A. Die anderen bestehen aus vertraulichen Mitteilungen, Erinnerungen, erlebten Erfahrungen, Allgemeinheiten über das Wesen der Wissenschaft, Einfällen zu bestimmten metaphysischen und religiösen Themen und bilden die Serie B« (17).

Zu den Eigenschaften eines Notizbuches gehört es, daß Einträge in es chronologisch erfolgen. In Verbindung mit der Tatsache, daß Descartes sein Notizbuch in zwei Serien von Abteilungen gegliedert hat, ergeben sich die beiden einleuchtenden Schlußfolgerungen, daß *erstens* die Einträge unter einer Rubrik nicht notwendigerweise demselben Zeitabschnitt entstammen, sondern chronologisch fortlaufend angeordnet sind, und *zweitens* umgekehrt die Einträge der einen Rubrik nicht notwendigerweise chronologisch auf die der voranstehenden Rubrik folgen.

Da Leibniz die Titel der Abteilungen nicht mitkopiert hat, lassen sich auf der Basis allein des Textes von Leibniz/Foucher nur einige wenige Einträge den Abteilungen des Inventars philologisch eindeutig zuordnen, nämlich die beiden Einträge AT X, 216, 19–25 und 218, 8–14, die, das belegt eine Marginalie bzw. Erwähnung im Text, aus den *Olympica* stammen, sowie die Einträge ab AT X, 232, 3 bis Ende des Textes, die insgesamt dem *Parnassus* zuzuordnen wären – wobei irgendeiner dieser Einträge auch die halbe Seite Algebra sein könnte, die im Inventar verzeichnet ist. Die Ausbeute läßt sich freilich erhöhen durch Hinzunahme der zweiten Quelle neben Leibniz, nämlich Adrien Baillets Descartes-Biographie von 1691. Wir wissen, daß Baillet durch Clerselier Einsicht in den Nachlaß von Descartes hatte, und zwar sowohl in die *Regulae* als auch die *Cogitationes*. Baillet zitiert zwei Einträge aus den *Cogitationes* auf Latein, und das ist gleichbedeutend damit, daß es sich um wörtliche Zitate handelt: Denn sicherlich wird Baillet in seiner französisch geschriebenen Biographie keine ursprünglich französischen Texte Descartes' ins Lateinische übersetzt haben, was im Umkehrschluß bedeutet, daß alle lateinischen Zitate bei Baillet Originaltexte von Descartes sind. Indes bietet auch dies keine Gewähr, daß Baillet nirgendwo Veränderungen am Latein, insbesondere Kasusänderungen zur Einpassung in den syntaktischen Zusammenhang, vorgenommen hat; im Falle der beiden hier relevanten Zitate kann ihre Identität mit den Exzerpten von Leibniz dieses Bedenken jedoch ausräumen. Diese beiden Einträge sind die Jahresangaben AT X, 179 = Baillet I, 50–51 »XI. Novembris 1620, coepi intelligere fundamentum Inventi mirabilis« und »X. Novembris 1619, cum plenus forem Enthousiasmo, & mirabilis scientiae fundamenta reperirem &c.«. Darüber hinaus übersetzt oder referiert Baillet vereinzelte Passagen aus den *Cogitationes privatae* und nennt mitunter am Rand deren Fundort, und zwar zumeist unspezifisch durch Verweis auf »handschriftliche Fragmente« oder, in glücklicheren Fällen, einen der oben genannten Titel. In einem Fall läßt sich Baillets Übersetzung durch die Angabe des lateinischen Originals am Rand prüfen, und diese Überprüfung bestätigt durch die Textidentität mit dem Exzerpt bei Leibniz nicht nur die Genauigkeit der Texterfassung beider, sondern fällt auch sehr zugunsten der Verläßlichkeit von Baillets Übersetzung aus:

»Adverto me, si tristis sim aut in periculo verser & tristia occupent negotia, altum dormire & comedere avidissime. Si vero laetitia distendar, nec edo, nec dormio (Fragm. mss.)« (Baillet II, 449 = AT X, 215, 14–17)

»Il avait aussi observé qu'il mangeait avec plus d'avidité, & qu'il dormait plus profondement, lors qu'il etait dans la tristesse ou dans quelque danger, que dans tout autre état; & que lors qu'il était dans la joie il ne pouvait ni manger ni dormir« (Baillet II, 449).

Freilich lassen sich Baillets Übersetzungen selbst bei unterstellter Genauigkeit nicht in einem philologischen Sinne zur Verbesserung des Textes von Foucher verwenden, weil das grundsätzliche Bedenken bleibt, daß bei Baillet Übersetzung und Referat nicht sicher voneinander zu trennen sind. Zudem gibt es andere Beispiele bei denen sich zumindest der Verdacht aufdrängt, Baillet habe seine referierenden Übersetzungen mit allerlei Zusätzen garniert.[8] In bezug auf den Textbestand der durch Leibniz überlieferten Fragmente sind wir also auf die Ausgabe von Foucher beschränkt, und die Übersetzungen und Referate Baillets können nur der Erläuterung, vor allem aber in zwei Fällen auch der Zuordnung der Exzerpte dienen, nämlich bei AT X 217, 17–22 = Baillet I, 84 und AT X 217, 25–218, 5 = Baillet I, 85–86, die Baillet innerhalb der als *Olympica* ausgewiesenen Traumerzählung übersetzt und die deshalb wohl in dieser Abteilung standen. Darüber hinaus gibt Baillet insgesamt drei Texte, die bei Leibniz nicht zu finden sind, von denen das größte sicherlich dem Notizbuch entstammt, nämlich die französische Erzählung der Träume (Baillet I, 80–86), die er den *Olympica* zuordnet, wäh-

[8] Dies betrifft vor allem die Erzählung der ersten Begegnung von Descartes und Beeckman. Über diese Begegnung hat zuerst Daniel Lipstorp berichtet (*Specimina philosophiae Cartesianae*. Leiden: Elzevier 1653, 76–78 = AT X, 47–48; vgl. deWaard, XII). In dieser Darstellung haben Descartes und Beeckman einander kennengelernt, als beide ein Plakat mit einem mathematischen Problem betrachteten, das ein Mathematiker »tenuioris fortunae« irgendwo angeschlagen hatte. Descartes verstand das auf Flämisch verfaßte Plakat nicht und bat den neben ihm stehenden Herrn, es ihm entweder ins Französische oder ins Lateinische zu übersetzen. Dieser Herr war Isaac Beeckman, der seinerseits Descartes bat, ihm die Lösung des Problems mitzuteilen. Descartes besuchte Beeckman, präsentierte ihm die Lösung und so entstand die Freundschaft von Descartes und Beeckman. Diese Ankedote wurde dann von Adrien Baillet in seine Biographie aufgenommen (Baillet I, 42–44) und, wie schon Charles Adam festgestellt hat, phantasievoll ausgeschmückt (AT X, 48–49). Seitdem wird sie immer wieder erzählt, ohne daß sie sich irgendwie beweisen ließe. Tatsache ist jedenfalls, daß Beeckmans erster Descartes betreffender Eintrag vom 10. November 1618 nichts von all dem berichtet, sondern statt dessen den für Descartes als Mathematiker nicht unbedingt schmeichelhaften falschen Beweis von der Nichtexistenz von Winkeln wiedergibt – und diesen Beweis auch gleich wiederlegt (Beeckman I, 237).

rend er die anderen beiden lateinisch gibt, so daß sie nach dem eben Gesagten als wörtlich gelten können (AT X, 204), ohne daß sich mit Sicherheit sagen ließe, woher sie stammen.

Eine darüber hinausgehende Zuordnung der Einträge bei Leibniz/Foucher zu den Rubriken des Inventars kann nur auf der Basis dreier Grundannahmen erfolgen, die sich weder beweisen noch widerlegen lassen:

(1) *Die äußere Gestalt des Leibniz und Baillet vorliegenden Notizbuches entspricht der in der Inventarliste beschriebenen.* Auf dieser plausiblen, aber eben nicht beweisbaren These basiert ein Gutteil der Versuche einer Zuordnung der Einträge zu den jeweiligen Titeln. Aber die Stockholmer Inventarliste erfaßt eine äußere Gestalt des Notizbuches, die aufgrund der Umstände, unter denen es in den Besitz Clerseliers gelangte – also vor allem der Tatsache, daß der Nachlaß Descartes' bei seinem Transport nach Paris drei Tage lang in der Seine versunken war –, nicht notwendigerweise der Gestalt entsprechen muß, in der Leibniz sie bei Clerselier vorfand.

(2) *Die Abfolge der Einträge in der Ausgabe von Foucher entspricht der in den Aufzeichnungen von Leibniz vorliegenden.* An der Zuverlässigkeit von Fouchers Erfassung der inzwischen ebenfalls verschollenen Vorlage von Leibniz gibt es zumindest in bezug auf die mathematischen Teile große Zweifel. Die Fassung, in der die mathematischen Einträge der *Cogitationes* bei AT abgedruckt sind, basiert auf einer Rekonstruktion, die Henri Adam, der Bruder des Herausgebers Charles Adam, Henri Vogt und Gustav Eneström auf der Basis der Ausgabe Fouchers vorgenommen haben, um offensichtliche Unstimmigkeiten zu beheben. Hinweise darauf, daß Foucher die Abfolge der Exzerpte verändert hat, sind mir nicht bekannt, auszuschließen ist es aber auch nicht.

(3) *Die Abfolge der Einträge bei Leibniz entspricht der seiner Lektüre, und die Abfolge dieser Lektüre entspricht der Abfolge im Notizbuch selbst.* Anders gesagt: Leibniz hat das Notizbuch von vorne bis hinten zumindest durchgesehen, wahrscheinlich durchgelesen und dabei seine Exzerpte in genau dieser Reihen-

folge gemacht, ist also nicht sprunghaft verfahren. Wir wissen durch eine bei Foucher (FdC, 2) referierte Notiz, daß Leibniz am 1. Juni 1676 begonnen hatte, seine Kopien anzufertigen. Am Rand des Eintrags unter dem Titel *Quaestio in gnomonica* findet sich die Bemerkung »Copié 5. juin 1676« (FdC 29; leider in AT nicht übernommen), und damit ist klar, daß Leibniz in mehreren Sitzungen gearbeitet hat. Wir wissen auch, daß er das Notizbuch nicht vollständig kopiert hat; das beweisen die Traumerzählung und der französisch referierte Ausschnitt aus den *Experimenta* (dem einzigen Testimonium dieser Abteilung) bei Baillet, die bei Leibniz fehlen. Wir wissen mit einiger Sicherheit auch, daß Leibniz die Traumerzählung gelesen hat, denn das beweist seine Bemerkung in den *Remarques sur l'abrégé de La Vie de Descartes* zumindest dann, wenn man sie als Hinweis auf die Träume versteht: »1619. Il est vrai que M. Descartes donnait dans sa jeunesse dans des pensées un peu chimériques, on le voit par ses *Olympiques*. Mais je ne crois pas qu'il ait été véritablement enthousiaste pour quelque temps comme M. Baillet l'a pris qui n'a pas assez considéré ce que M. Descartes entendait par les fondements de la science admirable« (Gerhardt, Band 4, 315).[9] Wir wissen indes überhaupt nicht, ob Leibniz bei seiner Lektüre gesprungen ist oder nicht. Klar ist, daß sich das Notizbuch, sollte es ihm in der Gestalt vorgelegen haben, die in der Inventarliste beschrieben ist, gar nicht »einfach von vorne bis hinten« durchlesen ließ. Grundsätzlich stand es Leibniz – Gouhiers Rekonstruktion vorausge-

[9] Leibniz' Äußerung in den *Notata quaedam G. G. L. circa vitam et doctrinam Cartesii* spricht nicht gegen diese Lektüre, beweist sie aber auch nicht, weil sie sich vor dem Hintergrund der Erinnerung an die von ihm selbst vorgenommene Kopie des Eintrags AT X, 216, 19–25 leicht erklären läßt: »Anno 1620. die 11. Novembr. notavit in schedis suis: ea die se coepisse intelligere fundamentum inventi mirabilis. Quid illud sit, videor mihi conjicere; ipse in scriptis suis non exposuit, quemadmodum nec publicavit methodum suam, sed tantum de ea scribere ejusque specimina dare voluit, ut ipse observat. Itaque valde falluntur, qui his quae edidit, nimis contenti sunt, methodumque ejus se habere arbitrantur« (Akademie, VI, 4C, 2057–2058).

setzt – offen, das Notizbuch an einem der beiden Enden zu beginnen. Am Beginn seiner Exzerpte steht der Datumseintrag, der der Inventarliste zufolge auf der inneren Seite des Buchdeckels stand. Von diesem Ende her gelesen wäre Leibniz zuerst auf die mathematischen Betrachtungen *Parnassus* getroffen, hätte dann sechs freie Blätter überschlagen und wäre nach sechs weiteren beschriebenen Blättern ohne Titel auf das auf dem Kopf stehende Ende der *Olympica* gestoßen; hier hätte er also das Buch umdrehen und zurückblättern müssen, um den Anfang der *Olympica* zu finden und hätte spätestens dabei gemerkt, daß eine Lektüre von dem anderen Ende her möglich ist und sie dann wohl auch von dort her fortgesetzt. Ein einfacher Blick in die *Cogitationes* zeigt jedoch, daß die mathematischen Betrachtungen am Ende stehen, nicht am Anfang; Leibniz hat also mit ziemlicher Sicherheit mit der Serie B begonnen, einfach indem er nach der Datumsnotiz mit dem Titel begonnen hat, der auch am ehesten am Anfang zu erwarten ist, nämlich den *Praeambula*, gefolgt von den *Experimenta* und *Olympica*. Danach wird er das Buch umgedreht und den *Parnassus* gelesen haben. Fraglich wäre dann nur, ob er noch bis zum Ende dieser Serie, den *Democritica*, gelangt ist, denn dafür hätte er zwischendurch auf die Betrachtungen über die Wissenschaft stoßen müssen. Einziger Kandidat für ein Exzerpt daraus ist im Rahmen dieser These der Eintrag über Licht.[10]

So plausibel diese zuerst von Jean Sirven[11] aufgestellte These über die Reihenfolge der Lektüre ist, so deutlich wird auch, daß sie zwar einen groben Leitfaden bietet, die Einträge der *Cogitationes* den Abteilungen zuzuordnen, eine genaue Abgrenzung der einzelnen Abteilungen aber nicht leisten kann. Dies ist eine Aufgabe, die die Grenzen einer philologischen Betrachtung sprengt, weil sie Grundannahmen darüber voraussetzt, was Descartes unter den entsprechenden Titeln gesammelt haben mag;

10 AT X, 242, 9–243, 20.

11 *Les Années d'Apprentissage de Descartes 1596–1628*. Albi: Cooperative du Sud-ouest 1928. repr. New York/London: Garland 1987, 63.

und das wiederum setzt eine Interpretation des Titels voraus, die spekulativ bleiben muß, solange dieser Titel oder die Kennzeichnung im Inventar nicht deskriptiv ist – und das trifft, wenn man strenge Maßstäbe anlegt, nur im Falle von *Algebra* zu. Wo einem nebulösen Titel aber der Text fehlt, der ihm ja erst zugeordnet werden soll, müßte die Bestimmung der Bedeutung dieses Titels der Zuordnung vorausgehen und wäre dementsprechend spekulativ. So wissen wir im Grunde nur, daß Descartes unter dem Titel *Parnassus* mathematische *considérations* versammelt hat: Was aber sind *mathematische Betrachtungen*? Das Adjektiv *mathématiques* im Inventar könnte sich auf *Mathematik* im landläufigen Sinne beziehen; dann ist das Bezugswort *considérations = Betrachtungen* einigermaßen verwunderlich, denn es wäre doch die Rede von mathematischen Formeln oder Berechnungen, also *calcul, calculations* oder etwas ähnliches zu erwarten.[12] Oder diese Verbindung ist eine unbeholfene Kennzeichnung von *mathetischen* Betrachtungen, also mathematischen Betrachtungen in der griechischen Bedeutung von *Mathesis = Lernprozeß* oder *Lerngegenstand.* Es gibt starke Hinweise darauf, daß Descartes in den *Regulae Mathesis* in diesem Sinne neben und in Abgrenzung zu Mathematik verwendet hat; haben das deshalb aber die Ersteller des Inventars auch getan? Ist nicht vielmehr davon auszugehen, daß schon Descartes' Zeitgenossen diesen Unterschied nicht gemacht haben? Das spräche dann doch eher dafür, daß unter dem Titel *Parnassus* mathematische Formeln und Berechnungen verzeichnet waren.

Dank Baillet lassen sich zwei Abteilungen inhaltlich näher bestimmen, nämlich die *Experimenta*,[13] unter deren Titel er die Mantel-und-Degen Geschichte überliefert, in der Descartes Seemänner in die Flucht schlägt, die ihn berauben wollen, und vor allem die *Olympica*, die die berühmte Traumerzählung enthielten. Fragmente der *Cogitationes*, die sich thematisch unter diese beiden Titel bringen lassen, entstammen möglicherweise die-

[12] Descartes verwendet *calculer* in den *Météores* (Marion: *Règles*, 138 f.)

[13] Baillet I, 102–103=AT X, 189–190.

sen Abteilungen; aber auch das ist philologisch betrachtet eine bloße Annahme. Eine philosophische Rekonstruktion des Notizbuches beruht zudem auf der Grundannahme, daß sich in diesen Abteilungen thematisch einigermaßen kohärente Texte befanden, und auch diese Grundannahme ist in bezug auf ein Notizbuch nur eine schlichte Unterstellung. Es liegt nahe, daß Descartes unter dem Titel *Democritica* und in der Abteilung *allgemeine Betrachtungen über die Wissenschaft* Eintragungen von dem Charakter der im Tagebuch Isaac Beeckmans so genannten *Physico-Mathematica* versammelt hat – aber das wissen wir nicht, und zudem ist auch letzterer Titel keine Originalbezeichnung Descartes'. Ich halte aus diesen Gründen die Abbildung der *Cogitationes* zu den im Inventar genannten Titeln, wie sie z.B. John Cottingham in seiner stark gekürzten Übersetzung der Auszüge von Leibniz aus dem Notizbuch von Descartes vorgenommen hat,[14] für philologisch unzulässig. Solange also nicht entweder das Original von Descartes' Notizbuch oder zumindest die Abschriften von Leibniz wieder auftauchen, läßt sich an dem Textbestand der *Cogitationes privatae* nichts verbessern, und jeder, der es trotzdem versucht, sollte seinen Lesern zumindest offen sagen, daß er eine bereits philosophische Rekonstruktion vornimmt.[15]

[14] *Philosophical Writings of Descartes*. hrsg. v. John Cottingham, Robert Stoothoff, Dugald Murdoch. Cambridge: University Press. 1984/1985/1991, Band 1: 1985, 1–5.

[15] Die einzige Möglichkeit einer Verbesserung des Textbestandes der *Cogitationes privatae* ist von den Mitarbeitern von Charles Adam bereits geleistet worden, nämlich die Rekonstruktion der mathematischen Exzerpte, die Foucher in Unkenntnis der Zeichen der Cossischen Algebra, die Descartes in jenem Zeitraum verwendet hat, falsch transskribiert hat. – Zu den Emendationen von AT siehe dort (AT X, 211 u. 249 ff.). – Descartes hat eine Cossische Notation gemischt aus der Nomenklatura von Clavius und von Peletier (1554) verwendet (Pierre Costabel: *L'inititaion mathématique de Descartes*. in: Archives de philosophie 46 (1983), 637–646; 644).

II. Zur Editions- und Textgeschichte der *Regulae ad directionem ingenii*

Die abenteuerliche Text- und Editionsgeschichte der *Regulae ad directionem ingenii* geht einher mit einem völligen Fehlen irgendwelcher wirklich gesicherter historischer und biographischer Angaben zu diesem Text. Es gibt keine einzige Äußerung Descartes' über ihn, und das macht es unmöglich, die Zeit seiner Abfassung im Vorwege irgendwie einzugrenzen. Adrien Baillet bringt die längsten Zitate aus den *Regulae* im Zusammenhang der Darstellung des Lebens von Descartes vor 1628, und das hat zu der allgemeinen Ansicht geführt, daß es sich bei den *Regulae* um ein Werk aus dieser Zeit handelt, ohne daß dies deswegen schon als belegt gelten könnte. Da das Manuskript der *Regulae* in die Stockholmer Inventarliste aufgenommen wurde, ist klar, daß Descartes es mit nach Schweden genommen hatte, aber es gibt nicht die geringsten Hinweise auf eine Bearbeitung dieses Textes in Schweden 1649/1650. Die Beschäftigungen Descartes' in der Zeit seit seiner Übersiedlung in die Niederlande 1628/29 lassen sich – anders als die in der Zeit davor – ziemlich gut belegen und sprechen eher gegen eine Arbeit Descartes' an diesem Text, ohne daß sich dies mit Sicherheit ausschließen ließe. Den einzigen möglichen Hinweis auf eine Beschäftigung mit dem Themenkreis der *Regulae* gibt der Brief Elisabeths aus Berlin vom 5. Dezember 1647.[16] Elisabeth dankt für die französische Übersetzung der *Meditationes* und äußert sich verwundert darüber, daß Personen, die sich so viele Jahre der Meditation und dem Studium gewidmet hätten, so einfache und klare Dinge nicht begreifen könnten: »Cela vous montre combien le monde a besoin du *Traité de l'Érudition*, que vous avez autrefois voulu faire«.[17] Wann aber Descartes gegenüber Elisabeth den *Traité de l'Érudition* vorher bereits erwähnt hatte, bleibt unklar, und damit bleibt auch unklar, was es mit diesem Text auf sich hat. Baillet

[16] AT V, 96–97.
[17] Ebd.; vgl. Baillet II, 337.

führt ihn an im Zusammenhang seiner Sichtung der im Nachlaß befindlichen Werke, die als *Cartesische Logik* gelten könnten. Dort heißt es:

> »Wir kennen andere Autoren, die von Descartes' Logik als einem Werk gesprochen haben, das niemals auf der Bildfläche erschienen ist. Pater Rapin zählt zu ihnen, der davon gehört hat, daß Descartes eine Logik begonnen, sie aber nicht vollendet hat, und daß von ihr einige Bruchstücke unter dem Titel *De l'Érudition* in den Händen eines seiner Anhänger verblieben sind. Dieser Anhänger kann eigentlich nur Clerselier sein, der sich als der einzige Besitzer alles dessen herausgestellt hat, was Descartes jemals geschrieben hat, und zwar sowohl dessen, was er beendet, als auch dessen, was er bloß begonnen hat. Aber bei einer genauen Suche nach dieser vorgeblichen Logik in seinen Papieren hat sich weder etwas unter dem Titel *De l'Érudition* gefunden, noch etwas, das als Logik durchgehen könnte mit Ausnahme seiner *Règles pour la direction de l'Esprit dans la recherche de la Vérité*, die als das Modell für eine hervorragende Logik dienen können und die ohne Zweifel einen beträchtlichen Teil seiner Methode ausmachen, von der das, was wir als Vorwort zu seinen *Essais* gedruckt besitzen, nur einen kleinen Teil ausmacht« (Baillet I, 282).

Aber auch die *Regulae* sind nur ein Fragment. Es läßt sich nicht beweisen, aber die Idee hat einen gewissen Reiz, daß die fehlenden Teile der *Regulae* unter dem Titel *Algebra* noch bis mindestens 1638 in Descartes' Besitz waren. Descartes erwähnt die *Algebra* im Brief an Mersenne vom 25. Januar 1638[18] als eine Schrift »die mir nicht der Beachtung Wert zu sein scheint« und von der seines Wissens niemand eine Kopie besitze. Kopien davon hatte Descartes Anfang 1629 seinem alten Freund Isaac Beeckman geschickt, den er im Oktober 1628 wiedergetroffen hatte. Descartes war zu diesem Zeitpunkt wohl schon entschlossen, in die Niederlande überzusiedeln, kehrte vorher aber nach Paris zurück, von wo aus er Kopien der Manuskripte in die Niederlande schickte.[19] Nach seiner tatsächlichen Übersiedelung hatte Des-

[18] AT I, 501 = Bense 96.

[19] Es ist kaum glaubhaft, daß Descartes wirklich vergessen haben sollte, daß er Beeckman zumindest Ausschnitte daraus geschickt hatte. Inzwischen aber waren die beiden heftig aneinandergeraten und ein passables

cartes offenbar aber kein Interesse mehr an diesen Manuskripten; wir wissen nicht, was mit ihnen geschehen ist und sie finden sich auch nicht im Stockholmer Nachlaß. Wir kennen sie nur aus den Abschriften, die Beeckman von ihnen angefertigt und in sein Tagebuch integriert hat. Beeckman berichtet in einem aufschlußreichen Eintrag von Descartes' Besuch am 8. Oktober 1628:

»Herr René Descartes du Perron, der mir im Jahre 1618 zu Breda in Brabant das *Compendium musicae* gewidmet hat, in dem er mir seine Einschätzung über Musik dargelegt hat und das in dem hier vorliegenden Werk enthalten ist, dieser Descartes, sage ich, kam am 8. Oktober 1628 nach Dordrecht um mich zu sehen, nachdem er vorher vergeblich nach Middelburg in Holland gegangen war, wo er mich vermutete. Er sagte mir, daß ihm in der Arithmetik und Geometrie nichts mehr zu wünschen bliebe, das heißt, daß er in den vergangenen neun Jahren in diesen Dingen einen solchen Fortschritt gemacht habe, wie ihn die menschliche Geisteskraft überhaupt nur machen könne. Er legte mir Beweisstücke für seine Behauptung offen vor, und versprach, mir baldmöglichst in den nächsten Tagen aus Paris seine *Algebra* zu schicken, die er vollendet habe, und durch die er zu einem vollkommenen Wissen der Geometrie gelangt sei, und sogar zu einer uneingeschränkten menschlichen Erkenntnis gelangen könne« (Beeckman III, 94–95 = AT X, 331–332).

Distanz oder Fremdheit scheint zwischen den beiden Freunden trotz zehnjährigen Schweigens nicht bestanden zu haben. Descartes spricht Beeckman seine Hochachtung aus: Auch »nachdem er Frankreich, Deutschland und Italien durchwandert habe, hat er außer mir niemanden gefunden, mit dem er auf derselben Wellenlänge (secundum animi) eine Einschätzung erörtern und von dem er in seinen Studien Unterstützung erhoffe. Er sagt, es mangele überall an wahrer Philosophie, die er eine vordringliche Aufgabe nennt; ich selbst hingegen ziehe ihn allem vor, was ich jemals über Arithmetik und Geometrie gesehen oder gele-

Arbeitsverhältnis hatte sich nur durch die Kulanz Beeckmans wieder herstellen lassen. Es gibt deutliche Hinweise darauf, daß Descartes von Beeckman sehr viel mehr gelernt, wenn nicht sogar, wie im Falle der Magnetismustheorie, gestohlen hatte, und deshalb ist es wohl eher so, daß Descartes den 1637 verstorbenen Beeckman konsequent verschwieg.

sen habe«.[20] Er sagt dann über Descartes: »Jener aber [= Descartes] hat bislang noch nichts geschrieben, sondern hat meditiert, bis er 33 Jahre alt war,[21] und scheint die Sache, nach der er gefragt hat, vollkommener als die übrigen herausgefunden zu haben«.[22] Nach seinem Besuch kehrte Descartes wieder kurz nach Paris zurück und schickte »seine Algebra« nach Dordrecht, wo sie wohl im Januar 1629 ankam; jedenfalls nimmt Beeckman im Zeitraum zwischen dem 8. Oktober 1628 und 1. Februar in sein *Journal* Eintragungen vor, die er auf Descartes bezieht[23] und die dem entsprechen, was Descartes zehn Jahre zuvor zu tun angekündigt hatte: Schon im Zeitraum ihrer ersten Zusammenarbeit 1618/1619 hatte Descartes Beeckman von dem Vorhaben berichtet (Brief vom 26. März 1619), eine Verbindung von Mathematik und Methodik herzustellen:

> »Damit ich Dir nun aber ganz offen sage, was ich beabsichtige: Ich versuche nicht etwas wie die *Ars brevis* von Lullus, sondern eine ganz neue Wissenschaft (scientia penitus nova) bereitzustellen, durch die sich generell alle Fragen lösen lassen, die in jeder beliebigen Gattung der Quantität, sowohl kontinuierlicher wie diskreter, gestellt werden können. Eine jede aber gemäß ihrer Natur: Denn wie sich in der Arithmetik bestimmte Fragen durch rationale Zahlen lösen lassen, andere aber nur durch irrationale, und wieder andere schließlich man zwar anschauen, aber nicht lösen kann: so hoffe ich, zu beweisen, daß sich in der kontinuierlichen Quantität bestimmte Probleme allein mit geraden oder kreisförmigen Linien lösen lassen, andere aber nur mit anderen gekrümmten Linien, die aus einer einzigen Bewegung entstehen und die daher durch die neuen Zirkel gezogen werden können – ich halte diese Linien für nicht weniger sicher und geometrisch wie

[20] Der dann folgende Absatz (»Causam vero cur tam pauci hic versatissimi sint, esse existimo« (AT X, 332 = Beeckman III, 95)) ist allerdings kein Referat dessen, was Descartes gesagt hat, sondern gibt eine Überlegung von Beeckman wieder, der die Äußerungen Descartes' in der dritten Person wiedergibt, hier aber in die erste Person wechselt.

[21] Das Manuskript zeigt zuerst die Angabe »24«, die dann in »33« korrigiert wurde.

[22] AT X, 331–332 = Beeckman III, 94–95.

[23] Beeckman III, 94–99, 109–110; IV, 135–139=AT X, 333–346.

die, die durch den gewöhnlichen Zirkel gezogen werden –; während man schließlich wiederum andere Probleme nur durch gekrümmte Linien lösen kann, die aus verschiedenen Bewegung erzeugt werden, die einander nicht untergeordnet sind und gewiß zu den Problemen gehören, die man bloß anschauen kann, wie die hinlänglich bekannte Quadratrix. Ich bin der Ansicht, daß sich alles, was sich anschauen läßt, durch solche Linien sollte lösen lassen, aber ich hoffe darüber hinaus auch zu beweisen, welche Fragen auf welche bestimmte Weise gelöst werden können, nicht aber auf eine andere: so daß so gut wie nichts übrigbleibt, was in der Geometrie noch herausgefunden werden müßte.

Nun, das ist eine unendliche Aufgabe, und wohl kaum die eines einzelnen. Eher unglaublich als ehrgeizig; aber ich habe durch das dunkle Chaos dieser Wissenschaft ein irgendwie geartetes Licht gesehen, mit dessen Unterstützung ich meine, auch die dunkelsten Schatten vertreiben zu können« (AT X, 156–158 = Beeckman IV, 58–61).

1629 notiert Beeckman Descartes' Erfolgsmeldung: »Er hat gesagt, er habe eine allgemeine Algebra erfunden, in der er nicht die Figuren der Körper, sondern lediglich Flächen verwende, weil sich diese leichter verständlich machen lassen; außerdem ließen sich so auch andere Dinge jenseits der Geometrie optimal ausdrücken«.[24] Die Dinge jenseits der Geometrie waren offenbar Dinge, die auch jenseits der Mathematik lagen. Wie anders soll man sich die von Beeckman in diesem Zusammenhang notierte Erläuterung dieser Dinge verständlich machen?

»Insbesondere aber begreift er einen Würfel durch drei Dimensionen, wie es andere auch tun; dagegen begreift er ein Biquadrat wie wenn aus einem einfachen Würfel, der als hölzern betrachtet wird, ein steinerner Würfel würde: denn so wird eine Dimension zu dem Ganzen addiert; wenn dagegen eine andere Dimension zu addieren ist, betrachtet er es als eisernen Würfel; dann als goldenen usw., was nicht nur beim Gewicht geschieht, sondern auch bei den Farben und allen anderen Qualitäten. Wenn er demnach aus dem hölzernen Würfel drei Quadrate herausschneidet, begreift er auch, daß er letztlich einen Würfel herausschneidet, der aus Hölzernheit, Eisernheit usw. allein zusam-

[24] AT X, 333 = Beeckman III, 95.

> mengesetzt ist, so daß sich ein eiserner Würfel auf dieselbe Weise in einen hölzernen überführen läßt wie ein einfacher Würfel in ein Quadrat, das in jeder beliebigen Gattung beobachtet werden kann« (AT X, 334 = Beeckman III, 96).

Das ist die Lehre von den symbolisch darstellbaren Dimensionen der *Regulae* XIV und XV – zumindest ist es genauso unverständlich. 1629 hatte Descartes aber bereits andere Dinge in Arbeit, nämlich den *Traité de Métaphysique*, also die späteren *Meditationes*, eine Abhandlung über Parhelien, die später den zehnten Discours der *Météores*[25] bildeten und damit verbunden sicherlich zumindest schon Vorüberlegungen zu *Le Monde ou Traité de la Lumière*,[26] und seine *Algebra* verschwindet genauso wie die *Regulae* einstweilen von der Bildfläche – nicht jedoch der Themenkreis von Gelehrsamkeit, Logik, Methodik und Mathematik (Algebra und Geometrie).

1. Die Amsterdamer Erstausgabe und die Hannoveraner Handschrift

Die Erstausgabe der *Regulae ad directionem ingenii* erschien 51 Jahre nach Descartes' Tod 1701 in Amsterdam unter dem Titel *R. Des-Cartes Regulae ad directionem ingenii, ut et inquisitio veritatis per lumen naturale* als Teil der *Renati Des-Cartes Opuscula Posthuma, Physica et Mathematica*. Amsterdam: Blaev. Wir wissen weder, wer der Herausgeber dieses Bandes war, noch auf welcher Textgrundlage diese Ausgabe erfolgte. Unglücklicherweise konnte Charles Adam schon 1906 auf die in der Stockholmer Inventarliste verzeichneten »neun Hefte« für seine Ausgabe der *Regulae* im Band X von AT nicht mehr zurückgreifen, weil sie schon seit fast genau zweihundert Jahren verschollen waren. Bereits 1859 oder kurz davor hatte Foucher de Careil im hand-

25 AT VI, 354–366 = Zittel, 278–305.
26 Vgl. meine Darstellung in der Einleitung zu dem Meditationes, XII–XIII.

schriftlichen Nachlaß von Leibniz in Hannover eine Abschrift der *Regulae* entdeckt, die von der Amsterdamer Ausgabe abweicht. Foucher verzichtete vor dem Hintergrund der Amsterdamer Ausgabe von 1701, die 1704 ohne relevante Änderungen in zweiter Auflage erschienen war,[27] auf eine eigene Edition der *Regulae* auf der Basis dieser Handschrift, von der erst Charles Adam im Rahmen seiner Arbeit an AT eine Abschrift anfertigte, die er in der (heute praktisch unzugänglichen) *Revue Bourguignonne de l'Enseignement Supérieur*. XI (1901) Dijon: Damidot et al./Paris: Rousseau 1–89 unter dem Titel *Ren. Cartesii Regulae de inquirenda veritate* veröffentlichte. Adam standen damit zwei Quellen für seine Ausgabe der *Regulae* zur Verfügung, nämlich die Erstausgabe von 1701, sowie die Handschrift in der heutigen Niedersächsischen Landesbibliothek Hannover, Manuskript IV 308, die er zuerst 1894 eingesehen hatte, bzw. seine 1901 angefertigte Abschrift davon, auf die er für seine Texterstellung in den Jahren bis 1906 zurückgriff.[28]

All dies wäre ganz undramatisch, wenn die beiden Quellen übereinstimmten. Das aber ist nicht der Fall, und die Ansicht von L. W. Beck, daß die Abweichungen der beiden Texte keine Betrachtung verdienen, wird generell nicht geteilt.[29] Ein Vergleich der beiden Quellen zeigt neben vielen Kleinigkeiten auch bedeutende Abweichungen, nämlich erstens (1) bezüglich des Titels, der nicht nur zwischen der Amsterdamer Ausgabe (*Regulae ad directionem ingenii*) und der Hannoveraner Handschrift (*Regulae de inquirenda veritate*) abweicht, sondern auch von Leibniz selbst noch verschieden gegeben wird, nämlich als *Methodus inquirendae veritatis* in einer (unten zitierten) Aktennotiz und als *Regulae veritatis inquirendae* im Brief an Bernouilli vom 2. Oktober 1703[30] – und das sind nur die wichtigsten vier, bei Baillet

[27] Crapulli: *Regulae*, XVI; L. J. Beck: *The Method of Descartes. A Study of the Regulae*. Oxford: Clarendon 1970 (1952), 9, Anm.
[28] Crapulli, XVIII–XIX.
[29] *The Method of Descartes*, 9.
[30] AT X, 355.

und Borel finden sich daneben noch allerlei lateinische Abkürzungen und vor allem (wie in der Inventarliste) beschreibende französische Titel –; zweitens (2) bezüglich der Struktur der Regel IV, von der in der Hannoveraner Handschrift ein Teil, nämlich der Textabschnitt »Cum primum ad Mathematicas disciplinas animum applicui« bis zum Ende der Regel,[31] in den Anhang verschoben ist – eine bedeutende Abweichung, die uns noch beschäftigen wird –; drittens (3) in bezug auf die Regel VIII die abweichende Anordnung der drei Absätze AT X 393, 22–396, 25 = C 27, 10–29, 16 »Haec omnia ... sufficiet abunde«, die in der Hannoveraner Handschrift am Ende der Regel stehen; viertens (4) in der Regel XII die abweichende Ordnungszahl in AT 429, 17 = C 53, 6, die in der Hannoveraner Handschrift »quinto«, in der Amsterdamer Ausgabe hingegen »octavo« lautet, was eine jeweils andere Struktur der Regel ergibt; fünftens (5) in bezug auf die Ergänzung einer nicht unbedeutenden Randbemerkung Descartes' am Beginn von Regel XIV, die in der Amsterdamer Ausgabe fehlt;[32] sechstens (6) in bezug auf vereinzelte Abweichungen in der Begrifflichkeit und der Ausschreibung einiger in der Hannoveraner Handschrift als Symbol geschriebener Ausdrücke (△gulum) für geometrische Gebilde in der Amsterdamer Ausgabe (triangulum).

Seit der Entdeckung der Hannoveraner Handschrift (H) stehen die Editoren der *Regulae* vor dem Problem, einer der Quellen Priorität gegenüber der anderen einräumen zu müssen, ohne daß sich die diesbezügliche Entscheidung durch philologisch eindeutige Merkmale begründen ließe, wie insbesondere eine eindeutige und unbestreitbare Referenz auf eine Quelle. So wird im Editorial der Amsterdamer Erstausgabe von 1701 (A) weder der Name des Herausgebers noch die Textgrundlage der Ausgabe genannt. Anstelle eigener Angaben zu seiner Quelle und Arbeitsweise zitiert der anonyme Herausgeber Adrien Baillets Descartes-Biographie von 1691. Wir wissen aus seinen eigenen

31 AT X 374, 16–379, 13 = C 13, 1–16, 18.

32 AT X 18, Anm.=C 60, Marg.

Angaben, daß Baillet das *Regulae*-Manuskript bei der Abfassung seiner Biographie noch vorlag.[33] Das Faktum, daß der Amsterdamer Herausgeber Baillet zitiert, läßt sich indes ganz verschieden deuten und gibt uns keinerlei Hinweis auf die Textgrundlage dieser Ausgabe.

Das Original der *Regulae* hatte Leibniz bei seinem Besuch bei Clerselier 1676 gesehen, jedoch nicht selbst kopiert. Über seinen Besuch bei Clerselier notiert Leibniz:

> »J'ai été aujourd'hui avec M. Tschirnhaus pour lui donner la connaissance de M. Clerselier, et pour lui faire voir les restes de M. Descartes. Il nous montra un discours de M. Descartes *De la recherche de la verité*, il y avait environ 22 règles expliquées et illustrées. En latin.« (Akademie, 386).

Es ist einigermaßen unklar, wie die Aussage von Leibniz zu verstehen ist, Clerselier habe ihnen 1676 einen Text von Descartes *gezeigt* (montra). Leibniz weiß zu sagen, daß es sich um einen lateinischen Text handelt, was bestätigt, daß es sich dabei um die *Regulae* und nicht um den französischen Dialog *La Recherche de la Vérité* gehandelt hat. Leibniz spricht von erläuterten und illustrierten Regeln, was beweist, daß das Manuskript Abbildungen aufgewiesen hat, wenn auch letztlich nicht zu beweisen ist, daß sie so aussahen wie die in der Amsterdamer Ausgabe und der Hannoveraner Handschrift. Leibniz spricht vor allem aber auch von »ungefähr« 22 Regeln – was gar nichts beweist, weil wir nicht wissen, wie genau Leibniz die *Regulae* angesehen hat. Seine Rede von »ungefähr 22 Regeln« beweist also weder, daß das Pariser Manuskript noch eine Regel mehr enthielt als der heutige Textbestand, noch kann sie als Beweis gelten, daß Leibniz den in den Anhang verschobenen Teil der Regel IV beim oberflächlichen Durchsehen für eine zweiundzwanzigste Regel gehalten hat, obwohl diese Vermutung einen gewissen Reiz hat, weil sie beweisen würde, daß H in bezug auf die Struktur der Regel IV dem Original entspräche.

33 »C'est un manuscrit latin, non achevé, qui est entre nos mains« (Baillet I, 282 Marg.).

Was H betrifft, so läßt sich durch einen graphologischen Vergleich unzweifelhaft feststellen, daß es sich hierbei nicht um ein Autograph von Descartes handelt. Eduard Bodemann,[34] überliefert eine Notiz von Leibniz, die dahingehend verstanden werden kann, daß es sich bei H um eine Erstkopie handelt:

»308: Ren. Cartesii: Regula de inquirenda veritate. Autographon von 34 Bl. 4°. [Diese Handschrift des Cartesius mit den beiden anderen No. 381 und 382 ward nach unseren Biblioth.-Acten von Leibniz gekauft Sept. 1670 vom D. Schüller in Amsterdam. Es findet sich darüber in den Acten folgende eigenhändige Bemerkung von Leibniz: Ein Mstum mathematicum Cartesii, ein ander französ Mstum de Mr. Des Cartes, c'est un dialogue, où il prétend, de rendre sa philosophie fort intelligible, – ein latein. Mstum de Mr. Des Cartes, dessen Titel: methodus inquirendae veritatis, – diese Msta sind noch nicht gedruckt, sondern ganz rar vndt sind von des Autoris eigener Hand abgeschrieben. – Deux volumes in grand folio des édits et ordonnances, ramassées par le feu Maréchal Fabert, – alle diese Bücher sind bezahlet mit 50 Thaler.]«

Die Datumsangabe in der Aktennotiz von Leibniz/Bodemann hat zu einiger Verwirrung geführt. Charles Adam konnte die Angabe von Leibniz, diese Manuskripte seien noch nicht gedruckt und von »des Autoren eigener Hand abgeschrieben«, noch so erklären, daß Leibniz, der 1670 noch keine Handschrift Descartes' gesehen hatte, die Manuskripte tatsächlich für Originale gehalten haben könnte. Aber diese Handschrift kann kein Original Descartes' sein: Dagegen sprechen neben dem schon erwähnten graphologischen Vergleich vor allem auch die expliziten Hinweise auf Textlücken in dieser Handschrift selbst, die sich einleuchtend erklären lassen, wenn man sich vorstellt, daß ein Kopist oder Bibliothekar sie vorgenommen hat, aber nur sehr schwer, wenn man sich vorstellen soll, Descartes selbst habe sie geschrieben. Die Äußerung von Leibniz ist indes alles andere als eindeutig, vor allem aber ist die Datumsangabe in dieser Notiz mit an Sicherheit grenzender Wahrscheinlichkeit falsch. Leibniz hat

34 *Die Handschriften der Königlichen öffentlichen Bibliothek zu Hannover.* Hannover: Hahn 1867, 56 (Nr. 308).

diese Handschrift gekauft, nachdem er 1676 in Paris das Original der *Regulae* gesehen hatte und nachdem er Teile der *Cogitationes privatae* selbst kopiert hatte. Er muß also die Handschrift von Descartes gekannt haben, und das Argument Springmeyers[35] ist daher sehr plausibel, daß Leibniz damit nur sagen wollte, daß die von ihm erworbenen Manuskripte von Descartes' Handschriften (Hand = Handschrift), also den Originalen, abgeschrieben wurden.

Schon Crapulli hat in einer Anmerkung die für seine Argumentation nicht entscheidende Datumsangabe dieser Aktennotiz von Leibniz in 1676 korrigiert und dies damit begründet, daß Leibniz erst 1676 in Amsterdam mit Georg Hermann Schuller bekannt wurde.[36] In der Tat vermittelte Schuller wohl das Treffen von Leibniz mit Spinoza 1676 in Den Haag. Vorher hatte Leibniz Schuller in Amsterdam getroffen, und hierbei kann er die Hannoveraner Handschrift gekauft haben. Allerdings setzt diese Argumentation voraus, daß die Handschrift persönlich übergeben wurde. Wie dem auch sei: Sie kann weder nach Adams, noch nach Crapullis Datierung als Vorlage für die Amsterdamer Ausgabe gedient haben, weil Leibniz sie mit nach Deutschland nahm, wo sie, dies belegt Leibniz' Brief an Bernouilli vom 2. Oktober 1703, bis zu ihrer Wiederentdeckung durch Foucher in den 1850er Jahren blieb. Zudem wäre nicht erklärbar, wie die in der Hannoveraner Handschrift fehlenden (offenbar beim Kopieren übersprungenen Zeilen) in die Amsterdamer Ausgabe hätten gelangen können.

Heinrich Springmeyer hat die Frage, wann Leibniz die Hannoveraner Handschrift erworben hat, genauer untersucht. Er weist zunächst darauf hin, daß der Kauf dieser Handschrift durch Leibniz tatsächlich schon 1670 erfolgt sein kann, wenn man die stillschweigende Voraussetzung Crapullis fallen läßt, daß für die-

35 *Eine neue kritische Textausgabe der Regulae ad directionem ingenii von René Descartes*. in: Zeitschrift für philosophische Forschung 24 (1970), 101–125; 116.

36 XVII-XVIII, Anm. 6.

sen Erwerb eine persönliche Begegnung von Leibniz und Schuller nötig gewesen war (110). Einleuchtender ist allerdings, daß erst die Begegnung mit Clerselier 1676 das Interesse von Leibniz an der Philosophie Descartes' in einer Weise befördert haben wird, die ihn veranlaßte, Cartesische Manuskripte zu erwerben (109). Indes gibt Bodemann die Aktennotiz nur unvollständig wieder. Im Original endet sie nicht mit der Nennung des Kaufpreises, sondern mit dem Hinweis, »alle diese Bücher sind bezahlt mit 50 thl. laut inliegender Quittung« (110). Auch diese Quittung ist noch in einer Abschrift von Leibniz selbst vorhanden; quittiert wird in ihr aber nicht der Erhalt von 50 Talern als Gegenleistung für Bücher, sondern als Gegenleistung »zum Einkauf« von Büchern. Dies besagt nun zunächst, daß selbst dann, wenn das in der Quittung genannte Datum des 13. September 1670 richtig sein sollte, Leibniz die Hannoveraner Handschrift nicht im September 1670 erworben hat, sondern der eigentliche Erwerb später stattgefunden haben muß. Allerdings setzt auch diese von Schuller unterschriebene und auf September 1670 datierte Quittung wiederum voraus, daß Leibniz bereits 1670 mit ihm in Kontakt stand – und das ist äußerst unwahrscheinlich, da er ihn erst 1676 persönlich traf. Springmeyer hat herausgefunden, daß diese Quittung Teil einer Unkostenliste ist, die Leibniz 1680 als Bibliothekar der Herzoglichen Bibliothek seinem Arbeitgeber Ernst August vorlegte. Bibliothekar in Hannover war Leibniz aber erst seit 1676. Sofern man Leibniz nicht unterstellen will, er habe seinem Arbeitgeber eine alte private Anschaffung als Auslage untergejubelt, muß das Datum der Quittung also falsch sein. In dem Brief Schullers an Leibniz vom 13. September 1678[37] wird diese Quittung erwähnt, so daß es sich bei der Datierung der Quittung auf 1670 also offenbar um ein schlichtes Versehen von Leibniz handelt, der sie für seine Akten abschrieb, bevor er das Original einreichte, um seine Auslagen einzutreiben (112). Dieses Datum paßt natürlich sehr viel besser zu den Fakten, daß Leibniz Schuller 1676 kennenlernte und im selben

[37] Abgedruckt bei Springmeyer 123–125.

Jahr Bibliothekar in Hannover wurde, deshalb aus einem Etat Bücher einkaufte, einen Teil des Geldes dafür aber wohl offenbar auslegte, und es 1680 erstattet haben wollte. Schuller starb am 2. September 1679, und daher ist anzunehmen, daß Leibniz die Hannoveraner Handschrift (in welchem Zusammenhang auch immer) irgendwann zwischen September 1676 und September 1679 erhielt. Nicht unerwähnt bleiben darf in diesem Zusammenhang freilich auch der Umstand, daß Schuller Leibniz offenbar dazu bewegen wollte, alchemistische Experimente finanziell zu unterstützen, so daß es sich bei dieser Quittung auch um eine Verschleierung eines ganz anderen Geschäftes handeln könnte. Die ganze Angelegenheit bleibt also einigermaßen nebulös. Nimmt man hinzu, daß unabhängig von irgendwelchen Scheingeschäften die Quittung ja auch dann, wenn sie einen tatsächlichen Bücherkauf quittierte, von Schuller nachträglich ausgestellt worden sein kann, ergibt sich, daß alle Indizien gegen die Datierung auf 1670 und für einen Kauf der Hannoveraner Handschrift zwischen 1676 und 1679 sprechen.

Charles Adam hatte Kenntnis von der bei Bodemann veröffentlichten Notiz von Leibniz: Er zitiert sie selbst (AT X, 354), und nach dem bisher Gesagten enthält diese Notiz einen Beleg dafür, daß die Hannoveraner Handschrift eine zwar vielleicht fehlerhafte, nichtsdestoweniger aber eine Erstkopie des Originals ist, während die Quelle der Amsterdamer Ausgabe unbekannt bleibt. Schon Adam hätte also der Hannoveraner Handschrift Prioriät vor der Amsterdamer Ausgabe einräumen müssen. Er tat es nicht, sondern hielt die Amsterdamer Ausgabe für »bien préférable« (AT X, 357). Warum? Als philologische Begründung nennt Adam die in der Hannoveraner Handschrift fehlenden, als übersprungene Zeilen beim Kopieren erklärbaren Passagen, so daß trotz gelegentlich besserer Lesarten in der Hannoveraner Handschrift die Amsterdamer Ausgabe vorzuziehen sei. Adam nennt weitere historische Begründungen, nämlich:

(1) Adam legt plausibel dar, daß Leibniz die *Opuscula Posthuma* für die Emendation eines anderen Textes von Descartes benutzt hat, den er in handschriftlich kopierter Form besaß. Er

kannte also die Amsterdamer Ausgabe und wäre deshalb in der Lage gewesen, seine Handschrift der *Regulae* mit A zu vergleichen. Er erhob aber keinerlei Einwände gegen letzteren.[38] – Freilich setzt diese Argumentation voraus, daß Leibniz die Texte tatsächlich verglichen hat, und das ist eine bloße Vermutung. Ist es wirklich glaubhaft, daß Leibniz bloß deshalb, weil er die Amsterdamer Ausgabe für die Ergänzung eines Textes benutzte, einen Textvergleich zweier Fassungen eines ganz anderen Textes durchgeführt hat?

(2) Im *Journal de Savants* XIV erschien 1703 (209–221) eine Buchbesprechung der *Opuscula Posthuma*, in der die *Regulae* als das »plus considérable de ces Ecrits« (210) hervorgehoben werden. Adam argumentiert, daß weder 1701 anläßlich ihrer Veröffentlichung, noch 1703 angesichts der Buchbesprechung irgendwelche Einwände »gegen die Authentizität des lateinischen Textes« (AT X, 354) der *Opuscula Posthuma* geäußert worden seien, obwohl es in diesem Zeitraum noch möglich gewesen sei, in Paris einen Vergleich mit dem Original durchzuführen; denn das sei noch im Besitz Legrands gewesen, der nach dem Tode Clerseliers 1684 den Cartesischen Nachlaß geerbt hatte und selbst erst 1704 starb, ohne mit ihm irgendetwas Gescheites angefangen zu haben.[39] Nun ist das letzte belegte Datum, an dem jemand das Originalmanuskript der *Regulae* nachweislich in den Händen hatte, das bereits zitierte Testimonium Baillets 1691. Es gibt keinen Grund, daran zu zweifeln, daß der handschriftliche Nachlaß Descartes' nach Clerseliers Tod tatsächlich zuerst an Jean-Baptiste Legrand und danach an Marmion überging; dies ist aber nicht gleichwertig mit der Gewißheit, daß das Cartesische Original der *Regulae* Paris nie zwischenzeitlich verlassen hat.

[38] AT X, 355–356.

[39] Am 10. April 1690 schreibt Legrand an einen Freund in Genf, »que tous les manuscrits de M. Descartes qui n'ont point encore été imprimé sont en ma possession« (AT I, XLVIII). Als Legrand 1704 stirbt, übergibt er sie an Marmion, den es jedoch ebenfalls bereits 1705 hinwegrafft, und die Papiere gehen an Legrands Mutter zurück (*Nouvelles de la République des Lettres* Juni 1705, 697–698). Seitdem sind sie verschwunden.

(3) Adam geht aber genau aus diesem Grund von der Existenz einer zweiten, von der Hannoveraner Handschrift verschiedenen Kopie aus, die der Amsterdamer Ausgabe als Vorlage gedient habe. Diese Kopie kann in der Tat nicht die Hannoveraner Handschrift selbst sein, weil Leibniz sie zwischen 1676 und 1679 von Schuller gekauft hat, und sie stets im Besitz von Leibniz geblieben ist. Noch 1703 bietet Leibniz selbst seine Handschrift in dem Brief an Bernouilli vom 2. Oktober als Vorlage für die niederländische Edition der Inedita an, und erst Bernouilli macht Leibniz darauf aufmerksam, daß diese Edition bereits 1701 erschienen war. Adam hält die Vorlage der Ausgabe von 1701 und die Vorlage der Übersetzung von Glazemaker 1684 für identisch, gibt hierfür aber keinen Beleg an. Adam sieht in Jean deRaey (1622–1701 od. 1702) den Besitzer dieser Kopie und schließt von der Tatsache, daß deRaey 1692 in Zusammenarbeit mit Frans Schooten für den Verlag Blaev, bei dem die Amsterdamer Ausgabe erschien, eine lateinische Descartes-Ausgabe besorgt hatte, als hinreichenden Beleg dafür, daß deRaey die Vorlage der *Regulae* lieferte: »Le nom de Jean deRaey est donc un sûr garant d'authenticité pour le texte publié à Amsterdam en 1701« (AT X, 353). Freilich gibt es, worauf Giovanni Crapulli zu Recht hingewiesen hat, im Editorial der Amsterdamer Ausgabe keinen Hinweis auf deRaey, und seine (wie weit auch immer gehende) Mitarbeit an dieser Ausgabe ist eine bloße Behauptung. Übrigens war Frans Schooten bereits seit 1660 tot, seine Mitarbeit an der Ausgabe von 1692 also eher unwahrscheinlich.

2. Glazemakers Übersetzung von 1684 und die kritische Edition von Giovanni Crapulli 1966

Die Ansicht von Charles Adam, daß die Amsterdamer Ausgabe der Hannoveraner Handschrift vorzuziehen sei, ist bis zum Erscheinen der kritischen Ausgabe von Giovanni Crapulli 1966 allgemein akzeptiert worden. Alle Textausgaben der *Regulae* (und damit auch die auf ihnen jeweils basierenden Übersetzungen) vor 1966 sind damit entweder solche, die allein auf der Amsterdamer Erstausgabe beruhen, oder solche, die in der Folge von AT in Kenntnis der Hannoveraner Handschrift erfolgen, aber der Amsterdamer Ausgabe philologische Priorität einräumen. Charles Adam erwähnt bereits die mögliche dritte Quelle für die Rekonstruktion des *Regulae*-Textes, nämlich die flämische Übersetzung von Jan Hendriksz Glazemaker, macht von ihr aber keinen Gebrauch. Erst Giovanni Crapulli hat in seiner Ausgabe von 1966 die holländische Übersetzung berücksichtigt und damit, wie Jean-Luc Marion zu Recht festgestellt hat, die erste kritische Textausgabe der *Regulae* geschaffen, »qui mérite ce nom« (Marion 1977, IX).[40] Crapullis Edition markiert nach dem Erscheinen der Erstausgabe 1701 und des Bandes X von AT 1908 den Beginn einer neuen Phase der Textedition der *Regulae*.

Bei der Übersetzung der *Regulae* von Jan Hendriksz Glazemaker (1620–1682) unter dem Titel *R. Des Cartes Regulen van de bestieringe des verstants* im Band III (1684) der von Jan Rieuwertsz herausgegebenen *Alle de Werken van de Heer Renatus Descartes* (1656–1684): *R. Descartes Brieven, Derde Deel, Neffens een nette Verhandeling van het Licht*. Amsterdam: Rieuwertsz 1684 handelt es sich also um die früheste Ausgabe der *Regulae* überhaupt. Glazemaker hatte die Mehrzahl der Übersetzungen für die niederländische Werkausgabe von Rieuwertsz angefertigt. Zum Zeitpunkt des Erscheinens der *Regulae*-Übersetzung war er jedoch schon seit zwei Jahren tot. Die

40 Wobei das Lob zurückzugeben wäre: Denn bei Marions Ausgabe handelt es sich um die einzige, die die Bezeichnung »kommentiert« verdient.

Übersetzung muß daher vor 1682 angefertigt worden sein. Wann genau, wissen wir nicht, und auch hier sagt das Editorial nichts über die Textgrundlage. Kurios ist es zudem, daß die *Regulae* im Titel des Bandes gar nicht erwähnt werden; dies mag der Grund dafür sein, weshalb Adrien Baillet von dieser Edition offenbar nichts wußte, die er, der berüchtigte, von Sammelwut besessene Pedant, ansonsten in seiner Descartes-Biographie sicherlich erwähnt hätte. Es kann schon allein deshalb als ausgeschlossen gelten, daß Baillet irgendwie an der Bereitstellung der Vorlage beteiligt gewesen war. Das aber ist zudem auch durch den Umstand ausgeschlossen, daß Baillet die Arbeit an seiner Biographie 1688 begann und vorher mit Descartes überhaupt nicht befaßt war.[41] Baillet erhielt die Manuskripte Descartes' erst nach dem Tode Clerseliers 1684 von Legrand, Glazemaker aber muß die Übersetzung vor 1682 angefertigt haben, also noch zu Lebzeiten Clerseliers. Baillets Schweigen bezüglich der niederländischen Ausgabe gibt demnach keine Hinweise auf die Vorlage Glazemakers, und es ist daher nicht mit Sicherheit auszuschließen, daß Clerselier oder Legrand sie zwischenzeitlich – also zwischen 1676, als Leibniz und Tschirnhaus sie bei Clerselier einsahen, und 1688–1691, als dem längsten Zeitraum, in dem sie Baillet zur Verfügung standen – verliehen oder für eine Abschrift zur Verfügung gestellt hatten. Clerselier zumindest verstand sich nicht als Bewacher der Cartesischen Manuskripte; er verlieh das Manuskript der *Regulae* bekanntlich an Antoine Arnauld und Pierre Nicole für deren Arbeit an der zweiten Auflage 1664 der sog. »Logik von Port-Royal« *L'art de penser*,[42] und an den, Lewis White Beck zufolge, ersten »and by no means the stupidest, commen-

[41] Gregor Sebba: *Adrien Baillet and the Genesis of his Vie de M. Des-Cartes*. in: Thomas M. Lennon/John M. Nicholas/John W. Davis: *Problems of Cartesianism*. Kingston and Montreal: McGill-Queen's University Press 1982, 9–60; 43.

[42] Arnauld und Nicole ergänzen das Kapitel des 4. Teils *Des deux sortes de methodes, Analyse, & Synthese* durch ein freies Referat von Regula XIII (AT X, 430 ff.) und des ersten Absatzes der Regel XIV (AT X, 470–475).

tator on the Cartesian method«,[43] nämlich Nicolas-Joseph Poisson für dessen 1670 erschienenen *Commentaires ou Remarques sur la méthode de René Descartes*.[44] Anderseits ist es kaum vorstellbar, daß Glazemaker/Rieuwertsz und der Herausgeber der Amsterdamer Ausgabe von 1701 darauf verzichtet hätten, die Bereitstellung eines Originalmanuskripts von Descartes durch Clerselier vor 1682 oder durch Legrand vor 1701 im Editorial zu erwähnen.

Crapulli geht für seine Rekonstruktion der Quellenlage von folgenden Annahmen aus:

Zu ihrer Quelle heißt es: »La plus grande partie de tout ce que l'on dit ici des questions, a été tiré d'un manuscrit de feu Monsieur Descartes, que Monsieur Clerselier a eu la bonté de prêter« (Antoine Arnauld et Pierre Nicole: *La Logique ou L'art de penser contenant, outre les règles communes, plusieurs observations nouvelles, propres à former le jugement*. Édition critique par Pierre Clair et François Girbal. Paris: PUF 1965, 300 ff.). Diese ausdrücklich als entlehnt gekennzeichnete Passage ist übersetzt bei: Antoine Arnauld/Pierre Nicole: *Die Logik oder die Kunst des Denkens*. übers. v. Christos Axelos. Darmstadt: Wissenschaftliche Buchgesellschaft 1994, 291–298.

43 *The Method of Descartes*, 214.

44 »J'ai rencontré dans un Manuscrit, qu'il avait commencé dès les premières années qu'il s'appliqua serieusement à l'étude, que pour venir à bout de toutes les difficultés qu'on propose, il faut 1, les connaître distinctement chacune en particulier. 2, les dépouiller de tout ce qui ne leur est point essentiel dans le sens auquel on les considère. 3, les reduire & les diviser en petites parties. 4, examiner avec attention chacune de ces parties, commençant par les plus simples. 5, il faut rapporter toutes ces parties, en les comparant les unes aux autres. Voilà à quoi aboutit toute la finesse des methodes qu'on a trouvées, & qu'on trouvera jamais. Elle est également necessaire dans la Physique & dans la Géométrie. L'article de ces règles le plus difficile à mettre en pratique, c'est ce dernier: tant parce qu'on ne connait pas assez les termes qu'on doit comparer, qu'à cause qu'on a besoin d'un Moyen, qu'on appelle Medium dans l'École, qui n'est pas aisé à trouver« (76). Becks despektierliche Äußerung hat Jean-Paul Weber nicht daran gehindert, Poissons Kurzreferat der *Regulae*, von dem unklar ist, ob er es nicht mit den einschlägigen Äußerungen Descartes' aus dem *Discours* schlicht vermischt, zu einer eigenen Phase des methodischen Denkens von Descartes hochzustilisieren.

(1) *Es gab ein einziges Cartesisches Original und nicht mehrere voneinander abweichende Fassungen dieses Textes, die zu verschiedenen Zeiten und an verschiedenen Orten vorhanden waren* (XXI). Dem ist uneingeschränkt zuzustimmen. Es gibt nicht den geringsten Hinweis auf die Existenz verschiedener, von Descartes selbst stammender Fassungen des *Regulae*-Manuskripts, sondern es ist von einem Manuskript auszugehen, nämlich dem in der Stockholmer Inventarliste aufgeführten. Eine ganz andere Frage ist es, ob das *Regulae*-Manuskript intern Spuren verschiedener Bearbeitungsphasen aufweist, die es, wie Jean-Paul Weber behauptet hat, zu einer Collage systematisch unterschiedlicher, weil chronologisch verschiedener Bausteine macht, deren Zusammenhalt zumindest labil ist.

(2) *Das von Leibniz erworbene Manuskript diente weder als Vorlage der Glazemaker-Übersetzung, noch als Vorlage für die Amsterdamer Ausgabe* (XXI). Diese Behauptung kann als belegt gelten. Glazemaker arbeitete an der Übersetzung vor 1682, Leibniz aber hatte die Hannoveraner Handschrift zwischen 1676 und 1679 erworben. Wenn die Hannoveraner Handschrift Vorlage der Übersetzung Glazemakers gewesen wäre, hätte Glazemaker also äußerst früh mit seiner Arbeit beginnen müssen. Die fertige Übersetzung hätte mindestens drei Jahre bis zu seinem Tod bei ihm liegen müssen und mindestens weitere zwei Jahre beim Verlag, insgesamt also fünf Jahre bis zu ihrer Veröffentlichung. Ausgeschlossen ist das nicht, aber nicht sehr plausibel.

(3) *Die Vorlage der Glazemaker-Übersetzung und die Vorlage der Amsterdamer Ausgabe waren verschieden* (XX). Diese Ansicht stärkt die Stellung der Glazemaker-Übersetzung als dritte Quelle. Crapulli widerspricht hierin Adams gegenteiliger Behauptung, die er aufgrund eines Vergleiches der Übersetzung mit der Amsterdamer Ausgabe für falsch hält: »La traduction hollandaise nous fait remonter à des omissions et lacunes, des transcriptions, des flexions différentes dans le texte latin« (XXI–XXII). Die Annahme einer dritten Handschrift neben der Hannoveraner Handschrift und der Vorlage der Amsterdamer Aus-

gabe[45] stellt eine tiefgreifende Modifikation der Quellenlage dar, wie sie sich aus belegbaren Daten und stringenten Folgerungen darstellt; sie sollte deshalb selbst auf belastbaren Belegen und Hinweisen gründen. Dies aber scheint mir im Falle der Behauptung Crapullis nicht der Fall zu sein. Crapulli schließt von einer niederländsichen Übersetzung auf einen lateinischen Text zurück. Das scheint mir gewagt zu sein, und ich halte die Abweichungen, die Crapulli auflistet (XXII, Anm. 1) generell für einfacher erklärbar durch den Umstand, daß Glazemaker einen unvollendeten und daher sicherlich nicht fehlerfreien Text in ein möglichst fehlerfreies und flottes Niederländisch zu übersetzen versucht hat. Grundsätzlich will mir scheinen, daß sich die Behauptung Crapullis, er könne von Abweichungen im niederländischen Text auf eine von der Vorlage der Amsterdamer Ausgabe noch verschiedene Kopie schließen, nicht mit der Behauptung in Einklang bringen läßt, die Amsterdamer Ausgabe weise Züge redaktioneller Eingriffe auf (XXIX), weiche also selbst von ihrer Vorlage ab. Da wir schlicht nicht wissen, worin diese Eingriffe bestanden, scheint mir auch die Aussagekraft der Abweichungen zwischen dem Amsterdamer Text und den die der Übersetzung zugrunde liegenden lateinischen Termini verzeichnenden lateinischen Marginalien bei Glazemaker nur sehr gering zu sein. Will man denn allen Ernstes aufgrund von Abweichungen wie »scriptores« in der Amsterdamer Ausgabe und »auctores« als Marginalie bei Glazemaker (C 7), oder gar »ingenia« vs. »ingenium« (C 10) auf die Verschiedenheit der Vorlage schließen? Die weni-

45 Der Behauptung Crapullis stimmt auch Heinrich Springmeyer zu: »Wenn man von der Übersetzung Glazemakers auf den ihm vorliegenden lateinischen Text schließt, so ergeben sich an zahlreichen Stellen Unterschiede, nicht nur zu H, sondern auch zu A oder zu beiden zugleich, die sich auch dann, wenn man die Möglichkeit redaktioneller Änderungen einerseits in A und andererseits für N in Betracht zieht, nicht alle wegerklären lassen. Damit wird diese Übersetzung zu einer möglichen dritten Quelle für einem dem Original möglichst nahe kommenden Regulae-Text« (102).

gen Fälle, in denen mir die Abweichungen überhaupt beachtenswert erscheinen, lassen sich allesamt als Versehen erklären:

Seite bei Crapulli	Amsterdamer Ausgabe	Marginalie bei Glazemaker
7	scriptores	auctores
8	inductio	deductio
12	rudimenta	principia
18	[kürzere Aufzählung]	[längere Aufzählung]
27	Mathematica	Mathesis
43	sensus externo	sensus exterior
48	notiores	notiones
72	phantasia	imaginatio

(4) *Unter der Voraussetzung zweier verschiedener Vorlagen für Glazemaker und die Amsterdamer Ausgabe ist von der Existenz dreier Kopien auszugehen, von denen keine eine Erstkopie des Originals ist.* Crapulli hält die Annahme einer vierten Kopie für nötig, die als gemeinsame Vorlage für die anderen drei diente, um die Identität »de mêmes omissions, fautes et endroits troublés« (XXII) in den drei Manuskripten zu erklären. Den naheliegenden Einwand, daß diese Auslassungen, Fehler und undeutlichen Stellen einfach im Original vorhanden gewesen sein können, thematisiert Crapulli nicht, wie Springmeyer bereits kritisch gegen Crapullis Behauptung eingewandt hat (106f.): »Alles, was Crapulli an Fehlern und Unstimmigkeiten im einzelnen aufführt, könnte Descartes selber bei seiner ersten Niederschrift unterlaufen und in diesem Manuskript, das er nie abgeschlossen und nie zum Druck redigiert hat, stehengeblieben sein« (107). Für die Existenz einer solchen vierten Kopie gibt es keinerlei belastbare Hinweise.

(5) *Die Hannoveraner Handschrift ist ebenfalls keine Erstkopie.* Crapulli weist darauf hin, daß der Kopist der Hannoveraner Handschrift die Hinweise auf Textlücken nicht typographisch gegenüber dem Text abgehoben hat, z. B. durch Klammern, die erst Leibniz gesetzt habe (XXVI, Anm. 1). Dies Argument ist schlicht nicht zwingend, denn auch wenn »einzuräu-

men ist, daß man diese Hinweise schwerlich Descartes selber zuschreiben kann« (Springmeyer, 107), gibt es keinen Beleg dafür, daß sie weder vom Kopisten selbst oder irgendjemand anderem, der die Handschrift in den Händen hatte, eingefügt worden ist. Gerade umgekehrt wird doch ein gewissenhafter, einen Auftrag ausführender Kopist eine Lücke, die er in einer Vorlage entdeckt, in seiner Abschrift irgendwie kenntlich machen. Auch die von Crapulli als weiterer Hinweis auf eine zwischengeschaltete Kopie gewertete Tatsache ist kein zwingendes Argument, daß der autobiographische Abschnitt C 13,1–15, 22 (das ist nichts anderes als der Hauptteil dessen, was Weber als IV-B bezeichnet, also der Abschnitt, der in der Hannoveraner Handschrift im Anhang steht) in der Wiedergabe bei Baillet (I, 112–115) in Absätze gegliedert ist, in der Hannoveraner Handschrift jedoch nicht. Offenbar schenkt Crapulli hier der Textgestalt des Referats bei Baillet größeres Vertrauen als den übereinstimmenden Zeugnissen der anderen drei Quellen: Er hält die Absatzeinteilung durch Baillet, der das Originalmanuskript in den Händen hatte, für ein Testimonium des Originals und schließt von daher auf eine zwischengeschaltete Kopie ohne Absätze, im Rückgriff auf die das Fehlen dieser Absätze in den anderen Quellen erklärbar wird. Schon Springmeyer (107–108) schien diese Argumentation nicht einleuchtend und erklärte die Absätze plausibel als Eingriffe Baillets, der den Text ohnehin mehr französisch referiert als übersetzt. Zu ergänzen wäre dies nur durch den Hinweis, daß die Meditationen 1–3 in der zweiten, von Descartes selbst betreuten Auflage 1642 abweichend von AT nicht einen einzigen Absatz enthalten. Auch Descartes' kurze Vorrede zum *Discours de la Méthode*, in der er die Einteilung des Textes in sechs Teile erläutert, deutet auf den Umstand hin, daß es ihm eher lästig als willkommen gewesen ist, diese Einteilung aus Rücksicht auf die Lesbarkeit vornehmen zu müssen.

(6) *Es gibt keine Hinweise darauf, daß Descartes vor seiner Abreise nach Stockholm Kopien seines Manuskripts gestattet hat; demnach stammen alle Kopien davon aus der Zeit nach Descartes' Tod.* Dem ist uneingeschränkt zuzustimmen. Mir ist kein

einziger Fall bekannt, in dem Descartes selbst es irgendjemandem erlaubt hätte, irgendeinen seiner unvollendeten Texte vor dessen Drucklegung zu kopieren.

(7) *Es gibt eine eigene Texttradition der Regulae in den Niederlanden, die unabhängig von den Pariser Originalen Clerseliers und seiner Nachfolger ist.* Nach dem Tod Descartes' am 11. Februar 1650[46] nahm Pierre Chanut den Nachlaß an sich.[47] 1653 wurde Chanut Botschafter in den Niederlanden. Ein Brief Constantin Huygens' an Prinzessin Elisabeth vom 31. Dezember 1653[48] belegt, daß Chanut noch Ende 1653 im Besitz aller Papiere Descartes' war. Chanut hatte sich an Constantin Huygens gewandt, weil er sie zusammen mit dessen Sohn Christiaan im Hinblick auf eine mögliche Veröffentlichung durchsehen wollte. Zu einer Veröffentlichung durch Chanut/Huygens kam es bekanntermaßen nicht. Constantin Huygens schrieb diesen Brief aus den Niederlanden: Er bezeichnet Chanut als »ambassadeur ici«, aber es geht aus dem Brief leider nicht hervor, ob Chanut Constantin Huygens die Manuskripte tatsächlich gezeigt hat, oder ob er nur in ihrem Besitz war. Es ist also unklar, ob Chanut den Nachlaß Descartes' vor dessen Weitergabe an Clerselier zuerst mit nach Amsterdam oder nach Den Haag genommen hatte. Baillet berichtet davon, daß Chanut den Nachlaß erst 1653 nach Frankreich transportieren ließ und erwähnt keinen Zwischenaufenthalt in den Niederlanden.[49] Zudem ist es wahrscheinlicher, daß Chanut sich zuerst seine Approbation in Paris abholte, bevor er seine Arbeit in den Niederlanden aufnahm. Einzig gesichert scheint also das Absendedatum 1653 zu sein, die Route der Papiere ist unklar. 1657, 1663 und 1667 erschienen die ersten Bände der Korrespondenz Descartes' von Clerselier. Bei dem Durcheinander der Papiere, von dem Clerselier berichtet und das angesichts des Tranportschadens auch nicht verwunderlich ist, ist

[46] Baillet II, 423.
[47] Baillet II, 428.
[48] AT X, 3.
[49] Baillet I, XXII; II, 428.

eine Bearbeitungszeit von drei Jahren (Anfang 1654 bis 1657) nicht zu lang kalkuliert, und dies spricht dafür, daß die Papiere direkt nach Paris gingen. Freilich ist nicht auszuschließen, daß Chanut sie vielleicht doch über die Niederlande laufen ließ, wo sie dann kopiert werden konnten um so eine eigene Texttradition zu etablieren, die auf die Pariser Originale nicht mehr zurückgreifen mußte. In diesem Fall könnte die Kopie, die Leibniz zwischen 1676 und 1679 in Amsterdam von Schuller erwarb, Teil dieser Texttradition sein, d.h. die Hannoveraner Handschrift könnte unter diesen Umständen eine Erstkopie der im Besitz Chanuts befindlichen Autographien vor deren Weitergabe an Clerselier sein, und sie stünde demnach dem Original näher, nämlich näher an dem wirklich von Descartes hinterlassenen Manuskript, gleichzeitig aber weiter entfernt von dem Cartesischen Manuskript nach dessen Rekonstruktion in Paris. Nur: dasselbe Argument läßt sich auch auf die Vorlage zur Amsterdamer Ausgabe anwenden, nämlich solange, wie sich nicht beweisen läßt, daß diese Vorlage eine Kopie der Pariser Manuskripts oder eine Abschrift davon ist. Zwar hatte Tschirnhaus – darauf weist schon Crapulli hin – Verbindungen zu den niederländischen Spinozisten, zu denen Rieuwertsz, Glazemaker und Schuller gehörten, und zudem hat Tschirnhaus Schuller mehrere Male versprochen, von Paris aus Cartesische Manuskripte zu schicken (XXIII); aber es gibt keinerlei Beweis für einen tatsächlichen Beitrag von Clerselier oder Tschirnhaus zu dem niederländischen Textbestand, und zwar weder durch in die Niederlande versandte Kopien, noch durch Leihgabe des Originals, und so gesehen ist es unter der Voraussetzung zweier verschiedener Texttraditionen in den Niederlanden und in Paris wahrscheinlicher, daß die Amsterdamer Ausgabe, bzw. zumindest deren Textvorlage, dem Cartesischen Original näher kommt.[50] Ist es nicht viel einfacher, die Herausnahme von IV-B in der Hannoveraner Handschrift durch

50 Es gibt auch Hinweise darauf, daß Spinoza selbst die *Regulae* gelesen hat, wobei die diesbezüglichen Überlegungen von Juan Domingo Sánchez Estop: *Spinoza, Lecteur des Regulae. Notes sur le Cartésianisme du*

die Tatsache zu erklären, daß bei dem erneuten Zusammenstellen (vielleicht sogar Zusammenbinden) des Manuskripts nach dem Schiffsunglück bei Paris die Seiten mit IV-B zuerst nicht an die richtige Stelle getan wurden, was auch den Verweis erklären würde? Das aber ergibt wiederum nur Sinn, wenn man die Hannoveraner Handschrift als eine Kopie des Pariser Originals ansieht, die irgendwie nach Amsterdam gelangt ist; und auch dafür gibt es keine Beweise.

3. Jean-Paul Webers genetischer Ansatz und die Edition von Heinrich Springmeyer

Heinrich Springmeyer hat bislang als letzter eine kritische Ausgabe des *Regulae*-Textes erstellt. Seine Edition wurde nach seinem Tod von Hans Günter Zekl druckfertig gemacht, der es sich nicht nehmen ließ, dem von Springmeyer übernommenen Grundsatz Crapullis, der Hannoveraner Handschrift philologisch Priorität vor der Amsterdamer Ausgabe einzuräumen, noch bis in die letzten Winkel Geltung zu verschaffen, indem er »die in allen eingesehenen Ausgaben zu findenden Formen quamdam, quemdam, eumdem, eamdem etc.«, durch die in der Hannoveraner Handschrift »durchgehend – bis auf wenige Ausnahmen –« zu findenden Formen »quandam, eundem etc.« zu ersetzen. Leider enthält der lateinische Text in der veröffentlichten Form neben solchen erfolgreich emendierten Lapalien denn doch einige schlichte Versehen, die Zekl bei seinem Versuch, einen nunmehr besenreinen Text vorzulegen, offenbar entgangen sind. Zekl redaktionierte auch Springmeyers Aufsatz von 1970 und baute die

jeune Spinoza. in: Revue des sciences philosophiques et théologiques 71 (1987), 55–66 hier nicht weiterhelfen, weil Sánchez Estop es aufgrund inhaltlicher Parallelen zwischen Spinozas *Tractatus de intellectus emendatione* und den *Regulae* für möglich hält, daß Spinoza die *Regulae* gekannt hat, und zur Stützung seiner These für nicht ausgeschlossen hält, daß Glazemaker Spinoza seine Vorlage zur Kenntnis gebracht hat. Über die Vorlage selbst und ihre Herkunft erfahren wir jedoch nichts.

verstümmelte Fassung als philologisches Vorwort in die Ausgabe ein.

Springmeyer selbst scheint den textuellen Fragen einigermaßen entspannt begegnet zu sein:

»Die Unterschiede zwischen der Textfassung der früheren Ausgaben und der besseren Fassung bei Crapulli sind in vielen Fällen sachlich belanglos. Das gilt z. B. für die 64 Stellen, an denen nebeneinander stehende Wörter in [der Hannoveraner Handschrift] und [der Amsterdamer Ausgabe] in verschiedener Reihenfolge erscheinen und wo Crapulli als erster Herausgeber immer die Reihenfolge [der Hannoveraner Handschrift] übernimmt (...) Er begründet das in fünf Fällen durch philologische Textvergleiche (...), aber die Entscheidung für H ist allgemein auch wieder durch den Gedanken gerechtfertigt, daß dem Schreiber dieser Kopie nicht zuzutrauen ist, daß er die Wortfolge seiner Vorlage von sich aus geändert hat, während das durch den Herausgeber von A sehr wohl geschehen sein kann. Die Einzelvergleiche bestätigen nur noch einmal die Richtigkeit dieses allgemeinen Gedankens; es ist also auch richtig, überall die Wortfolge von H zu übernehmen, aber man wird nicht sagen wollen, daß diese Abweichungen von den bisherigen Ausgaben auch sachlich wichtig sind« (118).

Springmeyer gesteht Crapulli zu, durch sein Verfahren, »überall dort, wo nichts einleuchtend dagegen spricht« (104), der Hannoveraner Handschrift den Vorzug zu geben, »zu einem im ganzen recht verschiedenen Text« zu kommen. Anderseits hält auch Springmeyer den Text der Amsterdamer Ausgabe für im ganzen »erfreulich korrekt«, und daher gebe es keinen Anlaß, »anzunehmen, daß Herausgeber und Drucker ihrer Sache nicht gewachsen gewesen wären oder es allgemein an Sorgfalt hätten fehlen lassen«, während in der Hannoveraner Handschrift »nicht nur immer wieder Zeilen ausgelassen« seien, sondern man »außerdem einer Unzahl manchmal fast unglaublicher Lese- oder Schreibfehler« begegne. Auf der anderen Seite steht die bereits erwähnte Tatsache, daß der Herausgeber der Amsterdamer Ausgabe den Text revidiert haben wird. So gesehen sprechen gerade die Holprigkeit der Hannoveraner Handschrift, die eben nicht nur auf Fehler des Kopisten, sondern auch auf Unebenheiten in der Vorlage zurückzuführen sein wird einerseits, und anderseits der insgesamt erfreuliche, d. h. leserliche und Fehler vermeidende Zustand der Amsterdamer Ausgabe dafür, daß die Hannoveraner Handschrift dem ja nicht endredaktionierten Original näher steht.

Springmeyers Edition geht über die von Crapulli also insofern hinaus, als er nicht nur wie Crapulli der Hannoveraner Handschrift den Vorzug vor der Amsterdamer Ausgabe einräumt, sondern außerdem den Ergebnissen der genetischen Textanalyse Jean-Paul Webers[51] in der Weise Rechnung trägt, daß er die von Weber als liegengelassene frühere Entwürfe anderer Textpassagen der jeweiligen Regeln bestimmten Textabschnitte IV-B und VIII-C in den Anhang verschiebt. In bezug auf die Regel IV stellt Springmeyer damit wieder den Zustand der Hannoveraner Handschrift her; darüber hinaus nimmt er mit dem Verweis zweier Absätze der Regel VIII in den Anhang, die in den beiden Quellen jeweils an verschiedenen Stellen stehen, einen schwerwiegenden Eingriff in den *Regulae*-Text vor.[52] Springmeyer bringt also die Webersche Analyse nicht in ihrer radikalsten Form zur Anwendung auf die Textgestalt, nämlich durch Umsortierung des Textes nach der Chronologie seiner (angeblichen) Entstehungsdaten, eine Idee, die nicht einfach schon im Vorwege abzuweisen ist, weil vor dem Hintergrund der von Weber radikal vertretenen Behauptung, daß der *Regulae*-Text inkonsistent ist und nur durch einen Nachvollzug seiner Genese überhaupt verständlich gemacht werden kann, eine solche chronologische

[51] Weber hat die Grundidee seiner genetischen Analyse zuerst in dem Aufsatz *Sur la composition de la Regula IV de Descartes.* in: Revue philosophique de la France et de l'Étranger 89 (1964), 1–20 dargelegt, die textidentisch Eingang in sein Hauptwerk *La Constitution du Texte des Regulae.* Paris: Société d'Édition d'enseignement supérieur 1964 gefunden hat.

[52] Jean-Paul Weber hat darin eine Wiederherstellung der von Descartes intendierten Textgestalt gesehen, die Charles Adam nur aus Gründen übertriebenen Respekts vor der Tradition unterlassen habe *(La méthode de Descartes d'après les Regulae.* in: Archives de philosophie 35 (1972), 51–60; 54).

Anordnung der einzige Weg wäre, eine angemesse Interpretation zu ermöglichen.[53] Offenbar hat also schon Springmeyer von der Weberschen Arbeit allein seine Analyse der Regeln 4 und 8 als für die Textgestalt relevant angesehen, von denen die der Regel 4 wiederum als exemplarisch gelten kann. Dies erlaubt es mir, mich hier auf Webers Analyse der Regel 4 zu beschränken.

a) Webers Analyse der Regel IV

Die ursprüngliche Beobachtung Webers, durch die seine Analyse initiiert wurde, ist völlig richtig: »On a pris l'habitude de lire les *Regulae ad directionem ingenii* sans arrière-pensée, ainsi qu'on lit les *Méditations* ou les *Principes*, textes homogènes et rigoureusement composés. Mais les *Regulae* ne sont ni l'un ni l'autre« (1). Weber führt gegen die Lektüre der *Regulae* als einheitlichem und streng aufgebautem Text offensichtliche Brüche in ihm an: 1. Die Verschiebung eines Teilstücks der Regel IV in den Anhang der Hannoveraner Handschrift; 2. den Verweis zweier Absätze der Regel VIII an das Ende der Erläuterung zu dieser Regel ebenfalls in der Hannoveraner Handschrift; 3. die Kennzeichnung des Beispiels im ersten Absatz der Regel XIV als nur vorläufig gültig durch Descartes selbst; 4. das Fehlen eines Bezuges zwischen dem Titel der Regel XII und der Erläuterung dieser Regel; 5. den Gesamtplan des Werkes in der Regel XII, in dem Regeln als propädeutisch bezeichnet werden, die sich selbst als resolutiv bezeichnen; 6. den Abbruch eines Gedankens mitten im Satz in der Regel XIII, gefolgt von einem ganz anderen Ansatz; 7. einen ähnlich gelagerten Fall in der Regel XII zusammen mit der ungewissen Ordnungsnummer dieses Absatzes;

53 »Le plan du Traité a été remanie à plusieurs reprises sans que les textes aient toujours été ajustés à leur contexte nouveau. Il y a des lacunes, des reprises, des repentirs« (52), und deshalb müsse es darum gehen, die Entwicklung der Cartesischen Gedanken zur Methode nachzuvollziehen: »Nous nous devions d'essayer de reconstituer l'évolution des idées de Descartes sur la Méthode et sur le traité qui allait l'exposer, au lieu de continuer à lire les *Regulae* dans la lumière incertaine du seul projet final« (53).

8. die Lücke in Regel VIII; 9. die falschen Verweise sowohl innerhalb bestimmter Regeln als auch von Regeln untereinander (1–2). Weber hält es aufgrund dieses Befundes für unausweichlich, die *Regulae* genetisch zu betrachten, d. h. die »Deutung der Idee« hintanzustellen und sie statt dessen einer »analyse génétique« zu unterziehen, die einen »texte chronologiquement ordonné« erbringen und so eine zweifache Synthese ermöglichen solle, nämlich eine »synthèse de l'histoire du texte« und eine »synthèse de l'histoire de la Méthode« (2).

Weber beginnt seine Analyse der Regel IV mit der Behauptung, diese Regel vereinige in ihrer traditionellen Gestalt zwei Textabschnitte, die Descartes »très certainement avait voulu distincts« (3). Weber begründet seine Differenzierung der Regel IV in vier Punkten, die zwar keine Beweise im eigentlichen Sinne (preuves à proprement parler) seien, gleichwohl aber auf das Fehlen von Homogenität bei der Regel IV hinwiesen (annoncer) (4). Diese Punkte sind 1. die »frontière terminologique«, die begriffliche Grenze zwischen einerseits einer Rede von einer »Methode« in IV-A, und der von einer »Mathesis universalis« in IV-B anderseits, und 2. die »frontière sémantique«, die semantische Grenze zwischen den beiden Abschnitten, die es erlaube, den einen Abschnitt ohne den jeweils anderen zu lesen und zu verstehen. Weber führt als unterstützendes Argument an, daß es in keinem der Abschnitte einen Satz oder eine Aussage gebe, die sich auf irgendetwas im jeweils anderen Abschnitt beziehe, und regt zum Beweis das Experiment einer separaten Lektüre an. Weber sieht außerdem 3. eine »frontière structurale«, die freilich eher eine »analogie structurale« ist, die darin bestehe, daß IV-B Punkt für Punkt, wenn auch nicht exakt in derselben Anordnung, die Glieder (articulations) von IV-A wiederhole, abgewandelt für die Mathesis universalis. Weber zufolge ergeben aber zwei miteinander addierte analoge Strukturen kein organisches Ganzes, keinen einheitlichen Text.[54] Als letzten Punkt konstatiert er 4. eine »in-

54 »Mais il est clair que deux structures analogues, additionées, formeront difficilement un tout organique, un text un« (4).

sularité étrange«, einen befremdlichen Inselcharakter von IV-B, dessen Analysen an keiner anderen Stelle der *Regulae* in irgendeiner Weise aufgegriffen würden (5).

Weber selbst spricht den bislang von ihm genannten Punkten den Status von Beweisen im eigentlichen Sinne ab. Er stellt seiner Aufzählung deshalb eine neue Grenzziehung (ligne de démarcation) an die Seite, die in einer ganz elementaren Kritik der Textquellen (une critique des sources fort élémentaire) bestehe, keine bloße Sichtweise (vue de l'esprit) sei und dadurch, daß sie mit der vorangegangenen Aufzählung übereinkomme (coïncider), geeignet sei, diesen ihren Charakter bloßer Vermutungen (caractère conjectural) zu nehmen (6). Diese neue Grenzziehung zwischen Textabschnitten, die darin bestehen soll, sie wie Sedimentablagerungen zu betrachten, deren Übereinanderschichtung ihre Entstehungsgeschichte zu rekonstruieren erlaubt, besteht vorderhand in nichts anderem als in der Untersuchung der beiden Quellen, also der Amsterdamer Ausgabe und der Hannoveraner Handschrift. Letztere ist laut Weber eine Kopie des verschollenen Originals, die ein Mitarbeiter von Tschirnhaus angefertigt habe, in der, wie bereits bekannt, der Abschnitt IV-B in den Anhang gestellt und in der Regel selbst lediglich auf ihn verwiesen werde. Weber hält es nun für »évident qu'aucun copiste n'eût pris, de son propre chef, l'initiative véritablement audacieuse, ou bien commis l'erreur vraiment monumentale, de disperser ainsi un chapitre de l'original qu'il avait sous les yeux. Par conséquent, la disposition qu'il adopte doit être celle qu'avait voulu Descartes« (6). Die Kombination beider Abschnitte in der Amsterdamer Ausgabe lasse sich mit dieser Quellenlage gut vereinbaren, indem die Herausgeber den (auch in seiner Vorlage zu findenden) Verweis auf den im Anhang befindlichen Abschnitt IV-B der Regel IV zum Anlaß genommen hätten, beide miteinander zu kombinieren, während bei einer anderen Gestalt des Originals die Herausnahme von IV-B in der Hannoveraner Handschrift schlichtweg unerklärlich (absolument inexplicable) (7) werde.

Weber wendet sich dann der Beziehung von Methode und Mathesis universalis zu. Er sieht a priori genau drei verschiedene Weisen, dieses Verhältnis zu bestimmen: Entweder nämlich seien (a) beide synonyme Begriffe, oder (b) Mathesis universalis sei eine Anwendung (application, promotion particulière) der Methode, oder (c) Mathesis universalis sei eine Vorbereitung (préparation) der Methode. Den ersten Fall (a) schließt er mit dem Argument aus, daß die thematischen Gebiete (domaines) der Mathesis universalis – die Weber stets als »Mathématique universelle« übersetzt – in ihrer Ausrichtung auf Ordnung und Maß genau übereinstimmen (coïncider exactement), während die Methode in ihrer Anwendbarkeit auf jedwedes Objekt viel umfassender bestimmt sei (7–8). Anders als die Methode bezieht sich also die Mathesis universalis nicht auf die Totalität des menschlichen Wissens.[55] Wenn also die Mathesis universalis Astronomie, Musik und Optik umfasse, so bedeute dies anderseits nicht, daß sie deswegen überhaupt alle Disziplinen entweder beinhalte oder ihnen als Grundlage diene. Ganz im Gegenteil schließe sie alle Wissenschaften aus, in denen es eben nicht um Ordnung und Maß gehe und sei damit von der Methode verschieden.

Im zweiten Fall (b) müßte die Mathesis universalis Weber zufolge aus der Methode hervorgegangen sein (8). Dafür gebe es aber weder einen Beweis, noch eine dementsprechende Aussage Descartes'. In IV-A weise Descartes lediglich darauf hin, daß die Geometrie der Alten und die Algebra der Modernen spontane Früchte seien, die ihre Wurzeln in den angeborenen Prinzipien dieser Methode hätten (C 12), das aber sei etwas ganz anderes als seine Wurzeln in der Methode zu haben. Auf der anderen Seite mache Descartes in IV-B deutlich, daß die Mathesis universalis aus den besonderen Studien der Arithmetik und Geomterie entsprungen sei (C 14/15), und daraus sei zu schließen, daß sie

55 »Mais les Mathématiques ne couvrent-elles pas, à leur tour, la totalité du savoir humain? – Non point …« (8).

historisch nur von mathematischen Forschungen Descartes' abhänge.[56]

Für den dritten Fall (c) zieht Weber die Textpassage aus IV-A »Et quamvis multa de figuris & numeris hic sim dicturus ...« (C 12 f.) heran, in der Descartes erläutert, weshalb er seine Beispiele der Mathematik entnimmt, damit aber auf eine andere Disziplin abhebt, für die diese Beispiele nur Verpackung oder Einkleidung sind, nämlich um diese Disziplin oder Lehre der menschlichen Geisteskraft besser anzupassen – genau dies sei aber eben nicht die Rolle, die die Mathesis universalis spiele (9). Weber führt das Ende von IV-B an (C 16), in dem Descartes darauf abhebt, er habe die Mathesis universalis bis zu einem gewissen Punkt ausgearbeitet, nun aber könne er dieses Gebiet verlassen und sich höheren Wissenschaften zuwenden. Diese höheren Wissenschaften seien keine mathematischen Wissenschaften mehr, die nämlich noch unter der Mathesis universalis stünden und sogar von ihr abhingen (10). Weber sieht die Konsequenz, die Descartes hier darzustellen versuche, darin, daß in dem Augenblick, in dem man sich der Philosophie zu-, man sich von der Mathesis universalis abwenden müsse.[57] Deshalb könne die Mathesis universalis keine Beförderung (acheminement) in Richtung auf die wichtigeren Anwendungen der Methode darstellen, sie könne keine Propädeutik zur Methode sein, und deshalb könne sie nur eine chronologische Vorstufe, ein archaischer Vorläufer sein, der aufgrund der zwischenzeitlichen Erkenntnis überwunden worden sei, daß die Methode nicht für die Philosophie und die Mathematik gleichermaßen Geltung habe.[58] Das Fallenlassen (démission) der Mathesis universalis sei also gleichbedeutend mit dem Verzicht auf eine universelle Methode im strengen,

56 »... il faut en conclure que, historiquement, la Mathématique universelle ne dépend que des recherches mathématiques de Descartes« (8/9).

57 »Au moment de se tourner vers la Philosophie, il faut s'écarter, s'éloigner de la Mathématique universelle« (10).

58 »... que la même Méthode ne vaut pas à la fois pour les Mathématiques et pour la Philosophie« (10).

für Mathematik und Philosophie gleichermaßen gültigen Sinne, *und dies wiederum bedeute, daß das Konzept einer Mathesis universalis chronologisch vor dem einer universellen Methode liegen müsse.*

Für die Datierung des Abschnitts IV-B und damit der Mathesis universalis greift Weber zunächst den Brief an Beeckman vom 26. März 1619 auf, in dem Descartes von einer *scientia penitus nova* spricht, »durch die sich generell alle Fragen lösen lassen, die in jeder beliebigen Gattung der Quantität, sowohl kontinuierlicher wie diskreter, gestellt werden können« (AT X, 156 = Beeckman IV, 58). Diese Wissenschaft sei nicht die Mathesis universalis, weil sie allein Probleme der Arithmetik und der Geometrie behandle, anders als die Mathesis universalis, die alle Wissenschaften umfasse, die irgendwie mit Ordnung und Maß zu tun hätten, also auch Astronomie, Musik, Optik usw. Die *scientia penitus nova* verfolge dabei dieselbe Grundrichtung (tendance) wie die Mathesis universalis, sei aber weniger umfassend (moins générale) (15) *und müsse daher älter sein als die Mathesis universalis.* Hieraus gewinnt Weber das Datum post quem von IV-B und der Mathesis universalis, nämlich den 26. März 1619. Weber hält es für unwahrscheinlich, daß Descartes auf seiner am 29. April 1619 begonnenen Reise bis zu seinem Aufenthalt in Frankfurt im Juli 1619 Texte abgefaßt hat (16), wobei freilich auch der Trubel der Feierlichkeiten einer Kaiserkrönung (28. Juli – 9. September 1619) kaum eine geeignetere Umgebung gewesen sei, dies zu tun. Weber sieht als ersten Ruhepunkt, der Descartes ernsthaftes Arbeiten ermöglicht habe, seinen Rückzug in das beheizte Zimmer in Neuburg a.d. Donau, also einen Zeitpunkt nach dem 9. September 1619. Wenn auch, so Weber, einzuräumen ist, daß Descartes die gedankliche Konzeption der Mathesis universalis irgendwann zwischen April und September 1619 vorgenommen haben wird, so liege der Zeitraum der wirklichen Abfassung des Textabschnitts IV-B etwa in der Mitte Oktober 1619. Von der anderen Seite her werde der in Frage kommende Zeitraum durch die Träume begrenzt, in denen Descartes die Idee einer universellen Methode vertrete; das mache das Traumelement des Dictionnaire deutlich, das Descartes selbst als Versammlung aller Wissenschaften gedeutet habe (17). Die Träume aber fanden in der Nacht vom 10. auf den 11. November 1619 statt, demnach müsse IV-B also zwischen Mitte Oktober und dem 10. November 1619 verfaßt worden sein. Hieraus ergibt sich für Weber die Abfolge der ersten drei methodischen Ansätze Descartes', nämlich die *scientia penitus nova*, die er gegenüber Beeckman ankündigt, gefolgt von der Mathesis universalis und schließlich der universellen Methode. Soweit Weber.

b) Reaktionen auf Webers Ansatz

Weber analysiert in der eben dargelegten Weise den gesamten Text der *Regulae*. Seine genetische Analyse wird insgesamt als im Kern richtig, wenn auch als zu subtil kritisiert. Zum Beispiel John Andrew Schuster:[59]

> »Weber's approach can be faulted only for an excess of enthusiasm. He has, I believe, at times carried his principles of analysis too far by taking virtually any terminological or conceptual shift in the text as an index for the appearance of a new coherent and self-conscious stage of methodological thought. In this way he has educed no less than seven different stages. [Tatsächlich sind es sogar zehn.] Any sensitive reader of the *Regulae* will probably concede that some of these ›methods‹ are phantoms, better explained as the results of Descartes' confusions and hesitations. [173] It remains the case, however, that Weber's main textual divisions, the one he himself admits are most easily established, are well grounded and should be the starting point for further research on Cartesian method« (John Andrew Schuster: *Descartes and the Scientific Revolution 1618–1634. An Interpretation.* Diss. Princeton 1977, 172–173).

Weber unterscheidet in der Entwicklung der Methode bei Descartes insgesamt zehn Phasen, die niemand unverändert über-

59 Der Ursprung dieser Haltung scheint mir Reinhard Lauths Rezension *La Constitution du Texte des Regulae de Descartes.* zu sein, in: Archives de philosophie 31 (1968), 658–656, 649. Auf derselben Linie liegt nach meinem Eindruck die gesamte angelsächsiche Descartes-Forschung bis zu Pamela Kraus.

nimmt, sondern die in der einen oder anderen Form reduziert werden; schon Schuster hat eine Reduktion der »übertrieben subtilen« Differenzierungen Webers vorgenommen,[60] und das ist die Version, die sich wohl am weitesten durchgesetzt hat, nämlich drei Hauptphasen zu unterscheiden. In der Zusammenfassung von Dennis Sepper[61] sind dies:

> »First, a concern with universal mathematics that predated November 1619 (the topic of 4-B, mentioned nowhere else in the *Regulae*, at least not under that name); second, an elaboration of method in the period 1619–1621 (corresponding to the rest of the first eight rules); and, finally, a return to heuristic questions and a problem-solving mathematics in the later 1620s (reflected from the middle of Rule 8 to the end of the extant work)« (37).

Dabei ist zu beachten, daß Schuster in der Mathesis universalis ein bloß mathematisches Konzept sieht, das nichts mit der Methode zu tun hat,[62] so daß er die Anzahl der im Kern methodischen Konzepte tatsächlich auf zwei Phasen (1619–1621 und 1620–1628) reduziert,[63] zwischen denen die der Cartesischen naturwissenschaftlichen Forschung vor allem auf dem Gebiet der Optik liegt. Die von Schuster unterschiedenen Phasen dokumentieren also die Versuche Descartes', die Mathesis universalis mit der empirischen Forschung, den korpuskular-mechanischen Ansätzen in der Physik, die sich aus der Zusammenarbeit mit Beeckman ergeben hatten und ihren Ausdruck vor allem in dem von Schuster als *Hydrostatisches Manuskript* betitelten ersten Abschnitt der im *Journal* von Beeckman überlieferten Texte[64] sowie mit der universellen Methode in Übereinstimmung zu bringen.

[60] Vor ihm hatte bereits Jean-Luc Marion: *Sur l'Ontologie Grise de Descartes*. Paris: Vrin 1993 (1. Auflage 1975), und *Règles* (1977), 144–147 allgemeine Bedenken angemeldet.

[61] Dennis L. Sepper: *Descartes' Imagination. Proportion, Images, and the Activity of Thinking*. Berkeley/Los Angeles/London: University of California Press 1996.

[62] Schuster, 188.

[63] Schuster, 162.

[64] AT X, 67–74.

Das Scheitern dieses Projekts und die Aufgabe des *Regulae*-Textes fallen ihm zufolge zusammen. Schuster ist also nur in einem sehr eingeschränkten Sinne ein Anhänger Webers; er benutzt die Weberschen Untersuchungen für seine Darstellung nur als Anregung, benötigt sie inhaltlich aber überhaupt nicht.[65] Er greift aus Webers gesamter Arbeit das Ergebnis der Analyse von Regel IV heraus, entwickelt dann aber auf dem Gegensatz von Mathesis universalis und Methode eine ganz eigenständige Darstellung der Entwicklung des Cartesischen Denkens in den Jahren 1619 bis 1628. Anders als Weber, der Mathesis universalis als ein Unikum allein von IV-B betrachtet, ist Schuster der Ansicht, daß Teile der *Regulae* die Versuche Descartes' dokumentieren, die Mathesis universalis auszuarbeiten.

Schuster grenzt mit seinem Ansatz die gesamte Diskussion der Genese des *Regulae*-Textes wieder auf die Diskussion der Regel IV und damit des Verhältnisses von Mathesis universalis und universeller Methode ein, die Weber nur als Ausgangspunkt hatte dienen sollen. Folgerichtig thematisiert Frederick van de Pitte[66] dann auch nur noch dieses Verhältnis; er bezeichnet Webers Analyse der Regel IV als schlicht unkorrekt und sieht in ihr »a formidable barrier to any ultimate resolution of the controversy surrounding Descartes' Mathesis universalis«.[67] Pittes Hauptkritikpunkt richtet sich gegen Webers inadäquates Verständnis von Mathesis universalis. Weber versteht *Mathesis universalis* als schlicht synonym mit *universelle Mathematik*, während Pitte gerade darauf abhebt, daß Descartes einen Grund gehabt haben müsse, zuweilen *Mathesis* und zuweilen *mathematica* zu schrei-

[65] Schuster selbst deutet diesen Sachverhalt an, wenn er davon spricht, daß er Webers »thesis« entwickle und modifiziere (John A. Schuster: *Descartes' Mathesis universalis, 1619–28*. in: Stephen Gaukroger (Hrsg.): *Descartes. Philosophy, Mathematics and Physics*. New Jersey: Barnes & Noble Books 1980, 41–96; 41).

[66] *Descartes' Mathesis universalis*. in: Archiv für Geschichte der Philosophie 61 (1979), 154–174.

[67] Pitte, 155.

ben.[68] Für Pitte ist es klar, daß Descartes den Ausdruck Mathesis »in griechischer Bedeutung« verwendet hat, nämlich mit Referenz auf die zugrundeliegenden Prinzipien, die Mathematik zu einer Wissenschaft machen.[69] Pittes Folgerung liegt auf der Hand: Webers Gegenüberstellung der Abschnitte IV-A und IV-B ist inhaltlich nicht haltbar.[70] Was es mit dem Unterschied von Mathesis und mathematica bei Descartes letztlich auf sich hat, kann also nur eine inhaltliche Erörterung zeigen und muß hier im Unklaren gelassen werden. Klar ist indes auf der anderen Seite die Folgerung, die sich aus dieser Problematik ergibt, nämlich *Mathesis* und *mathematica* in der Übersetzung zu unterscheiden. Aber eine solche übersetzungstechnische Lösung beinhaltet natürlich genausowenig eine prinzipielle Kritik an Webers Analyse wie die schlichte Ignoranz seiner sonstigen Überlegungen und Ergebnisse. Einer grundsätzlichen Kritik näher kommt Pamela Kraus,[71] wenn sie die »textuelle Heterogenität« von IV-A und IV-B einräumt, die Folgerungen Webers daraus aber ablehnt.[72] Damit steht die Diskussion wieder dort, wo Weber begonnen hatte: bei der Tatsache eines offensichtlichen Unterschieds zwischen den Textabschnitten IV-A und IV-B, die jedem aufmerksamen Leser auffällt, und der ganz offenen Frage, was es mit dieser Heterogenität auf sich hat.

c) Kritik des Weberschen Ansatz am Beispiel seiner Analyse von Regel IV

(1) Für seine Analyse der Regel IV muß Weber den Bruch zwischen IV-A und IV-B schon voraussetzen. Er kann das tun, weil sich der Gegensatz zwischen den beiden Teilen beim Lesen geradezu aufdrängt, nämlich als Unterschied zwischen Gedanke und

[68] Pitte, 156.
[69] Pitte, 161.
[70] Pitte, 169–170.
[71] *From Universal Mathematics to Universal Method. Descartes' »Turn« in Rule IV of the Regulae.* in: Journal of the History of Philosophy 21 (1983), 159–174.
[72] Kraus, 164.

Beispiel; danach aber muß Weber zeigen, daß sich hinter diesem Leseeindruck mehr verbirgt. Um das zu tun, bemüht Weber die drei Merkmale der terminologischen, semantischen und strukturellen Grenze, durch die er diesen Gegensatz näher beschreibt, und fügt als vierten Punkt hinzu, daß die Mathesis universalis ein Unikum innerhalb des Cartesischen Textbestandes sei. Weber hat damit gezeigt, daß der Leseeindruck eines Gegensatzes zwischen IV-A und IV-B an Merkmalen im Text festgemacht werden kann, er hat aber nicht gezeigt, daß diese Merkmale irgendetwas darüber hinaus leisten können, weil der Gegensatz von IV-A und IV-B auch nach der näheren Bestimmung anhand seiner Merkmale immer noch ein Gegensatz zwischen Gedanke und Beispiel sein kann. Jedes Beispiel zu irgendeinem Gedanken muß sich unausweichlich irgendwie von diesem Gedanken unterscheiden – ansonsten wäre es nicht das Beispiel, sondern der Gedanke selbst, also als Beispiel untauglich und demnach überflüssig. Kennzeichen eines gut gewählten Beispiels ist eine Struktur, die dem Gedanken analog ist, dem es als Beispiel dient. Ein Beispiel ist zudem dann gut gewählt, wenn es einem anderen oder spezielleren Gegenstandsbereich entstammt, also wenn es nicht einfach die Terminologie des Gedankens selbst wiederholt. Ein solches Beispiel ist »schlagend« gerade dann, wenn es ohne das, wofür es Beispiel ist, verständlich ist. Ob das gewählte Beispiel darüber hinaus ein Unikum innerhalb eines größeren Zusammenhangs ist oder nicht, spielt dann schlicht überhaupt keine Rolle mehr. Webers Merkmale einer strukturellen Analogie (gleicher Aufbau) bei gleichzeitiger terminologischer und semantischer Grenze (derselbe Gedanke wird mit einer anderen Begrifflichkeit dargelegt und ist für sich selbst verständlich) sind also weit davon entfernt, eine Unvereinbarkeit der beiden Textabschnitte zu belegen, sondern beschreiben nur die Merkmale, die in einem Vorbild–Beispiel–Verhältnis gegeben sein müssen, damit die Metapher funktioniert. Weber spricht also ganz zu Recht seiner eigenen Argumentation den Beweischarakter ab, denn sie beweist das genaue Gegenteil von dem, worauf er hinauswill, nämlich eine Unvereinbarkeit der beiden Textteile IV-A und IV-B.

(2) Weber argumentiert dann bemerkenswert uncartesianisch, indem er den von ihm selbst als ungültig ausgewiesenen Argumenten von einer anderen Richtung her nachträglich Gültigkeit verleihen will. Es hat fast den Anschein, als versuche Weber hier, das destruktive Verfahren der 2. Meditation umzukehren. Bei ihm fällt nicht das Gebäude zusammen, sobald ihm die Stützpfeiler oder das Fundament entzogen werden, sondern er hält das Gebäude für stabil, solange auch nur ein einziger Stützpfeiler stabil ist – weil dann wundersamerweise sämtliche anderen Gebäudeteile es auch sind. Wie man sich eine solche, jeden Statiker in Erstaunen versetzende Konstruktion vorstellen soll, bleibt rätselhaft; klar ist indes, daß die gegenseitige Stützung seiner beiden Argumente hinfällig wird, wenn unter der Voraussetzung, daß das eine bereits als vorläufig bestimmt ist (und das hat Weber selbst getan), auch das andere sich als nicht stichhaltig erweisen läßt. Und genau das ist hier der Fall: Es läßt sich eben nicht philologisch beweisen, daß der Textabschnitt IV-B eine liegengelassene Vorform des Textabschnitts IV-A ist. Der bloße Verweis auf die Tatsache, daß IV-B in der Hannoveraner Handschrift im Anhang steht, ist ein Indiz, das ebenso plausibel auch ganz anders erklärt werden kann. Natürlich wird kein Kopist eigenmächtig in den Text eingreifen und eine solche Verschiebung vornehmen. Aber er kann sich sehr wohl irren, er kann am nächsten Tag mit seiner Kopie fortfahren, dann bemerken, daß er einen Abschnitt vergessen hat und diesen im Anhang nachliefern. Wer will *beweisen*, daß es nicht so war? Wenn Descartes selbst seinen Text überarbeitet und IV-A an die Stelle von IV-B gesetzt hat, weshalb sollte er IV-B dann überhaupt im Anhang stehengelassen haben? Was soll ein zwei Textabschnitte verbinder Verweis, der gleichzeitig bewirken soll, daß man einen der beiden nicht beachtet? Ist es nicht ganz im Gegenteil plausibler, daß Descartes das biographische Beispiel später eingefallen ist, und er IV-A um es ergänzen wollte?

(3) Das eigentliche Unbehagen richtet sich vielmehr auf die seltsame Verquickung von systematischer Analyse und biographischer Zuordnung, die Weber unter der Bezeichnung einer *ge-*

netischen Analyse vornimmt. Weber stellt seine genetische Analyse im Vorwort in einer Metapher vor, die der Geologie entlehnt ist, nämlich »avant de commenter l'idée« zu betrachten, in welcher Sedimentschicht (alluvion) sie sich finde, vor welcher Ablagerung (couche) und auf welcher Schicht (strate) sie liege.[73] Nun wäre es an diesem methodisch entscheidenden Punkt eigentlich doch angebracht, daß Weber seine Methode über diese bloße Metaphorik hinaus erläuterte. Wer dann aber nach einer solchen Erklärung sucht, wird nicht recht fündig, und damit ist, wer die Webersche Methode nicht nur vorgeführt bekommen, sondern verstehen will, auf die Interpretation seiner Metapher angewiesen. Weber schwebt hier offenbar das Idealbild einer unberührten geologischen Schichtung vor, bei der Sedimente, Ablagerungen und Fundstücke um so älter sind, je tiefer die Schicht liegt, aus der sie geborgen werden. Webers Analyse geht allerdings über eine bloße Datierung der einzelnen Bestandteile hinaus: Er behauptet, aufgrund des Nachweises der chronologischen Disparität zweier Teilstücke der Cartesischen Theorie auf deren systematische Unvereinbarkeit schließen zu können.

Hiergegen läßt sich zunächst einwenden, daß dies zumindest im Falle der Regel IV schlicht zirkulär ist. Denn Weber muß einen »spürbaren« Unterschied zwischen IV-A und IV-B bereits voraussetzen, den er auf einen chronologischen Unterschied zurückführt, der wiederum den spürbaren Unterschied erklärbar macht. Wenn Weber innerhalb dieses Verfahrens den für jeden aufmerksamen Leser bemerkbaren Unterschied der beiden Textteile an Textmerkmalen festmacht, dann ist das eine fruchtlose Banalität: Denn wenn es solche Textmerkmale nicht gäbe, wäre der Unterschied gar nicht da. Weber muß aber diesen Textmerkmalen zudem Beweiskraft absprechen, weil sie nicht geeignet sind, die systematische Unvereinbarkeit beider Textteile zu belegen. So

73 »... avant de commenter l'idée, à savoir de quelle alluvion elle relève précisement, avant quelle couche elle se situe, et après quelle strate antérieure« (2).

gesehen wirkt seine Inanspruchnahme der philologischen Hinweise zunächst wie ein Ausweg. Er ist aber mehr als das.

Auffällig ist, daß Weber bei der Wahl der Metapher, mit der er seine genetische Analyse beschreibt, wiederum bemerkenswert uncartesianisch verfährt. Descartes bemüht an vielen Stellen seines Werkes Metaphern, um seine Methode zu erläutern. Gemeinsam ist allen diesen Metaphern *erstens*, daß sie der Kultur und nicht der Natur entstammen: Da findet sich in der Auseinandersetzung mit dem Pater Bourdin die Rede von einer Kapelle, die es zu errichten gelte, und für die man zunächst eine Baugrube ausheben, Geröll und Gestein wegschaffen und ein Fundament legen müsse, auf dem sich die Kapelle errichten lasse. An Natur ist Descartes, das zeigt sich hier ganz deutlich, überhaupt nicht interessiert. Natur ist das Sammelsurium des Materials, das nur im Hinblick auf ein kulturelles Ziel in den Blick kommt, nämlich hinsichtlich des Gebäudes, dem die Steine entweder störend im Wege liegen oder ihm als Baumaterial dienen können. Besteht das kulturelle Ziel darin, eine ganze Stadt neu zu bauen, dann sind auch die bereits vorhandenen Gebäude nur noch Material, das man nicht anders wegräumt als Geröll und Schutt, weil die früheren kulturellen Ziele, die bei der Errichtung dieser Gebäude verfolgt und entweder eingelöst wurden oder nicht erreicht werden konnten, hierbei nicht im Blick sind. Wenn innerhalb der Kultur Dinge »einfach nur da sind«, sinken sie dadurch auf die Ebene des Natürlichen herab. Während er in Amsterdam wohnt, betrachtet Descartes die Menschen, die ihren Verrichtungen nachgehen, nicht anders als Bäume oder Sträucher am Wegesrand, die ihn nichts angehen, ihn nicht stören, weil ihr Gerede auf ihn wirkt wie das Rauschen der Blätter eines Baumes, das sich nicht verhindern läßt und das man nach einer gewissen Zeit nicht mehr hört. Dinge, die einfach irgendwie da sind, sind bloßes Material, roh, natürlich, gegeben, uninteressant im neutralen Sinne. Wenn Descartes im *Lettre-Préface* die Wissenschaften mit einem Baum vergleicht, dann ist das nur oberflächlich ein von diesem Denkmuster abweichendes Beispiel. Denn der Baum, dessen Wurzeln die Metaphysik, dessen Stamm die Physik und dessen Zweige alle anderen Wissenschaften sind, ist ein künstlich angepflanztes Gewächs, das Pflege und Aufmerksamkeit verlangt. Der Unterschied zwischen Kultur und Natur fällt bei Descartes mit dem zwischen dem Verständlich-Gemachten und dem Unverständlich-Gebliebenen zusammen: Natur ist für Descartes der nicht weiter erklärbare und auch nicht erklärungswürdige Rest. Dehalb geht es Descartes nicht darum, die Natur bis in ihre letzten Winkel zu erklären, sondern sie nur insoweit zu verstehen, daß der Mensch sich in ihr orientieren kann. Die Natur, in der der Mensch sich zu orientieren vermag, ist deshalb aber genauso auf die Ebene der Kultur erhoben, wie das Kulturgut, das keine Rolle mehr spielt, auf die Ebene der Natur herabsinkt. Orientierung ist immer und unausweichlich ideengeleitete Modellbildung. Descartes bewundert die barocken Gärten vor allem um ihrer technischen Konstruktionen, der hydraulisch gesteuerten Automaten wegen, die ein hervorragendes Beispiel dafür abgeben, daß Erklärungsmodelle den Phänomenen genügen können.

Was allen Metaphern Descartes' damit aber auch *zweitens* völlig fehlt, ist ein chronologischer oder genetischer Aspekt. Selbstverständlich ist Zeit nötig, um eine Baugrube auszuheben und dann ein Gebäude zu errichten, und es ist auch Zeit nötig, um einen Baum wachsen zu lassen. Diese Zeitfolge ist bedingt durch die Realisation der leitenden Idee. Daß man beim Bau eines Gebäudes zuerst die Baugrube ausheben, dann das Fundament legen und danach auf ihm die Stockwerke hochziehen muß, liegt *in der Natur der Sache*, und deshalb läßt sich diese Abfolge nicht umkehren, wenn man eine Idee verwirklicht, d. h. in die Natur stellt. Die Sache, in deren Natur diese bestimmte Chronologie liegt, ist also die Idee des Gebäudes, insofern sie bereits die Grenzen dessen überschreitet, worin sie bloß Idee ist, und statt dessen in der Wirklichkeit realisiert, verdinglicht wird. In ihrer verwirklichten Form ist die Idee dann aber selbst ein Stück Natur, und zwar so sehr, daß man gemeinhin gar nicht mehr auf die ihm zugrunde liegende Idee rekurriert. Wenn man ein Gebäude ansieht, nimmt man es nicht als Realisation einer Idee wahr, sondern als bloßen Gebrauchsgegenstand, der eben da und so betrachtet nicht weniger »natürlich« ist als irgendein Stein oder Strauch am Wegesrand. Die Idee hat also eine zeitliche Komponente nur dadurch, daß sie aufhört, bloß Idee zu sein, und deshalb ist Zeit keine Eigenschaft der Idee selbst.

Weber thematisiert die Cartesischen Ideen nicht auf der Ebene ihres Idee-Seins, sondern »trifft« sie in ihrer verwirklichten Form »an«. Indem er sie in eine chronologische Abfolge stellt, hat er sie unausweichlich immer schon in der Weise aufgefaßt, in der sie nicht mehr kulturell und systematisch, sondern natürlich und empirisch sind. Auch dies zu tun, ist legitim – daraus allerdings Schlußfolgerungen hinsichtlich ihrer systematischen Geltung zu ziehen, ist nichts anderes als ein naturalistischer Fehlschluß. Dieser Fehlschluß läßt sich festmachen an Webers methodischer Metapher, die von ganz anderer Art ist als die Cartesische. In dem Cartesischen Bild der Baugrube gesprochen, geht es Weber um das, was noch unterhalb des Fundaments liegt, auf dem Descartes seine Kapelle errichten will. Anders als Descartes ist Weber nicht damit zufrieden, das Fundament gelegt und die Kapelle errichtet zu haben, weil ihn nicht das errichtete Gebäude, sondern die Erdschichten unterhalb des Fundaments interessieren. Weber versucht, den Cartesischen Grundsatz zu umgehen, daß ein Fundament etwas ist, was vom menschlichen Geist gelegt werden muß, indem er die Versuche des Geistes, das zu tun, genau so auffaßt wie Descartes die Bewohner Amsterdams oder die Bäume am Wegesrand: als Exemplare des bloß Natürlichen, die sich nur nach dem Prinzip ihrer chronologischen Abfolge ordnen ließen. Es ist nun ganz unbestritten, daß sich Ideen chronologisch ordnen lassen. Philosophiegeschichte ist nichts anderes als Ideengeschichte; aber Philosophiegeschichte will kein Urteil hinsichtlich der Gültigkeit der so geordneten Ideen fällen: Das ist nicht ihre Aufgabe, vor allem aber liegt das jenseits ihrer Fähigkeiten. Die Aufgabe, um die Weber sich mit der lapidarmetaphorischen Einführung seiner *genetischen Analyse* drückt, ist also, genau zu beschreiben, wie sich seiner Ansicht nach aus einem historischen Ansatz eigentlich systematisch gültige Aussagen sollen ergeben können.

Weber versucht dies, indem er die Anordnung der Ideen-Exemplare als eine historisch-genetische Ordnung bestimmt, die dadurch, daß sie der Naturgeschichte entspricht, selbst nicht durch eine Idee bedingt ist, sondern die natürliche Folge der Ideen selbst ist. Was er mit seiner Metapher also eigentlich verfolgt, ist der Gedanke, daß die Entwicklung einer philosophischen Theorie analog zu der Stammesgeschichte der Arten funktioniert und deshalb so beschrieben werden kann. Hinter Webers Ansatz steht also die Vorstellung, daß die Entwicklung einer komplexen philosophischen Theorie aus Einzelschritten besteht, an deren Anfang das Einfache, und an deren Ende das Komplexeste stehen muß. Die Entwicklung der Cartesischen Methodentheorie vollzieht sich deshalb von einfachen Ansätzen über viele Zwischenstufen wie etwa der Mathesis universalis bis zur gegenwärtigen Form als der komplexesten Entwicklungsstufe analog zur Entwicklung von der Urzelle bis zum Menschen. Deshalb muß die universelle Methode zeitlich nach der Mathesis universalis liegen und letztere ein bloßes Erinnerungsstück sein, das Descartes die Folie liefert, auf der er dann, gar nicht mehr überraschend, strukturanalog seine neue Theorie zeichen kann. Das Textstück IV–B ist damit nur ein Erinnerungsstück an einen früheren Versuch. Damit hat Weber ganz Recht, nur wußten wir es vorher auch schon: Es steht im Text.

4. Descartes' Übersiedelung in die Niederlande und Lüder Gäbes Behauptung einer »Umkippung«

Jean-Paul Weber steht mit seiner Behauptung, der Textabschnitt IV-B weise eine »insularité étrange« auf, alles andere als allein. In der Tat geht von diesem Textabschnitt eine Faszination aus, die ihren Ursprung in der ganz einfachen Tatsache hat, daß dieser Abschnitt bereits das literarische Niveau des späteren *Discours de la Méthode* erreicht, und das Leser mit dem Namen Descartes verbinden. Descartes bedient sich hier bereits seiner schriftstellerischen Methode, systematische Probleme durch biographische

Schilderungen zu erläutern, und er tut dies in der für ihn typischen klaren Sprache und in nachvollziehbaren Gedankenschritten ohne die für die *Regulae* typischen Abbrüche, Wiederaufnahmen und Wiederholungen, die in der Tat verwirrend sind und jedem genügend Nahrung geben, der ohnehin Unstimmigkeiten finden will. Die insularité étrange deutet aber, so gesehen, entgegen Webers Behauptung eher auf ein späteres Abfassungsdatum hin.

Lange vor Weber hat bereits Adrien Baillet dem Textabschnitt IV-B besondere Aufmerksamkeit gewidmet. Baillet deutet diesen Abschnitt als Beleg für eine Abkehr Descartes' von der Mathematik nach seiner Rückkehr nach Paris 1623.[74] Descartes aber blickt in diesem Abschnitt nicht auf seine Pariser Jahre zurück, in denen er gerade seine größten Fortschritte in den mathematischen Wissenschaften macht, sondern bezieht sich sehr viel wahrscheinlicher unter anderen auf seinen Besuch bei Faulhaber – und damit wäre die Webersche Datierung dieses Abschnitts auf 1619 hinfällig. Von einer Abkehr Descartes' von den mathematischen Wissenschaften kann in den Pariser Jahren 1623 und 1625–1628 jedenfalls keine Rede sein. Descartes reist in dieser Zeit nur innerhalb Frankreichs; in Paris schließt er Freundschaft mit den Mathematikern Claude Hardy, dem Übersetzer von Euklid, de Beaune,[75] der später seine *Géométrie* kommentieren wird, Jean Baptiste Morin, Doktor der Medizin und Professor für Mathematik,[76] dem Mechaniker Gerard des Argues[77] und hat eine lockere Bekanntschaft mit de Beaugrand, dem Mathematiker des Herzogs von Orléans.[78] Zu seinen Bekannten zählen zudem einige Gelehrte und Beamte, die mit Vorbereitungen der Gründung der Academie Française (1635) befaßt waren, darunter die Mathematiker Jean Silhon, der auch ein kleines Werk über die

[74] Baillet I, 111–112.
[75] Baillet I, 137.
[76] Baillet I, 138.
[77] Baillet I, 143.
[78] Baillet I, 144.

Unsterblichkeit der Seele schrieb, Jacques de Serisay und Jean François Sarazin.[79] Ein weiterer Mathematiker, dessen Kenntnisse in Arithmetik und Algebra Descartes schätzte, ist ein M. de Sainte Croix, was indes eher eine Berufsbezeichnung ist: Er hieß André Jumeau und war »Prieur de Sainte Croix« (Baillet I, 146). Die wichtigsten Bekannten freilich sind Claude Mydorge[80] und Jean Ferrier,[81] die Verfertiger optischer Instrumente. Und er schrieb seine *Algebra*, von der er Beeckman 1628 stolz berichtete. Soll man Baillet tatsächlich glauben, daß Descartes zwischenzeitlich die Regeln der Division vergessen hatte?

Im Verlauf der Pariser Jahre 1625–1628 wurde Descartes in den Gelehrtenkreisen bekannt. Cornier fragt bei Marin Mersenne am 16. März 1626 an, »ob der ausgezeichnete Mathematiker«,[82] über den Mersenne gesprochen habe »eine gute Erklärung der Refraktion«[83] geben könne, und bittet am 22. März desselben Jahres darum, mehr über »die glänzende Methode und die beachtlichen Erfindungen«[84] des »Herrn des Chartes« erfahren zu dürfen. In der Regel VIII behauptet Descartes, die anaklastische Linie, die der Schlüssel zur Erklärung der Gesetze der Refraktion ist, durch die Methode gefunden zu haben, die er in den *Regulae* darlegt (C 27–28), und auch wenn diese Behauptung im besonderen wie auch die Nützlichkeit der cartesischen Methode insgesamt bezweifelt worden ist,[85] so ist doch immerhin nicht zu bestreiten, daß Descartes selbst Methode, Mathesis, Mathematik und Physik keineswegs als unverbunden nebeneinanderher laufende Beschäftigungen aufgefaßt hat – was freilich noch nicht heißt, daß sich die Verbindung zwischen diesen Beschäftigungs-

[79] Baillet I, 144–145.
[80] Baillet I, 149 ff.
[81] Baillet I, 151.
[82] *Correspondence du P. Marin Mersenne.* hrsg. v. Paul Tannery & Cornelis de Waard. Band I (1617–1627). Paris: PUF 1945, 418.
[83] Ebd. 420.
[84] Ebd. 429.
[85] Schuster, 304–354; Jean-Paul Weber: *La méthode de Descartes d'après les Regulae*. in: Archives de philosophie 35 (1972), 51.

feldern in der Weise denken läßt, wie Descartes in den Pariser Jahren meinte, also wie er es in den *Regulae* darzulegen versucht.

Er liest zumindest Teile von Francis Bacons *Instauratio magna* und findet an Bacons Methode »nichts tadelnswertes«, wie Baillet zu berichten weiß, der freilich sogleich hinzufügt, natürlich habe Descartes Bacon als Vorbild nicht nötig gehabt.[86] Descartes erwähnt Francis Bacon später einige Male in seiner Korrespondenz: So dankt Descartes Mersenne für eine Liste der »Qualitäten«, die Mersenne auf der Grundlage von Aristoteles aufgestellt hat, und erwähnt, er habe »von ihnen schon ein anderes größeres Verzeichnis hergestellt, zum Teil Verulamius, zum Teil meinem Kopfe entnommen, und dies ist eine der ersten Sachen, deren Erklärung ich versuchen werde«.[87] Am 23. Dezember 1630[88] bezieht sich Descartes auf den Wunsch Mersennes, »ein Mittel zu wissen, um nützliche Experimente anzustellen«. Descartes habe dazu jedoch nach dem, was Bacon darüber geschrieben habe, nichts zu sagen; wobei unklar ist, ob dieses Thema irgendwie im Zusammenhang mit der Arbeit von Mydorge steht, der vorher erwähnt wird. Am 10. Mai 1632, als Descartes mit der Abfassung von *Le Monde ou Traité de la Lumière* befaßt ist, kommt er auf Mersennes Frage zurück. Mersenne habe ihm

86 Baillet I, 148–149. Jean Sirven gibt eine Liste der Werke Bacons, die Descartes entweder im lateinischen Original oder in französischer Übersetzung gelesen haben könnte: *De sapientia veterum* (lt. 1619, frz. 1626); *Essais* (frz. ab 1619); *Novum Organum/Instauratio magna/Historia naturalis* (lt. 1620); *Histoire des Vents* und *Histoire de la vie et de la mort* (lt. 1622); *De dignitate et augmentis scientiarum* (lt. u. frz. 1623), *Histoire de Henri VII* (frz. 1627), *Sylva sylvarum/La Nouvelle Atlantide* (frz. 1631) (Sirven: *Les années d'apprentissage*, 330, Anm.3). – A. Lalande: *Sur quelques textes de Bacon et de Descartes*. in: Revue de métaphysique et de morale 19 (1911), 296–311 hat Passagen des *Discours* Passagen aus Werken Bacons gegenübergestellt, und zwar vor allem dem *Novum Organum*, *De dignitate*, *Sermones fideles* und der *Instauratio magna*. – »Les nombreuses rencontres de vocabulaire entre Bacon et Descartes posent d'ailleurs ici la question d'une lecture directe« (Marion: *Règles*, 132).

87 an Mersenne im Januar 1630 (AT I, 109 = Bense, 33)

88 AT I, 195.

von Leuten berichtet, die so sehr an dem Fortschritt der Wissenschaften interessiert seien, daß sie Experimente aller Arten sogar auf eigene Kosten unternähmen. Falls irgend jemand von diesen Leuten entsprechend der Methode Bacons eine Kosmologie verfassen wolle, würde ihm das, so Descartes, eine große Last von den Schultern nehmen.[89]

Zumindest das letzte Zitat spricht nicht gerade für die von Lüder Gäbe behauptete »Umkippung« Descartes' von der Methode in die Metaphysik, die durch die Lektüre insbesondere des § 48 des Novum Organon veranlaßt worden sei. Dieser Bruch im Denken Descartes' falle, so Gäbe, zeitlich mit seiner Übersiedelung in die Niederlande 1628/1629 zusammen, so daß den *Regulae* die Rolle der am weitesten gediehenen Ausarbeitung des dann Überwundenen zukommt, nämlich dem Versuch, philosophische Methodik auf den methodischen Prinzipien der Mathematik zu fundieren, ein Versuch, der nicht zuletzt an Bacons Kritik an der Unstillbarkeit bestimmter verstandesmäßiger Denk- und Erkenntnisprozesse, ausgedrückt im § 48 des *Novum Organon*, für Descartes erkennbar geworden sei. Zu solchen unstillbaren Verstandesprozessen – in dem Sinne einer fragenden Aktivität des Verstandes, die zu keinem Ergebnis kommen kann und sich daher im Endlosen, Uneinlösbaren verlieren muß – gehöre (so Gäbes Interpretation Bacons) neben der Teleologie vor allem auch die mathematischen Antinomien der unendlichen Teilung und der unendlichen Vergrößerung.[90] Das Liegenlassen der *Regulae* 1628 bedeutet demnach eine Abkehr von der Vorrangstellung der Mathematik im Denken Descartes'. Zeitlich voraus gehe dieser Umwendung die Diskussion beim Päpstlichen Nuntius, von der Descartes Villebressieu[91] berichtet, und auf die sich die Bemerkung Descartes' im *Discours* beziehe, in der er von seiner Konfrontation mit dem Gerücht berichtet, er habe eine Methode entwickelt, mit der sich alle möglichen Probleme lösen

89 AT I, 251–252 = Bense, 62–63.
90 Gäbe, 97 ff.
91 AT I, 213.

ließen. Diese Methode habe aber in literarisch greifbarer Form noch gar nicht vorgelegen und die entsprechenden Nachfragen anläßlich der Diskussion habe Descartes seiner eigenen Aussage zufolge dann bewogen, sich nach Holland zurückzuziehen, um diese Methode wirklich auszuarbeiten[92] – und genau diesen von Descartes selbst angedeuteten Beweggrund glaubt Gäbe ihm nicht: »Aber wieso es vernünftig sein soll, sich durch ein falsches Gerücht motivieren zu lassen, das zu tun, was das Gerücht behauptet, ist gar nicht zu begreifen« (Gäbe, 100).

Über das Gespräch berichtet Descartes an Villebressieu im Sommer 1631 nur hinsichtlich seiner Wirkung:

> »Sie haben jene beiden Ergebnisse meiner schönen Regel oder natürlichen Methode hinsichtlich dessen gesehen, was ich in dem Gespräch zu tun verpflichtet war, das ich mit dem päpstlichen Nuntius, dem Kardinal de Berulle, dem Pater Mersenne und dieser gesamten bedeutenden und gelehrten Gesellschaft führte, die sich bei dem besagten Nuntius versammelt hatte, um die Rede von Herrn de Chandoux über seine neue Philosophie anzuhören. Damals brachte ich die ganze Schar zur Billigung dessen, was die Kunst des vernünftigen Urteils über den Geist der mittelmäßig gelehrten Menschen vermag, und wie sehr meine Grundsätze besser, wahrhaftiger und natürlicher aufgestellt sind als irgendeiner, der schon von den Gelehrten angenommenen anderen Grundsätze. Sie blieben davon überzeugt wie auch alle diejenigen, die sich die Mühe machten, mich zu deren Niederschrift zu beschwören und das Publikum darüber zu unterrichten« (AT I, 213 = Bense, 59).

Ansonsten sind wir (wie immer) auf Baillets Schilderung angewiesen. Chandoux, Geneviève Rodis-Lewis zufolge ein »Scharlatan«,[93] hielt 1628 im Hause Bagnis in Anwesenheit von Berulle, Mersenne und Descartes einen Vortrag, in dem er die scholastische Philosophie ablehnte. Der einzige, der dem Vortrag Chandouxs reserviert begegnete, war Descartes, den die Versammlung daraufhin zu einer Stellungnahme zwang. Nach einigen lobenden Worten zu Chandoux Vortrag' wandte Descartes ein, daß in ihm offenbar das bloß Wahrscheinliche den Sieg über die Wahr-

[92] AT VI, 30.
[93] Rodis-Lewis 1995, 102.

heit davongetragen habe.[94] Dort aber, wo man sich mit dem bloß Wahrscheinlichen zufrieden gebe, sei es nicht schwer, Falsches als wahr hinzustellen oder umgekehrt Wahres als falsch. Descartes habe der Gesellschaft angeboten, es möge ihm irgendjemand eine Wahrheit seiner Wahl vortragen, er werde sie als falsch erweisen. Descartes habe die ihm vorgelegte Wahrheit mit zwölf Thesen, von denen die eine wahrscheinlicher als die andere gewesen sei, als falsch erwiesen, und danach habe er dasselbe mit umgekehrten Vorzeichen mit etwas Falschem getan. Die erstaunte Gesellschaft habe daraufhin Descartes nach der Methode gefragt, wie sich Sophismen vermeiden ließen, und Descartes habe geantwortet, er kenne keine, die unfehlbarer sei als diejenige, die er gewöhnlich benutze und die er aus den Grundlagen der Mathematik[95] abgeleitet habe, und er glaube nicht, daß es eine Wahrheit gebe, die er nicht auf diese Weise (»avec ce moyen«) seinen eigenen Prinzipien folgend klar beweisen könne. Baillet fügt hinzu, diese Weise (moyen) sei nichts anderes als seine natürliche Regel (règle universelle), die er ansonsten seine natürliche Methode (Méthode universelle) nenne, und die er anhand aller Arten von Propositionen überprüft habe, unabhängig von deren Natur und davon, aus welchem Bereich (espèce) sie stammten. Der erste Ertrag dieser Methode bestehe darin, daß sie im Vorwege sichtbar werden lasse, ob die Proposition möglich sei oder nicht, weil sie sie mit einer Erkenntnis (connaissance) und einer Gewißheit (certitude) prüfe und absichere (assurer), die der der Regeln der Arithmetik entspreche.[96]

Descartes Bericht im *Discours* läßt sich dahingehend deuten, daß es vor allem die Aufforderung Berulles, diese Methode detailliert auszuarbeiten, war, die Descartes dazu bewog, in die Niederlande überzusiedeln. Jacques Maritain hat das Treffen dahingehend gedeutet, daß es Berulle darum gegangen sei, Des-

94 Baillet I, 162.
95 Mathesis?: »... tiré du fonds des Mathématiques ...«, Baillet I, 163.
96 Baillet I, 163.

cartes als Reformator der Scholastik zu etablieren,[97] aber es ist wohl wahrscheinlicher, daß das Gespräch im Hause Bagnis nur eines von mehreren Ereignissen war, durch die Descartes' Ruf, eine fruchtbare Methode ausgearbeitet zu haben, verbreitet wurde. Hinzu kommt, daß das bei Baillet genannte Datum 1628 die Bedeutung dieses Gesprächs hinsichtlich einer Übersiedelung in die Niederlande, also hinsichtlich eines Fluchtreflexes, eher schmälert als verstärkt, weil Descartes im Oktober 1628 bereits in den Niederlanden war und nur kurzfristig wieder auf Besuch in Paris. Das Treffen bei Bagni müßte also, um die ihm zugesprochene Wirkung überhaupt entfalten zu können, deutlich vor dem Oktober 1628 stattgefunden haben, und dies widerspricht Baillets Schilderung, daß das Treffens »wenige Tage nach seiner Rückkehr« (Baillet 1693, 73) von der Belagerung von La Rochelle (10. August 1627–28. Oktober 1628) stattfand – wobei freilich auch nicht bewiesen ist, daß Descartes an der Belagerung von La Rochelle (in welcher Weise auch immer) teilgenommen hat, und dieser Einwand natürlich zudem voraussetzt, daß er dort bis zum Ende geblieben ist. Dies spricht für Geneviève Rodis-Lewis' Datierung des Treffens auf November 1627,[98] und im Falle dieser Datierung könnte dem Treffen bei Bagni in der Tat eine herausragende Bedeutung für die Entscheidung Descartes' zukommen, in die Niederlande überzusiedeln. In den Niederlanden angekommen macht Descartes sich sogleich an die Arbeit zu den späteren *Meditationes* und beginnt gleich mehrere naturphilosophische Texte, die er später in der *Dioptrique* und in *Le Monde* weiterverarbeitet. Ob seine Übersiedelung in die Niederlande einhergeht mit einer »Umkippung« seiner bisherigen Ansichten, wird nur eine inhaltliche Analyse zeigen können, die den *Discours de la Méthode* einbezieht.

Hamburg, im Dezember 2010 *Christian Wohlers*

97 Jacques Maritain: *The Dream of Descartes*. London: Nicholsen & Watson 1946, 27.

98 Rodis-Lewis 1995, 101.

BIBLIOGRAPHIE

C. Literatur

1. Ausgaben der *Cogitationes privatae*

a) Vollständige Ausgaben

Œuvres inédits de Descartes. hrsg. v. Louis-Alexandre Foucher de Careil. Band 1. Paris: Durand 1859.

Œuvres de Descartes. hrsg. v. Charles Adam & Paul Tannery. Paris: Vrin 1996 (1906), Band X.

b) Auszüge

Philosophical Writings. übers. v. Elizabeth Anscombe u. Peter Thomas Geach. Upper Saddle River: Prentice Hall 1971 (1954).

Œuvres philosophiques. hrsg. v. Ferdinand Alquié. Band 1. Paris: Garnier 1963.

Philosophical Writings of Descartes. hrsg. v. John Cottingham, Robert Stoothoff, Dugald Murdoch. Cambridge: University Press. 1985.

c) instruktive Übersetzungen einzelner Passagen in der Sekundärliteratur

Ivo Schneider: *Johannes Faulhaber 1580–1635. Rechenmeister in einer Welt des Umbruchs.* Basel/Boston/Berlin: Birkhäuser 1993.

Dennis L. Sepper: *Descartes's Imagination. Proportion, Images, and the Activity of Thinking*. Berkeley/Los Angeles/London: University of California Press 1996.

Henk J. M. Bos: *Redefining Geometrical Exactness. Descartes' Transformation of the Early Modern Concept of Construction.* New York/Berlin/Heidelberg: Springer 2001.

Chikara Sasaki: *Descartes' Mathematical Thought.* Dordrecht/Boston/London: Kluwer 2003.

2. Ausgaben und Übersetzungen der *Regulae ad directionem ingenii* (chronologisch geordnet)

Regulen van de Bestieringe des Verstants. übers. v. Jan Hendriksz Glazemaker. in: *Alle de Werken van de Heer Renatus Descartes.* hrsg. v. Jan Rieuwertsz. Band III: *R. Descartes Brieven, Derde Deel, Neffens een nette Verhandeling van het Licht.* Amsterdam: Rieuwertsz 1684. [N]

Regulae ad directionem ingenii. in: *Opuscula posthuma, physica et mathematica.* Amsterdam: Blaev 1701. [A]

Regulae de inquirenda veritate. hrsg. v. Charles Adam. in: Revue Bourguignonne de l'Enseignement Supérieur XI (1901) Dijon: Damidot et al./Paris: Rousseau. Abschrift der *Hannoveraner Handschrift* (Niedersächsische Landesbibliothek Hannover, Manuskript IV 308) [H]

Règles pour la Direction de l'Esprit. übers. v. Victor Cousin. in: *Œuvres de Descartes.* Band 11, Paris: Levrault 1826.

Regulae ad directionem ingenii. hrsg. v. Adolphe Garnier. in: *Œuvres philosophiques de Descartes.* hrsg. v. Adolphe Garnier. Band 3, Paris: La Hachette 1834–1835.

Règles pour la Direction de l'Esprit. in: *Œuvres philosophques de Descartes.* hrsg. v. Louis Aimé-Martin. Paris: Desprez 1838.

Regulae ad directionem ingenii. Nach der Original-Ausgabe von 1701 hrsg. von Artur Buchenau. Leipzig: Dürr 1907.

Rules for the Direction of the Mind. übers. v. G. R. T. Ross. in: *The Philosophical Works of Descartes.* Band 1. hrsg. v. Elizabeth Haldane u. G. R. T. Ross. Cambridge 1911.

Regeln zur Leitung des Geistes. übers. u. hrsg. von Artur Buchenau. Hamburg: Meiner 1959 (=1920).

Regulae ad directionem ingenii. Texte de l'édition Adam et Tannery. Notice par Henri Gouhier. Paris: Vrin 1930.

Regulae ad directionem ingenii/Règles pour la Direction de l'Esprit. Texte revu et traduit par George Le Roy. Paris: Boivin 1933.

Les Règles pour la Direction de l'Esprit. in: *Descartes. Œuvres et Lettres.* Textes présentés par André Bridoux. Paris: Gallimard 1937 (Übernahme der Übersetzung von Le Roy).

Règles pour la Direction de l'Esprit. übers. v. Jean Sirven Paris: Boivin 1945.

Rules for the Direction of the Mind. übers. v. Laurence Lafleur. Indianapolis 1961.

Règles pour la Direction de l'Esprit. übers. v. Jacques Brunschwig. in: *Œuvres Philosophiques.* hrsg. v. Ferdinand Alquié. Band 1. Paris: Garnier 1963.

Regulae ad directionem ingenii. Texte critique établi par Giovanni Crapulli avec la version hollandaise du XVIIème siècle. La Haye: Martinus Nijhoff 1966.

Regole per la Direzione dello Spirito. übers. v. Giovanni Crapulli (Auszüge). in: *Il Pensiero di René Descartes. Una Antologia dagli Scritti a cura di Giovanni Crapulli.* Turin: Loescher 1971.

Regole per la Direzione dello Spirito. übers. v. Santo Arcoleo. Padua 1971.

Regulae ad directionem ingenii/Regeln zur Ausrichtung der Erkenntniskraft. Kritisch revidiert, übersetzt und herausgegeben von Heinrich Springmeyer, Lüder Gäbe und Hans Günter Zekl. Hamburg: Meiner 1973.

Règles utiles et claires pour la Direction de l'Esprit en la Recherche de la Vérité. Traduction selon le lexique Cartésien, et annotation conceptuelle par Jean-Luc Marion. Avec des notes mathématiques de Pierre Costabel. La Haye: Martinus Nijhoff 1977.

Rules for the Direction of the Mind. übers. v. Dugald Murdoch. in: *The Philosophical Writings of Descartes.* hrsg. v. John Cot-

tingham, Robert Toothoff, Dugald Murdoch. Band 1. Cambridge: CUP 1985.
Regulae ad directionem ingenii/Rules for the Direction of the Natural Intelligence. A bilingual edition of the Cartesian treatise on method. hrsg. u. übers. v. George Heffernan. Amsterdam/Atlanta: Rodopi 1998.

3. Andere historische Quellen

a) Descartes

Œuvres. hrsg. v. Charles Adam & Paul Tannery. 11 Bände. Paris: Vrin 1996. [AT]
Abrégé de Musique. Compendium musicae. übers. v. Frédéric de Buzon. Paris: PUF 1987.
Musicae Compendium/Leitfaden der Musik. übers. v. Johannes Brockt. Darmstadt: WB 1978.
Discours de la Méthode pour bien conduire sa Raison et chercher la Verité en Sciences/Von der Methode des richtigen Vernunftgebrauchs und der wissenschaftlichen Forschung. hrsg. v. Lüder Gäbe, durchgesehen v. George Heffernan. Hamburg: Meiner 1997.
Briefe. Hrsg. v. Max Bense, übers. v. Fritz Baumgart. Köln: Staufen 1949.

b) Biographien

Daniel Lipstorp: *Specimina philosophiae Cartesianae*. Leiden: Elzevier 1653
Pierre Borel: *Vitae Renati Cartesii, summi philosophi, Compendium*. Paris: Billaine, 1656.
Adrien Baillet: *La Vie de Monsieur Des-Cartes*. Paris 1691. Repr. Genf: Slatkine 1970 (2 Bände in 1).
— *La Vie de Mr. Descartes. Contenant l'Histoire de sa Philosophie & des ses autres Ouvrages. Réduite et abregé*. Paris: Cramysie, 1693. (Repr. LaVergne: Kessinger 2009)

c) Zeitschriften

Nouvelles de la République des Lettres Juni 1705, 697–698.

Journal de Savants XIV, 1703 (209–221).

d) Andere Primärliteratur

Johann Valentin Andreae: *Fama Fraternitatis* (1614), *Confessio Fraternitatis* (1615), *Chymische Hochzeit* (1616). hrsg. v. Richard van Dülmen. Stuttgart: Calwer 1973.

– *Christianopolis 1619*. Originaltext und Übertragung nach D. S. Georgi 1741. hrsg. v. Richard van Dülmen. Stuttgart: Calwer 1972.

Antoine Arnauld et Pierre Nicole: *La Logique ou L'art de penser contenant, outre les règles communes, plusieurs observations nouvelles, propres à former le jugement*. Édition critique par Pierre Clair et François Girbal. Paris: PUF 1965.

– *Die Logik oder die Kunst des Denkens*. übers. v. Christos Axelos. Darmstadt: Wissenschaftliche Buchgesellschaft 1994.

Isaac Beeckman: *Journal tenu par Isaac Beeckman de 1604 à 1634*. Publié avec une introduction et notes par Cornelis deWaard. La Haye: Nijhoff. Band 1 (1604–1619) 1939; Band 2 (1619–1627) 1942; Band 3 (1627–1634) 1945; Band 4 (Supplement) 1953

Aulus Gellius: *Die Attischen Nächte*. übers. v. Fritz Weiss. Leipzig: Fues 1875.

Johannes Kepler: *Gesammelte Werke*. Band XVII: Briefe 1612–1620. hrsg. v. Max Caspar. München: Beck 1955.

Gottfried Wilhelm Leibniz: *Zu Descartes' Nachlaß*. in: Sämtliche Schriften und Briefe. Sechste Reihe: Philosophische Schriften, Band III. hrsg. v. d. Leibniz-Forschungsstelle d. Universität Münster. Berlin: Akademie-Verlag 1980, 386–387.

– *Notata quaedam G. G. L. circa vitam et doctrinam Cartesii*. in: ibid. Band IV, Teil C. Berlin: Akademie 1999, 2057–2065.

– *Remarques sur l'abrégé de La Vie de Descartes*. in: Die philosophischen Schriften v. G. W. Leibniz. hrsg. v. Carl Immanuel Gerhardt. Band 4. Berlin: Weidemann 1880.

Marin Mersenne: *Correspondence*. hrsg. v. Paul Tannary & Cornelis de Waard. Band I (1617–1627). Paris: PUF 1945.

Nicolas-Joseph Poisson: *Commentaires ou Remarques sur la méthode de René Descartes*. Vandôme: Hip 1670. repr. New York/London: Garland 1987.

D. Forschungsliteratur (alphabetisch)

Paul Arnold: *Histoire des Rose-Croix et les Origines de la Franc-Maçonnerie*. Paris: Mercure 1990.

L. J. Beck: *The Method of Descartes. A Study of the Regulae*. Oxford: Clarendon 1970 (1952).

Eduard Bodemann: *Die Handschriften der Königlichen öffentlichen Bibliothek zu Hannover*. Hannover: Hahn 1867.

Henk J. M. Bos: *Redefining Geometrical Exactness. Descartes' Transformation of the Early Modern Concept of Construction*. New York/Berlin/Heidelberg: Springer 2001.

Gustave Cohen: *Écrivains Français en Hollande dans Première Moitié du XVIIe siècle*. La Haye: Martinus Nijhoff/Paris: Édouard Champion 1921.

Pierre Costabel: *L'inititaion mathématique de Descartes*. in: Archives de philosophie 46 (1983), 637–646.

Roland Eddingshofer: *Die Rosenkreuzer*. München: Beck 1995.

Juan Domingo Sánchez Estop: *Spinoza, Lecteur des Regulae. Notes sur le Cartésianisme du jeune Spinoza*. in: Revue des sciences philosophiques et théologiques 71 (1987), 55–66.

Lüder Gäbe: *Descartes' Selbstkritik. Untersuchungen zur Philosophie des jungen Descartes*. Hamburg: Meiner 1972.

– *Cartelius oder Cartesius. Eine Korrektur zu meinem Buche über Descartes »Selbstkritik, Hamburg 1972«*. in: Archiv für Geschichte der Philosophie 58 (1976), 58–59.

Stephen Gaukroger: *Descartes. An intellectual Biography*. Oxford: Clarendon 1995.

Henri Gouhier: *Les Premières Pensées de Descartes. Contribution a l'Histoire de l'Anti-Renaissance*. Paris: Vrin 1958.

Kurt Hawlitschek: *Johann Faulhaber 1580–1635. Eine Blütezeit der mathematischen Wissenschaften in Ulm.* Ulm: Stadtbibliothek 1995.

– *Johann Faulhaber 1580–1635 und René Descartes 1596–1650 auf dem Weg zur modernen Wissenschaft.* Ulm: Stadtbibliothek 2006.

Hans Heisinger: *Die Schreib- und Rechenmeister des 17. und 18. Jahrhunderts in Nürnberg. Ein Beitrag zur Geschichte des Lehrstandes.* Diss. Nürnberg 1927.

Pamela Kraus: *From Universal Mathematics to Universal Method. Descartes' »Turn« in Rule IV of the Regulae.* in: Journal of the History of Philosophy 21 (1983), 159–174.

A. Lalande: *Sur quelques textes de Bacon et de Descartes.* in: Revue de métaphysique et de morale 19 (1911), 296–311.

Reinhard Lauth: *La Constitution du Texte des Regulae de Descartes.* in: Archives de philosophie 31 (1968), 658–656.

Paolo Mancosu: *Philosophy of Mathematics and Mathematical Practice in the Seventeenth Century.* New York/Oxford: Oxford University Press 1996.

Kenneth L. Manders: *Descartes et Faulhaber.* in: Archives de Philosophie 58 (1995), Heft 3: Bulletin cartésien XXIII, 1–12.

Jean-Luc Marion: *Sur l'Ontologie Grise de Descartes.* Paris: Vrin 1993 (1. Auflage 1975).

Jacques Maritain: *The Dream of Descartes.* London: Nicholsen & Watson 1946.

Edouard Mehl: *Descartes en Allemagne 1619–1620. Le contexte allemand de l'élaboration de la science cartésienne.* Strasbourg: Presses Universitaire 2001.

Frederick van de Pitte: *Descartes' Mathesis universalis.* in: Archiv für Geschichte der Philosophie 61 (1979), 154–174.

Geneviève Rodis-Lewis: *Descartes. Biographie.* Paris: Calmann-Lévy 1995.

– *Le Premier Registre de Descartes.* in: Archives de Philosophie 3–4 (1991), 353–377 u. 639–657; abgedruckt in: *Le Développement de la Pensée de Descartes.* Paris: Vrin 1997, 37–79.

Chikara Sasaki: *Descartes' Mathematical Thought*. Dordrecht/Boston/London: Kluwer 2003.

Ivo Schneider: *Johannes Faulhaber 1580–1635. Rechenmeister in einer Welt des Umbruchs.* Basel/Boston/Berlin: Birkhäuser 1993.

– *Zwischen Galilei und Descartes: Der Ulmer Rechenmeister und Ingenieur Johannes Faulhaber*. in: Irmgard Hantsche (Hrsg.): *Der »mathematicus«. Zur Entwicklung und Bedeutung einer neuen Berufsgruppe in der Zeit Gerhard Mercators*. Referate des 4. Mercator-Symposiums 30.–31. Oktober 1995. (= Duisburger Mercator-Studien). Bochum: Brockmeyer 1996, 201–225.

John Andrew Schuster: *Descartes and the Scientific Revolution 1618–1634. An Interpretation*. Diss. Princeton 1977.

– *Descartes' Mathesis universalis, 1619–28*. in: Stephen Gaukroger (Hrsg.): *Descartes. Philosophy, Mathematics and Physics*. New Jersey: Barnes & Noble 1980, 41–96.

Gregor Sebba: *Adrien Baillet and the Genesis of his Vie de M. Des-Cartes*. in: Thomas M. Lennon/John M. Nicholas/John W. Davis: *Problems of Cartesianism*. Kingston and Montreal: McGill-Queen's University Press 1982, 9–60.

Dennis L. Sepper: *Descartes' Imagination. Proportion, Images, and the Activity of Thinking*. Berkeley/Los Angeles/London: University of California Press 1996.

– *Figuring things out. Figurate problem-solving in the early Descartes.* in: Stephen Gaukroger, John Schuster and John Sutton: *Descartes' Natural Philosophy.* London/New York: Routledge 2000, 228–248.

Michel Serfati: *Les Compas Cartésiens*. in: Archives de philosophie 56 (1993), 197–230.

Jean Sirven: *Les Années d'Apprentissage de Descartes 1596–1628*. Albi: Cooperative du Sud-ouest 1928. repr. New York/London: Garland 1987.

Heinrich Springmeyer: *Eine neue kritische Textausgabe der Regulae ad directionem ingenii von René Descartes*. in: Zeitschrift für philosophische Forschung 24 (1970), 101–125.

Jean-Paul Weber: *Sur la composition de la Regula IV de Descartes.* in: Revue philosophique de la France et de l'Étranger 89 (1964), 1–20.

– *La Constitution du Texte des Regulae.* Paris: Société d'Édition d'enseignement supérieur 1964.

– *La méthode de Descartes d'après les Regulae.* in: Archives de philosophie 35 (1972), 51–60

Frances A. Yates: *Aufklärung im Zeichen des Rosenkreuzes.* Stuttgart: Klett 1975, 216–229 [deutsche Übersetzung von *The Rosicrucian Enlightenment.* London/Boston: Routledge & Kegan Paul 1972].

C1 ¦¦¦¦

RENÉ DESCARTES

REGULAE AD DIRECTIONEM INGENII[1]

[1] H: Ren. Cartesii Regulae de inquirenda veritate.

¦ AT 359 ¦ H 3 ¦ A 1

RENÉ DESCARTES

REGELN ZUR AUSRICHTUNG DER GEISTESKRAFT

REGULA I

Studiorum finis esse debet ingenii directio ad solida & vera, de iis omnibus quae occurrunt, proferenda judicia.

Ea est hominum consuetudo, ut, quoties aliquam similitudinem inter duas res agnoscunt, de utraque judicent, etiam in eo in quo sunt diversae, quod de alterutra verum esse compererunt. Ita scientias, quae totae in animi cognitione consistunt, cum artibus, quae aliquem corporis usum habitumque desiderant, male conferentes, videntesque non omnes artes simul ab eodem homine esse addiscendas, sed illum in[1] optimum artificem facilius evadere, qui unicam tantum exercet, ¦ quoniam eaedem manus agris colen-
C2 dis & citharae pulsandae, vel pluribus ejusmodi diversis | officiis, non tam commode, quam unico ex illis possunt aptari; idem de scientiis etiam crediderunt, illasque pro diversitate objectorum ab invicem distinguentes, singulas seorsim & aliis omnibus[2] omissis quaerendas esse sunt arbitrati. In quo sane decepti sunt. Nam cum scientiae omnes nihil aliud sint quam humana sapientia, quae semper una & eadem manet, quantumvis differentibus subjectis applicata, nec majorem ab illis distinctionem mutuatur, quam solis lumen a rerum, quas illustrat, varietate, non opus est ingenia limitibus ullis cohibere; neque enim nos unius ve-

[1] in] A: *fehlt.* [2] aliis omnibus] A, AT: omnibus aliis.

¦ AT 360 ⁝ H 3 ⁝ A 1

REGEL I

Zweck der Studien muß die Ausrichtung der Geisteskraft darauf sein, über alles, was es gibt, zuverlässige und wahre Urteile zustandezubringen.

Es ist eine Angewohnheit der Menschen, sobald sie eine Ähn- 1,7
lichkeit zwischen zwei Dingen erkennen, sie auch in dem gleich zu beurteilen, worin sie verschieden sind, und was sich nur in bezug auf eines der beiden als wahr erwiesen hat. So haben sie die Wissenschaften, die allein in einer Erkenntnis durch das Gemüt bestehen, fälschlich mit Techniken in einen Topf geworfen, für die eine Verwendung und Verfassung des Körpers erforderlich ist. Sie sahen, daß ein und derselbe Mensch nicht gleichzeitig alle Techniken erlernen könne, sondern derjenige leichter zu einem großen Techniker wird, der nur eine einzige ausübt, weil ja dieselben Hände sich nicht gleichermaßen dazu eignen, den Acker zu bestellen und Gitarre zu spielen, oder sogar noch mehr solche doch ganz verschiedene Aufgaben auszuführen, sondern nur eine einzige davon. So glaubten sie, es verhalte sich mit den Wissenschaften ebenso, die sie nach der Verschiedenheit ihrer Objekte voneinander unterschieden, und meinten, jede einzelne müsse getrennt und ohne Berücksichtigung aller anderen verfolgt werden. Darin haben sie sich aber vollständig getäuscht. Denn alle Wissenschaften sind nichts anderes als menschliche Weisheit, die stets ein und dieselbe bleibt, gleichgültig, wie verschieden auch die Gegenstände sein mögen, auf die sie sich bezieht. Durch die Verschiedenheit ihrer Gegenstände läßt sich die Weisheit auch ebensowenig eine Unterscheidung aufnötigen, wie in das Sonnenlicht durch die Vielfalt der Dinge, die es beleuchtet, ein Unterschied gerät. Deshalb ist es nicht nötig, die Geisteskräfte in irgendwelchen Grenzen zu halten. Denn anders

ritatis cognitio, veluti unius ⁝ artis usus, ab alterius inventione dimovet, sed potius juvat. Et profecto mirum mihi videtur, plerosque hominum[1] plantarum vires, siderum motus, metallorum transmutationes, similiumque disciplinarum objecta diligentissime perscrutari, atque interim fere nullos de bona mente, sive de hac universali[2] Sapientia, cogitare, cum tamen alia ⁝ omnia non tam propter se, quam quia ad hanc aliquid conferunt, sint aestimanda. Ac proinde non immerito hanc regulam primam[3] omnium proponimus, quia nihil prius a recta quaerendae veritatis via nos abducit[4], quam si non ad hunc finem generalem, sed ad aliquos particulares studia dirigamus. Non de perversis loquor& damnandis, ut sunt inanis gloria vel lucrum turpe: ad hos enim perspicuum est fucatas rationes,& vulgi ingeniis accomodata ludibria, longe magis compen¦diosum iter aperire, quam possit solida veri cognitio. Sed de honestis etiam intelligo& laudandis, quia ab his decipimur saepe subtilius; ut si quaeramus scientias utiles ad vitae commoda, vel ad illam voluptatem, quae in veri contemplatione reperitur,& quae fere unica est integra & nullis turbata doloribus in hac vita felicitas. Hos enim scientiarum fructus legitimos possumus quidem exspectare; sed, si de illis inter studendum cogitemus, saepe efficiunt, ut multa, quae ad aliarum rerum cognitionem necessaria sunt, vel quia prima fronte parum utilia, vel quia parum curiosa videbuntur, omittamus. Credendumque est, | ita omnes inter se esse connexas, ut longe facilius
C3 sit cunctas simul addiscere, quam unicam ab aliis separare. Si quis igitur serio rerum veritatem investigare vult, non singularem aliquam debet optare scientiam: sunt enim omnes inter se

[1] hominum] H: hominum mores (*Ergänzung durch Leibniz: zu* hominum *hinzugefügt* corpora; *dies durchgestrichen und ersetzt durch* mores). [2] universali] H: universali me; L: *korr.* universalissima. [3] primam] H: primum. [4] abducit] A: abduxit.

¦ AT 361 ⁝ H 4 ⁝ A 2

als die Ausübung einer Technik bringt uns die Erkenntnis einer einzelnen Wahrheit keineswegs von der Entdeckung einer anderen ab, sondern trägt vielmehr zu ihr bei. Mir kommt es wirklich seltsam vor, daß so viele Menschen die Heilkräfte der Pflanzen, die Bewegungen der Gestirne, die Verwandlungen der Metalle und die Objekte ähnlicher Disziplinen ganz genau durchforsten, dabei aber fast niemand über den unverdorbenen Geist, bzw. über die universelle Weisheit nachdenkt, obwohl doch all das andere nicht für sich selbst genommen zu bewerten ist, sondern nur, weil es etwas zu dieser Weisheit beiträgt. Deshalb stellen wir diese Regel nicht ganz zu Unrecht allen anderen voran, weil nichts uns mehr von dem richtigen Weg, die Wahrheit zu verfolgen, fortführt, als wenn wir unsere Studien auf irgendwelche besonderen Zwecke anstelle dieses allgemeinen richten. Ich spreche nicht über abwegige und verwerfliche Zwecke wie eitlen Ruhm oder schnöde Geldgier – denn was das betrifft, so ebnen aufgeblasene Scheinargumente und den Geisteskräften der Masse angepaßte Spielereien offenkundig sehr viel kürzere Bahnen als die zuverlässige Erkenntnis des Wahren –, sondern ich verstehe darunter auch die ehrbaren und lobenswerten Zwecke, weil wir von ihnen oft auf subtilere Weise betrogen werden: Wie wenn wir Wissenschaften verfolgen, die für die Bequemlichkeiten des Lebens nützlich sind; oder für jene Lust, die man bei der Vertiefung in das Wahre antrifft und die fast das einzige ungeschmälerte, durch keine Schmerzen getrübte Glück in diesem Leben ist. Denn hoffen können wir zwar auf die uns zustehenden Erträge dieser Wissenschaften; wenn wir jedoch an sie denken, während wir studieren, bewirken sie oft, daß wir vieles links liegen lassen, was zur Erkenntnis anderer Dinge notwendig ist, weil es auf den ersten Blick entweder weniger nützlich oder weniger interessant zu sein scheint. Vielmehr muß man alle Wissenschaften für so miteinander verknüpft halten, daß es sehr viel leichter ist, sie alle insgesamt zu erlernen, als eine einzige von den anderen abzutrennen. Wenn demnach jemand ernsthaft die Wahrheit der Dinge untersuchen will, darf er nicht irgendeine einzelne Wissenschaft auswählen, denn sie sind alle miteinander

conjunctae & a se invicem dependentes; sed cogitet tantum de naturali rationis lumine augendo, non ut hanc aut illam scholae difficultatem resolvat, sed ut in singulis vitae casibus intellectus voluntati praemonstret quid sit eligendum; & brevi ⁝ mirabitur[1] se longe majores progressus[2] fecisse, quam qui ad particularia student, & non ⟨tantum⟩[3] eadem omnia quae alii cupiunt, esse adeptum, sed altiora etiam quam possint exspectare[4]. ¦

REGULA II

Circa illa tantum objecta oportet versari, ad quorum certam & indubitatam cognitionem nostra ingenia videntur sufficere.

Omnis scientia est cognitio certa & evidens; neque doctior est qui de multis dubitat, quam qui de iisdem nunquam cogitavit, sed nihilominus eodem videtur indoctior, si de aliquibus falsam concepit opinionem; ac proinde nunquam studere melius est, ⁝ quam circa objecta adeo difficilia versari, ut vera a falsis distinguere non[5] valentes[6] dubia pro certis cogamur admittere, cum in illis non tanta sit spes augendi doctrinam, quantum est periculum minuendi. Atque ita per hanc propositionem rejicimus illas omnes probabiles tantum cognitiones, nec nisi perfecte cognitis, & de quibus dubitari non potest, statuimus esse credendum. Et quamvis valde paucas tales existere sibi fortasse persuadeant litterati, quia scilicet ad cognitiones tales, ut nimis faciles & uni-
C4 cuique obvias, communi quodam gentis humanae | vitio reflectere neglexerunt: moneo tamen longe esse plures quam putant,

[1] mirabitur] A: mirabiles se &. [2] progressus] A: progressus tantum. [3] ⟨tantum⟩] A: *fehlt.* [4] exspectare] A: exspectare comperiet. [5] non] H: *fehlt.* [6] valentes] L: *geändert in* volentes.

¦ AT 362 ⁝ H 5 ¦ A 3

verbunden und voneinander abhängig; sondern er soll nur daran denken, das natürliche Licht der Vernunft zu verstärken, und zwar nicht, um die eine oder andere akademische Streitfrage zu lösen, sondern damit in den einzelnen Vorfällen des Lebens der Verstand dem Willen im Vorwege anzeigt, was zu wählen sei. Binnen kurzem wird er erstaunt feststellen, daß er sehr viel größere Fortschritte gemacht hat als die, die etwas Besonderes studieren, und er nicht nur genau dasselbe erreicht hat, was die anderen erreichen wollen, sondern sogar Höheres erwarten kann als sie.

REGEL II

Man soll sich nur solchen Objekten zuwenden, zu deren sicherer und unbezweifelbarer Erkenntnis unsere Geisteskräfte offenbar ausreichen.

Alles Wissen ist sichere und evidente Erkenntnis, und wer an vielem zweifelt, ist nicht gelehrter als jemand, der niemals darüber nachgedacht hat, sondern er scheint demungeachtet sogar ungelehrter zu sein, nämlich wenn er sich über etwas eine falsche Meinung gebildet hat. Deshalb ist es sehr viel besser, niemals zu studieren, als sich Objekten zuzuwenden, die so schwierig sind, daß wir das Wahre nicht von dem Falschen unterscheiden können, und so gezwungen werden, Zweifelhaftes als gewiß gelten zu lassen. Denn dabei ist die Hoffnung, die Gelehrsamkeit zu vergrößern, geringer als die Gefahr, sie zu vermindern. Durch diese Vorschrift verwerfen wir deshalb alle bloß wahrscheinlichen Erkenntnisse und legen fest, daß allein dem vollkommen Erkannten, das nicht bezweifelt werden kann, vertraut werden darf. Es ist eine beim Menschengeschlecht weitverbreitete Untugend, nicht über solche Erkenntnisse nachzudenken, da sie angeblich zu leicht und für jeden offensichtlich sind. Deshalb reden die Gelehrten sich auch ein, es gebe nur ganz wenige solche Erkenntnisse, während ich darauf hinweise, daß es sehr viel mehr Erkenntnisse dieser Art gibt, als sie meinen, und daß diese

atque tales sufficere ad innumeras propositiones certo demonstrandas, de quibus illi hactenus non nisi probabiliter disserere potuerunt; & quia[1] crediderunt indignum esse ¦ ho⁝mine literato fateri aliquid se[2] nescire, ita assuevere commentitias suas rationes[3] adornare, ut sensim postea sibimetipsis persuaserint, atque ita illas pro veris venditarint.

Verum, si hanc regulam bene servemus, valde pauca occurrent, quibus addiscendis liceat[4] incumbere. Vix enim ulla in scientiis[5] quaestio est, de qua non saepe viri ingeniosi inter se dissenserint. Sed quotiescumque duorum de eadem re judicia in contrarias partes feruntur, certum est alterutrum saltem decipi, ac ne unus quidem videtur habere scientiam: si enim hujus ratio esset certa & evidens, ita illam alteri posset proponere, ut ejus etiam intellectum tandem convinceret. De omnibus ergo quae sunt ejusmodi probabiles opiniones, non perfectam scientiam videmur posse acquirere, quia de nobis ipsis plura sperare, quam caeteri praestiterunt, sine temeritate non licet; adeo ut, si bene calculum ponamus, solae supersint Arithmetica & Geometria ex scientiis jam inventis, ad quas hujus regulae observatio nos reducat[6].

Neque tamen idcirco damnamus illam, quam caeteri hactenus invenerunt[7], philosophandi rationem, & scholasticorum aptissima bellis probabilium syllogismorum tormenta: quippe exercent puerorum ingenia, & cum quadam aemulatione promovent, quae longe melius est ejusmodi opinionibus informari, ¦ etiamsi illas incertas esse appareat, cum inter eruditos sint controversae, quam si libera sibi ipsis relinquerentur. Fortasse enim ad prae-
C 5 ci|pitia pergerent sine duce; sed quamdiu praeceptorum vestigiis insistent, licet a vero nonnunquam deflectant, certe tamen iter capessent, saltem hoc nomine magis securum, quod jam a ⁝

[1] quia] A: qui. [2] se aliquid] A, AT: se aliquid. [3] rationes] *fehlt bei Springmeyer/Zekl* [4] liceat] L: liceat initio. [5] ulla in scientiis] A, AT: in scientiis ulla [6] reducat] H: reducet; *dort (durch L ?) geändert in* reducat; A: reducit. [7] invenerunt] H: ininerunt; L: iniverunt.

¦ AT 364 ⁝ H 6 ⁝ A 3

Erkenntnisse ausreichen, unzählige Propositionen sicher zu be-
weisen, die sie bislang nur als wahrscheinlich erörtern konnten.
Weil sie glaubten, es sei eines gelehrten Menschen unwürdig, ein-
zuräumen, etwas nicht zu wissen, haben sie sich angewöhnt, ihre
frei erfundenen Begründungen solange auszuschmücken, bis sie
selbst sie sich eingeredet und so als wahr verkauft haben.

Allerdings wird es, wenn wir diese Regel streng befolgen, für 4,8
uns nur ganz weniges geben, das überhaupt in Frage kommt, es
zu erlernen. Denn es gibt in den Wissenschaften kaum eine Frage,
über die geistreiche Männer nicht häufig uneinig gewesen wären.
Jedesmal aber, wenn die Urteile zweier Menschen über densel-
ben Sachverhalt in entgegengesetzte Richtungen gehen, täuscht
sich ganz gewiß zumindest einer der beiden. Außerdem besitzt
offenbar keiner der beiden Wissen; denn wenn die Begründung
des einen gewiß und evident wäre, könnte er sie dem anderen so
darstellen, daß er schließlich auch dessen Verstand überzeugen
würde. Über alles, was es an derartigen, bloß wahrscheinlichen
Meinungen gibt, können wir also offenbar kein vollkommenes
Wissen erlangen; denn es wäre übermütig, von uns selbst mehr
zu erhoffen als andere zustandegebracht haben. Daher bleiben,
wenn wir dies richtig in Rechnung stellen, von den bereits vor-
handenen Wissenschaften nur Arithmetik und Geometrie übrig,
auf die uns die Befolgung dieser Regel zurückführt.

Gleichwohl verurteilen wir deswegen weder die Art des Phi- 4,22
losophierens, die die anderen bislang erfunden haben, noch die
groben Geschütze wahrscheinlicher Syllogismen der Scholasti-
ker, die sich so gut für ihre Scharmützel eignen; denn sie üben
die Geisteskräfte der Kinder und bringen sie durch einen ge-
wissen Wetteifer voran. Es ist weitaus besser, wenn die Geistes-
kräfte der Kinder durch derartige Meinungen geformt werden –
selbst wenn sie offensichtlich ungewiß sind, da sie ja unter den
Gebildeten strittig sind – als wenn man sie frei sich selbst über-
ließe. Denn ohne Führer würden sie womöglich bald am Ab-
grund stehen, solange sie aber in die Fußstapfen ihrer Lehrer
treten, weichen sie wohl zwar zuweilen vom Wahren ab, selbst
dann aber schlagen sie noch eine Bahn ein, die gewiß zumin-

prudentioribus fuerit probatum. Atque ipsimet gaudemus, nos etiam olim ita in scho¦lis fuisse institutos; sed quia jam illo[1] soluti sumus sacramento, quod ad verba Magistri nos adstringebat, & tandem aetate satis matura manum ferulae subduximus, si velimus serio nobis ipsis regulas proponere, quarum auxilio ad cognitionis humanae fastigium ascendamus, haec profecto inter primas est admittenda, quae cavet, ne otio abutamur, ut multi faciunt, quaecumque facilia sunt negligentes, & nonnisi in rebus arduis occupati, de quibus subtilissimas certe conjecturas & valde probabiles rationes ingeniose concinnant; sed post multos labores sero tandem animadvertunt, se dubiorum multitudinem tantum auxisse, nullam autem scientiam didicisse.

Nunc vero, quia paulo ante diximus ex disciplinis ab aliis cognitis solas Arithmeticam & Geometriam ab omni falsitatis vel incertitudinis vitio puras existere: ut diligentius rationem expendamus quare hoc ita sit[2], notandum est, duplici via nos[3] ad cognitionem ¦ rerum devenire, per experientiam scilicet, vel deductionem. Notandum insuper, experientias rerum saepe esse fallaces, deductionem vero sive illationem puram unius ab altero posse quidem omitti, si non videatur[4], sed nunquam male fieri ab intellectu vel minimum rationali. Et parum ad hoc prodesse mihi videntur illa Dialecticorum vincula, quibus rationem humanam regere se putant, etiamsi eadem aliis usibus aptissima esse non negem. Omnis quippe deceptio, quae potest accidere hominibus, dico, non belluis[5], nunquam ex mala illatione contingit, sed ex eo tantum quod experimenta quaedam parum in-

[1] jam illo] A, AT: illo jam. [2] sit] H: *fehlt;* L: *in Klammern hinzugefügt* [3] duplici via nos] A, AT: nos duplici via. [4] videatur] L: *nach* videatur *in Klammern hinzugesetzt* ea opus [5] hominibus … belluis] L: *eingeklammert*

¦ AT 365 ¦ H 7 ¦ A 4

dest insofern sicherer ist, als sie von Klügeren bereits erprobt worden ist. Auch wir selbst sind froh, früher auf der Universität so unterrichtet worden zu sein. Als wir jedoch ein ausreichend reifes Alter erreicht haben, haben wir die Hand der Zuchtrute entzogen, und sind jetzt dem Treueid entbunden, der uns an die Worte des Lehrmeisters band. Wenn wir uns selbst ernsthaft Regeln aufstellen wollen, um mit ihrer Unterstützung den Gipfel menschlicher Erkenntnis zu erklimmen, müssen wir deshalb diejenige als eine der ersten gelten lassen, die verhindert, daß wir die Zeit verschwenden, die uns zur Verfügung steht, wie es viele tun, die alles vernachlässigen, was leicht ist, und sich allein mit schwierigen Dingen befassen, über die sie zwar sehr spitzfindige Vermutungen anstellen und sich ziemlich wahrscheinliche Begründungen geistreich zusammenzimmern; aber erst spät, nach einer Menge Arbeit, bemerken sie, daß sie nur die Menge des Zweifelhaften vermehrt, jedoch kein Wissen erlernt haben.

Von den durch andere erkannten Diszplinen stehen, wie wir 5,16
kurz zuvor gesagt haben, allein Arithmetik und Geometrie rein ohne jede Unzulänglichkeit der Falschheit und der Ungewißheit da. Wenn wir nun den Grund eingehender erwägen wollen, weshalb das so ist, müssen wir darauf hinweisen, daß wir auf zweifachem Weg zur Erkenntnis der Dinge gelangen, nämlich durch Erfahrung oder durch Deduktion. Außerdem ist darauf hinzuweisen, daß die Erfahrungen der Dinge oft trügerisch sind, während eine Deduktion bzw. eine reine Ableitung des einen aus dem anderen zwar unterbleiben kann, wenn man nicht aufpaßt, aber von einem Verstand, der auch nur im geringsten funktioniert, wie er soll, niemals verkehrt vollzogen werden kann. Die Fesseln der Dialektiker, mit denen sie meinen, die menschliche Vernunft regieren zu können, scheinen mir dazu wenig beizutragen, auch wenn ich nicht bestreiten will, daß sie für andere Verwendungen äußerst geeignet sind. Denn alle Täuschung, die den Menschen – ich sage: den Menschen, nicht den Tieren! – passieren kann, geschieht niemals durch eine verkehrte Ableitung, sondern allein dadurch, daß bestimmte unzureichend eingesehene Experimen-

tellecta supponantur, vel judicia temere & absque fundamento
C6 statuantur. |

Ex quibus evidenter colligitur, quare Arithmetica & Geo⁝metria caeteris disciplinis longe certiores exsistant: quia scilicet hae solae circa objectum ita purum & simplex versantur, ut nihil plane supponant, quod experientia reddiderit incertum, sed totae consistunt[1] in consequentiis rationabiliter deducendis. Sunt igitur omnium maxime[2] faciles & perspicuae, habentque[3] objectum quale requirimus, cum in illis citra inadvertentiam falli vix humanum videatur. Neque tamen ideo mirum esse debet, si multorum ingenia se sponte potius ad alias artes vel Philosophiam applicent: hoc enim accidit, quia confidentius sibi quisque dat divinandi licentiam in re obscura, quam in evidenti, & ¦ longe facilius est de qualibet quaestione aliquid sus⁝picari, quam in[4] una quantumvis facili ad ipsammet veritatem pervenire.

Jam vero ex his omnibus est concludendum, non quidem solas Arithmeticam & Geometriam esse addiscendas, sed tantummodo rectum veritatis iter quaerentes circa nullum objectum debere occupari, de quo non possint habere certitudinem Arithmeticis & Geometricis demonstrationibus aequalem.

[1] consistunt] A: insistunt. [2] maxime] H: *fehlt;* L: *hinzugefügt* [3] habentque] H: habentq; L: habentes. [4] evidenti … in] H: *fehlt;* L: *statt dessen in Klammern* et facilius est de multis quaestionibus difficilibus probabiliter disserere

¦AT366 ⁝H8 ⁝A5

te vorausgesetzt oder Urteile blindlings und ohne Fundament gefällt werden.

Daraus läßt sich evident entnehmen, weswegen Arithmetik 6,1
und Geometrie gewisser auftreten als die anderen Disziplinen, nämlich weil sie allein sich mit einem so reinen und einfachen Objekt beschäftigen, daß sie schlicht überhaupt nichts voraussetzen, was die Erfahrung ungewiß machen wird, sondern überhaupt nur aus Folgerungen bestehen, die vernunftgemäß deduziert werden. Sie sind demnach die allereinfachsten und transparentesten von allen und haben ein Objekt von der Art, wie wir es für erforderlich halten; denn außer durch Unaufmerksamkeit ist es dem Menschen offenbar kaum möglich, sich in ihnen zu täuschen. Gleichwohl sollte es uns deshalb nicht verwundern, wenn die meisten Menschen von selbst ihre Geisteskräfte lieber auf andere Techniken oder eine andere Philosophie verlegen: Denn das passiert, weil bei einem dunklen Ding jeder mit größerem Selbstvertrauen als bei einem evidenten es sich herausnimmt, hier etwas zu erraten; ist es doch sehr viel leichter, über beliebige Fragen irgendetwas zu vermuten, als in einer einzigen, und sei sie noch so leicht, zur Wahrheit selbst vorzudringen.

Aus all dem darf man nun aber nicht schließen, daß man nur 6,14
Arithmetik und Geometrie erlernen dürfe, sondern nur, daß diejenigen, die nach der rechten Bahn zur Wahrheit fragen, sich mit keinem Objekt abgeben dürfen, über das sie nicht eine Gewißheit haben können, die den Beweisen der Arithmetik und Geometrie entspricht.

REGULA III

Circa objecta proposita non quid alii senserint, vel quid ipsi suspicemur, sed quid clare & evidenter possimus intueri, vel certo deducere quaerendum est; non aliter enim scientia acquiritur.

Legendi sunt Antiquorum libri, quoniam ingens beneficium est tot hominum laboribus nos uti posse: tum ut illa, quae jam olim recte inventa sunt, cognoscamus, tum etiam ut quaenam ulte-
C7 rius in omnibus disciplinis supersint excogitanda admo|neamur. Sed interim valde periculosum est, ne ⁞ quae forsitan errorum maculae, ex illorum nimis attenta lectione contractae, quantumlibet invitis & caventibus nobis adhaereant. Eo enim scriptores solent esse ingenio, ut, quoties in alicujus opinionis controversae discrimen inconsulta credulitate delapsi sunt, nos semper eodem trahere conentur subtilissimis argumentis; contra vero, quoties aliquid certum & evidens feliciter invenerunt, ¦ nunquam exhibeant nisi variis ambagibus involutum, timentes scilicet ne simplicitate rationis inventi dignitas minuatur, vel quia nobis invident apertam veritatem.

Nunc autem, quantumvis essent omnes ingenui & aperti, nec ulla nobis unquam dubia pro veris obtruderent, sed cuncta exponerent bona fide, quia tamen vix quicquam ab uno dictum est, cujus contrarium ab aliquo alio non afferatur[1], semper essemus incerti, utri credendum foret. Et nihil prodesset suffragia numerare, ut illam sequeremur opinionem, quae plures habet Authores: nam, si agatur de quaestione difficili, magis credibile est ejus veritatem a paucis inveniri potuisse, quam a multis. Sed

[1] afferatur] AT: asseratur (*als nach Crapulli falsch gesehene, aber übernommene Lesart nach H*).

¦ AT 367 ⁞ H 9 ¦ A 5

REGEL III

Bei den vorgelegten Objekten ist weder danach zu fragen, wie andere sie eingeschätzt haben, noch was wir selbst vermuten, sondern danach, was wir klar und evident intuitiv erkennen oder sicher deduzieren können; nur so nämlich erlangt man Wissen.

Man muß die Bücher der Alten lesen. Denn es ist ja eine außer- 6,24
ordentliche Wohltat, daß wir die Arbeiten so vieler Menschen verwenden können, sowohl um zu erkennen, was vorher schon richtig herausgefunden wurde, als auch um einen Blick dafür zu bekommen, was in den jeweiligen Disziplinen noch zu durchdenken ist. Mitunter ist es aber auch sehr gefährlich, weil bei übereifriger Lektüre trotz aller Vorsichtsmaßnahmen gegen unseren Willen möglicherweise doch Makel von Irrtümern an uns haften bleiben. Schriftsteller setzen ihre Geisteskraft nämlich gewöhnlich so ein, daß sie uns bei einer kontroversen Meinung mit spitzfindigen Argumenten stets genau auf die Seite zu ziehen versuchen, auf die sie sich aus unbedachter Leichtgläubigkeit geschlagen haben. Sobald sie hingegen etwas Gewisses und Evidentes erfolgreich herausgefunden haben, stellen sie es immer nur in vielfältige Mehrdeutigkeiten verpackt vor, aus Furcht, die Einfachheit der herausgefundenen Begründung könne die Würde des Aufgefundenen untergraben, oder weil sie uns eine offenkundige Wahrheit mißgönnen.

Selbst wenn sie aber alle noch so aufrichtig und offen wären 7,11
und uns niemals irgendetwas Zweifelhaftes als wahr aufdrängen wollten, sondern alles ehrlich darlegen würden, wären wir dennoch unsicher, wem man glauben müßte, weil fast niemand etwas sagt, dessen Gegenteil nicht von irgendjemand anderem vorgebracht wird. Es wäre auch völlig nutzlos, Stimmen zu zählen, damit wir derjenigen Meinung zustimmen, der die meisten Autoren zustimmen. Denn wenn es sich um eine schwierige Frage handelt, ist es sehr viel glaubhafter, daß ihre Wahrheit von wenigen herausgefunden werden konnte als von vielen. Doch selbst

quamvis etiam omnes inter se consentirent, non tamen sufficeret illorum doctrina: neque enim unquam, verbi gratia, Mathematici evaderemus[1], licet omnes ¦ aliorum demonstrationes memoria teneamus, nisi simus etiam ingenio apti ad quaecumque problemata resolvenda; vel Philosophi, si omnia Platonis & Aristotelis argumenta legerimus, de propositis autem rebus stabile judicium ferre nequeamus: ita enim, non scentias videremur didicisse, sed historias.

Monemur praeterea, nullas omnino conjecturas nostris de rerum veritate judciis esse unquam admiscendas. Cujus rei animadversio non exigui est momenti: neque enim potior ratio est, quare nihil jam in vulgari Philosophia reperiatur tam evidens &
C 8 certum, ut in controversiam adduci non possit, quam quia | primum[2] studiosi, res perspicuas & certas agnoscere non con¦tenti, obscuras etiam & ignotas, quas probabilibus tantum conjecturis attingebant, ausi sunt asserere; ⁝ quibus sensim postea ipsimet integram adhibentes fidem, atque illas cum veris & evidentibus permiscentes sine discrimine[3], nihil tandem concludere potuerunt, quod non ex aliqua ejusmodi propositione pendere videretur, ac proinde quod non esset incertum.

Sed ne deinceps in eumdem errorem delabamur, hic recensentur omnes intellectus nostri actiones, per quas ad rerum cognitionem absque ullo deceptionis[4] metu possimus pervenire: admittunturque tantum duae, intuitus scilicet[5] & deductio[6].

Per intuitum intelligo, non fluctuantem sensuum fidem, vel male componentis imaginationis judicium fallax; sed mentis purae & attentae tam facilem distinctumque conceptum, ut de eo,

[1] evaderemus] A, AT: evademus. [2] quia primum] H: primum quia; quia *durchgestrichen.* [3] permiscentes sine discrimine] A, AT: sine discrimine permiscentes. [4] deceptionis] L: deceptionis et inductio; et inductio *durchgestrichen und in Klammern ersetzt durch* periculo liceat pervenire. [5] metu … scilicet] H: *fehlt.* [6] deductio] H, A: inductio (*Crapulli verbessert* deductio *nach* N).

¦ AT 368 ⁝ H 10 ¦ A 6

wenn sie alle miteinander übereinstimmten, würde dennoch ihre Gelehrsamkeit nicht ausreichen. Denn wir werden zum Beispiel nicht dadurch zu Mathematikern, daß wir alle Beweise der anderen im Gedächtnis behalten, sondern dadurch, daß wir die Geisteskraft besitzen, mit der wir jedes beliebige Problem lösen können; oder dadurch zu Philosophen, daß wir alle Argumente von Plato oder Aristoteles gelesen haben, sondern dadurch, daß wir ein zuverlässiges Urteil über vorgelegte Dinge fällen können: denn offenbar hätten wir ansonsten kein Wissen erworben, sondern Geschichte gelernt.

Wir weisen außerdem darauf hin, daß unseren Urteilen über 7,27
die Wahrheit der Dinge niemals irgendwelche Vermutungen beigemischt werden dürfen. Dies zu beachten ist von ziemlicher Wichtigkeit, weil hierin der wichtigste Grund liegt, weswegen man in der üblichen Philosophie bislang nichts antrifft, das so evident und gewiß wäre, daß es nicht in eine Kontroverse hineingezogen werden könnte. Denn weil die ersten Forscher nicht damit zufrieden waren, transparente und gewisse Dinge zu erkennen, haben sie es gewagt, auch dunkle und unbekannte zu behaupten, über die sie nur wahrscheinliche Vermutungen anstellen konnten. Weil sie diesen Vermutungen später allmählich selbst immer mehr Vertrauen schenkten und ohne Unterschied mit Wahrem und Evidentem vermischten, konnten sie letztlich nur Schlüsse ziehen, die offenbar von irgendeiner solchen Proposition abhingen und folglich ungewiß waren.

Damit wir im weiteren nicht denselben Irrtum begehen, wol- 8,8
len wir hier alle Tätigkeiten unseres Verstandes durchgehen, durch die wir ohne jede Furcht vor Täuschung zur Erkenntnis der Dinge gelangen können. Wir lassen nur zwei gelten, nämlich Intuition und Deduktion.[1]

Unter Intuition verstehe ich nicht das Vertrauen in die unbe- 8,12
ständigen Sinne oder das trügerische Urteil einer schlecht zusammensetzenden Anschauung, sondern einen so einfachen und deutlichen Begriff des reinen und aufmerksamen Geistes, daß

[1] *Lesart* Induktion.

quod intelligimus, nulla prorsus dubitatio relinquatur; seu, quod idem est, mentis purae & attentae non dubium conceptum, qui a sola rationis luce nascitur, & ipsamet deductione certior est, quia simplicior, quam tamen etiam ab homine male fieri non posse supra notavimus[1]. Ita unusquisque animo potest intueri, se existere, se cogitare, triangulum terminari tribus lineis tantum, globum unica superficie, & similia, quae longe plura sunt quam plerique animadvertant[2], quoniam ad tam facilia mentem convertere dedignantur. ¦

Caeterum ne qui forte moveantur vocis *intuitus* novo usu, aliarumque, quas eodem modo in sequentibus cogar a vulgari significatione removere, hic generaliter admoneo, me non plane cogitare, quomodo quaeque vocabula his ultimis temporibus fuerint in scholis usurpata, quia difficillimum foret iisdem nominibus uti, & penitus diversa sentire; sed me tantum advertere, quid
C9 singula ver⁝ba Latine significent, ut, quoties propria | desunt, illa
transferam ad meum sensum, quae mihi videntur aptissima.

At vero haec intuitus evidentia & certitudo, non ad solas ⁝ enuntiationes, sed etiam ad quoslibet discursus requiritur. Nam, exempli gratia, sit haec[3] consequentia: *2 & 2 efficiunt idem quod 3 & 1;* non modo intuendum est 2 & 2 efficere 4, & 3 & 1 efficere quoque 4, sed insuper ex his duabus propositionibus tertiam illam necessario concludi.[4]

Hinc jam dubium esse potest, quare, praeter intuitum hic alium adjunximus cognoscendi modum, qui fit per deductionem: per quam intelligimus, illud omne quod ex quibusdam aliis certo cognitis necessario concluditur. Sed hoc ita faciendum fuit, quia

[1] quia … notavimus] H: quia … notavimus *fehlt; statt dessen* quimus. [2] animadvertant] AT: animadvertunt. [3] sit haec] H: haec; L: haec *durchgestrichen und in Klammern ersetzt durch* in hac. [4] concludi] H: *kein Absatz*

¦ AT 369 ⁝ H 11 | A 7

über das, was wir einsehen, schlichtweg kein Zweifel mehr übrigbleibt. Oder, was dasselbe ist: einen zweifelsfreien Begriff des reinen und aufmerksamen Geistes, der allein im Licht der Vernunft seine Wurzel hat und deshalb sogar gewisser ist als die Deduktion selbst, weil er einfacher ist als sie, die ihrerseits freilich vom Menschen auch nicht verkehrt durchgeführt werden kann, worauf wir oben bereits hingewiesen haben. So kann jeder kraft seines Gemüts intuitiv erkennen, daß er existiert, daß er denkt, daß ein Dreieck nur von drei Linien und eine Kugel nur von einer Oberfläche begrenzt wird und dergleichen, von dem es sehr viel mehr gibt als die meisten Leute bemerken, weil sie es ablehnen, ihren Geist so leichten Dingen zuzuwenden.

Damit nun übrigens niemand durch die neue Verwendung des 8,24
Ausdrucks *Intuition* und anderer befremdet ist, die in derselben Weise von ihrer gängigen Bedeutung zu entfernen ich im Folgenden gezwungen sein werde, weise ich hier ganz allgemein darauf hin, daß ich überhaupt nicht daran denke, wie irgendwelche Wörter in letzter Zeit an den Universiäten gebraucht worden sind. Denn es wäre äußerst schwierig, dieselben Namen zu verwenden, sie aber ganz anders zu verstehen (sentire). Statt dessen achte ich nur darauf, was die jeweiligen Wörter im Lateinischen bezeichnen, um immer dann, wenn mir treffende fehlen, denjenigen meinen Sinn beizulegen, die mir dafür am geeignetsten zu sein scheinen.

Evidenz und Gewißheit der Intuition sind nun aber nicht nur 9,3
für Aussagen, sondern auch für jeden anderen Diskurs erforderlich. Denn wenn man zum Beispiel diese Folgerung nimmt: *2 + 2 ergeben dasselbe wie 3 + 1,* dann muß man nicht nur intuitiv erkennen, daß 2 + 2 = 4 ergeben, und daß 3 + 1 ebenfalls 4 ergeben, sondern darüber hinaus auch, daß aus diesen beiden Propositionen eine dritte notwendig geschlossen wird.

Nun kann hier ein Zweifel entstehen: Weswegen haben wir 9,9
hier zu der Intuition noch einen anderen Modus des Erkennens hinzugefügt, der durch Deduktion geschieht – unter der wir alles das verstehen, was aus etwas anderem sicher Erkannten notwendig geschlossen wird? Das mußte so sein, weil man

plurimae res certo sciuntur, quamvis non ipsae sint evidentes, modo[1] tantum a veris cognitisque principiis deducantur per continuum & nullibi interruptum[2] cogitationis motum singula perspicue intuentis: non aliter quam longae alicujus catenae extremum annulum cum primo connecti cognoscimus, etiamsi uno eodemque oculorum ¦ intuitu non omnes intermedios, a quibus dependet illa connexio, contemplemur, modo illos perlustraverimus successive, & singulos[3] proximis a primo ad ultimum adhaerere recordemur. Hic igitur mentis intuitum a deductione certa distinguimus ex eo, quod in hac[4] motus sive successio quaedam concipiatur, in illo non item; & praeterea, quia ad hanc non necessaria est praesens evidentia, qualis ad intuitum, sed potius a memoria suam certitudinem quodammodo mutuatur. Ex quibus colligitur, dici posse illas quidem propositiones, quae ex primis principiis immediate concluduntur, sub diversa consideratione, modo per intuitum, modo per deductionem cognosci; ipsa autem prima principia, per intuitum tantum; & contra remotas conclusiones, non nisi per deductionem.[5]

Atque hae duae viae sunt ad scientiam certissimae, neque plu-
C 10 res ex parte ingenii debent admitti, sed aliae omnes ut suspectae | erroribusque obnoxiae rejiciendae sunt; quod tamen ⁝ non impedit quominus illa, quae divinitus revelata sunt, omni cognitione certiora credamus, cum illorum[6] fides, quaecumque est de obscuris, non ingenii actio sit, sed voluntatis; etsi quae in intellectu habent[7] fundamenta, illa omnium maxime per alterutram ex viis

[1] modo] L: modo (sequamur). [2] a veris … interruptum] H: *fehlt.* [3] singulos] H: singulis. [4] hac] H, A: hoc; *Crapulli verbessert* hac *nach* N. [5] deductionem] H: *kein Absatz* [6] illorum] H: ille nun; L: *korrigiert in* illa nostra. [7] etsi … habent] H, A: et si habeat; *Crap. verbessert nach* N etsi … habent.

¦ AT 370 ⁝ H 12 ¦ A 7

die meisten Dinge sicher weiß, obwohl sie für sich genommen nicht evident sind – sofern sie nur aus wahren und erkannten Prinzipien in einer kontinuierlichen und nirgendwo unterbrochenen Bewegung des Denkens deduziert werden, in der das jeweils Einzelne transparent intuitiv erkannt wird, nämlich genau so, wie wir erkennen, daß das letzte Glied einer langen Kette mit dem ersten verknüpft ist, obwohl wir nicht alle dazwischenliegenden Kettenglieder in ein und derselben Intuition der Augen überschauen, von denen ihre Verknüpfung abhängt – sofern wir alle diese Kettenglieder nur nacheinander durchgegangen sind und uns daran erinnern, daß alle einzelnen Glieder bis zum letzten über die jeweils benachbarten mit dem ersten zusammenhängen. Wir unterscheiden hier demnach die Intuition des Geistes von der sicheren Deduktion zum einen dadurch, daß in letzterer eine Bewegung bzw. eine bestimmte Abfolge begriffen wird, in ersterer hingegen nicht, und zum anderen dadurch, daß für die Deduktion, anders als bei der Intuition, keine gegenwärtig vorliegende Evidenz nötig ist, sondern sie ihre Gewißheit vielmehr gewissermaßen dem Gedächtnis entnimmt. Es kann daher – das läßt sich daraus entnehmen – gesagt werden, daß zwar jene Propositionen, die aus ersten Prinzipien unmittelbar geschlossen werden, je nach der Verschiedenheit des Gesichtspunkts entweder durch Intuition oder durch Deduktion erkannt werden, die ersten Prinzipien selbst aber nur durch Intuition, die entfernten Schlüsse hingegen allein durch Deduktion.

Diese beiden Wege sind die sichersten, die zum Wissen füh- 9,32
ren. Weitere darf die Geisteskraft von ihrer Seite her nicht gelten lassen, sondern alle anderen sind als verdächtig und Irrtümern ausgesetzt zurückzuweisen. Was uns freilich nicht hindert, alles, was von Gott offenbart ist, für sicherer zu halten als alle Erkenntnis; denn der Glaube daran ist, wie sehr er sich auch auf Dunkles beziehen mag, keine Tätigkeit der Geisteskraft, sondern des Willens. Und wenn diese Dinge irgendwelche Fundamente im Verstand haben sollten, dann müssen und können von allen Dingen gerade sie auf einem der beiden genannten Wege herausgefunden

jam dictis inveniri possint & debeant, ut aliquando fortasse fusius ostendemus. ⁝¦

REGULA IV

Necessaria est methodus ad rerum[1] *veritatem investigandam.*

Tam caeca Mortales curiositate tenentur, ut saepe per ignotas vias deducant ingenia, absque ulla sperandi ratione, sed tantummodo periculum facturi, utrum ibi jaceat quod quaerunt: veluti si quis tam stolida cupiditate arderet thesaurum inveniendi, ut perpetuo per plateas vagaretur, quaerendo utrum forte aliquem a viatore amissum reperiret. Ita student fere omnes Chymistae, Geometrae plurimi, & Philosophi non pauci; & quidem non nego illos interdum tam feliciter errare, ut aliquid veri reperiant; ideo tamen non magis industrios esse concedo, sed tantum magis fortunatos. Atqui longe satius est de nullius rei veritate quaerenda unquam cogitare, quam id facere absque methodo: certissimum enim est, per ejusmodi studia inordinata, & meditationes obscuras, naturale lumen confundi atque ingenia excaecari; & quicumque ita in tenebris ambulare assuescunt, adeo debilitant oculorum aciem, ut postea lucem apertam ferre non possint: quod etiam experientia comprobatur, cum saepissime videamus illos, qui literis nunquam operam[2] navarunt, longe solidius & clarius de obviis
C 11 rebus judicare, quam qui | perpe⁝tuo in scholis sunt versati. Per methodum autem intelligo regulas certas & faciles, quas quicumque ¦ exacte servaverit, nihil unquam falsum pro vero supponet, & nullo mentis conatu inutiliter consumpto, sed gradatim sem-

[1] rerum] rerum *fehlt bei Springmeyer/Zekl.* [2] nunquam operam] A, AT: operam nunquam.

¦ AT 372 ⁝ H 13 ¦ A 8

werden, wie wir vielleicht irgendwann einmal ausführlicher zeigen werden.

REGEL IV

Zum Untersuchen der Wahrheit der Dinge ist eine Methode notwendig.

Die Sterblichen sind von einer so blinden Neugier besessen, daß 10,10
sie ihre Geisteskraft oft unbekannte Wege einschlagen lassen, nicht etwa, weil ihre Hoffnung irgendeinen Grund hätte, sondern nur auf den bloßen Verdacht hin, daß dort vielleicht das herumliegt, wonach sie fragen – wie jemand, der ein so unbändiges Verlangen hat, eine Geldbörse zu finden, daß er ständig die Straßen auf- und abgeht, auf der Suche, dort vielleicht eine zu finden, die ein Passant verloren hat. So studieren fast alle Chemiker, die meisten Geometriker und nicht wenige Philosophen. Ich bestreite gar nicht mal, daß diese Leute gelegentlich so glücklich irren, daß sie auf etwas Wahres treffen. Aber ich gebe deswegen noch nicht zu, daß sie fleißiger sind, sondern nur, daß sie mehr Glück haben. Gleichwohl ist es viel besser, niemals auch nur daran zu denken, nach der Wahrheit irgendeines Dinges zu fragen, als dies ohne Methode zu tun. Es ist nämlich ganz gewiß, daß durch solche ungeordnete Studien und dunkle Meditationen das natürliche Licht in Unordnung gebracht und die Geisteskräfte geblendet werden; und alle, die es sich angewöhnen, so in der Finsternis herumzugehen, schwächen die Schärfe ihrer Augen so sehr, daß sie sich danach nicht mehr im offenen Tageslicht aufhalten können. Das bestätigt auch die Erfahrung; denn wir sehen sehr oft, daß diejenigen, die sich niemals der Büchergelehrsamkeit verschrieben haben, sehr viel verläßlicher und klarer über vorliegende Dinge urteilen als diejenigen, die sich immerzu an der Universität herumgetrieben haben. Unter einer Methode verstehe ich sichere und einfache Regeln, die jeden, der sie genau befolgt, niemals Falsches als wahr voraussetzen lassen, und ihn, weil er die Anstrengung des Geistes nicht unnütz aufwendet,

per augendo scientiam, perveniet ad veram cognitionem eorum omnium quorum erit capax.

Notanda autem hic sunt duo haec, nihil nimirum falsum pro vero supponere, & ad omnium cognitionem pervenire: quoniam, si quid ignoramus ex iis omnibus quae possumus scire, id fit tantum, vel quia nunquam advertimus viam ullam, quae nos duceret ad talem cognitionem, vel quia in errorem contrarium lapsi sumus. At si methodus recte explicet quomodo mentis intuitu sit utendum, ne in errorem vero contrarium delabamur, & quomodo deductiones inveniendae sint, ut ad omnium cognitionem perveniamus: nihil aliud requiri mihi videtur, ut sit completa, cum nullam scientiam haberi posse, nisi per mentis intuitum vel deductionem, jam ¦ ante dictum sit. Neque enim etiam[1] illa extendi potest ad docendum quomodo hae ipsae operationes faciendae sint, quia sunt omnium simplicissimae & primae, adeo ut, nisi illis uti jam ante possit intellectus noster, nulla ipsius methodi praecepta quantumcumque facilia comprehenderet. Aliae autem mentis[2] operationes, quas harum priorum[3] auxilio dirigere contendit Dialectica, hic sunt inutiles, vel potius inter impedimenta nume¦randae, quia nihil puro rationis lumini superaddi potest, quod illud aliquo modo non obscuret.

Cum igitur hujus methodi utilitas sit tanta, ut sine illa literis operam dare nociturum esse videatur potius quam profuturum, facile mihi persuadeo illam jam ante a majoribus ingeniis, vel solius naturae ductu, fuisse aliquo modo perspectam. Habet enim humana mens nescio quid divini, ⁝ in quo prima cogitationum utilium semina ita jacta sunt, ut saepe, quantumvis neglecta &

[1] enim etiam] H: etiam *gestrichen* enim. [2] mentis] L: *vor* mentis *hinzugefügt* regulae circa. [3] priorum] H: primum.

¦ AT 373 ⁝ H 14 ¦ A 9

sondern sein Wissen stets schrittweise vergrößert, zur wahren
Erkenntnis alles dessen gelangen lassen, wozu er fähig sein wird.

Auf zweierlei ist hierbei zu achten: Selbstverständlich nichts 11,7
Falsches als wahr vorauszusetzen, und: zur Erkenntnis von al-
lem zu gelangen. Denn wenn uns von all dem, was wir wissen
können, irgendetwas unbekannt bleibt, dann nur deshalb, weil
uns entweder niemals irgendeinen Weg aufgefallen ist, der uns
zu einer solchen Erkenntnis geführt hätte, oder weil wir den ent-
gegengesetzten Irrtum begangen haben. Wenn aber die Metho-
de richtig erklärt, wie die Intuition des Geistes verwendet wer-
den muß, damit wir keinen Irrtum begehen, der dem Wahren
entgegengesetzt ist, und wie Deduktionen herausgefunden wer-
den können, damit wir zur Erkenntnis von allem gelangen, dann
scheint mir alles vorhanden zu sein, was die Methode vollstän-
dig macht. Denn wie vorher bereits gesagt, läßt sich Wissen nur
durch Intuition des Geistes oder Deduktion erlangen. Denn die
Methode läßt sich darüber hinaus nicht auch noch darauf ausdeh-
nen, zu lehren, wie diese Operationen selbst angestellt werden
müssen, weil sie die schlechthin einfachsten und ersten sind. Des-
halb würde unser Verstand, wenn er sie nicht vorher schon ver-
wenden könnte, noch nicht einmal die einfachsten Vorschriften
der Methode selbst verstehen. Die anderen Operationen des Gei-
stes hingegen, die die Dialektik zur Unterstützung dieser beiden
ersten beisteuern zu können behauptet, sind hier unnütz oder
müssen sogar zu den Hindernissen gezählt werden, weil man
zu dem reinen Licht der Vernunft nichts hinzutun kann, was es
nicht in irgendeiner Weise trüben würde.

Der Nutzen dieser Methode ist demnach so groß, daß es of- 11,27
fenbar eher schädlich als nützlich ist, sich ohne sie mit Litera-
tur zu beschäftigen. Ich bin fest davon überzeugt, daß sie auch
früher schon von denen, deren Geisteskraft größer war, in ge-
wissem Maße durchschaut worden ist, wenn auch vielleicht nur
unter der Leitung der Natur. Der menschliche Geist hat näm-
lich irgendetwas mir auch nicht faßbares Göttliches an sich, wor-
in die ersten Samen nützlicher Gedanken so angelegt sind, daß
sie oft spontan eine Frucht produzieren, wie sehr sie auch ver-

C 12 transversis studiis suffocata, spontaneam frugem producant. | Quod experimur in facillimis scientiarum, Arithmetica & Geometria: satis enim advertimus veteres Geometras analysi quadam usos fuisse, quam ad omnium problematum resolutionem extendebant, licet eamdem posteris inviderint. Et jam viget Arithmeticae genus quoddam, quod Algebram vocant, ad id praestandum circa numeros, quod veteres circa figuras faciebant. Atque haec duo nihil aliunt sunt, quam spontaneae fruges ex ingenitis hujus methodi principiis natae, quas non miror circa harum artium simplicissima objecta felicius crevisse hactenus, quam in caeteris, ubi majora illas impedimenta solent suffocare; sed ubi tamen etiam, modo summa cura excolantur, haud dubie poterunt ad perfectam maturitatem pervenire.

Hoc vero ego praecipue in hoc tractatu faciendum suscepi; neque enim magni facerem has regulas, si non sufficerent nisi ad inania illa[1] problemata resolvenda, quibus Logistae vel Geometrae otiosi ludere consueverunt; sic enim me nihil aliud praestitisse crederem, quam quod fortasse subtilius nugarer quam caeteri. Et quamvis ¦ multa de figuris & numeris hic sim dicturus, quoniam ex nullis aliis[2] disciplinis tam evidentia nec tam certa peti possunt exempla, quicumque tamen attente respexerit ad meum sensum, facile percipiet me nihil minus quam de vulgari Mathematica hic cogitare, sed quamdam aliam me exponere disciplinam, cujus integumentum sint potius quam partes. Haec enim prima rationis humanae rudimenta continere, & ad veritates ex quovis subjecto eliciendas se extendere ⁞ debet; atque, ut libere loquar, hanc omni alia nobis humanitus tradita cognitione potiorem, utpote aliarum omnium fontem, esse mihi persuadeo. *Integumentum*

[1] illa] AT: *fehlt.* [2] aliis] A: *fehlt.*

¦ AT 374 ⁞ H 14 | A 10

nachlässigt und durch abwegige Studien verdorrt worden sind. Das erfahren wir in den einfachsten Wissenschaften, in Arithmetik und Geometrie: Es kann nämlich unserer Aufmerksamkeit kaum entgehen, daß die alten Geometriker eine bestimmte Analyse verwendet haben, die sie auf die Lösung aller Probleme ausdehnten, wenngleich sie sie ihren Nachfolgern vorenthielten. Gegenwärtig spielt eine Gattung der Arithmetik eine große Rolle, die man Algebra nennt, und die in bezug auf Zahlen das leisten soll, was die Alten in bezug auf die Figuren taten. Diese beiden sind nun nichts anderes als spontane Früchte, die ihre Wurzeln in den angeborenen Prinzipien dieser Methode haben, und es wundert mich angesichts der einfachsten Objekte dieser Techniken nicht, daß sich diese Früchte bislang besser entwickelt haben als die der übrigen Wissenschaften, bei denen größere Hindernisse die Früchte gewöhnlich verdorren lassen – obwohl sie zweifellos auch dort zu vollkommener Reife kommen könnten, wenn man ihnen nur die beste Pflege angedeihen ließe.

Genau dies ist es vor allem, was zu tun ich mir in diesem Trak- 12,13
tat vorgenommen habe. Denn ich würde um diese Regeln nicht ein solchen Wirbel machen, wenn sie nur dazu taugten, die sinnlosen Probleme zu lösen, mit denen Rechenmeister und Geometriker gewöhnlich zu spielen beginnen, wenn ihnen langweilig ist, und ich könnte mir als einzige Leistung allenfalls zusprechen,
subtiler Firlefanz getrieben zu haben als die anderen.* Freilich Anm. S. 235
werde ich hier vieles über Figuren und Zahlen sagen, weil sich ja aus keiner anderen Disziplin so evidente und sichere Beispiele gewinnen lassen. Wer aber meine Absicht aufmerksam beachtet, erfaßt leicht, daß ich hier an nichts weniger als an die gewöhnliche Mathematik denke, sondern eine bestimmte andere Disziplin darlege, für die Figuren und Zahlen eher Verpackung als Bestandteile sind. Diese Disziplin soll nämlich die ersten Bestandteile der menschlichen Vernunft enthalten und sich auf Wahrheiten ausdehnen lassen, die aus jedem beliebigen Gegenstand entwickelt werden können. Frei heraus gesagt: Ich bin überzeugt, daß sie jeder anderen Erkenntnis überlegen ist, die uns in der bei Menschen üblichen Weise überliefert sind, nämlich als deren Quelle.

vero dixi, non quo hanc[1] doctrinam tegere velim & involvere ad arcendum vulgus, sed ⁝ potius ita vestire & ornare, ut humano
C 13 ingenio accomodatior esse possit[2]. |

Cum primum ad Mathematicas disciplinas animum applicui, perlegi protinus pleraque ex iis, quae ab illarum Authoribus tradi solent, Arithmeticamque[3] & Geometriam potissimum excolui, quia simplicissimae & ¦ tanquam viae ad caeteras esse dicebantur. Sed in neutra Scriptores, qui mihi abunde satisfacerent[4], tunc forte incidebant in manus: nam plurima quidem in iisdem legebam circa numeros, quae subductis rationibus vera esse experiebar; circa figuras vero, multa ipsismet oculis quodammodo exhibebant, & ex quibusdam consequentibus[5] concludebant; sed quare ista[6] ita se haberent[7], & quomodo invenirentur, menti ipsi non satis videbantur ostendere; ideoque non mirabar, si plerique etiam ex ingeniosis & eruditis delibatas istas artes vel cito negligant ut pueriles & vanas, vel contra ab iisdem addiscendis, tanquam valde difficilibus & intricatis, in ipso limine deterreantur. Nam revera nihil inanius est, quam circa nudos numeros figurasque imaginarias ita versari, ut velle videamur in talium nugarum cognitione conquiescere, atque superficiariis istis demonstrationibus, quae casu saepius quam arte inveniuntur, & magis ad oculos imaginationemque[8] pertineant[9] quam ad intellectum, sic incumbere[10], ut quodammodo ipsa ratione uti desuescamus; simulque nihil intricatius, quam tali probandi modo novas difficultates confusis numeris involutas expedire. Cum vero postea cogitarem, ⁝ unde ergo fieret, ut primi olim Philosophiae inventores neminem Matheseos imperitum ad studium sapientiae vellent ad-

[1] non quo hanc] H: ō quohanc; L: *durchgestrichen und ersetzt durch* non quod hanc. [2] possit] H: *nach* possit *folgt* vide pagina notata litera A in fine, *d. h. der Rest dieser Regel steht in* H *als Anhang.* [3] Arithmeticamque] L: que *gestrichen und ersetzt durch* vero et. [4] satisfacerent] A, AT: satisfecerint; H: satisferunt; L: *korrigiert in* satisfacerent; Crapulli *korrigiert nach* N *in* satisfacerent. [5] consequentibus] L: consequentiis. [6] ista] A, AT: haec. [7] haberent] H, A, AT: habeant; *Crapulli verbessert nach* N. [8] imaginationemque] A, AT: et imaginationem. [9] pertineant] A, AT: pertinent. [10] incumbere] A: incubare.

¦ AT 375 ⁝ H 16 ¦ A 10

Verpackung aber habe ich gesagt, nicht weil ich diese Lehre verstecken und einpacken wollte, um sie von den Leuten fernzuhalten, sondern vielmehr um sie so zu kleiden und auszustatten, daß sie der menschlichen Geisteskraft besser angepaßt ist.

Als ich anfing, mich mit den mathematischen Disziplinen zu 13,1
beschäftigen, las ich gleich anfangs das meiste von dem durch, was von den Autoren dieser Disziplinen gewöhnlich überliefert wird. Ich arbeitete dabei vor allem die Arithmetik und die Geometrie aus, weil es hieß, daß sie die einfachsten seien und gewissermaßen die Wege zu den anderen ebneten. Aber bei keiner der beiden fielen mir damals Schriftsteller in die Hände, die mich ganz befriedigt hätten. Denn ich las zwar bei ihnen vieles über Zahlen, was ich für wahr hielt, nachdem ich die Berechnungen angestellt hatte; und was die Figuren betraf, so stellten diese Schriftsteller mir zwar vieles gewissermaßen vor meine Augen, und schlossen es aus bestimmten Folgerungen. Weshalb sich das aber so verhielt und wie es herausgefunden wurde, zeigten sie dem Geist selbst offenbar nicht ausreichend. Deshalb verwunderte es mich nicht, wenn sogar die Geistreichsten und Gebildetsten diese Techniken, von denen sie doch gerade einmal nur ein wenig gekostet hatten, entweder rasch wegwarfen, weil sie sie für kindisch und hohl hielten, oder schon an der Schwelle davon abgehalten werden, sie zu erlernen, weil sie sie für äußerst schwierig und kompliziert hielten. In der Tat gibt es nichts Sinnloseres, als in einer Weise mit bloßen Zahlen und vorgestellten Figuren umzugehen, die den Anschein erweckt, wir wollten uns mit der Erkenntnis von solchem Blödsinn begnügen und uns so auf diese oberflächlichen Beweise stützen, die öfter durch Zufall als durch Technik herausgefunden werden und mehr die Augen und die Anschauung betreffen als den Verstand, und uns so gewissermaßen abgewöhnen, die Vernunft selbst zu verwenden. Zugleich aber gibt es nichts Komplizierteres, als die neuen Schwierigkeiten, die in den figurierten Zahlen enthalten sind, in einem solchen Beweisverfahren zu enträtseln.* Später dachte ich Anm. S. 236
dann darüber nach, wie es denn komme, daß die ersten Erfinder der Philosophie einst niemanden zum Studium der Weisheit

mittere, tanquam haec disciplina ¦ omnium facillima & maxime
necessaria videretur[1] ad ingenia capessendis aliis majoribus scien-
tiis erudienda & praeparanda, plane suspicatus sum, quamdam
eos Mathesim agnovisse valde diversam a vulgari nostrae aetatis;
C 14 non quod existimem eamdem | illos perfecte scivisse, nam eo-
rum[2] insanae exsultationes & sacrificia pro levibus inventis aper-
te ostendunt, quam fuerint rudes. Nec me ab opinione dimovent
quaedam illorum machinae, quae apud Historicos celebrantur:
nam licet fortasse valde simplices extiterint, facile potuerunt ab
ignara & mirabunda multitudine ad miraculorum famam extolli.
Sed mihi persuadeo, pri⁝ma quaedam veritatum semina humanis
ingeniis a natura insita, quae nos, quotidie tot errores diversos
legendo & audiendo, in nobis extinguimus, tantas vires[3] in rudi
ista & pura antiquitate habuisse, ut eodem mentis lumine, quo
virtutem voluptati, honestumque utili praeferendum esse vide-
bant, etsi, quare hoc ita esset, ignorarent, Philosophiae etiam &
Matheseos veras ideas agnoverint, quamvis ipsas scientias per-
fecte consequi nondum possent. Et quidem hujus verae Mathe-
seos vestigia quaedam adhuc apparere mihi videntur in Pappo
& Diophanto, qui, licet non prima aetate, multis tamen saeculis
ante haec tempora vixerunt. Hanc vero postea ab ipsis Scripto-
ribus perniciosa quadam astutia suppressam fuisse crediderim;
nam sicut multos artifices de suis inventis fecisse compertum
est, timuerunt forte, quia facillima erat & simplex, ne vulgata
vilesceret, malueruntque nobis in ejus locum steriles quasdam

[1] videretur] A: videatur. [2] eorum] H: *fehlt.* [3] tantas vires] H: tantos vires; L: tantos viros.

¦ AT 376 ⁝ H 16 ¦ A 11

zulassen wollten, der keine Ahnung von Mathesis hatte – so als ob ihnen diese Disziplin als die einfachste von allen und als äußerst notwendig erschien, um die Geisteskräfte für die Beschäftigung mit anderen bedeutenderen Wissenschaften auszubilden und vorzubereiten. Da ahnte ich schon, daß sie eine bestimmte, von der in unserer Zeit gängigen ganz verschiedene Mathesis erkannt hätten; nicht, daß ich der Ansicht gewesen wäre, daß sie ein vollkommenes Wissen von ihr gehabt hätten: denn ihre übertriebenen Freudensprünge und ihre Opfer für unbedeutende Entdeckungen zeigen ganz offenkundig, daß sie noch ganz am Anfang standen, eine Meinung, von der mich auch einige ihrer Maschinen nicht abbringen, die bei den Historikern lobend erwähnt werden. Denn es mögen vielleicht nur ganz einfache existiert haben, die von der ahnungslosen und sensationslüsternen Menge leicht in den Rang von Wunderwerken hatten erhoben werden können. Aber ich bin überzeugt, daß bestimmte erste Samen der den menschlichen Geisteskräften von Natur aus eingepflanzten Wahrheiten, die wir durch das tägliche Lesen und Hören vieler verschiedener Irrtümer in uns abtöten, in jenem rohen und ungekünstelten Altertum solche Kräfte entfalten konnten, daß sie kraft desselben Lichtes des Geistes, mit dem sie sahen, daß man die Tugend der Lust und das Ehrenhafte dem Nützlichen vorziehen muß – auch wenn ihnen unbekannt blieb, weshalb dies so war –, auch wahre Ideen von Philosophie und Mathesis erkannten, obwohl sie sich diese Wissenschaften selbst noch nicht völlig zu eigen machen konnten. Einige Spuren dieser wahren Mathesis scheinen mir noch bei Pappus und Diophant sichtbar zu sein, die zwar nicht gerade in der Frühzeit, so doch aber viele Jahrhunderte vor unserer Zeit gelebt haben. Diese wahre Mathesis wurde aber, wie ich glauben möchte, später mit geradezu verwerflicher Hinterlist von diesen Schriftstellern selbst unterschlagen, wie es erwiesenermaßen viele Techniker mit ihren Erfindungen getan haben. Denn vielleicht fürchteten sie genau wie jene, daß sie der Wertlosigkeit preisgegeben würde, wenn man sie verbreitete, weil sie ganz einfach und schlicht war; und deshalb zogen sie es vor, uns an ihrer Stelle einige nutzlose Wahr-

veritates ex consequentibus acutule demonstratas, tanquam artis
suae effectus, ¦ ut illos miraremur, exhibere, quam artem ipsam
docere, quae plane admirationem sustulisset. Fuerunt denique
quidam ingeniossimi viri, qui eamdem hoc saeculo suscitare co-
nati sunt: nam nihil aliud esse videtur ars illa, quam barbaro
nomine *Algebram* vocant, si tantum multipli⁞cibus numeris &
inexplicabilibus figuris, quibus obruitur, ita possit exsolvi[1], ut
non amplius ei desit perspicuitas & facilitas summa, qualem in
C 15 vera Mathesi esse debere[2] supponimus. Quae me cogi|tationes
cum a particularibus studiis Arithmeticae & Geometriae ad gene-
ralem quamdam Matheseos investigationem revocassent, quaesi-
vi imprimis quidnam praecise per illud nomen omnes intelligant,
& quare non modo jam dictae[3], sed Astronomia etiam, Musica,
Optica, Mechanica, aliaeque complures, Mathematicae partes di-
cantur. Hic enim vocis originem spectare non sufficit: nam cum
Matheseos nomen idem tantum sonet quod *disciplina*, non mino-
ri jure, quam Geometria ipsa, ⟨caeterae omnes⟩[4] Mathematicae
vocarentur. Atqui videmus neminem fere esse, si prima tantum
scholarum limina tetigerit, qui non facile distinguat ex iis quae
occurrunt, quidnam ad Mathesim pertineat, & quid ad alias disci-
plinas. Quod attentius consideranti tandem innotuit, illa omnia
tan¦tum, in quibus aliquis[5] ordo vel mensura examinatur, ad Ma-
thesim referri, nec interesse utrum in numeris, vel figuris, vel
astris, vel sonis, aliove quovis objecto talis mensura quaerenda
sit; ac proinde generalem quamdam esse debere scientiam, quae
id omne ¦ explicet, quod circa ordinem & mensuram nulli spe-
ciali materiae addictam[6] quaeri potest, eamdemque, non ascititio
vocabulo, sed jam veterato[7] atque usu recepto, *Mathesim univer-
salem* nominari, quoniam in hac continetur illud omne, propter

[1] exsolvi] A: excoli. [2] esse debere] A, AT: debere esse. [3] dictae] A: dicta. [4] caeterae omnes] *Zusatz von* Crapulli *und Konjektur in* AT. [5] aliquis] A: *fehlt.* [6] addictam] H: addictas; A: addicta; Crapulli *folgt der Konjektur von* AT. [7] veterato] A, AT: inveterato.

¦ AT 378 ⁞ H 17 ¦ A 12

heiten darzustellen, die sie ziemlich spitzfindig aus Folgerungen bewiesen hatten, gleichsam als Wirkungen ihrer Technik, damit wir sie bewundern, anstatt die Technik selbst zu lehren, die jegliche Bewunderung im Keime erstickt hätte. Neuerdings hat es dann auch in unserem Jahrhundert gewisse äußerst geistreiche Männer gegeben, die versucht haben, sie wieder zum Leben zu erwecken: Denn jene Technik, die sie mit einem Fremdwort *Algebra* nennen, ist offenbar genau das. Sie müßte nur so von den vielerlei Zahlen und unerklärbaren Figuren befreit werden, mit denen sie überladen ist, daß ihr nicht länger die Transparenz und höchste Leichtigkeit fehlt, die, wie wir voraussetzen, in der wahren Mathesis vorhanden ist. Als mich diese Gedanken von den speziellen Studien der Arithmetik und Geometrie zu einer Art genereller Untersuchung der Mathesis zurückgebracht hatten, habe ich mich zuerst gefragt, was genau eigentlich alle unter diesem Namen verstehen, und weshalb man nicht nur die bereits genannten, sondern auch Astronomie, Musik, Optik, Mechanik und mehreres andere Teile der Mathematik nennt. Hier reicht es nämlich nicht, den Ursprung des Ausdrucks zu betrachten: Denn da der Name *Mathesis* einfach dasselbe besagt wie *Disziplin,* würden ⟨alle anderen⟩ mit demselben Recht mathematische genannt werden wie die Geometrie selbst. Nun sehen wir aber, daß fast alle, die gerade einmal an den ersten Schwellen der Universitäten gekratzt haben, leicht unterscheiden, was von dem, was dort geboten wird, zur Mathesis gehört und was zu den anderen Disziplinen. Was mir letztlich auffiel, als ich es aufmerksamer betrachete, war: Alles, in dem irgendeine Ordnung oder irgendein Maß einer Prüfung unterzogen wird, gehört zur Mathesis; und es kommt nicht darauf an, ob man nun bei Zahlen, Figuren, Gestirnen, Tönen oder irgendeinem anderen Objekt nach einem solches Maß fragt. Demnach muß es eine bestimmte generelle Wissenschaft geben, die all das erklärt, wonach sich in bezug auf Ordnung und Maß fragen läßt, ohne daß sie schon auf eine spezielle Materie bezogen wäre; diese Wissenschaft läßt sich – nicht etwa mit einem weit hergeholten, sondern mit einem schon altgedienten und gewohnten Wort – *Mathesis universalis* nennen,

quod aliae scientiae &[1] Mathematicae partes appellantur. Quantum vero haec aliis sibi subditis & utilitate & facilitate antecellat, patet ex eo quod ad eadem omnia, ad quae illae[2], & insuper ad alia multa extendatur, difficultatesque si quas contineat, ⁞ eaedem etiam in illis existant, quibus insuper & aliae insunt ex particularibus objectis, quas haec non habet. Nunc vero, cum nomen[3] ejus omnes norint, &, circa quid versetur, etiam non attendentes, intelligant: unde fit ut[4] plerique disciplinas alias, quae ab
C 16 ea dependent, laboriose per|quirant, hanc autem ipsam nemo curet addiscere? Mirarer profecto, nisi scirem eam ab omnibus haberi facillimam, dudumque notavissem, semper humana ingenia, praetermissis iis[5] quae facile se putant ⟨praestare⟩[6] posse, protinus ad nova & grandiora festinare.

At ego, tenuitatis meae conscius, talem ordinem in cognitione rerum quaerenda pertinaciter observare ¦ statui, ut semper a simplicissimis & facillimis exorsus, nunquam ad alia pergam, donec in istis ipsis[7] nihil mihi ulterius optandum superesse videatur; quapropter hanc Mathesim universalem, quantum in me fuit, hactenus excolui, adeo ut deinceps me posse existimem paulo altiores scientias non praematura diligentia tractare. Sed priusquam hinc migrem, quaecumque superioribus studiis notatu digniora percepi, in unum colligere & ordine[8] disponere conabor, tum ut ista olim, si usus exiget[9], quando crescente aetate memoria minuitur, commode repetam ex hoc libello, tum ut jam iisdem exonerata memoria possim liberiorem animum ad caetera transferre. ⁞ ⁝

[1] &] AT: *läßt & weg (vgl. AT 378, Anm. 10).* [2] illae] AT: illae; H, A: illa. [3] nomen] H: omnem; L: omnem objectum. [4] ut] H: *fehlt;* L: *hinzugefügt.* [5] iis] H. *fehlt.* [6] ⟨praestare⟩] *Zusatz von* AT. [7] ipsis istis] A: *fehlt.* [8] ordine] L: in ordine. [9] exiget] A, AT: exigit.

¦ AT 379 ⁝ H 18 ⁞ A 12

weil ja in ihr alles das enthalten ist, aufgrund dessen man andere Wissenschaften Teile der Mathematik nennt. Wie sehr aber diese Wissenschaft die anderen, unter ihr stehenden an Nutzen und Leichtigkeit übertrifft, kann man daran sehen, daß sie sich nicht nur auf alles erstreckt, worauf sich die anderen erstrecken, sondern darüber hinaus auch auf vieles andere. Die Schwierigkeiten, die sie enthält, existieren genauso auch in den anderen Wissenschaften, die aber aufgrund ihrer besonderen Objekte darüber hinaus noch andere Schwierigkeiten enthalten, die sie nicht hat. Jetzt kennen also alle ihren Namen und verstehen, auch wenn sie nicht aufmerksam sind, worum es sich dreht. Wie kommt es dann aber, daß die meisten die von ihr abhängenden anderen Disziplinen genau auskundschaften, aber niemand sich bemüht, sie selbst zu erlernen? Ich würde mich tatsächlich darüber wundern, wenn ich nicht wüßte, daß sie von allen für ganz leicht gehalten wird, und mir nicht schon lange aufgefallen wäre, daß die menschlichen Geisteskräfte beständig dem Neuen und Großartigen zustreben und das links liegenlassen, von dem sie meinen, sie könnten es sich leicht ⟨aneignen⟩.

Ich selbst hingegen, meiner Schwäche bewußt, habe mir fest 16,6
vorgenommen, bei der Erkenntnis der fraglichen Dinge beharrlich eine ganz bestimmte Ordnung einzuhalten, nämlich: stets mit dem Leichtesten und Einfachsten anzufangen und niemals zu anderem überzugehen, bis darin offenbar nichts weiteres mehr zu wünschen übrig ist. Ich habe diese Mathesis universalis deswegen so weit ausgearbeitet, wie ich es konnte, so daß ich der Ansicht bin, ab jetzt auch etwas höhere Wissenschaften abhandeln zu können, ohne voreilig zu sein. Doch bevor ich dieses Gebiet verlasse, werde ich versuchen, alles zusammenzufassen und geordnet anzulegen, was ich bei meinen bisherigen Studien Beachtenswertes erfaßt habe, weil ich es dann nicht nur später bei Bedarf wieder bequem aus diesem Büchlein hervorholen, wenn mit zunehmendem Alter das Gedächtnis nachläßt, sondern auch mit freierem Gemüt zu den anderen Dingen übergehen kann, wenn ich mein Gedächtnis davon entlastetet habe.

REGULA V

Tota methodus consistit in ordine & dispositione eorum ad quae mentis acies est convertenda, ut aliquam veritatem inveniamus. Atqui[1] *hanc exacte servabimus, si propositiones involutas & obscuras ad simpliciores gradatim reducamus, & deinde ex omnium simplicissimarum intuitu ad aliarum omnium cognitionem per eosdem gradus ascendere tentemus*[2].

In hoc uno totius humanae industriae summa continetur, atque haec regula non minus servanda est rerum ¦ cognitionem aggressuro, quam Thesei filum labyrintum ingressuro. Sed multi vel C 17 non reflectunt ad id quod praecipit, vel plane ignorant, | vel praesumunt se ⟨ea⟩[3] non indigere, & saepe adeo inordinate difficillimas quaestiones examinant[4], ut mihi videantur idem facere, ac si ex infima parte ad fastigium alicujus aedificii uno saltu conarentur pervenire, vel neglectis scalae gradibus, qui ad hunc usum sunt destinati, vel non animadversis. Ita faciunt omnes Astrologi, qui non cognita coelorum natura, sed ne quidem motibus perfecte observatis, sperant se illorum effectus posse designare. Ita plerique, qui Mechanicis student absque Physica, & nova ad motus ciendos instrumenta temere fabricant[5]. Ita etiam Philosophi illi, qui neglectis experimentis veritatem ex proprio cerebro, quasi Jovis Minervam, orituram putant.

Et quidem illi omnes in hanc regulam peccant evidenter. Sed quia saepe ordo, qui hic desideratur, adeo obscurus est & ⁝ intricatus, ut[6] qualis sit non omnes possint agnoscere, vix possunt satis cavere ne aberrent, nisi diligenter observent quae in sequenti propositione exponentur[7]. ⁞ ¦

[1] atqui] H et qui *durchgestrichen;* AT: atque. [2] intuitu … tentemus] H: intemus (*vermutlich ausgelassene Zeile:* in … tentemus) [3] ea] *Ergänzung durch* AT. [4] quaestiones examinant] A, AT: examinant quaestiones. [5] temere fabricant] A, AT: fabricant temere. [6] ut] A: &. [7] quae … exponentur] A: quid … exponatur.

¦ AT 381 ⁝ H 20 ⁞ A 14

REGEL V

Die gesamte Methode besteht in der Ordnung und Gliederung dessen, worauf die Schärfe des Geistes zu richten ist, um eine Wahrheit herausfinden. Diese Methode befolgen wir dann exakt, wenn wir verwickelte und dunkle Propositionen stufenweise auf einfachere zurückführen und danach versuchen, von der Inutition der allereinfachsten über dieselben Stufen zur Erkenntnis aller anderen aufzusteigen.

In diesem einen ist der Kern aller menschlichen Aktivität ent- 16,26
halten, und wer die Erkenntnis der Dinge in Angriff nehmen möchte, sollte diese Regel genauso befolgen, wie jemand, der ein Labyrinth betreten will, dem Faden des Theseus folgt. Viele Leute aber denken entweder gar nicht über das nach, was sie vorschreibt, oder es ist ihnen schlicht unbekannt; oder sie tun so, als hätten sie es nicht nötig, und unterziehen schwierigste Fragen oft so ungeordnet einer Prüfung, daß es fast den Anschein hat, sie würden versuchen, mit einem Sprung vom untersten Stockwerk eines Gebäudes zum obersten zu gelangen, weil sie die Treppenstufen, die doch eigentlich dafür da sind, entweder geflissentlich übersehen oder sie gar nicht bemerkt haben. So machen es alle Astrologen: Sie geben sich der Hoffnung hin, die Wirkungen der Himmelsregionen angeben zu können, ohne ihre Natur erkannt und sogar ohne ihre Bewegungen vollkommen beobachtet zu haben. Ebenso auch die meisten, die Mechanik ohne Physik studieren und aufs Geratewohl neue Geräte zur Erzeugung von Bewegung herstellen. Und nicht weniger auch jene Philosophen, die Experimente unterlassen und meinen, die Wahrheit werde aus ihrem eigenen Gehirn entspringen wie Minerva aus dem Jupiters.

Alle diese Leute verstoßen ganz evident gegen diese Regel. 17,12
Oft jedoch ist die Ordnung, die hier erforderlich ist, so dunkel und verwickelt, daß nicht alle erkennen können, worin sie besteht. Deshalb können sie sich nur davor schützen, abzuirren, wenn sie das penibel einhalten, was in der folgenden Vorschrift auseinandergesetzt wird.

REGULA VI

Ad res simplicissimas ab involutis distinguendas & ordine persequendas, oportet in unaquaque rerum serie, in qua aliquot veritates unas[1] *ex aliis directe deduximus, observare quid sit maxime simplex, & quomodo ab hoc caetera omnia magis, vel minus, vel aequaliter removeantur.*

Etsi nihil valde novum haec propositio docere videatur, praecipuum tamen continet artis secretum, nec ulla utilior est in toto hoc tractatu: monet enim res omnes per quasdam series posse disponi, non quidem in quantum ad aliquod genus entis referuntur, sicut illas[2] Philosophi in categorias suas diviserunt, sed in quantum unae ex aliis cognosci possunt, ita ut, quoties ali-
C 18 qua difficultas occurrat[3], statim advertere possimus, | utrum profuturum sit aliquas alias prius, & quasnam, & quo ordine perlustrare.

Ut autem id recte fieri possit, notandum est primo[4], res omnes, eo sensu quo ad nostrum propositum utiles esse possunt, ubi non illarum naturas solitarias spectamus, sed illas inter se comparamus, ut unae ex aliis cognoscantur, dici posse vel absolutas vel respectivas.

Absolutum voco, quicquid[5] in se continet naturam puram & simplicem, de qua est quaestio: ut omne id quod consideratur quasi *independens, causa, simplex, universale, unum,* ⁝ *aequale, simile, rectum,* vel alia hujusmodi; atque idem primum voco *simplicissimum* ¦ *& facillimum,* ut illo utamur in quaestionibus resolvendis.

Respectivum vero est, quod eamdem quidem naturam, vel saltem aliquid ex ea participat, secundum quod ad absolutum potest referri, & per quamdam seriem ab eo deduci; sed insuper alia

[1] unas] AT: unas; H: unae; A: *fehlt.* [2] illas] AT: illas; *fehlt bei* Springmeyer/Zekl. [3] occurrat] A, AT: occurrit. [4] primo] H: *fehlt.* [5] quicquid] A, AT: quidquid.

¦ AT 382 ⁝ H 21 ¦ A 14

REGEL VI

Um die allereinfachsten Dinge von den verwickelten zu unterscheiden und geordnet zu verfolgen, müssen wir bei jeder Serie von Dingen, in der wir einige Wahrheiten direkt aus anderen deduziert haben, beobachten, was das Allereinfachste ist, und wie weit – mehr oder weniger oder gleich – alles Übrige von ihm entfernt ist.

Obwohl diese Vorschrift nichts wirklich Neues zu lehren scheint, 17,23
so enthält sie dennoch das tiefste Geheimnis der Technik, und es gibt in diesem gesamten Traktat keine nützlichere. Sie weist nämlich darauf hin, daß sich alle Dinge in bestimmte Serien anlegen lassen, und zwar nicht insofern sie auf irgendeine Gattung des Seienden zurückgeführt werden, so wie die Philosophen sie in ihre Kategorien eingeteilt haben, sondern insofern sie auseinander erkannt werden können. Wir können deshalb immer sofort, wenn irgendeine Schwierigkeit auftritt, feststellen, ob es angebracht sein wird, vorher einige andere Dinge durchzugehen, und zwar welche ebenso wie in welcher Ordnung.

Um das nun aber richtig tun zu können, muß zuerst darauf 18,3
hingewiesen werden, daß alle Dinge in dem Sinne, in dem sie für unser Vorhaben nützlich sein können, entweder absolut oder relativ genannt werden können – wobei wir nicht ihre isolierten Naturen betrachten, sondern sie miteinander vergleichen, um sie auseinander erkennen zu können.

Absolut nenne ich alles, was die reine und einfache Natur des- 18,8
sen in sich enthält, worauf sich die Frage richtet, wie all das, was als gleichsam *unabhängig*, als *Ursache, einfach, allgemein, eines, gleich, ähnlich, gerade* oder anderes dergleichen betrachtet werden kann. Genau dieses Erste nenne ich auch das *Einfachste* und *Leichteste*, das sich verwenden läßt, um Fragen zu lösen.

Relativ dagegen ist das, was zwar eigentlich genau dieselbe 18,14
Natur hat wie das Absolute oder zumindest an etwas von dessen Natur teilhat, und das demgemäß auf es zurückgeführt und ausgehend von ihm über eine bestimmte Serie deduziert werden

quaedam in suo conceptu involvit, quae *respectus* appello: tale est quicquid[1] dicitur *dependens, effectus, compositum, particulare, multa, inaequale, dissimile, obliquum*, &c. Quae respectiva eo magis ab absolutis removentur, quo plures ejusmodi respectus sibi invicem subordinatos continent; quos omnes distinguendos esse monemur in hac regula, & mutuum illorum inter se nexum naturalemque ordinem ita esse observandum, ut ab ultimo ad id quod est maxime absolutum, possimus pervenire per alios omnes transeundo. ¦

Atque in hoc totius artis secretum consistit, ut in omnibus illud maxime absolutum diligenter advertamus. Quaedam enim sub una quidem consideratione magis absoluta sunt quam alia, sed aliter spectata sunt magis respectiva: ut universale magis quidem[2] absolutum est quam particulare, quia naturam habet magis simplicem, sed eodem[3] dici potest magis respectivum, quia ab individuis dependet ut existat, &c. Item quaedam interdum sunt vere magis absoluta quam alia, sed nondum tamen omnium ma-
C 19 xime: ut si respiciamus individua, species est | quid absolutum; si genus, est quid respectivum; inter mensurabilia, extensio est quid absolutum, sed inter extensiones longi¦tudo[4], &c. Item[5] denique, ut melius intelligatur nos hic rerum cognoscendarum series, non uniuscuiusque naturam spectare, de industria causam & aequale inter absoluta numeravimus, ⁞ quamvis eorum natura vere sit[6] respectiva: nam apud Philosophos quidem causa & effectus sunt correlativa; hic vero si quaeramus qualis sit effectus, oportet prius causam agnoscere[7], & non contra. Aequalia etiam sibi invicem correspondent, sed quae inaequalia sunt, non agnoscimus nisi per comparationem ad aequalia, & non contra, &c.

[1] quicquid] A, AT: quidquid. [2] magis quidem] A, AT: quidem magis. [3] eodem] L: *durchgestrichen und ersetzt durch* idem. [4] longitudo] L: *in Klammern hinzugefügt* est quid respectivum. [5] item] L: *durchgestrichen.* [6] vere sit] A, AT: sit vere. [7] agnoscere] A, AT: cognoscere.

¦ AT 383 ⁞ H 22 ¦ A 15

kann; doch enthält es darüber hinaus in seinem Begriff noch eine bestimmte andere Natur, die ich *Bezogenheit* nenne. Hierzu gehört alles, was man *abhängig, Wirkung, zusammengesetzt, besonders, vieles, ungleich, unähnlich, ungerade* usw. nennt. Ein Relatives ist umso weiter von dem Absoluten entfernt, je mehr derartige, einander untergeordnete Bezogenheiten es enthält. Diese Regel weist uns an, alle diese Bezogenheiten voneinander zu unterscheiden und ihre wechselseitige Verflechtung und natürliche Ordnung so einzuhalten, daß wir vom Letzten bis zu dem, das in höchstmöglichen Grade absolut ist, gelangen können, indem wir durch alle anderen hindurchgehen.

Das Geheimnis der gesamten Technik besteht darin, bei allem 18,26
auf das im höchsten Grade Absolute zu achten. Denn einiges ist zwar unter dem einen Gesichtspunkt in höherem Grade absolut als anderes, anders betrachtet aber ist es in höherem Grade relativ. So ist zwar das Allgemeine in höherem Grade absolut als das Besondere, weil es eine in höherem Grade einfache Natur hat; aber es kann in höherem Maße relativ genannt werden, weil es von Individuen abhängt, um zu existieren usw. Ebenso sind zuweilen bestimmte Dinge wirklich in höherem Grade absolut als andere, obgleich sie keineswegs schon die in höchstem Grade Absoluten von allen sind. So ist z. B. eine Art etwas Absolutes, wenn wir auf die Individuen blicken, aber etwas Relatives, wenn wir auf die Gattung blicken. Unter dem Meßbaren ist die Ausdehnung etwas Absolutes, unter den Ausdehnungen aber die Länge usw. Außerdem haben wir mit Absicht ebenso die Ursache und das Gleiche zum Absoluten gezählt – nämlich damit wir besser einsehen, daß wir hier die Serie der zu erkennenden Dinge und nicht die Natur jedes einzelnen Dinges betrachten –, obwohl ihre Natur wirklich relativ ist. Denn bei den Philosophen sind Ursache und Wirkung zwar korrelativ; hier aber fragen wir danach, wie die Wirkung beschaffen ist, und dabei ist es nötig, zuerst die Ursache zu erkennen und nicht umgekehrt. Gleiche Dinge korrespondieren einander wechselseitig; welche Dinge aber ungleich sind, erkennen wir nur durch einen Vergleich mit gleichen Dingen und nicht umgekehrt usw.

Notandum secundo paucas esse duntaxat naturas puras & simplices, quas primo & per se, non dependenter ab aliis ullis, sed vel in ipsis experimentis, vel lumine quodam in nobis insito, licet intueri; atque has dicimus diligenter esse observandas: sunt enim eaedam, quas in unaquaque serie maxime simplices appellamus. Caeterae autem omnes non aliter percipi possunt, quam si ex istis deducantur[1], idque vel immediate & proxime, vel non nisi per duas aut tres aut plures conclusiones diversas; quarum numerus etiam est notandus, ut agnoscamus utrum illae a prima & maxime simplici propositione pluribus[2] vel paucioribus gradibus removeantur. Atque talis est ubique consequentiarum contextus, ex quo nascuntur illae rerum quaerendarum series, ad quas omnis quaestio est[3] reducenda, ut certa methodo possit examinari. Quia vero non ¦ facile est cunctas recensere, & praeterea, quia non tam memoria retinendae sunt, quam acumine quodam ingenii dignoscendae, quaerendum est aliquid ad ingenia ita formanda, ut illas, quoties opus erit, statim animadvertant; ad quod profecto nihil aptius esse sum expertus, quam si assuescamus ad minima quaeque ex iis, quae jam ante percepimus, cum quadam sagacitate reflectere. ⁝

Notandum denique tertio est, studiorum initia non esse ⁝ fa-
C 20 cienda a rerum difficilium investigatione; sed, antequam ad | determinatas aliquas quaestiones nos accingamus, prius oportere absque ullo delectu colligere sponte obvias veritates, & sensim postea videre, utrum aliquae aliae ex istis deduci possint, & rursum aliae ex his, atque ita consequenter. Quo deinde facto, attente reflectendum est ad inventas[4] veritates, cogitandumque diligenter, quare unas aliis prius & facilius potuerimus reperire, &

[1] deducantur] A: deducuntur. [2] ut … pluribus] H: fehlt; L: *ersetzt durch* utrum pluribus. [3] est] A: *fehlt.* [4] inventas] A: adinventas.

¦ AT 384 ⁝ H 23 ⁝ A 16

Es muß zweitens darauf hingewiesen werden, daß es nur weni- 19,12
ge reine und einfache Naturen gibt, die man zuerst und für sich,
nicht abhängig von irgendwelchen anderen, sondern intuitiv er-
kennen kann, sei es in den Experimenten selbst oder kraft eines
gewissen, uns eingepflanzten Lichts. Wir sagen, daß sie sorgfäl-
tig zu beobachten sind: sie sind es nämlich, die wir in jeder Se-
rie die im höchsten Grade einfachen nennen. Alle anderen aber
lassen sich nur erfassen, indem sie aus den einfachen Naturen
deduziert werden, und zwar entweder unmittelbar und nächst-
folgend, oder nur durch zwei, drei oder mehrere verschiedene
Schlüsse, deren Zahl ebenfalls festgehalten werden muß, damit
wir erkennen, ob sie von der ersten und in höchstem Grade ein-
fachen Proposition mehr oder weniger Stufen weit entfernt sind.
Einen solchen Kontext der Folgerungen gibt es überall dort, wo
jene Serien der fraglichen Dinge ihre Wurzel haben, auf die jede
Frage zurückzuführen ist, damit sie durch eine sichere Methode
einer Prüfung unterzogen werden kann. Es ist aber weder leicht,
sie allesamt durchzugehen, noch ist es darum zu tun, sie im Ge-
dächtnis zu behalten, sondern darum, sie mit dem Scharfsinn
der Geisteskraft zu unterscheiden; deshalb gilt es, nach etwas zu
fragen, das die Geisteskräfte so bildet, daß sie sie immer sofort
bemerken, wenn es nötig ist. Wie ich erfahren konnte, ist dazu
nichts geeigneter, als sich anzugewöhnen, auch über das Gering-
ste dessen, was wir bereits vorher erfaßt haben, mit einer gewis-
sen Findigkeit nachzudenken.

Es muß schließlich drittens darauf hingewiesen werden, daß 19,32
wir unsere Studien nicht mit der Untersuchung schwieriger Din-
ge anfangen dürfen. Bevor wir uns an irgendwelche bestimm-
te Fragen heranmachen, ist es statt dessen angebracht, zuerst
ohne irgendeine Vorauswahl von selbst auftretende Wahrheiten
zu sammeln und erst dann allmählich zu sehen, ob sich aus ihnen
irgendwelche anderen deduzieren lassen, und aus diesen wieder-
um andere, und so weiter. Erst dann, wenn das getan ist, sollte
man aufmerksam über die herausgefundenen Wahrheiten nach-
denken, d. h. sorgfältig darüber, weshalb wir die einen zuerst an-
getroffen haben und weshalb uns das leichter gefallen ist als bei

quaenam illae sint; ut[1] inde etiam judicemus, quando aliquam determinatam quaestionem aggrediemur, quibusnam aliis inveniendis juvet prius incumbere. Ex. gr., si occurrerit[2] mihi, numerum 6 esse duplum ternarii, quaesiverim deinde senarii duplum, nempe 12; quaesiverim iterum, si lubet, hujus duplum, nempe 24, & hujus, nempe 48, &c.; atque inde deduxerim, ut facile fit, eamdem esse proportionem inter 3 & 6, quae est inter 6 & 12, item inter 12 & 24, &c., ac proinde numeros, 3, 6, 12, 24, 48, &c., esse continue proportionales. Inde profecto, quamvis haec omnia tam perspicua sint, ut propemodum puerilia videantur, attente reflectendo intelligo, ¦ qua ratione omnes quaestiones, quae circa proportiones sive habitudines rerum proponi possunt, involvantur, & quo ordine debeant quaeri: quod unum totius scientiae pure[3] Mathematicae summam complectitur.

Primum enim animadverto[4], non difficilius inventum fuisse duplum senarii, quam duplum ternarii; atque pariter in omnibus, inventa proportione inter duas quascumque magnitudines, dari posse alias innumeras, quae eamdem inter se habeant[5] proportionem; nec mutari naturam difficultatis, si quaerantur tres, sive quatuor, sive plures ejusmodi, quia scilicet singulae seorsim & nulla habita ratione ad caeteras sunt inveniendae. Adverto deinde, quamvis, datis magnitu⁝dinibus 3 & 6, facile invenerim[6] tertiam in continua proportione, nempe 12, non tamen aeque facile datis duabus extremis, nempe 3 & 12, posse mediam inveniri, nempe 6; cujus rei rationem intuenti patet, hic esse aliud
C 21 difficultatis genus a praecedenti plane diversum: quia, | ut medium proportionale inveniatur, oportet simul attendere ad duo

[1] ut] A: &. [2] Ex. gr., si occurrerit] A: *fehlt;* H: *stattdessen zwei durchgestrichene Worte;* L: *verbessert in* Ex. gr., si occurrerit. [3] pure] A, AT: purae. [4] animadverto] A, AT: adverto. [5] habeant] A, AT: habent. [6] invenerim] AT: inveneris (*laut* Crapulli *falsche Entzifferung*); H: in veneria.

¦ AT 385 ⁝ H 24 ¦ A 16

den anderen, und welche es eigentlich sind. Dann erst werden wir auch beurteilen können, auf welche wir uns eigentlich zuerst stützen sollen, um andere herauszufinden, wenn wir irgendeine bestimmte Frage in Angriff nehmen. Wenn sich zum Beispiel zeigt, daß die Zahl 6 das Doppelte von Drei ist, dann kann ich nach dem Doppelten von Sechs fragen, nämlich 12, und dann erneut nach dem Doppelten davon, nämlich 24, und nach dem Doppelten davon, nämlich 48 usw. Daraus kann ich dann ganz leicht deduzieren, daß dasselbe Verhältnis zwischen 3 und 6 besteht wie zwischen 6 und 12; und ebenso zwischen 12 und 24 usw. – und demnach sind die Zahlen 3, 6, 12, 24, 48 usw. kontinuierlich proportional. All das ist so transparent, daß es fast als kindisch erscheint. Wenn ich aber aufmerksam darüber nachdenke, sehe ich ein, in welcher Weise alle Fragen miteinander verwoben sind, die man im Zusammenhang mit den Verhältnissen (proportio) bzw. den äußeren Verhältnissen (habitudo) der Dinge stellen kann, und in welcher Ordnung sie verfolgt werden müssen. Und dieses eine beinhaltet den Kern der gesamten Wissenschaft der reinen Mathematik.

Erstens bemerke ich nämlich: Es ist nicht schwieriger gewe- 20,21
sen, das Doppelte der Sechs als das Doppelte der Drei herauszufinden. Und vorausgesetzt, man hat das Verhältnis zwischen zwei beliebigen Größen herausgefunden, lassen sich unzählige angeben, die untereinander genau dieses Verhältnis haben. Außerdem ändert sich die Natur der Schwierigkeit nicht, ob man nun nach drei oder vier oder auch mehreren solchen Größen fragt, weil man nämlich die einzelnen Größen abgesondert und ohne Rücksicht auf die anderen herausfinden muß. Außerdem bemerke ich: Obwohl ich bei gegebenen Größen 3 und 6 die dritte in kontinuierlichem Verhältnis stehende, nämlich 12, leicht herausgefunden habe, kann ich bei zwei gegebenen Außengliedern, nämlich 3 und 12, die mittlere, nämlich 6, nicht ebenso leicht herausfinden. Der Grund dieses Sachverhalts ist intuitiv erkennbar: Hier liegt eine andere Gattung von Schwierigkeit vor, die von der vorangegangenen völlig verschieden ist. Denn um eine mittlere Proportionale herauszufinden, ist es erforderlich,

extrema & ad proportionem quae est inter eadem duo, ut nova quaedam ex ejus divisione habeatur; quod valde diversum est ab eo, quod datis duabus magnitudinibus requiritur ad tertiam in continua proportione inveniendam. Pergo etiam & examino, datis magnitudinibus 3 & 24, utrum aeque facile una ex ┆ duabus mediis proportionalibus, nempe[1] 6 & ¦ 12, potuisset[2] inveniri; hicque adhuc aliud difficultatis genus occurrit, prioribus magis involutum: quippe hic, non ad unum[3] tantum vel[4] ad duo, sed ad tria diversa simul est attendendum, ut quartum[5] inveniatur. Licet adhuc ulterius progredi, & videre utrum, datis tantum 3 & 48, difficilius adhuc fuisset unum ex tribus mediis proportionalibus, nempe 6, 12 & 24, invenire; quod quidem ita videtur prima fronte. Sed statim postea occurrit, hanc difficultatem dividi posse & minui: si scilicet primo quaeratur unicum tantum medium proportionale inter 3 & 48, nempe 12; & postea quaeratur aliud medium proportionale[6] inter 3 & 12, nempe 6, & aliud inter 12 & 48, nempe 24; atque ita ad secundum difficultatis genus ante[7] expositum reduci.[8]

Ex quibus omnibus insuper animadverto, quomodo per diversas vias[9] ejusdem rei cognitio quaeri possit, quarum una alia sit[10] longe difficilior & obscurior. Ut ad invenienda haec quatuor continue proportionalia, 3, 6, 12, 24, si ex ⁝ his supponantur duo consequenter, nempe 3 & 6, vel 6 & 12, vel 12 & 24, ut ex illis reliqua inveniantur, res erit factu facillima; tuncque propositionem inveniendam directe examinari dicemus. Si vero supponantur duo alternatim, nempe 3 & 12, vel 6 & 24, ut reliqua inde inveniantur, tunc difficultatem dicemus examinari indirecte primo modo.

[1] 3 & ... nempe] H: *fehlt;* L: *ersetzt in Klammern durch* 3 et 24 quomodo duae mediae proportionales. [2] potuisset] L *verbessert aufgrund der vorangehenden Konjektur in* potuissent. [3] unum] H: unam. [4] vel] A, AT: aut. [5] quartum] L: *durchgestrichen und in Klammern ersetzt durch* quaesitum. [6] inter ... proportionale] H: *fehlt;* L: *ergänzt* inter 3 et 48 nempe 12, deinde medium proportionale. [7] ante] L: *geändert in* antea. [8] reduci] H: *kein Absatz.* [9] vias] A: duas. [10] sit] A, AT: sit *erst nach* obscurior.

¦ AT 386 ⁝ H 25 ┆ A 17

zugleich die beiden Außenglieder und das Verhältnis zu berücksichtigen, das zwischen diesen beiden besteht, um aus deren Division ein bestimmtes neues Verhältnis zu erhalten. Das ist ganz verschieden von dem, was bei zwei gegebenen Größen erforderlich ist, um in kontinuierlichem Verhältnis eine dritte herauszufinden. Ich gehe weiter und unterziehe einer Prüfung: Ob sich bei gegebenen Größen 3 und 24 eine der beiden mittleren Proportionalen, nämlich 6 und 12, ebenso einfach hätte herausfinden lassen? Hier zeigt sich wiederum eine andere Gattung von Schwierigkeit, die sehr viel verwickelter ist als die vorherigen; denn um die vierte herauszufinden, müssen hier nicht nur eine oder zwei, sondern gleichzeitig drei verschiedene berücksichtigt werden. Man kann sogar noch darüber hinaus gehen und nachsehen: Wenn nur 3 und 48 gegeben sind, wäre es noch schwieriger gewesen, eine der drei mittleren Proportionalen, nämlich 6, 12 und 24 herauszufinden? Das scheint zwar auf den ersten Blick so zu sein. Gleich danach zeigt sich aber, daß diese Schwierigkeit geteilt und vermindert werden kann: Nämlich indem man zuerst nur nach der einen mittleren Proportionalen zwischen 3 und 48 fragt, nämlich 12; danach nach der mittleren Proportionalen zwischen 3 und 12, nämlich 6; und dann nach der anderen zwischen 12 und 48, nämlich 24. So läßt sich die Schwierigkeit auf die zuvor dargelegte zweite Gattung von Schwierigkeit zurückführen.

Darüber hinaus bemerke ich aufgrund all dessen, auf wie ver- 21,20
schiedenen Wegen sich nach der Erkenntnis ein und desselben Sachverhalts fragen läßt, von denen der eine viel schwieriger und dunkler ist als der andere. Es wird eine ganz leichte Sache sein, die vier kontinuierlichen Proportionalen 3, 6, 12, 24 herauszufinden, wenn von ihnen zwei aufeinander folgende vorausgesetzt werden, nämlich 3 und 6 oder 6 und 12 oder 12 und 24, aufgrund derer man die übrigen herausfinden soll. In diesem Fall sagen wir, die herauszufindende Proposition werde direkt einer Prüfung unterzogen. Werden aber zwei oberhalb und unterhalb einer fehlendenden anderen vorausgesetzt, nämlich 3 und 12 oder 6 und 24, um davon ausgehend die fehlende herauszufinden, dann sagen wir, die Schwierigkeit werde in erster Weise indirekt einer

Si item[1] supponantur duo extrema, nempe 3 & 24, ut ex his intermedia[2] 6 & 12 quaerantur, tunc examinabitur ¦ indirecte secundo modo. Et ita ulterius pergere possem, atque alia multa ex hoc
C22 uno exemplo deducere; sed ista sufficient[3], | ut lector animadvertat quid velim, cum propositionem aliquam directe deduci dico, vel indirecte, & putet[4], ex facillimis quibusque & primis rebus cognitis, multa in aliis etiam disciplinis ab attente reflectentibus & sagaciter disquirentibus posse inveniri. ¦

REGULA VII

Ad scientiae complementum oportet omnia & singula, quae ad institutum nostrum pertinent, continuo & nullibi interrupto cogitationis motu perlustrare, atque illa sufficienti & ordinata enumeratione complecti.

Eorum, quae hic proponuntur, observatio necessaria est ad illas veritates inter certas admittendas, quas supra diximus a primis & per se notis principiis non immediate deduci. Hoc enim fit interdum per tam longum consequentiarum contextum, ut, cum ad illas[5] devenimus, non facile recordemur totius itineris, quod nos eo usque perduxit; ideoque memoriae infirmitati continuo quodam cogitationis motu ⁝ succurrendum esse dicimus. Si igitur, ex. gr., per diversas operationes cognoverim primo, qualis sit habitudo inter magnitudines A & B, deinde inter B & C, tum inter C & D, ac denique inter D & E: non idcirco video qualis sit in-

[1] si item] H: sieten (*verschrieben*); L: *verbessert in* sin autem. [2] intermedia] H: intermediae. [3] sufficient] H: sufficiant. [4] et putet] L: putet *durchgestrichen und verbessert in* ut constet. [5] illas] A: illa.

¦ AT 387 ⁝ H 26 ¦ A 18

Prüfung unterzogen. Wenn wir ebenso zwei Außenglieder voraussetzen, nämlich 3 und 24, um von ihnen her nach den Zwischengliedern 6 und 12 zu fragen, dann sprechen wir davon, daß sie in zweiter Weise indirekt einer Prüfung unterzogen werde. Ich könnte so fortfahren und noch vieles andere aus diesem einen Beispiel deduzieren. Aber das Gesagte wird genügen, sowohl damit der Leser bemerkt, was ich damit sagen will, daß eine Proposition direkt oder indirekt deduziert wird, als auch damit er sich vor Augen hält, daß jemand, der aufmerksam nachdenkt und findig untersucht, gerade auch in anderen Disziplinen vieles aus allereinfachsten und zuerst erkannten Dingen auffinden kann.

REGEL VII

Zur Vervollständigung des Wissens ist es nötig, alles, was zu unserem Vorhaben gehört, auch das Einzelne, in einer kontinuierlichen und nirgends unterbrochenen Bewegung des Denkens durchzugehen und es in einer hinreichenden und geordneten Aufzählung zusammenzustellen.

Die Befolgung dessen, was hier vorgelegt wird, ist notwendig, 22,11
um jene Wahrheiten als gewisse gelten lassen zu können, von denen wir oben gesagt haben, daß sie sich nicht unmittelbar aus den ersten und selbstverständlichen Prinzipien deduzieren lassen. Dies nämlich geschieht zuweilen über einen so langen Kontext von Folgerungen, daß es uns schwerfällt, uns an die gesamte Wegstrecke zu erinnern, die uns bis dorthin geführt hat, wenn wir bei ihnen angekommen sind. Daher sagen wir, daß man der Unzuverlässigkeit des Gedächtnisses durch eine gewisse kontinuerliche Bewegung des Denkens abhelfen muß. Wenn ich zum Beispiel durch verschiedene Operationen zuerst erkannt habe, welches äußere Verhältnis zwischen den Größen A und B besteht, danach zwischen B und C, außerdem zwischen C und D und schließlich zwischen D und E: dann sehe ich deswegen noch nicht, welches äußere Verhältnis zwischen A und E besteht. Und

ter ¦ A & E, nec possum intelligere praecise ex jam cognitis, nisi omnium recorder. Quamobrem illas continuo quodam cogitationes motu[1] singula intuentis simul & ad alia transeuntis aliquoties percurram, donec a prima ad ultimam tam celeriter transire didicerim, ut fere nullas memoriae partes relinquendo, rem totam
C 23 simul videar intueri; hoc enim pacto, | dum memoriae subvenitur, ingenii etiam tarditas emendatur, ejusque capacitas quadam ratione extenditur.

Addimus autem, nullibi interruptum debere esse hunc motum; frequenter enim illi, qui nimis celeriter & ex remotis principiis aliquid deducere conantur, non omnem conclusionum intermediarum catenationem tam accurate percurrunt, quin multa inconsiderate transiliant. At certe, ubi vel minimum quid est praetermissum, statim catena rupta est, & tota conclusionis labitur certitudo.

Hic praeterea enumerationem requiri dicimus ad scientiae complementum: quoniam alia praecepta juvant quidem ad plurimas quaestiones resolvendas, sed solius enumerationis auxilio fieri potest, ut ad quamcumque animum applicemus, de illa semper feramus judicium verum & certum, ac proinde nihil nos plane effugiat, sed de cunctis aliquid scire videamur.

Est igitur hic[2] enumeratio, sive inductio, eorum omnium, quae ad ⁞ propositam aliquam quaestionem spectant, tam diligens & accurata perquisitio, ut ex illa certo evidenterque concludamus, nihil a nobis perperam fuisse praetermissum: adeo ut, quoties illa fuerimus ¦ usi, si res petita nos lateat, saltem in hoc simus doctiores, quod certo percipiamus, illam nulla via a nobis cognita potuisse inveniri; & si forte, ut saepe continget, vias omnes, quae ad illam hominibus patent, ⁝ potuerimus perlustrare, liceat aud-

[1] cogitationis] H, A: imaginationis motu; Crapulli verbessert nach N.
[2] haec] AT: haec; H: hic

das kann ich aufgrund des bereits Erkannten auch nur präzise einsehen, wenn ich mich an alle erinnere. Deswegen werde ich sie mehrmals in einer gewissen kontinuierlichen Bewegung des Denkens durchgehen, in der ich das Einzelne intuitiv erkenne und zugleich zu dem anderen übergehe – bis ich gelernt habe, so schnell vom ersten bis zum letzten überzugehen, daß es mir scheint, fast ohne jeden Anteil des Gedächtnisses das gesamte Ding auf einmal intuitiv zu erkennen. Wenn das Gedächtnis auf diese Weise unterstützt wird, wird zugleich auch der Trägheit der Geisteskraft abgeholfen und ihr Fassungsvermögen in gewisser Hinsicht erweitert.

Wir fügen jedoch hinzu, daß diese Bewegung nirgendwo un- 23,3
terbrochen sein darf. Denn oft gehen diejenigen, die versuchen, etwas zu schnell aus entfernten Prinzipien zu deduzieren, die gesamte Verkettung der dazwischenliegenden Schlüsse nicht sorgfältig genug durch, und übergehen deshalb vieles unbedacht. Dort aber, wo auch nur das Geringste ausgelassen ist, ist die Kette sofort unterbrochen, und jede Gewißheit des Schlusses fällt in sich zusammen.

Wir sagen hier außerdem, daß die Aufzählung zur Vervollstän- 23,10
digung des Wissens erforderlich ist. Denn die anderen Vorschriften tragen zwar dazu bei, die meisten Fragen zu beantworten; aber allein mit Unterstützung der Aufzählung ist es uns möglich, über alles, womit wir uns beschäftigen, stets ein wahres und gewisses Urteil zu fällen, und demnach entgeht uns nichts völlig, sondern wir scheinen über alles etwas zu wissen.

Demnach ist eine solche Aufzählung bzw. Induktion eine so 23,16
sorgfältige und eingehende Durchsuchung alles dessen, was zu einer vorliegenden Frage gehört, daß wir aus ihr sicher und evident schließen können, nichts versehentlich ausgelassen zu haben. Deshalb sind wir immer, wenn wir sie verwendet haben – selbst wenn uns der gesuchte Sachverhalt verborgen bleiben sollte – zumindest insofern gelehrter, als wir gewiß erfassen, daß wir es auf keinem uns bekannten Weg hätten herausfinden können. Und wenn wir vielleicht sogar alle Wege haben durchlaufen können, die dem Menschen zu diesem Ding offenstehen – und

acter asserere, supra omnem humani ingenii[1] captum positam esse ejus cognitionem.

Notandum praeterea, per sufficientem enumerationem sive inductionem, nos illam tantum[2] intelligere, ex qua veritas certius concluditur, quam per omne aliud probandi genus praeter simplicem intuitum; ad quem quoties aliqua cognitio non potest reduci, omnibus syllogismorum vinculis rejectis, superest no-
C24 bis | unica haec via, cui totam fidem debeamus adhibere. Nam quaecumque una[3] ex aliis immediate deduximus, si illatio fuerit evidens, illa ad verum intuitum jam sunt reducta. Si autem ex multis & disjunctis unum quid inferamus, saepe intellectus nostri capacitas non est tanta, ut illa omnia possit unico intuitu complecti; quo casu illi hujus operationis certitudo debet sufficere. Quemadmodum non possumus uno oculorum intuitu longioris alicujus catenae omnes annulos distinguere; sed nihilominus, si singulorum cum proximis connexionem viderimus, hoc sufficiet, ut dicamus etiam nos aspexisse, quomodo ultimum cum primo connectatur.

Sufficientem hanc operationem esse debere dixi, quia saepe defectiva esse potest, & per consequens errori obnoxia. Interdum enim, etiamsi multa quidem enumeratione perlustremus, quae valde[4] evidentia sunt, si ¦ tamen vel minimum quid omittamus, catena rupta est, & tota conclusionis labitur certitudo. Interdum etiam omnia certe enumeratione[5] complectimur, sed non singula inter se distinguimus, adeo ut omnia confuse tantum[6] cognoscamus.

Porro interdum enumeratio haec esse debet completa, interdum distincta, quandoque neutro est opus; ideoque dictum tantum est, illam esse debere sufficientem. Nam si velim ⁝ probare

[1] humani ingenii] A, AT: ingenii humani. [2] illam tantum] A, AT: tantum illam. [3] quaecumque una] H: quaecunque unam *oder* unum; L: *geändert in* quandocunque una. [4] valde] H: *fehlt.* [5] certe enumeratione] H: certe enumerationes; L: certa enumeratione. [6] confuse tantum] A, AT: tantum confuse.

¦ AT 390 ⁝ H 27 ¦ A 19

das passiert oft –, werden wir kühn behaupten dürfen, daß seine Erkenntnis das Auffassungsvermögen der menschlichen Geisteskraft übersteigt.

Es sei außerdem darauf hingewiesen, daß wir unter einer hin- 23,26
reichenden Aufzählung bzw. Induktion nur eine solche verstehen, aus der sich die Wahrheit sicherer schließen läßt als durch jede andere Gattung des Nachweisens außer der einfachen Intuition. Immer wenn sich eine Erkenntnis nicht auf einfache Intuition zurückführen läßt, bleibt uns, da wir alle Fesseln der Syllogismen abgeworfen haben, nur dieser eine Weg übrig, dem wir unser ganzes Vertrauen schenken müssen. Denn wenn die Ableitung evident gewesen ist, ist alles Einzelne, was wir unmittelbar aus etwas anderem deduziert haben, bereits auf eine wahre Intuition zurückgeführt. Wenn wir aber aus vielem, das nicht miteinander verbunden ist, etwas Einzelnes herleiten, ist das Fassungsvermögen unseres Verstandes oft nicht so groß, daß er das alles in einer einzigen Intuition umfassen könnte. In diesem Fall hat ihm die Gewißheit dieser Operation zu genügen: Genauso, wie wir ja nicht alle Glieder einer längeren Kette mit den Augen in einer Intuition unterscheiden können; wenn wir aber die Verknüpfung der einzelnen Glieder mit den jeweils nächsten gesehen haben, genügt das dennoch, um sagen zu dürfen, daß wir auch gesehen haben, wie das letzte mit dem ersten verknüpft ist.

Ich habe gesagt, daß diese Operation hinreichend sein muß, 24,12
weil sie oft unvollständig sein kann und infolgedessen dem Irrtum unterliegt. Denn auch wenn wir vieles in einer Aufzählung durchgehen, das äußerst evident ist, ist, wenn wir auch nur das Geringste auslassen, die Kette gerissen und die Gewißheit des gesamten Schlusses fällt in sich zusammen. Manchmal umfassen wir auch alles sicher in einer Aufzählung, unterscheiden aber das Einzelne nicht voneinander, so daß wir alles nur verworren erkennen.

Außerdem muß eine Aufzählung das eine Mal vollständig, das 24,20
andere Mal deutlich sein, und manchmal ist keins von beiden nötig. Deshalb habe ich nur gesagt, sie müsse hinreichend sein. Denn wenn ich durch eine Aufzählung nachweisen will, wie vie-

per enumerationem, quot genera entium sint corporea, sive aliquo pacto sub sensum cadant, non asseram illa tot esse, & non plura, nisi prius certo noverim, me omnia enumeratione fuisse complexum, & singula ab invicem distinxisse. Si vero eadem via ostendere velim, ¦ animam rationalem non esse corpoream, non opus erit enumerationem esse completam, sed sufficiet, si omnia simul corpora aliquot collectionibus ita complectar, ut animam rationalem ad nullam ex his referri posse demonstrem. Si denique per enumerationem velim ostendere, circuli aream esse majorem omnibus areis aliarum figurarum, quarum peripheria sit aequalis, non opus est omnes figuras recensere, sed sufficiet[1] de quibus-
C 25 dam | in particulari hoc demonstrare, ut per inductionem idem etiam de aliis omnibus concludatur.[2]

Addidi etiam, enumerationem debere esse ordinatam: tum quia ad jam enumeratos defectus nullum praesentius remedium est, quam si ordine omnia perscrutemur; tum etiam, quia saepe contingit ut, si singula[3], ¦ quae ad rem propositam spectant, essent separatim perlustranda, nullius hominis vita sufficeret, sive quia nimis multa sunt, sive quia saepius eadem occurrerent repetenda. Sed si omnia illa optimo ordine disponamus, ut plurimum ad certas classes reducentur, ex quibus vel unicam exacte videre sufficiet, vel ex singulis aliquid, vel quasdam potius quam caeteras, vel saltem nihil unquam bis frustra percurremus; quod adeo juvat, ut saepe multa propter ordinem bene institutum brevi tempore & facili negotio peragantur, quae prima fronte videbantur immensa.

Hic autem ordo rerum enumerandarum plerumque varius esse potest, atque ex uniuscujusque arbitrio dependet; ideoque ad illum acutius excogitandum[4] meminisse oportet eorum, quae

[1] sufficiet] A, AT: sufficit. [2] concludatur] H: *kein Absatz.* [3] ad jam … singula] H: *fehlt; statt dessen nur* tum quiae; L: tum quiae *durchgestrichen und in Klammern ersetzt durch* nam si quae [4] illum acutius excogitandum] H, A: illud acutius excogitandum; L: *darüber* acuratius exequendum, *aber dann durchgestrichen;* Crap. illum (*Konj.*).

¦ AT 391 ¦ H 28 ¦ A 20

le Gattungen des Seienden körperlich sind, bzw. in irgendeiner Weise unter die Sinne fallen, dann kann ich nur behaupten, daß es gerade so viele und nicht mehr sind, wenn mir vorher sicher bekannt geworden ist, daß ich sie alle in einer Aufzählung umfaßt und die einzelnen voneinander unterschieden habe. Wenn ich aber auf demselben Weg zeigen wollte, daß die rationale Seele nicht körperlich ist, wird keine vollständige Aufzählung nötig sein, sondern dafür wird es ausreichen, alle Körper insgesamt so in bestimmte Gruppen zusammenzufassen, um zu beweisen, daß die rationale Seele zu keiner von ihnen gehören kann. Wenn ich schließlich durch eine Aufzählung zeigen wollte, daß die Fläche des Kreises größer ist als alle Flächen der anderen Figuren gleichen Umfangs, ist es nicht nötig, alle Figuren durchzugehen, sondern es wird ausreichen, dies in bezug auf einige im besonderen zu beweisen, um dasselbe durch Induktion auch für alle anderen zu schließen.

Ich habe außerdem hinzugefügt, eine Aufzählung müsse ge- 25,3
ordnet sein. Denn zum einen gibt es gegen die bereits aufgezählten Mängel kein wirksameres Heilmittel, als wenn wir alles geordnet durchforsten. Und zum anderen würde das Leben eines Menschen nicht ausreichen, wenn man, wie es oft passiert, das Einzelne, das zu einer vorliegenden Sache gehört, abgetrennt durchgehen müßte, weil es entweder viel zu viele sind, oder weil dasselbe zu oft wiederholt werden müßte. Legen wir aber alles in bestmöglicher Ordnung an, so daß sich das meiste auf bestimmte Klassen zurückführen läßt, dann wird es ausreichen, entweder nur eine einzige Klasse genau anzusehen, oder ein Exemplar aus einer einzelnen Klasse, oder bestimmte Klassen, andere aber nicht: dann werden wir zumindest niemals etwas überflüssigerweise zweimal durchgehen. Und das ist so hilfreich, daß wir aufgrund der gut eingerichteten Ordnung vieles oft in kurzer Zeit und mit geringem Aufwand durchführen können, das auf den ersten Blick unermeßlich zu sein schien.

Die Ordnung der aufzuzählenden Dinge kann hier aber zu- 25,16
meist verschieden sein und hängt von der Willkür eines jeden ab. Deshalb ist es angebracht, sich an das zu erinnern, was in

dicta sunt in quinta propositione. Permulta quoque sunt ex levioribus hominum artificiis, ad quae invenienda tota ⁝ methodus in hoc ordine disponendo consistit: sic si optimum anagramma conficere velis ex literarum alicujus nominis transpositione, non opus est a facilioribus ad difficiliora transire, nec absoluta a respectivis distinguere, neque enim ista hic habent locum; sed sufficiet, talem tibi[1] proponere ordinem ad transpositiones litterarum examinandas, ut nunquam bis eaedem percurrantur, & sit illarum numerus, ex. gr., in certas classes ita distributus, ut statim appareat, in quibusnam major sit spes inveniendi quod quaeritur; ita enim saepe non longus erit, sed tantum puerilis labor. ¦

Caeterum hae tres ultimae propositiones non sunt separan-
C 26 dae, | quia ad illas simul plerumque est reflectendum, & pariter omnes ad methodi perfectionem concurrunt; neque multum intererat, utra ¦ prior doceretur, paucisque easdem hic explicavimus[2], quia nihil aliud fere in reliquo tractatu habemus faciendum, ubi exhibebimus in particulari quae hic in genere complexi sumus.

REGULA VIII

Si in serie rerum quaerendarum aliquid occurrat, quod intellectus noster nequeat satis bene intueri, ibi sistendum est, neque caetera quae sequuntur examinanda sunt, sed a labore supervacuo est abstinendum.

Tres regulae praecedentes ordinem praecipiunt & explicant; haec autem ostendit, quandonam sit omnino necessarius, &[3] quando utilis tantum. Quippe quicquid[4] integrum gradum constituit

[1] tibi] H, A: sibi; Crap. *folgt der Konj. von* AT. [2] explicavimus] H, A: explicamus; Crap. *folgt der Konj. von* AT. [3] &] A: *fehlt.* [4] quicquid] A, AT: quidquid.

¦ AT 392 ⁝ H 29 ¦ A 21

der fünften Vorschrift gesagt wurde, um sie möglichst treffend auszudenken. Außerdem besteht bei vielen der leichteren Kunstfertigkeiten des Menschen die gesamte Methode, sie herauszufinden, darin, eine solche Ordnung anzulegen. Wenn Sie etwa das beste Anagramm aus der Umstellung der Buchstaben eines Namens anfertigen wollen, ist es weder nötig, vom Leichteren zum Schwierigeren überzugehen, noch, das Absolute vom Relativen zu unterscheiden, denn das ist hier ganz fehl am Platze; sondern um die Umstellungen der Buchstaben einer Prüfung zu unterziehen, wird es ausreichen, sich eine solche Ordnung vorzulegen, daß Sie dieselben Umstellungen niemals zweimal durchlaufen. Die Zahl dieser Umstellungen sollte zum Beispiel so in bestimmte Klassen eingeteilt werden, daß sofort sichtbar wird, mit welcher dieser Klassen sich eine größere Hoffnung verbinden läßt, das herauszufinden, wonach gefragt wird. So wird das nämlich oft gar nicht langwierig sein, sondern bloß ein Kinderspiel.

Außerdem dürfen die letzten drei Vorschriften nicht getrennt 25,31
werden. Denn meistens muß man zugleich auf sie zurückgreifen, und alle drei tragen gleichermaßen zur Vervollkommnung der Methode bei. Es kam hier auch nicht darauf an, welche zuerst gelehrt wurde, und wir haben sie hier nur kurz erklärt, weil wir im restlichen Traktat fast nichts anderes zu tun haben, als im besonderen darzustellen, was wir hier im allgemeinen dargelegt haben.

REGEL VIII

Wenn es in der Serie der fraglichen Dinge etwas gibt, was unser Verstand nicht gut genug intuitiv erkennen kann, muß man dort stehenbleiben und darf das übrige, das folgt, keiner Prüfung unterziehen, sondern man soll diese überflüssige Arbeit unterlassen.

Die drei vorangehenden Regeln schreiben die Ordnung vor und 26,12
erklären sie. Diese Regel hingegen zeigt, wann eigentlich die Ordnung unbedingt notwendig ist und wann nur nützlich. Denn

in illa serie, per quam a respectivis ad absolutum quid, vel contra, veniendum est, illud necessario ⁝ ante omnia quae sequuntur est examinandum. Si vero multa, ut saepe fit[1], ad eumdem in gradum pertineant, est quidem semper utile, illa omnia ordine perlustrare[2]. Hunc tamen ita stricte & rigide non cogimur observare, & plerumque, etiamsi non omnia, ¦ sed pauca tantum vel unicum quid ex illis perspicue cognoscamus, ulterius tamen progredi licet.

Atque haec regula necessario sequitur ex rationibus allatis ad secundam; neque tamen existimandum est, hanc nihil novi continere ad eruditionem promovendam, etsi nos tantum a rerum quarumdam disquisitione[3] arcere videatur, non autem ullam veritatem exponere: quippe Tyrones quidem nihil aliud docet, quam ne operam perdant, eadem fere ratione, qua secunda. Sed illis,
C 27 qui praecedentes septem regulas perfecte noverint, | ostendit qua ratione possint in qualibet scientia sibi ipsis ita satisfacere, ut nihil ultra cupiant: nam quicumque priores exacte servaverit circa alicujus difficultatis solutionem, & tamen alicubi sistere ab hac jubebitur, tunc certo cognoscet, se scientiam quaesitam nulla prorsus industria posse invenire, idque non ingenii culpa, sed quia obstat ipsius difficultatis natura, vel humana conditio. Quae cognitio non minor scientia est, quam illa quae rei ipsius naturam exhibet; & non ille videretur sanae mentis, qui ulterius curiositatem extenderet.[4] ⁝

Haec[5] omnia uno aut altero exemplo illustranda sunt. Si, verbi gratia, quaerat aliquis solius Mathematicae studiosus lineam illam, quam in Dioptrica anaclasticam vocant, ¦ in qua scilicet radii paralleli ita re¦fringantur[6], ut omnes post refractionem se

[1] multa, ut saepe fit] A, AT: ut saepe fit, multa. [2] ordine perlustrare] A, AT: perlustrare ordine. [3] disquisitione] A: dispositione. [4] *Die folgenden drei Absätze stehen in der Hannoveraner Handschrift am Ende der Regel. Auf sie wird verwiesen durch* vid: sig: o. [5] haec] H: quae. [6] refringantur] H: refrangantur.

¦ AT 394 ⁝ H 33 ¦ A 22

alles, was innerhalb der Serie, über die wir vom Relativen zu etwas Absolutem oder umgekehrt gelangen, eine vollständige Stufe ausmacht, muß notwendigerweise vor allem, was darauf folgt, einer Prüfung unterzogen werden. Wenn aber – was oft der Fall ist – vieles auf dieselbe Stufe gehört, ist es zwar immer nützlich, alles der Ordnung nach durchzugehen. Aber wir sind gleichwohl nicht gezwungen, die Ordnung so streng und unerbittlich einzuhalten; meistens können wir weiter vorangehen, obwohl wir nicht alles davon transparent erkennen, sondern nur weniges oder nur ein einziges.

Diese Regel folgt notwendig aus den Begründungen, die bei 26,23
der zweiten Regel angeführt wurden. Aber die Ansicht wäre falsch, diese Regel enthalte nichts neues, um die Ausbildung voranzutreiben. Denn zwar scheint sie uns nur von der Untersuchung bestimmter Dinge abzuhalten und keine Wahrheit aufzuzeigen, und sie scheint nur die Anfänger zu lehren, ihre Mühe nicht zu verschwenden, und zwar mit fast genau derselben Begründung wie die in der zweiten Regel. Denjenigen aber, die sich mit den voranstehenden sieben Regeln vollkommen bekannt gemacht haben, zeigt sie, in welcher Weise sie sich in jeder beliebigen Wissenschaft selbst so zufriedenstellen können, daß sie darüber hinaus nichts weiter verlangen können. Denn jeder, der bei der Lösung irgendeiner Schwierigkeit die ersten Regeln exakt befolgt hat, dann aber von dieser Regel aufgefordert wird, irgendwo stehenzubleiben, wird sicher erkennen, daß er das fragliche Wissen durch überhaupt keine Maßnahme herausfinden kann, und zwar nicht aus Verschulden der Geisteskraft, sondern weil die Natur der Schwierigkeit selbst es verhindert oder die menschliche Verfassung (conditio humana). Diese Erkenntnis ist genauso Wissen wie diejenige, die die Natur des Dinges selbst darstellt, und jemand, der seine Neugierde weiter ausdehnen würde, hat offenbar keinen gesunden Geist.

All dies soll durch ein oder zwei Beispiele erläutert werden. 27,10
Wenn zum Beispiel jemand, der allein Mathematik studiert, nach jener Linie fragt, die man in der Dioptrik die anaklastische nennt – das ist die Linie, an der parellele Strahlen so gebrochen werden,

in uno puncto intersecent, facile quidem animadvertet, juxta regulas quintam & sextam, hujus lineae determinationem pendere a proportione, quam servant anguli refractionis ad angulos incidentiae; sed quia hujus indagandae non erit capax, cum non ad Mathesim pertineat, sed ad ⁝ Physicam, hic sistere cogetur in limine, neque aliquid aget, si hanc cognitionem vel[1] a Philosophis audire, vel ab experientia velit mutuari: peccaret enim in regulam tertiam. Ac praeterea haec propositio composita adhuc est & respectiva; atqui de rebus tantum pure simplicibus & absolutis experientiam certam haberi posse, dicetur suo loco. Frustra etiam proportionem inter ejusmodi angulos aliquam supponet, quam omnium verissimam[2] esse suspicabitur; tunc enim non amplius anaclasticam quaereret, sed tantum lineam, quae suppositionis suae rationem sequeretur.

Si vero aliquis, non solius Mathematicae studiosus, sed qui, juxta regulam primam, de omnibus quae occurrunt veritatem quaerere cupiat, in eamdem difficultatem inciderit, ulterius inveniet, hanc proportionem inter angulos incidentiae & refractio-
C28 nis pendere ab eorumdem mutatione propter varietatem | mediorum; rursum hanc mutationem pendere a modo, quo[3] radius penetrat per totum diaphanum, atque hujus penetrationis cognitionem supponere illuminationis naturam ¦ etiam esse cognitam; denique ad illuminationem intelligendam sciendum esse, quid sit generaliter potentia naturalis, quod ultimum est in tota hac serie maxime absolutum. Hoc igitur postquam per intuitum mentis clare perspexerit, redibit per eosdem gradus, juxta regulam quintam; atque si statim in secundo gradu illuminationis naturam non possit agnoscere, enumerabit, per regulam septimam, alias om-

[1] Physicam … vel] H: *fehlt.* [2] verissimam] Crapulli *vermutet aufgrund von* N certissimam. [3] a modo, quo] H: a modo; L: a modo, quo; A: a medio, quod; *Konj.* Crap.

¦ AT 395 ⁝ H 34 ¦ A 22

daß sie sich nach der Brechung alle in einem Punkt schneiden –, dann wird er zwar gemäß der fünften und sechsten Regel leicht bemerken, daß die Bestimmung dieser Linie von dem Verhältnis abhängt, das zwischen dem Brechungs- und dem Einfallswinkel besteht. Da diese Linie nicht zur reinen Mathematik, sondern zur Physik gehört, wird er nicht in der Lage sein, dieses Verhältnis ausfindig zu machen, sondern gezwungen sein, an dieser Grenze stehenzubleiben. Es wird auch überhaupt nichts bringen, wenn er diese Erkenntnis entweder von den Philosophen hören oder aus der Erfahrung ablesen wollte: denn dann würde er gegen die dritte Regel verstoßen. Außerdem ist diese Proposition zusammengesetzt und relativ, und an geeigneter Stelle wird gesagt werden, daß es eine gesicherte Erfahrung nur von einfachen und absoluten Dingen geben kann. Ebenso vergeblich würde es sein, wenn er irgendein Verhältnis zwischen derartigen Winkeln voraussetzte, von dem er vermutet, daß es das wahrste von allen sei; denn dann würde er nicht länger die anaklastische Linie suchen, sondern nur eine Linie, deren Berechnung aus seiner Voraussetzung folgt.

Anders jemand, der nicht nur Mathematik studiert, sondern 27,28
gemäß der ersten Regel das Verlangen hat, bei allem, was es gibt, nach der Wahrheit zu fragen. Wenn ein solcher Mensch auf dieselbe Schwierigkeit trifft, wird er darüber hinaus herausfinden, daß das Verhältnis zwischen dem Einfalls- und dem Brechungswinkel von deren Veränderung aufgrund der Vielfalt der Medien abhängt, und diese Veränderung wiederum von der Weise, wie der Strahl das gesamte durchsichtige Medium durchdringt; und daß die Erkenntnis dieser Durchdringung voraussetzt, auch die Natur der Lichtwirkung erkannt zu haben; und schließlich, daß man, um die Lichtwirkung einzusehen, wissen muß, was generell eine natürliche Macht ist – wobei dies das in dieser Serie im höchsten Maße Absolute ist. Nachdem er dies durch Intuition des Geistes klar durchschaut hat, wird er gemäß der fünften Regel über dieselben Stufen zurückgehen. Wenn er aber auf der zweiten Stufe die Natur der Lichtwirkung nicht sofort erkennen kann, wird er gemäß der siebten Regel alle anderen natürlichen

nes potentias naturales, ut ex alicujus alterius cognitione saltem per imitationem, de qua postea, hanc etiam intelligat; quo facto quaeret, qua ratione penetret radius per totum diaphanum; & ita ordine caetera persequetur, donec ad ipsam anaclasticam pervenerit. Quae etiamsi a multis frustra hactenus fuerit quaesita, nihil tamen video quod aliquem, nostra methodo perfecte utentem, ab illius evidenti cognitione possit impedire.

Sed demus omnium nobilissimum exemplum. Si quis pro ⁝ quaestione sibi proponat, examinare veritates omnes, ad quarum cognitionem humana ratio sufficiat, quod mihi videtur semel in vita faciendum esse ab iis omnibus, qui serio student ad bonam mentem,[1] ⁝ ille profecto per regulas datas[2] inveniet, nihil prius cognosci posse quam intellectum, cum ab hoc caeterorum omnium cognitio dependeat, & non contra; perspectis deinde illis omnibus quae proxime sequuntur post intellectus puri cognitionem, inter caetera enumerabit quaecumque alia habemus instrumenta cognoscendi praeter intellectum, quae sunt tantum duo, nempe ¦ phantasia & sensus. Omnem igitur collocabit industriam in distinguendis & examinandis illis tribus cognoscendi modis, vidensque veritatem proprie vel falsitatem non nisi in solo intellectu esse posse, sed tantummodo ab aliis duobus suam saepe originem ducere, attendet diligenter ad illa omnia, a quibus
C 29 decipi potest, ut caveat; & enumerabit exacte vias | omnes, quae hominibus patent ad veritatem, certam ut sequatur: neque enim tam multae sunt, quin facile omnes & per sufficientem enumerationem inveniat, quodque mirum & incredibile videbitur inexpertis, statim atque distinxerit circa singula objecta cognitiones illas,

[1] ad bonam mentem] A, AT: ad bonam mentem pervenire. [2] datas] H: *fehlt.*

¦ AT 396 ⁝ H 35 ⁝ A 23

Mächte aufzählen, um aus der Erkenntnis irgendeiner anderen zumindest durch Nachahmung – über die ich später sprechen werde – auch die Natur der Lichtwirkung einzusehen. Nachdem er das getan hat, wird er fragen, in welcher Weise der Strahl das durchsichtige Medium durchdringt, und in dieser Ordnung das übrige verfolgen, bis er zur anaklastischen Linie selbst gelangt. Denn auch wenn viele bislang vergeblich nach dieser Linie gefragt haben, sehe ich gleichwohl nichts, was jemanden, der unsere Methode vollkommen verwendet, von ihrer evidenten Erkenntnis abhalten könnte.

Aber geben wir das beste Beispiel von allen. Wenn es sich je- 28,18
mand zur Aufgabe (quaestio) macht, alle Wahrheiten einer Prüfung zu unterziehen, zu deren Erkenntnis die menschliche Vernunft ausreicht – was, wie mir scheint, alle diejenigen einmal im Leben tun müssen, die sich ernsthaft um einen unverdorbenen Geist bemühen –, dann wird er durch die angegebenen Regeln sicherlich herausfinden, daß nichts früher erkannt werden kann als der Verstand, weil die Erkenntnis alles übrigen von ihm abhängt und nicht umgekehrt. Nachdem er dann all das durchschaut hat, was als nächstes auf die Erkenntnis des reinen Verstandes folgt, wird er im Zusammenhang mit allem übrigen auch alle anderen Werkzeuge des Erkennens aufzählen, die wir außer dem Verstand noch haben. Das sind nur zwei, nämlich Phantasie und Sinne. Er wird demnach seine Aktivität darauf konzentrieren, diese drei Modi des Erkennens zu unterscheiden und einer Prüfung zu unterziehen. Er wird dann sehen, daß es Wahrheit oder Falschheit eigentlich nur einzig und allein im Verstand geben kann, obwohl sie ihren Ursprung oft in der Phantasie und den Sinnen haben. Er wird dann sorgfältig auf all das achten, wovon er getäuscht werden kann, um sich davor zu schützen. Er wird alle Wege genau aufzählen, die den Menschen zur Wahrheit offenstehen, um dem sicheren zu folgen; denn es sind nicht so viele, so daß er alle leicht und durch eine hinreichende Aufzählung herausfinden wird. Auch wird er – und das wird den Unerfahrenen erstaulich und unglaublich erscheinen – sofort auch bei den einzelnen Objekten jene Erkenntnisse, die nur das Gedächtnis bela-

quae memoriam tantum implent vel ornant, ab iis propter quas vere aliquis magis eruditus dici debet: quod facile etiam assequetur ...: sentiet[1] omnino se nihil amplius ignorare ingenii defectu vel artis, neque quidquam prorsus ab alio homine sciri posse, cujus etiam non sit capax, modo tantum ad illud idem, ut par est, mentem applicet. Et quamvis multa saepe ipsi proponi possint, a quibus quaerendis per hanc regulam prohibebitur: quia tamen clare percipiet, illa eadem omnem humani ingenii captum excedere, non se idcirco magis ignarum esse arbitrabitur; sed hoc ipsum, quod sciet rem quaesitam a nemine sciri posse, si aequus est, curiositati suae sufficiet abunde. ⁞

Atqui ne semper incerti simus, quid possit animus, neque perperam & temere laboremus[2], antequam ad res in particulari cognoscendas nos accingamus, oportet semel in vita diligenter quaesivisse, quarumnam cogni¦tionum humana ratio sit ⁞ capax. Quod ut melius fiat, ex aeque facilibus, quae utiliora sunt, priora semper[3] quaeri debent.

Haec methodus siquidem illas ex mechanicis artibus imitatur, quae non aliarum ope indigent, sed tradunt ipsaemet quomodo sua instrumenta facienda sint. Si quis enim unam ex illis, ex. causa, fabrilem vellet exercere, omnibusque instrumentis esset destitutus, initio quidem uti cogeretur duro lapide, vel rudi aliqua ferri massa pro incude, saxum mallei loco sumere, ligna in forcipes aptare, ¦ aliaque ejusmodi pro necessitate colligere; quibus deinde paratis, non statim enses aut cassides, neque

[1] assequetur ... sentiet] A: *als Marginalie* hic deficit aliquid; H: *dasselbe in der Lücke.* [2] laboremus] H, A, AT: laboret; Crap. *verbessert aufgrund von* N. [3] priora semper] A, AT: semper priora.

¦ AT 397 ⁞ H 36 (Z. 11), H 31 (Z. 15) ¦ A 24

sten oder ausschmücken, von denen unterscheiden, deretwegen jemand wirklich gebildeter genannt zu werden verdient. Was er auch leicht erreichen wird.[1] ... Er wird es überhaupt so einschätzen, daß ihm nichts länger aufgrund eines Mangels der Geisteskraft oder der Technik unbekannt bleibt, und daß er selbst auch fähig ist, alles zu wissen, was ein anderer Mensch wissen kann, sofern er nur den Geist so darauf richtet, wie es sich gehört. Es mag sein, daß ihm oft vieles vorgelegt wird, wonach zu fragen ihm diese Regel verbietet. Dennoch: Weil er klar erfassen wird, daß dies jedes Auffassungsvermögen der menschlichen Geisteskraft übersteigt, wird er gleichwohl nicht meinen, ahnungsloser zu sein. Im Gegenteil: Wenn er gelassen bleibt, wird gerade dies: zu wissen, daß das fragliche Ding von niemanden gewußt werden kann, seine Neugier völlig befriedigen.

Damit uns aber nicht immer ungewiß bleibt, was das Gemüt 29,17
kann, und wir uns vergeblich und blindlings abmühen, ist es nötig, einmal im Leben sorgfältig danach gefragt zu haben, welcher Erkenntnisse die menschliche Vernunft eigentlich fähig ist, bevor wir uns daran machen, Dinge im besonderen zu erkennen. Damit das besser vonstatten gehen kann, muß bei gleich Leichtem immer zuerst nach dem gefragt werden, was das Nützlichere ist.

Diese Methode ahmt diejenigen mechanischen Techniken 29,23
nach, die nicht der Hilfe anderer bedürfen, sondern sich selbst die Mittel zur Verfügung stellen, wie ihre Werkzeuge herzustellen sind. Denn wenn jemand eine solche Technik ausüben wollte, z. B. die Schmiedetechnik, ihm aber sämtliche Werkzeuge weggenommen wären, dann wäre er wohl am Anfang gezwungen, einen harten Stein oder irgendeine Masse Roheisen als Amboß, und einen Steinblock anstelle eines Hammers zu verwenden, Zangen aus Hölzern zu machen, und je nach Erfordernis anderes dergleichen zusammenzusuchen. Wenn er sich schließlich mit all dem ausgerüstet hätte, würde er nicht sofort versuchen, für andere Leute Schwerter oder Helme zu schmieden oder ir-

[1] *Lücke im Text*

quicquam[1] eorum, quae fiunt ex ferro, in usus aliorum cudere conaretur; sed ante omnia malleos, incudem, forcipes, & reli-
C 30 qua | sibi ipsi utilia fabricaret. Quo exemplo docemur, cum in his initiis nonnisi[2] incondita quaedam praecepta, & quae videntur potius mentibus nostris ingenita, quam arte parata, poterimus invenire, non statim Philosophorum lites dirimere, vel solvere Mathematicorum nodos, illorum ope esse tentandum; sed iisdem prius utendum ad alia, quaecumque ad veritatis examen magis necessaria sunt, summo studio perquirenda, cum praecipue nulla ratio sit, quare difficilius videatur haec eadem invenire, quam ullas quaestiones ex iis quae in Geometria vel Physica aliisque disciplinis solent proponi.

At vero nihil hic utilius quaeri potest, quam quid sit humana cognitio & quousque extendatur. Ideoque nunc hoc ipsum unica quaestione complectimur, quam ¦ omnium primam[3] per regulas jam ante traditas examinandam esse censemus; idque semel in vita ab unoquoque ex iis, qui tantillum amant veritatem, esse faciendum: quoniam in illius investigatione vera instrumenta sciendi & tota methodus continen⁝tur[4]. Nihil autem mihi videtur ineptius, quam de naturae arcanis, coelorum in haec inferiora virtute, rerum futurarum praedictione, & similibus, ut multi faciunt, audacter disputare, & ne quidem tamen unquam, utrum ad illa invenienda humana ratio sufficiat, quaesivisse. Neque res ardua aut difficilis videri debet, ejus, quod in nobis ipsis sentimus, ingenii limites definire, cum saepe de illis etiam, quae extra nos sunt & valde aliena, non dubitemus judicare. Neque immensum est opus, res omnes in hac universitate contentas cogitatione

[1] quicquam] A, AT: quidquam. [2] sibi … non] H: *fehlt.* [3] primam] H: primum. [4] continentur] H: continetur.

¦ AT 398 ⁝ H 32 ¦ A 24

gendetwas anderes, was man aus Eisen herstellt, sondern er würde zuerst Hämmer, Amboß, Zangen und das übrige herstellen, das er selbst benötigt. Uns, die wir bei diesen Anfängen hier nur bestimmte noch unbegründete Vorschriften herausfinden können, die zudem eher unserem Geist angeboren zu sein scheinen als daß Technik sie uns bereitgestellt hätte, lehrt dieses Beispiel, daß wir nicht sofort versuchen dürfen, mit ihrer Hilfe Streitfragen der Philosophen zu schlichten oder verwickelte Knoten der Mathematiker aufzubinden, sondern sie zuerst dafür verwenden müssen, um mit größtem Eifer alles andere auszukundschaften, was zur Prüfung der Wahrheit viel notwendiger ist, insbesondere da es keinen Grund gibt, weshalb es uns als schwieriger erscheinen sollte, dies herauszufinden, als irgendwelche der Fragen, die gewöhnlich in der Geometrie, der Physik oder anderen Disziplinen gestellt werden.

Hier aber kann es nichts Nützlicheres geben als zu fragen, was 30,11
die menschliche Erkenntnis ist und wie weit sie sich erstreckt. Dies fassen wir deshalb in eine einzige Frage zusammen, die, schätzen wir, als erste von allen durch die bereits zur Verfügung gestellten Regeln einer Prüfung zu unterziehen ist, was einmal im Leben von allen, die die Wahrheit auch nur ein wenig lieben, getan werden muß, weil in der Untersuchung dieser Frage die wahren Werkzeuge des Wissens und die gesamte Methode enthalten sind. Nichts aber erscheint mir alberner, als – wie viele es tun – über die Geheimnisse der Natur, den Einfluß der Himmelsregionen auf die Welt hier unten, die Vorhersage künftiger Dinge und dergleichen waghalsig zu disputieren, und nicht auch nur ein einziges Mal danach gefragt zu haben, ob die menschliche Vernunft überhaupt ausreicht, dies herauszufinden. Man darf es auch nicht für eine unüberwindliche oder schwierige Sache halten, die Grenzen der Geisteskraft zu definieren; denn die Geisteskraft nehmen wir in uns selbst wahr, zumal wir oft nicht zögern, über Dinge zu urteilen, die außerhalb von uns und uns ganz fremd sind. Ebensowenig ist es eine unermeßliche Tätigkeit, alle Dinge im Denken umfassen zu wollen, die es im Universum gibt, um zu erkennen, wie die einzelnen Dinge einer Prüfung

velle[1] complecti, ut, quomodo singulae mentis nostrae examini subjectae sint, agnoscamus: nihil enim tam multiplex esse potest aut dispersum, quod per illam, de qua egimus, enumerationem certis limitibus circumscribi atque in aliquot capita disponi non possit. Ut autem hoc experiamur, in quaestione proposita, primo, quicquid[2] ad illam pertinet in duo membra dividimus: referri
C 31 enim debet, vel ad nos qui cognitionis sumus | capaces, vel ad res ipsas quae cognosci possunt; quae duo separatim discutimus.

Et quidem in nobis advertimus, solum intellectum scientiae esse[3] capacem; sed a tribus aliis facultatibus hanc[4] juvari posse vel impe¦diri, nempe ab imaginatione, sensu, & memoria. Videndum est igitur ordine, quid singulae ex his facultatibus obesse possint, ut ¦ caveamus; vel prodesse, ut omnes illarum copias impendamus. Atque ita haec pars per sufficientem enumerationem erit discussa, ut ostendetur in sequenti propositione.

Veniendum deinde ad res ipsas, quae tantum spectandae sunt prout ab intellectu attinguntur; quo sensu dividimus illas in naturas maxime simplices, & in complexas sive compositas. Ex simplicibus nullae esse possunt, nisi vel spirituales, vel corporeae, vel ad utrumque pertinentes; denique ex compositis alias quidem intellectus tales esse experitur, antequam de iisdem aliquid determinare[5] judicet; alias autem ⁝ ipse componit. Quae omnia fusius exponentur in duodecima propositione, ubi demonstrabitur falsitatem nullam esse posse, nisi in his ultimis quae ab intellectu componuntur: quas idcirco adhuc distinguimus in illas, quae ex simplicissimis naturis & per se cognitis deducuntur, de quibus in toto sequenti libro tractabimus, & illas, quae alias etiam prae-

[1] cogitatione velle] H: cogitatione vecce; L: *geändert in* cogitationes recte. [2] quicquid] A, AT: quidquid. [3] scientiae esse] A, AT: esse scientiae. [4] hanc] A, AT: hunc. [5] determinare] L: *geändert in* determinate.

¦ AT 399 ⁝ H 33 ¦ A 25

unseres Geistes unterliegen. Denn nichts kann so vielfach und zerstreut sein, daß die Aufzählung, die wir thematisiert haben, es nicht durch sichere Grenzen umschreiben und in einige wenige Hauptpunkte anlegen könnte. Damit wir das aber bei der gestellten Frage in Erfahrung bringen können, teilen wir zuerst alles, was zu ihr gehört, in zwei Glieder: denn es muß entweder auf uns, die wir der Erkenntnis fähig sind, bezogen werden, oder auf die Dinge selbst, die erkannt werden können. Mit diesen beiden setzen wir uns getrennt auseinander.

Nun bemerken wir in uns, daß zwar allein der Verstand fähig 31,3
ist, Wissen zu haben, er aber von drei anderen Vermögen unterstützt oder gehemmt werden kann, nämlich von der Anschauung, dem Sinn und dem Gedächtnis. Daher muß der Ordnung nach durchgesehen werden, inwiefern jedes dieser Vermögen ein Hindernis darstellen kann, damit wir es umgehen, oder eine Unterstützung, damit wir ihre gesamten Ressourcen ausschöpfen. Dieser Teil wird so in einer hinreichenden Aufzählung auseinandergesetzt sein, wie in der folgenden Vorschrift gezeigt werden wird.

Danach muß man zu den Dingen selbst übergehen, die nur 31,10
insofern betrachtet werden müssen, als der Verstand sich ihnen zuwendet. In diesem Sinne teilen wir sie in höchst einfache Naturen und in komplexe bzw. zusammengesetzte. Alle einfachen Naturen sind entweder spirituell oder körperlich oder gehören zu beiden. Von den zusammengesetzten Naturen erfährt der Verstand, daß sie entweder schon zusammengesetzt sind, bevor er urteilend etwas über sie bestimmt, oder er sie selbst zusammensetzt. Das wird alles ausführlicher in der zwölften Vorschrift auseinandergesetzt werden, wo bewiesen wird, daß es Falschheit nur bei den letzten, die vom Verstand zusammengesetzt werden, geben kann. Wir unterscheiden diese deshalb wiederum in solche, die aus den allereinfachsten und durch sich selbst erkannten Naturen deduziert werden – diese werden wir im gesamten folgenden Buche abhandeln –, und solche, die ihrerseits andere voraussetzen, von denen wir erfahren, daß sie von Seiten des Dings her schon zusammengesetzt sind –

supponunt, quas a parte rei compositas esse experimur, quibus exponendis tertium librum integrum destinamus.

Et quidem in toto tractatu conabimur vias omnes, quae ad[1] cognitionem veritatis hominibus patent, tam accurate persequi & tam faciles exhibere, ut quicumque hanc totam methodum perfecte didicerit, quantumvis mediocri sit ingenio, videat tamen nullas omnino sibi ¦ potius quam caeteris esse interclusas, nihilque amplius se[2] ignorare ingenii defectu vel artis. Sed quoties ad alicujus rei cognitionem mentem apllicabit, vel illam omnino reperiet; vel certe ab aliquo experimento pendere perspiciet, quod
C 32 in sua potestate non sit, ideoque non culpabit ingenium | suum, quamvis ibi sistere cogatur; vel denique rem quaesitam omnem humani ingenii captum excedere demonstrabit, ac proinde non se idcirco magis ignarum esse arbitrabitur, quia non minor scientia est hoc ipsum quam quidvis[3] aliud cognovisse. ¦ ⁝

REGULA IX

Oportet ingenii aciem ad res minimas & maxime faciles totam convertere, atque in illis diutius immorari, donec assuescamus veritatem distincte & perspicue intueri.

Expositis duabus intellectus nostri operationibus, intuitu & deductione, quibus solis ad scientias addiscendas utendum esse diximus, pergimus in hac & sequenti propositione explicare, qua industria possimus aptiores reddi ad illas exercendas, & simul duas praecipuas ingenii facultates excolere, perspicacitatem scili-

[1] ad] H: *fehlt.* [2] se] A: *fehlt.* [3] quidvis] A, AT: quodvis.

¦ AT 400 ⁝ H 36 ¦ A 26

wir sehen das gesamte dritte Buch dafür vor, sie auseinanderzusetzen.

Wir werden in diesem gesamten Traktat versuchen, alle dem 31,24
Menschen zur Erkenntnis der Wahrheit offenstehenden Wege so sorgfältig zu verfolgen und so leicht darzustellen, daß jeder – und sei seine Geisteskraft auch noch so mittelmäßig –, der diese gesamte Methode einmal vollkommen gelernt hat, sieht, daß ihm überhaupt kein Weg verschlossen ist, der anderen Leuten offensteht. Aufgrund eines Mangels der Geisteskraft oder der Technik muß ihm daher nichts mehr unbekannt bleiben, sondern immer, wenn er seinen Geist auf die Erkenntnis irgendeines Dinges richtet, wird er es sich gänzlich zu eigen machen, oder doch zumindest durchschauen, daß es von irgendeinem Experiment abhängt, das sich seinem Einfluß entzieht. Obwohl er dann gezwungen ist, dort stehenzubleiben, wird er dafür nicht seine Geisteskraft verantwortlich machen; oder er wird schließlich beweisen, daß das fragliche Ding alles Auffassungsvermögen der menschlichen Geisteskraft übersteigt, und daher nicht meinen, deshalb ahnungsloser zu sein: Denn dies erkannt zu haben, ist kein geringeres Wissen als irgendetwas anderes.

REGEL IX

Es ist nötig, die Schärfe der Geisteskraft ganz auf die kleinsten und allereinfachsten Dinge zu richten, und bei ihnen so lange zu verweilen, bis wir uns angewöhnt haben, die Wahrheit deutlich und transparent intuitiv zu erkennen.

Nachdem wir die beiden Operationen unseres Verstandes aus- 32,10
einandergesetzt haben, von denen wir gesagt haben, daß wir allein sie verwenden sollen, um die Wissenschaften zu erlernen – Intuition und Deduktion –, gehen wir in dieser und der folgenden Vorschrift dazu über, zu erklären, durch welche Maßnahme wir uns fähiger machen können, sie auszuüben und zugleich die beiden hervorstechendsten Vermögen der Geisteskraft auszuar-

cet, res singulas distincte intuendo, & sagacitatem, unas ex aliis artificiose deducendo.

Et quidem, quomodo mentis intuitu sit utendum, vel ex ipsa oculorum comparatione cognoscimus: nam qui vult multa simul objecta eodem intuitu respicere, ¦ nihil illorum distincte videt; & pariter, qui ad multa simul unico cogitationis actu solet attendere, confuso ingenio est. Sed Artifices illi, qui in minutis operibus exercentur, & oculorum aciem ad singula puncta attente dirigere consueverunt, usu capacitatem acquirunt res quantumlibet exiguas & subtiles perfecte distinguendi; ita etiam illi, qui variis simul objectis cogitationem nunquam distrahunt, sed ad simplicissima quaeque & facillima consideranda totam semper occupant, fiunt perspicaces.

C 33 Est autem commune vitium Mortalibus, ut quae difficilia | pulchriora videantur; & plerique nihil se scire existimant, quando alicujus rei causam valde perspicuam & simplicem vident, qui interim sublimes quasdam & alte petitas Philosophorum rationes admirantur, etiamsi illae ut plurimum fundamentis nitantur a nemine unquam satis[1] perspectis, ⁝ male sani[2] profecto qui tenebras clariores[3] habent quam lucem. Atqui notandum est illos, qui vere sciunt, aequa facilitate dignoscere veritatem, sive illam ex simplici subjecto, sive ex obscuro eduxerunt[4]: unamquamque enim simili, unico, & distincto actu comprehendunt, postquam semel ad illam pervenerunt; sed tota diversitas est in via, quae certe longior esse debet, si ducet[5] ad veritatem a primis & maxime absolutis principiis magis remotam. ¦

[1] unquam satis] A, AT: satis unquam. [2] sani] A: sane. [3] clariores] A: cahriores. [4] eduxerunt] A, AT: eduxerint. [5] ducet] A, AT: ducat.

¦ AT 401 ⁝ H 37 ¦ A 26

beiten, nämlich den Scharfblick, einzelne Dinge deutlich intuitiv zu erkennen, und die Findigkeit, die einen aus den anderen fachgerecht zu deduzieren.

Wir erkennen nämlich aus dem Vergleich mit den Augen, wie 32,17
die Intuition des Geistes verwendet werden muß: Denn wer viele Objekte zugleich in derselben Intuition betrachten will, sieht keines von ihnen deutlich; genauso wie jemand, der gewöhnt ist, vieles zugleich in einem einzigen Akt des Denkens zu berücksichtigen, seine Geisteskraft verworren macht. Jene Techniker hingegen, die die kleinsten Tätigkeiten ausüben und sich daran gewöhnt haben, die Schärfe der Augen aufmerksam auf einzelne Punkte zu richten, erwerben durch diese Gewohnheit das Fassungsvermögen, beliebig winzige und feine Dinge vollkommen zu unterscheiden. Ebenso werden jene Leute scharfblickend, die das Denken niemals an einer Vielfalt von Objekten gleichzeitig zerstreuen, sondern das ganze Denken immer damit beschäftigen, gerade die einfachsten und leichtesten Dinge zu betrachten.

Es ist aber eine weitverbreitete Untugend der Sterblichen, et- 32,28
was als schöner anzusehen, wenn es schwieriger ist. Die meisten Leute sind sogar der Ansicht, nichts zu wissen, wenn sie die ganz transparente und einfache Ursache irgendeines Dinges sehen; gleichzeitig bewundern sie gewisse hochtrabende und weit hergeholte Begründungen der Philosophen, auch wenn diese sich zum großen Teil auf Fundamente stützen, die niemals irgendjemand hinreichend durchschaut hat – wer aber die Finsternis für klarer hält als das Licht, ist wirklich nicht ganz bei Trost. Wobei darauf hingewiesen werden muß, daß diejenigen, die etwas wahrhaftig wissen, die Wahrheit ganz unabhängig davon mit gleicher Leichtigkeit herausfinden, ob sie sie nun einem einfachen oder einem dunklen Gegenstand entnommen haben. Denn sie verstehen jede Wahrheit durch einen gleichartigen, einzigen und deutlichen Akt, nachdem sie einmal zu ihr gelangt sind. Die ganze Verschiedenheit ist eine solche des Weges, der sicherlich länger sein muß, wenn er von den ersten und am meisten absoluten Prinzipien zu einer weiter entfernten Wahrheit führt.

Assuescant igitur omnes oportet, tam pauca simul & tam simplicia cogitatione complecti, ut nihil unquam se scire putent, quod non aeque distincte intuean¦tur, ac illud quod omnium distinctissime cognoscunt. Ad quod quidem nonnulli longe aptiores nascuntur, quam caeteri, sed arte etiam & exercitio ingenia ad hoc reddi possunt longe aptiora; unumque est quod omnium maxime hic monendum mihi videtur, nempe ut quisque firmiter sibi persuadeat, non ex magnis & obscuris rebus, sed ex facilibus tantum & magis obviis scientias quantumlibet occultas esse deducendas.

Nam, e. g., si velim examinare, utrum aliqua potentia naturalis possit eodem instanti transire ad locum distantem, & per totum medium, non statim ad magnetis vim, vel astrorum influxus, sed ne quidem ad illuminationis celeritatem mentem convertam, ut inquiram, utrum forte tales actiones fiant in[1] instanti: hoc enim difficilius possem probare quam quod quaeritur; sed potius ad motus locales corporum reflectam, quia nihil in toto hoc genere magis sensibile esse potest. Et advertam, lapidem quidem non
C 34 posse in instanti ex uno loco ad alium pervenire, quia corpus | est; potentiam vero, similem illi quae lapidem movet, nonnisi in instanti communicari, si ex uno subjecto ad aliud nuda perveniat. Ver. gr., si quantumvis longissimi baculi unam extremitatem moveam, facile concipio potentiam, per quam illa pars baculi movetur, uno & eodem instanti alias etiam ⁝ omnes ejus partes necessario movere, quia tunc communicatur nuda[2], neque in aliquo corpore existit, ut in lapide a quo deferatur.

Eodem modo, si agnoscere velim, quomodo ab una & eadem simplici causa contrarii simul effectus possint ¦ produci, non pharmaca a Medicis mutuabor, quae humores quosdam expel-

[1] in] H: *fehlt.* [2] nuda] H: *fehlt.*

¦ AT 403 ⁝ H 38 ¦ A 27

Es ist also nötig, daß sich alle daran gewöhnen, nur so wenige 33,13
und zugleich so einfache Dinge im Denken zu umfassen, daß sie
niemals etwas zu wissen meinen, was sie nicht ebenso deutlich in-
tuitiv erkennen wie dasjenige, was sie von allem am deutlichsten
erkennen. Dazu sind zwar einige von Geburt an weit befähigter
als andere, aber Technik und Übung können die Geisteskräfte
dazu sehr viel geeigneter machen. Offenbar ist hier vor allem an
eines zu erinnern, nämlich daß jeder fest davon überzeugt sein
soll, daß auch noch so dunkle Wissenschaften nicht aus großen
und dunklen, sondern nur aus leichten und ganz offenliegenden
Dingen deduziert werden müssen.

Wenn ich z. B. einer Prüfung unterziehen möchte, ob es ir- 33,23
gendeine natürliche Macht gibt, die instantan an einen entfern-
ten Ort übergehen kann, und zwar durch das gesamte Medium:
Dann ist es unangebracht, den Geist sofort auf die Kraft des
Magneten oder den Einfluß der Gestirne zu richten, und noch
nicht einmal auf die Schnelligkeit der Lichtwirkung, um zu er-
forschen, ob solche Vorgänge überhaupt instantan geschehen.
Denn das könnte ich noch schwerer nachweisen als das, wonach
gefragt wird. Statt dessen ist es angebracht, über die Ortsbewe-
gungen der Körper nachzudenken. Denn in dieser ganzen Klas-
se kann es nichts geben, das sinnlicher sein könnte. Dann wer-
de ich feststellen, daß zwar ein Stein nicht instantan von einem
Ort an den anderen übergehen kann, weil er ein Körper ist; daß
aber die Macht, die vergleichbar derjenigen ist, die den Stein be-
wegt, nur instantan übertragen werden kann, wenn sie bloß als
solche von einem Gegenstand auf einen anderen übergeht. Ich
begreife leicht: Wenn ich z. B. das eine Ende eines beliebig lan-
gen Stockes bewege, bewegt die Macht, durch die dieser Teil be-
wegt wird, notwendig instantan auch alle anderen Teile, weil sie
dann bloß als solche übertragen wird, und sie nicht, wie bei ei-
nem Stein, in einem Körper existiert, von dem sie fortbewegt
wird.

Wenn ich erkennen möchte, wie von ein und derselben einfa- 34,8
chen Ursache zugleich entgegengesetzte Wirkungen produziert
werden können, dann werde ich mir wohl kaum bei Ärzten Arz-

lant, alios retineant; non de Luna hariolabor, illam per lumen calefacere, & refrigerare per qualitatem occultam; sed potius intuebor libram, in qua idem pondus uno[1] & eodem instanti unam lancem elevat, dum aliam deprimit, & similia. ¦

REGULA X

Ut ingenium fiat sagax, exerceri debet in iisdem quaerendis, quae jam ab aliis inventa sunt, & cum methodo etiam levissima quaeque hominum artificia percurrere, sed illa maxime, quae ordinem explicant vel supponunt.

Eo me fateor natum esse ingenio, ut summam studiorum voluptatem, non in audiendis aliorum rationibus, sed in iisdem propria industria inveniendis semper posuerim; quod me unum cum juvenem adhuc ad scientias addiscendas allexisset, quoties novum inventum aliquis liber pollicebatur in titulo, antequam ulterius legerem, experiebar utrum forte aliquid simile per ingenitam quamdam sagacitatem assequerer, cavebamque exacte, ne mihi hanc oblectationem innocuam festina lectio praeriperet. Quod toties successit, ut tandem animadverterim, me non amplius, ut
C 35 caeteri solent, per vagas & caecas disquisitiones, | fortunae auxilio potius quam artis, ad rerum veritatem pervenire; sed certas regulas, quae ad hoc non parum juvant, longa experientia percepisse, quibus usus sum postea ad plures ¦ excogitandas. Atque ita hanc totam methodum diligenter excolui, meque ⁝ omnium

[1] uno] H: *fehlt.*

¦ AT 404 ⁝ H 38 ¦ A 28

neimittel ausborgen, die bestimmte Körperflüssigkeiten austreiben und andere zurückhalten. Ich werde auch nicht über den Mond schwadronieren, der durch sein Licht erwärmt und durch eine okkulte Qualität kühlt. Statt dessen werde ich das lieber intuitiv aus einer Waage erkennen, bei der dasselbe Gewicht instantan die eine Waagschale hebt, während es die andere herunterdrückt, und dergleichen.

REGEL X

Um die Geisteskraft findig zu machen, muß sie darin geübt werden, nach dem zu fragen, was bereits von anderen herausgefunden worden ist, und mit Methode auch die geringsten Kunstfertigkeiten der Menschen durchzugehen, vor allem solche, die eine Ordnung entwickeln oder voraussetzen.

Ich gestehe, mit einer Geisteskraft geboren zu sein, die mich 34,20
stets die größte Lust bei den Studien nicht darin setzen ließ, die Begründungen anderer anzuhören, sondern diese Begründungen durch eigene Aktivität herauszufinden. Das allein hatte mich schon als Jugendlichen dafür gewonnen, die Wissenschaften zu erlernen; ich versuchte, immer wenn ein Buch in seinem Titel eine neue Entdeckung versprach, bevor ich weiterlas, zu erfahren, ob ich vielleicht irgendetwas Ähnliches durch eine gewisse angeborene Findigkeit erlangen könnte, und ich paßte genau auf, mich nicht durch übereilte Lektüre um diesen ungetrübten Genuß zu bringen. Das war so oft erfolgreich, daß ich schließlich bemerkte, daß ich nicht länger, durch unbestimmte und blinde Untersuchungen zur Wahrheit der Dinge gelangte, also mehr mit Unterstützung des Glücks als der Technik, wie es gewöhnlich andere Leute tun, sondern daß ich durch lange Erfahrung sichere Regeln erfaßt hatte, die dazu nicht wenig beitrugen. Diese Regeln verwendete ich später, um weitere auszudenken, und arbeitete so diese gesamte Methode sorgfältig aus und überzeugte mich davon, daß ich von Anfang an der

maxime utilem studendi modum ab initio sequutum fuisse mihi persuasi.

Verum, quia non omnium ingenia tam propensa sunt a natura rebus proprio marte indagandis, haec propositio docet, non statim in difficilioribus & arduis nos occupari oportere, sed levissimas quasque artes & simplicissimas prius esse discutiendas, illasque maxime, in quibus ordo magis[1] regnat, ut sunt artificum qui telas & tapetia texunt, aut mulierum quae acu pingunt, vel fila intermiscent texturae infinitis modis variatae; item omnes numerorum lusus[2] & quaecumque ad Arithmeticam pertinent, & similia: quae omnia mirum quantum ingenia exerceant, modo non ab aliis illorum inventionem mutuemur, sed a nobis ipsis. Cum enim nihil in illis maneat occultum, & tota cognitionis humanae capacitati aptentur, nobis distinctissime exhibent innumeros ordines, omnes inter se diversos, & nihilominus regulares, in quibus rite observandis fere tota consistit humana sagacitas. ¦

Monuimusque idcirco, quaerenda esse illa cum methodo, quae in istis levioribus non alia esse solet, quam ordinis, vel in ipsa re existentis, vel subtiliter excogitati, constans observatio: ut si velimus legere scripturam ignotis characteribus velatam[3], nullus quidem ordo hic apparet, sed tamen aliquem fingemus[4], tum ad examinanda omnia praejudicia, quae circa singulas notas, aut verba, aut sententias haberi possunt; tum ¦ etiam ad illa ita disponenda, ut per enumerationem cognoscamus quidquid ex illis potest deduci. Et maxime cavendum est, ne in similibus casu

[1] ordo magis] A, AT: magis ordo. [2] numerorum lusus] A, AT: lusus numerorum. [3] velatam] H: relatam. [4] fingemus] A, AT: fingimus.

¦ AT 405 ⁝ H 39 ¦ A 29

Weise des Studierens gefolgt war, die von allen die nützlichste ist.[1]

Freilich neigen nicht alle Geisteskräfte von Natur aus dazu, 35,7
auf eigene Faust Dinge ausfindig zu machen. Deshalb lehrt diese Vorschrift, daß wir uns nicht sofort mit den schwierigsten und hochtrabensten Dingen beschäftigen dürfen, sondern uns zuerst mit bestimmten ganz leichten und einfachen Techniken auseinandersetzen müssen, und am meisten mit solchen, in denen Ordnung die Hauptrolle spielt. Das sind z. B. die Techniken der Leinen- oder Teppichweber, oder von Frauen, die mit einer Nadel sticken oder Fäden auf unendlich vielfältige Weisen zu einem Gewebe verbinden können; ebenso alle Zahlenspiele und alles, was zur Arithmetik gehört; und überhaupt alles, was die Geisteskräfte außerordentlich übt: vorausgesetzt, wir machen diese Entdeckung selbst und schauen sie nicht bei anderen Leuten ab. Da in diesen Techniken nämlich nichts verborgen bleibt und das Ganze dem Fassungsvermögen der menschlichen Erkenntnis angepaßt ist, stellen sie uns unzählige Ordnungen ganz deutlich dar, die voneinander verschieden und dennoch regelmäßig sind; und diese Ordnungen richtig einzuhalten macht fast die gesamte menschliche Findigkeit aus.

Deshalb haben wir gefordert, daß man mit Methode nach die- 35,22
sen Dingen fragen muß. Die Methode besteht bei diesen geringeren Techniken zumeist nur in der beständigen Befolgung einer entweder in der Sache selbst existierenden oder einer feinsinnig ausgedachten Ordnung. Wenn wir etwa ein Schriftstück lesen wollen, das durch unbekannte Zeichen unkenntlich gemacht ist, dann zeigt sich hier zwar keine Ordnung, aber wir konstruieren eine, um zum einen alle Vorurteile einer Prüfung zu unterziehen, die man in bezug auf die Schriftzeichen oder die Worte oder Sätze haben kann, und zum anderen diese Ordnung so anzulegen, daß wir über eine Aufzählung alles erkennen können, was sich aus ihnen deduzieren läßt. Vor allem aber müssen wir aufpassen, daß wir unsere Zeit nicht damit vergeuden, Übereinstim-

[1] Cog. Priv. AT X 214, 1.

& sine arte divinandis tempus teramus: nam etiamsi illa saepe
inveniri possunt[1] sine arte, & a felicibus interdum fortasse ce-
lerius[2], quam per methodum, hebetarent tamen ingenii lumen,
& ita puerilibus & vanis assuefacerent, ut postea semper in re-
C 36 rum | superficiebus haereret, neque interius posset pene⁝trare.
Sed ne interim incidamus in errorem illorum, qui tantum rebus seriis & altioribus cogitationem occupant[3], de quibus post multos labores nonnisi confusam acquirunt scientiam, dum cupiunt[4] profundam, in istis igitur facilioribus primum exerceamur oportet, sed cum methodo, ut per apertas & cognitas vias, quasi ludentes ad intimam rerum veritatem semper penetrare assuescamus: nam hoc pacto sensim postea & tempore supra omnem spem brevi nos etiam aequa facilitate propositiones plures, quae valde difficiles apparent & intricatae, ex evidentibus principiis deducere posse sentiemus.

Mirabuntur autem fortasse nonnulli, quod hoc in loco, ubi qua ratione aptiores reddamur ad veritates unas ab aliis deducendas, inquirimus, omittamus omnia Dialecticorum praecepta, quibus rationem humanam regere se putant, dum quasdam formas disserendi praescribunt, quae tam necessario concludunt, ut illis confisa ratio, etiamsi quodammodo ferietur ab ipsius ¦ illationis evidenti & attenta consideratione, possit tamen interim aliquid certum ex vi formae concludere: quippe advertimus elabi saepe[5] veritatem ex istis vinculis, dum interim in iisdem[6] illi ipsi, qui usi sunt, manent irretiti. Quod aliis non tam frequenter accidit; atque experimur, acutissima quaeque sophismata neminem fere unquam pura ratione utentem, sed ipsos Sophistas fallere consuevisse.

Quamobrem hic nos praecipue caventes, ne ratio nostra fe-

[1] possunt] A: possent. [2] fortasse celerius] A, AT: celerius fortasse. [3] occupant] L: occupantur. [4] cupiunt] H cupiant. [5] elabi saepe] H: *fehlt; statt dessen ein Strich und darüber die Ergänzung von* L: Difficulter eluctari. [6] in iisdem] A, AT: in iisdem *steht erst nach* usi sunt.

¦ AT 406 ⁝ H 40 ¦ A 29

mungen durch Zufall und ohne Technik zu erraten. Denn auch wenn man solche Übereinstimmungen oft ohne Technik herausfinden kann – und manche Glückspilze finden sie so zuweilen vielleicht sogar schneller heraus als durch eine Methode –, so würde das doch das Licht der Geisteskraft schwächen und es so an Kindereien und dummes Zeug gewöhnen, daß es später stets an den Oberflächen der Dinge hängenbliebe und nicht weiter in das Innere eindringen könnte. Aber wir dürfen ebensowenig den Irrtum der Leute begehen, die ihr Denken nur mit ernsthaften und höheren Dingen beschäftigen, über die sie nach einer Menge Arbeit nur ein verworrenes Wissen erwerben, während sie doch nach einem tiefen verlangen. Es ist deshalb nötig, uns zuerst in jenen leichteren Dingen zu üben: Aber mit Methode, damit wir uns über offenstehende und bekannte Wege gleichsam spielend angewöhnen, stets zur innersten Wahrheit der Dinge vorzudringen. Denn auf diese Weise werden wir wahrnehmen, daß wir später allmählich und in einer über alle Erwartung kurzen Zeit mit gleicher Leichtigkeit weitere Propositionen deduzieren können, die sehr schwierig und verwickelt aussehen.

Vielleicht aber werden sich einige Leute wundern, daß wir an 36,12
dieser Stelle, wo wir erforschen, auf welche Weise wir uns geeigneter machen können, die einen Wahrheiten aus den anderen zu deduzieren, alle Vorschriften der Dialektiker übergehen, mit denen sie die menschliche Vernunft zu regieren meinen, indem sie bestimmte Formen des Erörterns vorschreiben, die so notwendig schließen, daß die Vernunft im Vertrauen auf sie selbst dann, wenn sie die evidente und aufmerksame Betrachtung einer solchen Ableitung einmal unterläßt, dennoch durch die Kraft der Form etwas Gewisses schließen kann. Denn wir bemerken, daß sich die Wahrheit oft diesen Fesseln entzieht; während gerade diejenigen, die die Formen verwendet haben, bisweilen in solchen Fesseln gefangen bleiben, was den anderen nicht so oft passiert. Außerdem erfahren wir, daß auch die feinsten Sophismen so gut wie niemals jemanden getäuscht haben, der die reine Vernunft verwendet, dafür aber gewöhnlich die Sophisten selbst.

Deswegen achten wir insbesondere darauf, daß unsere Ver- 36,25

rietur, dum alicujus rei veritatem examinamus, rejicimus istas formas ut adversantes nostro instituto, & omnia potius adjumenta perquiri¦mus, quibus cogitatio nostra retineatur attenta, sicut in sequentibus ostendetur. Atqui ut adhuc evidentius ap-
C 37 pareat, | illam disserendi artem nihil omnino conferre ⁝ ad cognitionem veritatis, advertendum est, nullum posse Dialecticos[1] syllogismum arte formare, qui verum concludat, nisi prius ejusdem materiam habuerint, id est, nisi eamdem veritatem, quae in illo deducitur, jam ante cognoverint. Unde patet, illos ipsos ex tali forma nihil novi percipere, ideoque[2] vulgarem Dialecticam omnino esse inutilem rerum veritatem investigare cupientibus, sed prodesse tantummodo interdum posse ad rationes jam cognitas facilius aliis exponendas, ac proinde illam ex Philosophia ad Rhetoricam esse transferendam. ¦

REGULA XI

Postquam aliquot propositiones simplices sumus intuiti, si ex illis aliquid aliud concludamus, utile est easdem continuo & nullibi interrupto cogitationis motu percurrere, ad mutuos illarum[3] respectus reflectere, & plura simul, quantum fieri potest, distincte concipere: ita enim & cognitio nostra longe certior fit, & maxime augetur ingenii capacitas.

Hic est occasio clarius exponendi quae de mentis intuitu ante dicta sunt ad regulas tertiam & septimam: quoniam illum uno in loco deductioni opposuimus, in alio vero enumerationi tan-

[1] Dialecticos] H: dialectices. [2] ideoque] A: adeoque. [3] illarum] H: illarum; A: illorum

¦ AT 407 ⁝ H 41 ¦ A 30

nunft nicht ausgerechnet hier nachlässig ist, wo wir die Wahrheit eines Dinges einer Prüfung unterziehen, und wir weisen deshalb auch diese Formen zurück, weil sie unserem Vorhaben zuwiderlaufen. Statt dessen gehen wir lieber allen Hilfsmitteln nach, durch die unser Denken aufmerksam gehalten wird, wie wir im Folgenden zeigen werden. Um nun aber noch evidenter in Erscheinung treten zu lassen, daß eine solche Technik des Erörterns überhaupt nichts zur Erkenntnis der Wahrheit beiträgt, ist zu beachten, daß diese Technik die Dialektiker nur dann in die Lage versetzt, einen Syllogismus zu bilden, der etwas Wahres schließt, wenn sie dessen Materie schon vorher besessen haben, das heißt: nur dann, wenn sie dieselbe Wahrheit, die in ihm deduziert wird, vorher schon erkannt haben. Daher erfassen offenbar auch sie selbst durch diese Form nichts Neues, und deshalb ist die gewöhnliche Dialektik insgesamt für diejenigen völlig unnütz, die die Wahrheit von Dingen untersuchen wollen; sie kann nur dazu dienen, zuweilen anderen Leuten bereits erkannte Gründe leichter auseinanderzusetzen und sollte ihren Platz daher nicht in der Philosophie, sondern in der Rhetorik finden.

REGEL XI

Nachdem wir einige einfache Propositionen intuitiv erkannt haben, ist es nützlich, wenn wir aus ihnen etwas anderes schließen wollen, sie in einer kontinuierlichen und nirgendwo unterbrochenen Bewegung des Denkens zu durchlaufen, über ihre wechselseitigen Beziehungen nachzudenken, und so viele wie möglich zugleich deutlich zu begreifen: So wird nämlich nicht nur unsere Erkenntnis viel sicherer, sondern auch das Fassungsvermögen unserer Geisteskraft sehr vergrößert.

Dies ist die Gelegenheit, klarer auseinanderzusetzen, was vorher 37,18
in der dritten und siebten Regel über die Intuition des Geistes gesagt wurde. Denn wir haben die Intuition ja an der einen Stelle

tum, quam definivimus esse illationem ex multis & disjunctis rebus collectam; simplicem vero deductionem unius rei ex altera ibidem diximus fieri per intuitum.

Quod ita faciendum fuit, quia ad mentis intuitum duo requirimus, nempe ut propositio clare & distincte, deinde etiam ut tota simul & non successive intelligatur: Deductio vero, si de illa facienda cogitemus[1] ut in regula tertia, non tota simul fieri videtur, sed motum quendam ingenii ⁝ nostri unum ex alio C38 inferentis involvit; atque idcirco ibi illam ab inuitu jure | distinximus[2]. Si vero ad eamdem, ut jam facta est, ¦ attendamus, sicut in dictis ad regulam septimam, tunc nullum motum amplius designat, sed terminum motus, atque ideo illam per intuitum videri supponimus, quando est simplex & perspicua, non autem quando est multiplex & involuta; cui enumerationis[3], sive inductionis nomen de⁝dimus, quia tunc non tota simul ab intellectu potest comprehendi, sed ejus certitudo quodammodo a memoria dependet, in qua judicia de singulis partibus enumeratis retineri debent, ut ex illis omnibus unum quid colligatur.

Atque haec omnia ad hujus regulae interpretationem erant distinguenda: nam postquam nona egit de intuitu mentis[4] tantum, decima de enumeratione sola, haec explicat, quo pacto hae duae operationes se mutuo juvent & perficiant, adeo ut in unam videantur coalescere, per motum quendam cogitationis singula attente intuentis simul & ad alia transeuntis.

[1] cogitemus] A: cogitamus. [2] distinximus] A, AT: distinxerimus. [3] enumerationis] H: enumerationis nomen. [4] inuitu mentis] A, AT: mentis intuitu.

¦ AT 408 ⁝ H 42 ¦ A 31

der Deduktion, an der anderen aber nur der Aufzählung gegenübergestellt, und haben die Aufzählung als Ableitung aus vielen und unverbunden aufgesammelten Dingen definiert, und haben genau dort auch gesagt, die einfache Deduktion eines Dinges aus einem anderen geschehe durch Intuition.

Das konnten wir nicht anders machen. Denn wir benötigen 37,24
für die Intuition des Geistes zweierlei: Die Proposition muß klar und deutlich sein, und sie muß als Ganze in einem Zug und nicht sukzessive eingesehen werden. Anders die Deduktion: Wenn wir wie in der dritten Regel darüber nachdenken, wie eine Deduktion anzustellen ist, dann sehen wir, daß sie nicht als Ganze in einem Zug vollzogen wird, sondern eine gewisse Bewegung unserer Geisteskraft beinhaltet, die das eine aus dem anderen ableitet. Deshalb haben wir sie dort zu Recht von der Intuition unterschieden. Betrachten wir sie aber – wie in den Erläuterungen zur siebten Regel – als bereits vollzogen, dann bezeichnet sie nicht länger eine Bewegung, sondern die Grenze (terminus) einer Bewegung. Daher setzen wir voraus, daß man eine Deduktion durch eine Intuition ersehen kann, wenn sie einfach und transparent, nicht aber, wenn sie vielfach und verwickelt ist. Für den letzteren Fall haben wir ihr den Namen der Aufzählung bzw. der Induktion gegeben, weil der Verstand sie dann nicht als Ganze in einem Zug verstehen kann, sondern ihre Gewißheit gewissermaßen vom Gedächtnis abhängt, in dem die Urteile über die einzelnen Teile der Aufzählung aufbewahrt werden müssen, damit sie alle zu einem einzigen Etwas zusammengefaßt werden können.

Dies alles mußte bei der Interpretation dieser Regel unter- 38,10
schieden werden. Denn nachdem die neunte Regel nur die Intuition des Geistes thematisiert hat und die zehnte allein die Aufzählung, erklärt diese hier nun, auf welche Weise die beiden Operationen sich gegenseitig unterstützen und vervollkommnen, so daß sie zu einer zusammenzufließen scheinen: Nämlich durch eine bestimmte Bewegung des Denkens, in der das Einzelne aufmerksam intuitiv erkannt und zugleich der Übergang zu etwas anderem erfolgt.

Cujus rei duplicem utilitatem designamus, nempe ad conclusionem, circa quam versamur, certius cognoscendam, & ad ingenium aliis inveniendis aptius reddendum. Quippe memoria, a qua pendere dictum est certitudinem conclusionum, quae plura complectuntur quam uno intuitu capere possimus, cum labilis sit & infirma, revocari debet & firmari per continuum hunc & repetitum cogitationis motum: ut si per plures operationes cognoverim primo, qualis sit habitudo inter magnitudines primam & secundam, deinde inter secundam & tertiam, tum inter tertiam & quartam, ¦ ac denique inter quartam & quintam, non idcirco video qualis sit inter primam & quintam, nec possum deducere ex jam cognitis, nisi omnium recorder; quamobrem mihi necesse est illas iterata cogitatione percurrere, donec a prima ad ultimam tam celeriter transierim, ut fere nullas memoriae partes relinquendo
C 39 rem totam simul videar intueri. |

Qua quidem ratione ingenii tarditatem[1] emendari nemo ⁝ non videt, & illius etiam amplificari capacitatem[2]. Sed insuper advertendum est, maximam hujus regulae utilitatem in eo consistere, quod ad mutuam simplicium propositionum dependentiam reflectendo, usum acquiramus subito distinguendi, quid sit magis vel minus respectivum, & quibus gradibus ad absolutum reducatur. Ex. gr., si[3] percurram aliquot magnitudines continue proportionales, ad haec omnia reflectam: nempe, pari conceptu & non magis vel minus facili me agnoscere habitudinem inter primam & secundam, secundam & tertiam, tertiam & quartam, & caetera; non autem me posse tam facile concipere, qualis sit dependen-

[1] tarditatem] A: tarditatem; H: tantitatem (Springmeyer). [2] capacitatem] A: conceptum. [3] magis ... si] H: *fehlt.*

¦ AT 409 ⁝ H 43 ¦ A 31

Wir geben den zweifachen Nutzen dieser Sache an: Zum ei- 38,16
nen nämlich erkennen wir den Schluß sicherer, um den es uns geht, und zum andern machen wir die Geisteskraft tauglicher, anderes herauszufinden. Denn weil das Gedächtnis – von dem, wie wir gesagt haben, die Gewißheit jener Schlüsse abhängt, die mehr beinhalten als wir in einer Intuition fassen können – labil und unsicher ist, muß es durch eine solche kontinuierliche und wiederholte Bewegung des Denkens wiederhergestellt und gefestigt werden. Wenn ich z. B. durch mehrere Operationen zuerst erkannt habe, welches äußere Verhältnis zwischen der ersten und zweiten Größe, dann zwischen der zweiten und dritten, sodann zwischen der dritten und vierten, und schließlich zwischen der vierten und fünften besteht: dann sehe ich deswegen noch nicht, welches zwischen der ersten und fünften besteht, und ich kann es auch nur dann aus den bereits erkannten Größen deduzieren, wenn ich mich an alle erinnere. Deswegen ist es für mich erforderlich, alle diese Größen wiederholte Male im Denken zu durchlaufen, bis ich so schnell von der ersten bis zur letzten übergehen kann, daß ich fast ohne übriggebliebene Anteile des Gedächtnisses die ganze Sache in einem Zug intuitiv zu erkennen scheine.

Jeder sieht, daß auf diese Weise der Trägheit der Geisteskraft 39,1
abgeholfen und ihr Fassungsvermögen sogar vergrößert wird. Darüber hinaus ist aber auch zu beachten, daß der größte Nutzen dieser Regel darin besteht, daß wir uns, wenn wir über die gegenseitige Abhängigkeit einfacher Propositionen nachdenken, die Gewohnheit aneignen, aus dem Stand zu unterscheiden, was mehr oder weniger relativ ist, und über welche Stufen es sich auf das Absolute zurückführen läßt. So werde ich, wenn ich zum Beispiel einige kontinuierlich proportionale Größen durchlaufe, über Folgendes nachdenken: Ich erkenne mit dem gleichen Begriff das äußere Verhältnis zwischen der ersten und zweiten Größe weder leichter noch schwerer als das zwischen der zweiten und dritten, der dritten und vierten usw. Ich kann aber nicht ebenso leicht begreifen, von welcher Art die Abhängigkeit der zweiten von der ersten und zugleich der dritten Größe ist; und

tia[1] secundae a prima & tertia simul, & adhuc multo difficilius ejusdem secundae a prima & quarta, & caetera. Ex quibus deinde cognosco, ⁝ quam ob causam, si datae sint prima & secunda tantum, facile possim invenire tertiam & quartam, &c.[2], quia scilicet hoc fit per conceptus particulares & distinctos. Si vero datae sint prima & tertia tantum, non tam facile ¦ mediam agnoscam, quia hoc fieri non potest, nisi per conceptum, qui duos ex prioribus simul involvat. Si prima &[3] quarta solae[4] sint datae, adhuc difficilius duas medias intuebor, quia hic tres simul conceptus implicantur, adeo ut ex consequenti etiam difficilius[5] videretur ex prima & quinta tres medias invenire. Sed alia ratio est quare aliter contingat, quia scilicet, etiamsi hic quatuor conceptus simul juncti sint, possunt tamen separari, cum quatuor per alium numerum dividatur; adeo ut possim[6] quaerere tertiam solam ex prima & quinta, deinde secundam ex prima & tertia, &c. Ad quae & similia qui reflectere consuevit, quoties novam quaestionem examinat, statim agnoscit, quid in illa pariat difficultatem, & quis sit omnium simplicissimus ⟨solvendi⟩[7] modus; quod maximum
C 40 est ad veritatis cognitionem adjumentum. ⁝ |

[1] tertiam … dependentia] H: *fehlt.* [2] &c.] H: *fehlt.* [3] tertia … prima &] H: *fehlt.* [4] solae] H: solo. [5] etiam difficilius] A, AT: difficilius etiam. [6] possunt … ut] H: *fehlt.* [7] ⟨solvendi⟩] *Konj. von* AT.

¦ AT 410 ⁝ H 44 ⁝ A 32

noch sehr viel schwerer begreife ich die Abhängigkeit der zweiten von der ersten und vierten usw. Daraus erkenne ich dann, aufgrund welcher Ursache ich die dritte und vierte usw. Größe leicht herausfinden kann, wenn lediglich die erste und zweite gegeben sind: Nämlich weil dies durch besondere und deutliche Begriffe geschieht. Wenn aber nur die erste und die dritte Größe gegeben sind, erkenne ich die mittlere nicht ebenso leicht, weil dies nur durch einen Begriff geschehen kann, der zwei von den vorangegangenen zugleich beinhaltet. Und wenn nur die erste und die vierte Größe gegeben sind, werde ich die beiden mittleren noch schwerer intuitiv erkennen. Denn hier sind gleichzeitig drei Begriffe verwickelt: folglich scheint es also noch schwieriger zu sein, aufgrund der ersten und fünften Größe die drei mittleren herauszufinden. Es gibt aber einen anderen Grund, weshalb es hier anders ist: Zwar sind hier gleichzeitig vier Begriffe miteinander verbunden; aber sie können dennoch getrennt werden. Denn da sich vier durch eine andere Zahl teilen läßt, kann ich nach der dritten Größe allein aufgrund der ersten und fünften fragen, sodann nach der zweiten aufgrund der ersten und dritten usw. Wer sich angewöhnt hat, über diese und ähnliche Dinge nachzudenken, sobald er eine neue Frage einer Prüfung unterzieht, erkennt sofort, was darin die Schwierigkeit erzeugt, und was das allereinfachste Lösungsverfahren ist. Und das ist das stärkste Hilfsmittel für die Erkenntnis der Wahrheit.

REGULA XII

Denique omnibus utendum est intellectus, imaginationis, sensus, & memoriae auxiliis, tum ad propositiones simplices distincte intuendas, tum ad quaesita cum cognitis rite comparanda[1] *ut agnoscantur, tum ad illa invenienda, quae ita se debeant conferri, ut nulla pars humanae industriae*[2] *omittatur.*

Haec regula concludit omnia quae supra dicta sunt, ¦ & docet in genere quae in particulari erunt[3] explicanda hoc pacto.

Ad rerum cognitionem duo tantum spectanda sunt, nos scilicet qui cognoscimus, & res ipsae cognoscendae. In nobis quatuor sunt facultates tantum, quibus ad hoc uti possimus, nempe intellectus, imaginatio, sensus, & memoria: solus intellectus equidem percipiendae veritatis est capax, qui tamen juvandus est ab imaginatione, sensu, & memoria, ne quid forte, quod in nostra industria positum sit, omittamus. Ex parte rerum tria examinare sufficit, nempe id primum quod sponte obvium est, deinde quomodo unum quid ex alio cognoscatur, & denique[4] quaenam ex quibusque deducantur. Atque haec enumeratio mihi videtur completa[5], nec ulla prorsus omittere, ad quae humana industria possit extendi. ⁞

Ad primum itaque me convertens, optarem exponere hoc in loco, quid sit mens hominis, quid corpus, quomodo hoc ab illa informetur, quaenam sint in toto composito facultates ⁝ rebus cognoscendis inservientes, & quid agant singulae, nisi nimis angustus mihi videretur ad illa omnia capienda, quae praemittenda
C 41 sunt, antequam harum rerum veritas possit omnibus | patere.

[1] comparanda] A, AT: componenda. [2] humanae industriae] A, AT: industriae humanae; *so auch in den weiteren Fällen.* [3] erunt] A, AT: erant. [4] denique] A: deinde. [5] completa] H: complecta; L: *geändert in* omnia complecti.

¦ AT 411 ⁝ H 45 ⁞ A 33

REGEL XII

Schließlich müssen wir alle Hilfsmittel des Verstandes, der Anschauung, der Sinne und des Gedächtnisses verwenden; zum einen, um einfache Propositionen intuitiv zu erkennen; zum anderen um das Fragliche mit bereits Erkanntem richtig zu vergleichen, damit es erkannt werden kann; und außerdem um herauszufinden, was so miteinander verglichen werden muß, damit wir keinen Teil der menschlichen Aktivität vernachlässigen.

Diese Regel schließt alles ab, was oben gesagt wurde, und lehrt 40,7
im allgemeinen, was im besonderen noch zu erklären sein wird, folgendermaßen.

Für die Erkenntnis von Dingen muß nur zweierlei betrachtet 40,9
werden: Uns, die wir erkennen, und die zu erkennenden Dinge selbst. In uns gibt es nur vier Vermögen, die wir dafür verwenden können: Verstand, Anschauung, Sinne und Gedächtnis. Freilich ist allein der Verstand fähig, Wahrheit zu erfassen; allerdings müssen ihn Anschauung, Sinn und Gedächtnis unterstützen, damit wir nicht vielleicht etwas unterlassen, was im Bereich unserer Aktivität liegt. Von Seiten der Dinge her reicht es, dreierlei einer Prüfung zu unterziehen: Erstens das, was von selbst offenkundig ist; zweitens wie sich das eine aus dem anderen erkennen –; und drittens was sich eigentlich jeweils daraus deduzieren läßt. Mir scheint diese Aufzählung vollständig zu sein und nichts auszulassen, worauf sich die menschliche Aktivität erstrecken kann.

Ich wende mich dem ersten zu. An dieser Stelle wünschte ich 40,21
auseinanderzusetzen, was der Geist des Menschen ist, was der Körper, wie der Geist den Körper informiert, welches in diesem zusammengesetzten Ganzen die zur Verfügung stehenden Vermögen sind, um Dinge zu erkennen, und was die einzelnen tun. Aber mir erscheint der Raum als zu knapp, um all das zu fassen, was vorausgeschickt werden müßte, bevor die Wahrheit all dieser Dinge allen Leuten zugänglich gemacht werden könnte.

Cupio enim semper ita scribere, ut nihil asseram ex iis quae in controversiam adduci soleant[1], nisi praemiserim ¦ easdem rationes, quae me eo deduxerunt, & quibus existimo alios etiam posse persuaderi.[2]

Sed quia jam hoc non licet, mihi sufficiet quam brevissime potero explicare, quisnam modus concipiendi illud omne, quod in nobis est ad res cognoscendas, sit maxime utilis ad meum institutum. Neque credetis, nisi lubet, rem ita se habere[3]; sed quid impediet, quominus easdem suppositiones sequamini, si appareat, nihil illas ex rerum veritate minuere, sed tantum reddere omnia longe clariora? Non secus quam in Geometria quaedam de quantitate supponitis, quibus nulla ratione demonstrationum vis infirmatur, quamvis saepe aliter in Physica de ejus natura sentiatis.

Concipiendum est igitur primo, sensus omnes externos, in quantum sunt partes corporis, etiamsi illos applicemus ad objecta per actionem, nempe per motum localem, proprie tamen sentire per passionem tantum, eadem ratione qua cera recipit figuram a sigillo. Neque hoc per analogiam dici putandum est, sed plane eodem modo concipiendum, figuram externam corporis sentientis realiter mutari ab objecto, sicut illa, quae est in superficie cerae, mutatur a sigillo. Quod non modo admittendum est, cum tangimus aliquod corpus ut figuratum, vel durum, vel aspersum &c., sed etiam cum tactu percipimus calorem, vel frigus, & similia. Item in aliis sensibus, nempe primum opacum, quod est in oculo, ita recipere figuram impressam ab illuminatione variis coloribus induta, & primam[4] au¦rium, narium, & linguae cutem, objecto ⁝ imperviam, ita novam quoque figuram mutuari a sono, odore, & sapore.[5]

[1] soleant] AT: solent. [2] persuaderi.] H: *kein Absatz.* [3] utilis ... habere] H: *fehlt;* L: *ergänzt* aptus. [4] primam] H, A: primum; *Crapulli folgt der Konj. von* AT. [5] sapore] H: *kein Absatz.*

¦ AT 413 ⁝ H 46 ¦ A 33

Denn ich möchte so schreiben, daß ich nichts von dem behaupte, was uns sonst immer eine Kontroverse einbrockt; es sei denn, ich habe die Gründe vorausgeschickt, die mich dorthin geführt haben, und bin der Ansicht, auch andere von ihnen überzeugen zu können.

Weil das jetzt nicht möglich ist, muß ich mich damit begnü- 41,5
gen, ganz kurz zu erklären, welcher Modus des Begreifens von all dem, was es in uns gibt, um Dinge zu erkennen, für mein Vorhaben am nützlichsten ist. Wenn es Ihnen nicht gefällt, sollen Sie aber nicht glauben, daß sich die Sache so verhält. Was aber sollte Sie hindern, dieselben Voraussetzungen zu machen, wenn offenkundig wird, daß sie die Wahrheit der Dinge nicht schmälern, sondern alles nur sehr viel klarer machen? In der Geometrie setzen Sie doch auch über die Quantität einiges voraus, das die Kraft der Beweise in keinerlei Hinsicht schwächt, obwohl Sie in der Physik ihre Natur oft ganz anders einschätzen.

Es ist also erstens festzuhalten: Alle äußeren Sinne nehmen 41,15
eigentlich nur durch ein Erleiden wahr – nämlich insofern sie Bestandteile des Körpers sind und obwohl wir sie den Objekten durch eine Tätigkeit zuwenden, nämlich durch eine Ortsbewegung – in derselben Weise, wie Wachs von einem Sigel eine Gestalt erhält. Das ist nicht etwa nur als Analogie gemeint, wie man meinen könnte, aber nicht sollte, denn es ist in genau dieser Weise zu begreifen: Die äußere Gestalt eines wahrgenommenen Körpers wird vom Objekt genau so real verändert, wie die Gestalt, die auf der Oberfläche des Wachses ist, von einem Sigel verändert wird. Das gilt aber nicht nur dann, wenn wir einen Körper berühren und ihn so als gestaltet, hart oder rauh usw. wahrnehmen, sondern auch dann, wenn wir mit dem Tastsinn Wärme oder Kälte und dergleichen erfassen. Ebenso auch bei den anderen Sinnen: So nimmt der erste Dunkelkörper im Auge die Gestalt auf, die ihm von der in vielfältigen Farben daherkommenden Lichtwirkung aufgedrückt wird, und genauso erhält die erste sich dem Objekt in den Weg stellende Haut der Ohren, der Nase und der Zunge von einem Ton, einem Geruch oder einem Geschmack eine neue Gestalt.

Atque haec omnia ita concipere multum juvat, cum nihil facilius sub sensum cadat quam figura: tangitur enim & videtur. Nihil autem falsum ex hac suppositione magis quam ex alia quavis sequi, demonstratur ex eo, quod tam communis & simplex sit
C 42 figurae conceptus, ut involvatur in omni sensibili. Verbi | gratia, colorem suppo¦nas[1] esse quidquid[2] vis, tamen eumdem extensum esse non negabis, & per consequens figuratum; quid igitur sequetur incommodi, si, caventes ne aliquod novum ens inutiliter admittamus & temere fingamus, non negemus quidem de colore quicquid[3] aliis placuerit, sed tantum abstrahamus ab omni alio, quam quod habeat figurae naturam, & concipiamus diversitatem, quae est inter album, coeruleum, rubrum, &c., veluti illam, quae est inter has aut similes figuras, &c.?

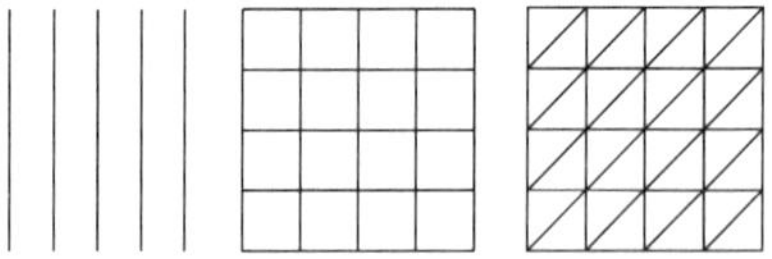

Idemque de omnibus dici potest, cum figurarum infinitam multitudinem omnibus rerum sensibilium differentiis exprimendis sufficere sit certum.

Secundo[4] concipiendum est, dum sensus externus ¦ movetur ab objecto, figuram quam recipit deferri ad aliam quamdam corporis partem, quae vocatur sensus communis, eodem instanti & absque ullius entis[5] reali transitu ab uno ad aliud: plane eodem modo, quo nunc, dum scribo, intelligo eodem instanti quo singuli characteres in charta exprimuntur, non tantum inferiorem calami partem moveri, sed nullum in hac vel minimum motum

[1] supponas] H: suppones. [2] quidquid] A: quidquid; H: quodquid; L: quod *gestrichen und ersetzt durch* quic [3] quicquid] A, AT: quidquid. [4] Secundo] H: Edo (= 2do) [5] ullius entis] H: ulligentis; L: *darüber* intelligentis.

¦ AT 414 ⁝ H 46 ¦ A 34

Es ist sehr hilfreich, sich dies alles so begreiflich zu machen, 41,30
da nichts leichter in den Sinn fällt als eine Gestalt, weil sie berührt und gesehen wird. Aus dieser Voraussetzung folgt nicht mehr Falsches als aus irgendeiner anderen. Das läßt sich dadurch beweisen, daß der Begriff der Gestalt so allgemein und einfach ist, daß er in allem Sinnlichen enthalten ist. Sie können zum Beispiel darüber, was Farbe ist, voraussetzen, was Sie wollen, Sie werden doch wohl in keinem Fall bestreiten, daß Farbe etwas Ausgedehntes und infolgedessen gestaltet ist. Was könnte also schon so Nachteiliges folgen, wenn wir es vermeiden, unnötig irgendein neues Seiendes gelten zu lassen und aufs Geratewohl zu konstruieren, und statt dessen zwar nichts von dem bestreiten, was anderen Leuten über die Farbe zu denken angebracht erschien, sondern nur von allem anderen abstrahieren, außer davon, daß sie die Natur der Gestalt hat und wir die Verschiedenheit zwischen Weiß, Blau, Rot usw. gleichsam so begreifen wie die zwischen diesen oder ähnlichen Gestalten usw.?

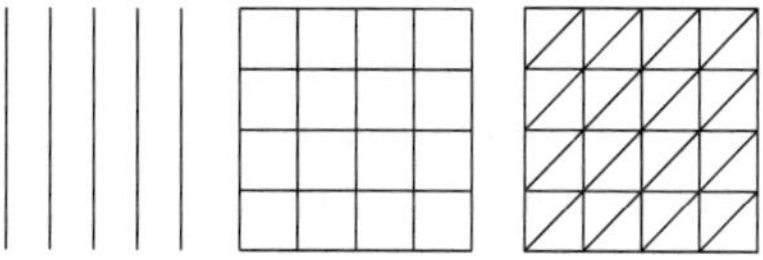

Dasselbe läßt sich über alles andere sagen. Denn gewiß reicht die unendliche Menge der Gestalten aus, um alle Unterschiede der sinnlichen Dinge auszudrücken.

Zweitens ist festzuhalten: Wenn der äußere Sinn von einem 42,15
Objekt bewegt wird, erhält er eine Gestalt, die auf einen bestimmten anderen Teil des Körpers übertragen wird, den man Gemeinsinn nennt. Dies geschieht zu demselben Zeitpunkt und ohne den Übergang irgendeines realen Seienden von dem einen zum anderen – nämlich auf genau dieselbe Weise, wie ich jetzt, während ich schreibe, einsehe, daß zu demselben Zeitpunkt, in dem die Zeichen auf das Papier niedergeschrieben werden, sich nicht nur der untere Teil der Feder bewegt. Denn in dem unteren

esse posse, quin simul etiam in toto calamo recipiatur; atque illas omnes motuum diversitates etiam a superiori ejus parte in aëre designari, etiamsi nihil ⁝ reale ab uno extremo ad aliud transmigrare concipiam. Quis enim putet minorem esse connexionem inter partes corporis humani, quam inter illas calami, & quid simplicius excogitari potest ad hoc exprimendum?

Tertio concipiendum est, sensum communem fungi etiam vice sigilli ad easdem figuras vel ideas, a sensibus externis puras & sine corpore venientes, in phantasia vel imaginatione veluti in cera formandas; atque hanc phantasiam esse veram partem corporis,
C 43 & tantae magnitudinis, ut diversae ejus portiones plures | figuras ab invicem distinctas induere possint, illasque diutius[1] soleant retinere: tuncque eadem est quae memoria appellatur.

Quarto concipiendum est, vim motricem sive ipsos nervos originem suam ducere a cerebro, in quo phantasia est, a qua illi diversimode moventur, ut sensus communis a sensu externo, sive ut totus calamus a parte sui inferiore. Quod exemplum etiam ostendit, ¦⁝ quomodo phantasia possit esse causa multorum motuum in nervis, quorum tamen imagines non habeat in se expressas, sed alias quasdam[2], ex quibus isti motus consequi possint: neque enim totus calamus movetur, ut pars ejus inferior; quinimo, secundum majorem sui partem, plane diverso & contrario motu videtur incedere. Atque ex his intelligere licet, quomodo fieri possint omnes aliorum animalium motus, quamvis[3] in illis nulla prorsus rerum cognitio, sed phantasia tantum pure corporea admittatur; item etiam, quomodo fiant in nobis ipsis omnes operationes illae, quas peragimus[4] absque ullo ministerio rationis.

Quinto denique concipiendum est, vim illam, per quam res proprie cognoscimus, esse pure spiritualem, atque a toto cor-

[1] diutius] H: *fehlt.* [2] alias quasdam] H: alios quosdam. [3] intelligere … quamvis] H: *fehlt;* L: *in Klammern ergänzt durch* patet quomodo. [4] peragimus] A: percipimus.

¦ AT 415 ⁝ H 47 ¦ A 35

Teil kann auch nicht die geringste Bewegung sein, ohne daß zugleich auch die ganze Feder diese Bewegung erhält und alle Verschiedenheiten der Bewegungen durch den oberen Teil der Feder in der Luft beschrieben werden, obwohl ich sehr wohl begreife, daß nichts Reales von dem einen Ende zum anderen übergeht. Wer würde meinen, daß die Verknüpfung zwischen den Teilen des menschlichen Körpers lockerer sei als die zwischen den Teilen einer Feder? Könnte man sich irgendetwas Einfacheres ausdenken, um das auszudrücken?

Drittens ist festzuhalten: Der Gemeinsinn funktioniert eben- 42,28
falls wie ein Sigel, um dieselben Gestalten oder Ideen, die von den äußeren Sinnen rein und ohne Körper herkommen, in der Phantasie oder der Anschauung zu bilden, genauso wie im Wachs. Diese Phantasie ist ein wahrer Teil des Körpers und hat eine solche Größe, daß verschiedene ihrer Anteile mehrere voneinander unterschiedene Gestalten annehmen und gewöhnlich längerfristig beibehalten können; und das ist dann das, was man Gedächtnis nennt.

Viertens ist festzuhalten: Die bewegende Kraft bzw. die Ner- 43,4
ven selbst haben ihren Ursprung im Gehirn. Dort befindet sich die Phantasie, die sie auf verschiedene Weisen bewegt, wie der äußere Sinn den Gemeinsinn, bzw. wie der untere Teil die ganze Feder bewegt. Dieses Beispiel zeigt auch, wie die Phantasie Ursache vieler verschiedener Bewegungen in den Nerven sein kann, obwohl sie deren Bilder nicht in sich niedergeschrieben hat, sondern bestimmte andere, aus denen diese Bewegungen folgen können: Denn auch die ganze Feder bewegt sich nicht wie ihr unterer Teil. Vielmehr scheint der obere Teil der Feder eine ganz verschiedene und entgegengesetzte Bewegung zu vollführen. Hieraus kann man auch einsehen, wie bei den anderen Tieren alle Bewegungen geschehen können, obwohl ihnen überhaupt keine Erkenntnis von Dingen, sondern nur eine rein körperliche Phantasie zuzugestehen ist. Und ebenso, wie in uns selbst jene Operationen geschehen, die wir ohne irgendeine Mitwirkung der Vernunft durchführen.

Schließlich ist fünftens festzuhalten: Die Kraft, durch die wir 43,19
die Dinge eigentlich erkennen, ist rein spirituell. Sie unterschei-

pore non minus distinctam, quam sit sanguis ab osse, vel manus ab oculo; unicamque esse, quae vel accipit figuras a sensu communi simul cum phantasia, vel ad illas quae in memoria servantur se applicat, vel novas format, a quibus imagi⁝natio ita occupatur, ut saepe simul non sufficiat ad ideas a sensu communi accipiendas, vel ad easdem ad vim motricem juxta puri corporis dispositionem[1] transferendas. In quibus omnibus haec vis cognoscens interdum patitur, interdum agit, & modo sigillum, modo ceram imitatur; quod tamen per analogiam tantum hic est sumendum, neque enim in rebus corporeis[2] aliquid omnino huic simile invenitur. Atque una & eadem est vis, quae, si applicet se cum imaginatione ad sensum commu¦nem, dicitur
C 44 *videre, tangere, &c.*; | si ad imaginationem solam ut diversis figuris indutam, dicitur *reminisci;* si ad eamdem ut novas fingat, dicitur *imaginari* vel *concipere;* si denique sola agat, dicitur *intelligere:* quod ultimum quomodo fiat, fusius exponam suo loco. Et eadem etiam idcirco juxta has functiones diversas vocatur vel *intellectus purus,* vel *imaginatio,* vel *memoria,* vel *sensus;* proprie autem *ingenium* appellatur, cum modo ideas in phantasia novas format, modo jam factis incumbit; consideramusque illam ut diversis istis operationibus aptam, atque horum nominum distinctio erit in sequentibus observanda.[3] His[4] autem omnibus ita conceptis, facile colliget attentus Lector, quaenam petenda sint ab unaquaque facultate auxilia, & quousque hominum industria ad supplendos ingenii defectus possit extendi.

[1] dispositionem] H, A: dispensationem; *Crapulli folgt der Konj. von* AT.
[2] corporeis] H: corporis. [3] observanda] H: *Absatz.* [4] His] A: Hic.

¦ AT 416 ⁝ H 48 ¦ A 35

det sich vom gesamten Körper nicht weniger als das Blut vom Knochen oder die Hand vom Auge. Sie ist eine einzige, die entweder zugleich mit der Phantasie Gestalten vom Gemeinsinn aufnimmt, oder sich denjenigen zuwendet, die im Gedächtnis aufbewahrt werden, oder neue bildet, die die Anschauung so einnehmen, daß sie oft nicht ausreicht, gleichzeitig Ideen vom Gemeinsinn aufzunehmen, oder sie entsprechend der Anlage[1] des reinen Körpers an die bewegende Kraft übertragen muß. Bei all dem ist diese erkennende Kraft zuweilen passiv, zuweilen tätig. Sie ahmt mal das Sigel, mal das Wachs nach: was hier freilich nur als Analogie aufzufassen ist, denn bei körperlichen Dingen findet sich überhaupt nichts, was ihr ähnlich wäre. Es ist deshalb auch ein und dieselbe Kraft, die wir *Sehen, Berühren* usw. nennen, wenn sie sich mit der Anschauung dem Gemeinsinn zuwendet; oder *Sich-Erinnern,* wenn der Anschauung allein, sofern diese mit verschiedenen Gestalten versehen ist; oder *Anschauen* bzw. *Begreifen,* wenn der Anschauung, um neue Gestalten zu konstruieren; oder *Einsehen,* wenn sie schließlich alleine tätig ist. Wie das Letztere vor sich geht, werde ich an geeigneter Stelle ausführlicher auseinandersetzen. Entsprechend dieser verschiedenen Funktionen nennt man diese Kraft deshalb auch entweder *reiner Verstand,* oder *Anschauung,* oder *Gedächtnis,* oder *Sinn;* im eigentlichen Sinne *Geisteskraft* nennt man sie aber dann, wenn sie entweder in der Phantasie neue Ideen bildet, oder sich auf bereits vorliegende stützt. Wir betrachten sie als für diese verschiedenen Operationen geeignet, und werden die Unterscheidung dieser Namen im Folgenden einhalten müssen. Sobald aber der aufmerksame Leser all dies so begriffen hat, wird er leicht entnehmen, welche Unterstützung jeweils aus den einzelnen Vermögen gewonnen werden kann, und wie weit die Aktivität der Menschen erweitert werden kann, um die Mängel der Geisteskraft auszugleichen.

[1] *Lesart:* Verwaltung.

Nam cum intellectus moveri possit ab imaginatione, vel contra agere in illam; item imaginatio agere possit[1] in sensus per vim mo¦tricem illos applicando ad objecta, vel contra ipsi in illam, in qua scilicet corporum imagines depingunt; memoria vero, illa saltem quae corporea est & similis recordationi brutorum, nihil sit ab imaginatione distinctum: certo concluditur, si intellectus de illis agat, in quibus nihil sit corporeum vel corporeo simile, illum non posse ab istis[2] facultatibus adjuvari; sed contra, ne ab iisdem impediatur, esse arcendos sensus, atque imaginationem, quantum fieri poterit, omni impressione distincta exuendam. Si vero in⁝tellectus examinandum aliquid sibi proponat, quod referri possit ad corpus, ejus idea, quam poterit distinctissime, ¦ in imaginatione est formanda; ad quod commodius praestandum, res ipsa, quam haec idea repraesentabit, sensibus externis est exhibenda. Neque plura intellectum juvare possunt ad res singulas distincte intuendas. Ut vero ex pluribus simul collectis[3] unum quid deducat, quod saepe faciendum est, rejiciendum est[4] ex rerum ideis quidquid praesentem attentionem non requiret[5],
C 45 ut facilius reliqua possint in memoria retineri; atque | eodem modo, non tam[6] res ipsae sensibus externis erunt proponendae, sed potius compendiosae quaedam illarum[7] figurae, quae, modo sufficiant ad cavendum memoriae[8] lapsum, quo breviores, eo commodiores existent[9]. Atque haec omnia quisquis observabit, nihil omnino mihi videbitur eorum, quae ad hanc partem pertinent, omisisse.

Jam ut quoque secundum aggrediamur, & ut accurate distinguamus simplicium rerum notiones ab illis[10] quae ex iisdem componuntur, ac videamus in utrisque, ubinam falsitas esse possit,

[1] agere possit] A, AT: possit agere. [2] illis] Springmeyer: illis. [3] simul collectis] A, AT: *fehlt.* [4] est] A, AT: *fehlt.* [5] requiret] L: *geändert in* requiritur. [6] tunc] L: *geändert in* tam. [7] quaedam illarum] A, AT illarum quaedam. [8] memoriae] A: *fehlt.* [9] existent] A: existunt. [10] illis] A, AT: istis.

¦ AT 417 ⁝ H 49 ¦ A 36

Der Verstand kann entweder von der Anschauung bewegt 44,14
werden oder umgekehrt in ihr tätig sein. Ebenso kann die Anschauung entweder durch die bewegende Kraft auf die Sinne einwirken, um sie den Objekten zuzuwenden, oder umgekehrt die Sinne auf die Anschauung; denn in ihr malen die Sinne die Bilder der Körper ab. Hingegen unterscheidet sich das Gedächtnis – zumindest das körperliche, das der Erinnerung der Tiere ähnlich ist – nicht von der Anschauung. Daraus läßt sich zuverlässig schließen, daß der Verstand, wenn er auf Vermögen einwirkt, in denen nichts ist, was körperlich oder einem Körper ähnlich wäre, von diesen Vermögen nicht unterstützt werden kann. Im Gegenteil: Um nicht von ihnen gehemmt zu werden, müssen die Sinne fern-, und die Anschauung, sofern es möglich ist, von jedem deutlichen Eindruck freigehalten werden. Wenn sich hingegen der Verstand vornimmt, etwas einer Prüfung zu unterziehen, was auf den Körper bezogen werden kann, dann muß dessen Idee so deutlich, wie es nur irgend möglich ist, in der Anschauung gebildet werden. Um dies bequemer leisten zu können, muß das Ding selbst, das diese Idee repräsentiert, in den äußeren Sinnen dargestellt werden. Und von mehr als diesem kann der Verstand dabei nicht unterstützt werden, einzelne Dinge deutlich intuitiv zu erkennen. Damit aber der Verstand aus vielem zusammengenommen ein einzelnes Etwas deduzieren kann – was oft getan werden muß –, muß aus den Ideen der Dinge alles herausgehalten werden, was keine gegenwärtige Aufmerksamkeit erfordert, damit das Übrige leichter im Gedächtnis behalten werden kann. In derselben Weise sind dann auch nicht die Dinge selbst den äußeren Sinnen vorzulegen, sondern statt dessen bestimmte abgekürzte Figuren dieser Dinge; und je kürzer diese Figuren sind, desto brauchbarer sind sie – sofern sie nur das Versagen des Gedächtnisses verhindern. Jeder, der all dies einhält, wird, wie mir scheint, überhaupt nichts von dem ausgelassen haben, was zu diesem Teil gehört.

Nehmen wir nun aber auch das Zweite in Angriff. Hier geht 45,7
es darum, die Grundbegriffe der einfachen Dinge sorgfältig von denen zu unterscheiden, die aus ihnen zusammengesetzt werden,

ut caveamus, & quaenam certo possint cognosci, ut his solis incumbamus: hic loci, quemadmodum in superioribus, quaedam assumenda sunt, quae fortasse non apud omnes sunt in confesso; sed parum refert, etsi non magis vera esse credantur, quam circuli illi imaginabiles, quibus Astronomi phaenomena sua describunt, modo illorum ope, qualis de qualibet re cognitio vera esse possit aut falsa, distinguatis. ¦

Dicimus igitur primo, aliter spectandas esse res singulas in ordine ad cognitionem nostram, quam si de iisdem loquamur prout revera existunt. Nam si[1], ver. gr., consideremus aliquod corpus extensum & figuratum, fatebimur quidem ⁝ illud, a parte rei, esse quid unum & simplex: neque enim, hoc sensu, compositum dici posset ex natura corporis, extensione, & figura, quoniam hae partes nunquam unae ab aliis distinctae exstiterunt; respectu vero intellectus nostri, com¡positum quid ex illis tribus naturis appellamus, quia prius singulas separatim intelleximus, quam potuimus[2] judicare, illas tres in uno & eodem subjecto simul inveniri. Quamobrem hic nos[3] de rebus non agentes, nisi quantum ab intellectu percipiuntur, illas tantum simplices vocamus, quarum cognitio tam perspicua & distincta est[4], ut in plures magis distincte cognitas mente dividi non possint: tales sunt figura, extensio, motus, &c.; reliquas autem[5] omnes quodammodo ex his compositas[6] esse concipimus. Quod adeo generaliter est sumendum, ut
C 46 nequidem excipiantur illae, quas | interdum ex simplicibus ipsis abstrahimus: ut fit, si dicamus figuram esse terminum rei extensae, concipientes per terminum aliquid magis generale quam per figuram, quia scilicet dici potest etiam terminus durationis, terminus motus, &c. Tunc enim, etiamsi termini significatio a figura

[1] si] A: *fehlt.* [2] potuimus] H: potuerimus. [3] nos] A: *fehlt.* [4] est] A, AT: est *schon nach* perspicua. [5] autem] A: *fehlt.* [6] ex his compositas] A, AT: compositas ex his.

¦ AT 418 ⁝ H 50 ¡ A 37

und zu sehen, bei welchen der beiden eigentlich Falschheit auftreten kann, damit wir sie vermeiden können; und darum, welche sicher erkannt werden können, damit wir uns allein darauf verlegen. Genauso wie beim Vorangehenden müssen wir an dieser Stelle deshalb bestimmte Dinge annehmen, die vielleicht manche Leute für fraglich halten. Aber darauf kommt es auch gar nicht an, selbst wenn manch einer sie für nicht wahrer halten mag als jene imaginären Kreise, mit denen die Astronomen ihre Phänomene beschreiben; sondern nur darauf, mit ihrer Hilfe unterscheiden zu können, welche Erkenntnis eines beliebigen Dings wahr oder falsch sein kann.

Wir sagen demnach erstens: Die einzelnen Dinge müssen in 45,17
der Ordnung auf unsere Erkenntnis hin anders betrachtet werden als wenn wir über sie sprechen, wie sie tatsächlich existieren. Zum Beispiel: Wenn wir einen ausgedehnten und gestalteten Körper betrachten, dann räumen wir zwar ein, daß er von Seiten des Dinges her ein einzelnes und einfaches Etwas ist; denn in diesem Sinne kann er nicht als aus der Natur eines Körpers, der Ausdehnung und der Gestalt zusammengesetzt genannt werden, weil diese Teile ja niemals verschieden voneinander existiert haben. Relativ zu unserem Verstand aber nennen wir ihn ein aus diesen drei Naturen zusammengesetztes Etwas, weil wir die einzelnen Naturen zuerst getrennt eingesehen haben, bevor wir urteilen konnten, daß sich diese drei gleichzeitig in ein und demselben Gegenstand finden. Deshalb thematisieren wir hier die Dinge nur, insofern sie vom Verstand erfaßt werden, und wir nennen nur jene Dinge einfach, deren Erkenntnis so transparent und deutlich ist, daß auch der Geist sie nicht in mehrere noch deutlicher erkannte teilen kann. Derartige Dinge sind Gestalt, Ausdehnung, Bewegung usw.; alle übrigen aber begreifen wir als irgendwie aus diesen zusammengesetzt. Dies ist so allgemein gültig, daß wir noch nicht einmal jene Dinge davon ausnehmen, die wir zuweilen selbst aus den einfachen noch abstrahieren. Das geschieht zum Beispiel, wenn wir sagen, daß die Gestalt die Grenze (terminus) eines ausgedehnten Dinges ist. Hierbei begreifen wir die Grenze als etwas Allgemeineres als die Gestalt, weil man ja

abstrahatur, non tamen idcirco magis simplex videri debet quam sit figura; sed potius, cum ¦ aliis etiam rebus tribuatur, ut extremitati durationis vel motus, &c., quae res a figura toto genere differunt, ab his etiam debuit abstrahi, ac proinde est quid compositum ex pluribus naturis plane diversis, & quibus non nisi aequivoce applicatur.

Dicimus secundo, res illas, quae respectu intellectus nostri[1] simplices dicuntur, esse vel pure intellectuales, vel pure materiales, vel communes. Pure intellectuales illae sunt, quae per lumen quoddam ingenitum, & absque ullius imaginis corporeae adjumento ab intellectu cognoscuntur: tales enim nonnullas esse certum ⁝ est, nec ulla fingi potest idea corporea, quae nobis repraesentet, quid sit cognitio, quid dubium, quid ignorantia, item quid sit voluntatis actio, quam volitionem liceat appellare, & similia; quae tamen omnia revera cognoscimus, atque tam facile, ut ad hoc sufficiat, nos rationis esse[2] participes.[3] Pure materiales illae sunt, quae non nisi in corporibus esse cognoscuntur: ut sunt figura, extensio, motus, &c.[4] Denique communes dicendae sunt, quae modo rebus corporeis, modo spiritibus sine discrimine tribuuntur, ut existentia, unitas, duratio, & similia. Huc etiam referendae sunt communes illae notiones, quae sunt veluti vincula quaedam ad alias naturas simplices inter se conjungendas, & quarum evidentia nititur quidquid ratiocinando concludimus. Hae scilicet: *quae sunt eadem uni tertio, sunt eadem inter se;* item, *quae ad idem tertium eodem modo referri non possunt, aliquid etiam inter se habent diversum,* &c. Et qui⁞dem hae communes possunt vel ab intellectu puro ¦ cognosci, vel ab eodem imagines
C 47 rerum materialium intuente. |

[1] intellectus nostri] A, AT: nostri intellectus; *ebenso in den übrigen Fällen.* [2] esse] H: *fehlt;* L: *nach* nos *hinzugefügt.* [3] participes] H: *Absatz.* [4] &c.] H: *Absatz.*

¦ AT 420 ⁝ H 51 ⁞ A 38

auch von der Grenze einer Dauer, der Grenze einer Bewegung usw. sprechen kann. Dennoch: Obwohl hier die Bedeutung der Grenze von der Gestalt abstrahiert wird, darf man sie deswegen noch nicht als einfacher ansehen als die Gestalt. Denn da man eine Grenze auch anderen Dingen beilegt – wie dem Endpunkt einer Dauer oder Bewegung usw., Dinge, die sich doch in jeder Hinsicht von der Gestalt unterscheiden –, mußte sie auch von diesen abstrahiert werden. Dementsprechend ist sie etwas, das aus mehreren ganz verschiedenen Naturen zusammengesetzt ist, auf die sie nur äquivok angewandt wird.

Wir sagen zweitens: Diejenigen Dinge, die wir relativ zu un- 46,12
serem Verstand einfach nennen, sind entweder rein intellektuell, oder rein materiell oder allgemein. Rein intellektuell sind diejenigen, die der Verstand durch ein bestimmtes angeborenes Licht und ohne jedes Hilfsmittel eines körperlichen Bildes erkennt. Es gibt gewiß etliche solche Dinge. So kann keine körperliche Idee konstruiert werden, die uns repräsentieren würde, was Erkenntnis ist, was Zweifel, was Unkenntnis; ebenso, was eine Tätigkeit des Willens ist, die man ein Wollen nennen dürfte, und dergleichen. Gleichwohl erkennen wir alles das tatsächlich, und zwar so leicht, daß es dafür schon ausreicht, im Besitz der Vernunft zu sein. Rein materiell sind diejenigen, von denen wir erkennen, daß es sie nur in Körpern gibt, wie Gestalt, Ausdehnung, Bewegung usw. Allgemein schließlich werden diejenigen genannt, die ohne Unterschied entweder körperlichen Dingen oder Geistern (spiritus) beigelegt werden, wie Existenz, Einheit, Dauer und dergleichen. Hierzu sind auch jene allgemeinen Grundbegriffe zu zählen, die gewissermaßen wie Bande sind, durch die einfache Naturen mit anderen verbunden werden, und auf deren Evidenz alles beruht, was wir schlußfolgernd schließen, wie z. B.: *Alles, was einem Dritten gleich ist, ist untereinander gleich;* und ebenso: *Alle Dinge, die sich nicht in derselben Weise auf dasselbe Dritte beziehen lassen, haben auch untereinander etwas, das verschieden ist* usw. Diese allgemeinen Grundbegriffe kann entweder der reine Verstand erkennen, oder ein Verstand, der die Bilder materieller Dinge intuitiv erkennt.

Caeterum, inter has naturas simplices placet etiam numerare earumdem privationes & negationes, quatenus a nobis intelliguntur: quia non minus vera cognitio est, per quam intueor[1], quid sit nihil, vel instans, vel quies, quam illa per quam intelligo, quid sit existentia, vel duratio, vel motus. Juvabitque hic concipiendi modus, ut deinceps possimus[2] dicere reliqua omnia quae cognoscemus, ex istis naturis simplicibus esse composita[3]: ut si judicem aliquam figuram non moveri, dicam meam cogitationem esse aliquo modo compositam ex figura & quiete; & sic de caeteris.

Dicimus tertio, naturas illa simplices esse omnes per se notas, & nunquam ullam falsitatem continere. Quod facile ostendetur, si distinguamus illam facultatem intellectus, per quam res intuetur & cognoscit, ab ea qua judicat affirmando vel negando; fieri enim potest, ut illa quae revera cognosci ⁝ mus, putemus nos ignorare, nempe si in illis praeter id ipsum quod intuemur, sive quod attingimus cogitando, aliquid aliud nobis occultum inesse suspicemur, atque haec nostra cogitatio sit falsa. Qua ratione evidens est nos falli, si quando aliquam ex naturis istis simplicibus a nobis totam non cognosci judicemus: nam si de illa vel minimum quid mente attingamus, quod profecto necessarium est, cum de eadem nos aliquid judicare supponatur, ex hoc ipso concludendum est, nos illam totam[4] cognoscere; neque enim aliter simplex dici posset, sed ¦ composita ex hoc quod in illa percipimus, & ex eo quod judicamus nos ignorare.

Dicimus quarto, conjunctionem harum rerum simplicum inter se esse vel necessariam vel contingentem. Necessaria est, cum

[1] intueor] H: intuear. [2] deinceps possimus] A, AT: possimus deinceps. [3] esse composita] A, AT: composita esse. [4] illam totam] A, AT: totam illam.

¦ AT 421 ⁝ H 52 ¦ A 38

Außerdem ist es angebracht, zu diesen einfachen Naturen 47,1
auch ihre Privationen und Negationen zu zählen, insofern sie von uns eingesehen werden. Denn die Erkenntnis, durch die ich intuitiv erkenne, was das Nichts, ein Zeitpunkt oder die Ruhe ist, ist nicht weniger eine wahre Erkenntnis als die, durch die ich einsehe, was Existenz, Dauer oder Bewegung ist. Dieser Modus des Begreifens wird uns dazu verhelfen, künftig sagen zu können, daß alles Übrige, was wir erkennen, aus diesen einfachen Naturen zusammengesetzt ist. Wenn ich z. B. urteile, daß eine Gestalt sich nicht bewegt, werde ich sagen können, daß mein Gedanke in irgendeiner Weise aus der Figur und der Ruhe zusammengesetzt ist, und ebenso bei dem Übrigen.

Wir sagen drittens: Alle diese einfachen Naturen sind selbst- 47,11
verständlich und enthalten niemals irgendeine Falschheit. Das läßt sich leicht zeigen, wenn wir beim Verstand zwei Vermögen unterscheiden, das eine, durch das er ein Ding intuitiv und denkend erkennt, und das andere, durch das er behauptend oder bestreitend urteilt. Es kann nämlich geschehen, daß wir meinen, Dinge seien uns unbekannt, obwohl wir sie tatsächlich erkennen; nämlich dann, wenn wir den Verdacht hegen, daß in ihnen außer dem, was wir intuitiv erkennen, bzw. dem wir uns denkend zuwenden, noch irgendetwas enthalten ist, was uns verborgen bleibt, und dieser unser Gedanke aber falsch ist. Aus diesem Grund ist es evident, daß wir uns immer dann täuschen, wenn wir urteilen, irgendeine von diesen einfachen Naturen werde von uns nicht ganz erkannt. Denn immer, wenn wir von einer einfachen Natur auch nur das Geringste mit dem Geist berühren – und daß wir das tun, ist doch in der Tat notwendig, wenn wir, wie es vorausgesetzt ist, über sie irgendetwas urteilen –, muß eben daraus geschlossen werden, daß wir sie insgesamt erkennen, weil man sie sonst nicht einfach nennen könnte; denn dann müßte man sie zusammengesetzt nennen aus dem, was wir von ihr erfassen, und dem, wovon wir urteilen, daß es uns unbekannt ist.

Wir sagen viertens: Die Verbindung dieser einfachen Dinge 47,26
untereinander ist entweder notwendig oder kontingent. Sie ist

una in alterius conceptu confusa quadam ratione ita implicatur,
ut non possimus alterutram distincte concipere, si ab invicem se-
junctas esse judicemus: hoc pacto figura extensioni conjuncta est,
motus durationi, sive tempori, &c., quia nec figuram omni exten-
sione carentem, nec motum omni duratione, concipere licet. Ita
etiam si dico, *4 & 3 sunt 7,* haec compositio necessaria est; neque
C 48 enim septenarium distincte concipimus, | nisi in illo ternarium
& quaternarium confusa quadam ratione includamus. Atque eo-
dem modo quicquid[1] circa figuras vel numeros demonstratur,
necessario continuum est cum eo de quo affirmatur. Neque tan-
tum in sensi⁝bilibus haec necessitas reperitur, sed etiam, verbi gr.,
si Socrates dicit *se dubitare de omnibus,* hinc necessario sequi-
tur: ergo hoc saltem intelligit, *quod dubitet*[2]; item, ergo *cognoscit
aliquid esse posse*[3] *verum vel falsum,* &c.: ista enim naturae du-
bitationis necessario annexa sunt. Contingens vero est illorum[4]
unio, quae nulla inseparabili relatione conjunguntur: ut cum ⁝
dicimus, corpus esse animatum, hominem esse vestitum, &c. At-
que etiam multa saepe necessario inter se conjuncta sunt, quae
inter contingentia numerantur a plerisque, qui illorum relatio-
nem non animadvertunt, ut haec propositio: *sum, ergo Deus est;*
item, ¦ *intelligo, ergo mentem habeo a corpore distinctam,* &c.
Denique notandum est, plurimarum propositionum, quae neces-
sariae sunt, conversas esse contingentes: ut quamvis ex eo quod
sim, certo concludam Deum esse, non tamen ex eo quod Deus sit,
me etiam existere licet affirmare.

Dicimus quinto, nihil nos unquam intelligere posse praeter istas naturas simplices, & quamdam illarum inter se mixturam sive compositionem; & quidem saepe facilius est plures inter se conjunctas simul[5] advertere, quam unicam ab aliis separare: nam,

[1] quicquid] A, AT: quidquid. [2] dubitet] A, AT: dubitat. [3] esse posse] A, AT: posse esse. [4] illorum] AT: illarum. [5] simul] L: simul (*über* semel *in* H).

notwendig, wenn das eine im Begriff des anderen in einer gewissen verworrenen Weise eingeschlossen ist, und zwar so, daß wir keines von beiden deutlich begreifen können, wenn wir sie als voneinander abgesondert beurteilten. Auf diese Weise ist die Gestalt mit der Ausdehnung verbunden, die Bewegung mit der Dauer bzw. der Zeit usw. Denn es läßt sich weder eine Gestalt begreifen, der jede Ausdehnung fehlt, noch eine Bewegung ohne alle Dauer. Ebenso ist es eine notwendige Zusammensetzung, wenn ich sage, *4 und 3 ergeben 7.* Denn wir können die Sieben nur deutlich begreifen, wenn wir in ihr die Drei und die Vier in einer gewissen verworrenen Weise einschließen. In derselben Weise steht alles, was über Figuren oder Zahlen bewiesen wird, notwendig in einem kontinuierlichen Zusammenhang mit dem, worauf sich die Behauptung bezieht. Eine solche Notwendigkeit trifft man nicht nur bei den sinnlichen Dingen an. Sondern auch, wenn zum Beispiel Sokrates sagt, *daß er an allem zweifelt,* dann folgt daraus notwendig: *Also sieht er zumindest das ein, daß er zweifelt;* und ebenso: *Also erkennt er, daß etwas wahr oder falsch sein kann* usw.: Denn diese Dinge sind mit der Natur des Zweifels notwendig verbunden. Kontingent hingegen ist eine Vereinigung dessen, was durch keine untrennbare Relation verbunden ist, wie wenn wir sagen, daß ein Körper lebendig, ein Mensch bekleidet ist usw. Auch ist oft vieles notwendig miteinander verbunden, das die meisten Leute zu dem Kontingenten zählen, die ihre Relation nicht bemerken, wie diese Proposition: *Ich bin, also gibt es Gott;* ebenso: *Ich sehe ein, also habe ich einen vom Körper unterschiedenen Geist* usw. Schließlich muß darauf hingewiesen werden, daß die Umkehrungen der meisten notwendigen Propositionen kontingent sind. So kann ich etwa daraus, daß ich bin, sicher schließen, daß es Gott gibt. Ich darf aber nicht deshalb, weil es Gott gibt, behaupten, daß auch ich existiere.

Wir sagen fünftens: Wir können niemals irgendetwas einse- 48,20
hen außer diesen einfachen Naturen und eine gewisse Mischung bzw. Zusammensetzung aus ihnen. Zwar ist es oft leichter, gleichzeitig mehrere miteinander verbundene Naturen zu beachten,

ex. causa, possum cognoscere triangulum, etiamsi nunquam cogitaverim, in illa cognitione contineri etiam cognitionem anguli, lineae, numeri ternarii[1], figurae, extensionis, &c.; quod tamen non obstat, quominus dicamus trianguli naturam esse compositam ex omnibus istis naturis, atque easdem esse triangulo notiores, cum hae ipsae sint, quae in illo intelliguntur; atque in eodem praeterea aliae fortasse multae involvuntur, quae nos latent, ut magnitudo angulorum, qui sunt aequales duobus rectis, & innumerae relationes, quae sunt inter latera & angulos, vel capacitatem areae,
C 49 &c. |

Dicimus sexto, naturas illas, quas compositas appellamus, a nobis cognosci, vel quia experimur quales sint, vel quia nos ipsi componimus. *Experimur* quicquid sensu percipimus, quicquid ex aliis audimus, & generaliter quaecumque ad intellectum nostrum, vel aliunde perveniunt, vel ex sui ipsius contemplatione ¦ reflexa. Ubi notandum est, intellectum a nullo unquam experimento decipi posse, si praecise tantum intueatur rem sibi objectam, prout illam habet vel in se ipso vel in phantasmate, neque praeterea judicet ima⁝ginationem fideliter referre sensuum objecta, nec sensus veras rerum figuras induere, nec denique res externas tales semper esse quales apparent; in his enim omnibus errori sumus obnoxii: ut si quis fabulam nobis narraverit, ¦ & rem gestam esse credamus; si icterico morbo laborans flava omnia esse judicet, quia oculum habet flavo colore tinctum; si denique laesa imaginatione, ut melancholicis accidit, turbata ejus phantasmata res veras repraesentare arbitremur. Sed haec eadem sapientis intellectum non[2] fallent, quoniam, quicquid ab imaginatione accipiet, vere quidem in illa depictum esse judicabit;

[1] ternarii] H, A: tertii; *Crapulli folgt der Konj. von* AT. [2] non] H: *fehlt;* L: *hinzugefügt.*

¦ AT 423 ⁝ H 54 ¦ A 40

als eine einzelne von den anderen abzutrennen. Denn ich kann zum Beispiel ein Dreieck erkennen, auch wenn ich noch nicht daran gedacht habe, daß in dieser Erkenntnis auch die Erkenntnis des Winkels, der Linie, der Zahl Drei, der Figur, der Ausdehnung usw. enthalten ist. Das hindert uns gleichwohl nicht, zu sagen, daß die Natur des Dreiecks aus allen diesen Naturen zusammengesetzt ist, und daß diese bekannter sind als das Dreieck, da es gerade diese sind, die im Dreieck eingesehen werden. Außerdem sind vielleicht auch noch viele andere Naturen in ihm enthalten, die uns verborgen bleiben, wie die Größe der Winkel, die zwei rechten Winkeln entsprechen, und unzählige Relationen, die zwischen den Seiten und den Winkeln oder dem Flächeninhalt bestehen usw.

Wir sagen sechstens: Diejenigen Naturen, die wir zusammen- 49,1
gesetzt nennen, erkennen wir entweder, weil wir erfahren, wie sie beschaffen sind, oder weil wir selbst sie zusammensetzen. Wir *erfahren* alles, was wir sinnlich erfassen, was wir von anderen Leuten hören, und allgemein alles, was unseren Verstand entweder von woanders her oder durch reflektierte Vertiefung in ihn selbst erreicht. Hierbei ist darauf hinzuweisen, daß der Verstand niemals durch irgendein Experiment getäuscht werden kann, sofern er das ihm vorliegende Ding intuitiv präzise nur so erkennt, wie er es entweder in sich selbst oder in der Vorstellung hat, und er weder noch darüber hinaus urteilt, daß die Anschauung die Objekte der Sinne treu wiedergebe, noch daß die Sinne mit den wahren Gestalten der Dinge versehen seien, und auch nicht, daß die äußeren Dinge immer genau so sind, wie sie erscheinen. Denn in alldem sind wir genauso dem Irrtum ausgesetzt wie wenn wir glauben, die Geschichte, die uns jemand erzählt hat, sei eine Tatsache; oder wie wenn jemand, der an Gelbsucht leidet, alles als gelb beurteilt, weil sein Auge mit gelber Farbe getränkt ist; oder wenn wir uns verhalten wie Melancholiker, die eine beschädigte Anschauung haben, aber dennoch meinen, ihre verwirrten Vorstellungen würden wahre Dinge repräsentieren. All dies täuscht aber den Verstand eines Weisen nicht. Denn er wird ja urteilen, daß alles, was er von der Anschauung erhält,

nunquam tamen asseret, illud idem integrum & absque ulla immutatione a rebus externis ad sensus, & a sensibus ad phantasiam defluxisse, nisi prius hoc ipsum aliqua alia[1] ratione cognoverit.[2] *Componimus* autem nos ipsi res quas intelligimus, quoties in illis aliquid inesse credimus, quod nullo experimento a mente nostra immediate perceptum est: ut si ictericus sibi persuadeat res visas esse flavas, haec ejus cogitatio erit composita, ex eo quod illi phantasia sua repraesentat, & eo quod assumit de suo, nempe colorem flavum apparere, non ex oculi vitio, sed quia res visae revera sunt flavae. Unde concluditur, nos falli tantum posse, dum res quas credimus, a nobis ipsis aliquo modo componuntur. ¦

Dicimus septimo, hanc compositionem tribus modis fieri posse, nempe per impulsum, per conjecturam, vel per deductionem. Per impulsum sua de rebus judicia componunt illi, qui ad ali-
C 50 quid credendum suo ingenio feruntur, nulla ratione persuasi, | sed tantum determinati, vel a potentia aliqua superiori, vel a propria libertate, vel a phantasiae dispositione: prima nunquam fallit, secunda raro, tertia fere semper; sed prima ad hunc locum non pertinet[3], quia sub artem non cadit[4]. Per conjecturam, ut si ex eo, quod aqua, a centro remotior quam terra, sit etiam tenuioris substan⁝tiae, item aër, aqua superior, sit etiam illa rarior, conjiciamus supra aërem nihil aliud[5] esse quam aethereum aliquid[6] purissimum, & ipso aëre longe tenuius[7], &c. Quicquid autem hac ratione componimus, non quidem nos fallit, si tantum probabile esse judicemus atque nunquam verum esse affirmemus, sed etiam doctiores non[8] facit.

[1] aliqua alia] A, AT: alia aliqua. [2] cognoverit] H: *Absatz* [3] pertinet] H: pertinent. [4] cadit] H: cadunt. *Danach Absatz in* H. [5] aliud] A, AT: *fehlt.* [6] aethereum aliquid] H: aetheraliquod; L: aether *über der Zeile ersetzt durch* aethereum; A, AT: aethereum aliquem. [7] tenuius] A, AT: tenuiorem. [8] non] AT: nos.

¦ AT 424 ⁝ H 55 ¦ A 40

zwar in ihr wahr abgemalt ist, aber er wird deswegen niemals behaupten, daß genau dasselbe vollständig und ohne irgendeine Umänderung von den äußeren Dingen zu den Sinnen und von den Sinnen in die Phantasie geflossen ist – es sei denn, er hat genau das vorher aus irgendeinem anderen Grund erkannt. Die Dinge, die wir einsehen, setzen wir jedoch immer dann selbst *zusammen*, wenn wir glauben, daß in ihnen etwas enthalten ist, das unser Geist durch kein Experiment unmittelbar erfaßt hat. Wenn z.B. ein Gelbsüchtiger sich einredet, daß die gesehenen Dinge gelb sind, dann wird dieser sein Gedanke aus dem zusammengesetzt sein, was ihm seine Phantasie repräsentiert, und aus dem, was er von sich aus annimmt, nämlich daß die Farbe nicht aufgrund einer Unzulänglichkeit des Auges gelb erscheint, sondern weil die gesehenen Dinge selbst gelb sind. Daraus läßt sich schließen, daß wir uns nur täuschen können, wenn die Dinge, die wir glauben, in irgendeiner Weise von uns selbst zusammengesetzt werden.

Wir sagen siebtens: Diese Zusammensetzung kann auf drei 49,31
Weisen geschehen, nämlich durch Impuls, durch Vermutung oder durch Deduktion. Durch einen Impuls setzen diejenigen ihre Urteile über die Dinge zusammen, die durch ihre Geisteskraft dazu gebracht werden, etwas zu glauben, davon aber nicht durch eine Begründung überzeugt sind, sondern entweder durch irgendeine höhere Macht, aus eigener Freiheit, oder durch die Veranlagung der Phantasie dazu bestimmt werden. Die erste täuscht niemals, die zweite selten, die dritte fast immer – wobei die erste gar nicht hierher gehört, weil sie nichts mit Technik zu tun hat. Durch Vermutung: Etwa wenn wir vermuten, daß es oberhalb der Luft nur irgendeinen äußerst dünnen Äther gibt, der sehr viel feiner ist als die Luft, weil das Wasser, das vom Mittelpunkt weiter entfernt ist als die Erde, auch eine feinere Substanz hat, und die Luft, die sich über dem Wasser befindet, wiederum dünner ist als es usw. Alles, was wir aber in dieser Weise zusammensetzen, täuscht uns zwar nicht, wenn wir es nur als wahrscheinlich beurteilen und niemals behaupten, daß es wahr ist – aber gelehrter macht es uns auch nicht gerade.

Superest igitur sola deductio, per quam res ita componere possimus, ut certi simus de illarum veritate; in qua tamen etiam plurimi defectus esse possunt: ut si ex eo quod in hoc spatio aëre pleno[1] nihil, nec visu, nec tactu, nec ullo alio sensu percipimus, concludamus illud esse inane, male conjungentes naturam vacui cum illa hujus spatii; atque ita fit, quoties ex re particulari vel contingenti aliquid generale & necessarium deduci posse judica¦mus. Sed hunc erro¦rem vitare in nostra potestate situm est, nempe, si nulla unquam inter se conjungamus, nisi unius cum altero conjunctionem omnino necessariam esse intueamur: ut si deducamus, nihil esse posse figuratum, quod non sit extensum, ex eo quod figura necessariam habet[2] cum extensione connexionem[3], &c.

Ex quibus omnibus colligitur primo, distincte atque, ut opinor, per sufficientem enumerationem nos exposuisse id quod initio confuse tantum[4] & rudi Minerva potueramus ostendere: nempe nullas vias hominibus patere ad cognitionem certam veritatis praeter evidentem intuitum, & necessariam deductionem; item etiam, quid sint naturae illae simplices, de quibus in octa-
C51 va propositione. Atque perspicuum est, intuitum mentis, | tum ad illas omnes[5] extendi, tum ad necessarias illarum inter se connexiones agnoscendas[6], tum de⁝nique ad reliqua omnia quae intellectus praecise, vel in se ipso, vel in phantasia esse experitur. De[7] deductione vero plura dicentur in sequentibus.

Colligitur secundo, nullam operam in naturis istis simplicibus cognoscendis esse collocandam, quia per se sunt satis notae; sed tantummodo in illis ab invicem separandis, & singulis seorsim defixa mentis acie intuendis. Nemo enim tam hebeti ingenio est, qui non percipiat se, dum sedet, aliquo modo[8] differre a se ipso, dum

[1] aëre pleno] A: aeris plane; AT: aeris pleno. [2] habet] A, AT: habeat. [3] connexionem] A, AT: conjunctionem. [4] confuse tantum] A, AT: tantum confuse. [5] omnes] A: *fehlt* [6] agnoscendas] A, AT: cognoscendas. [7] de] H: *fehlt;* L: *hinzugefügt.* [8] enim … modo] H: *fehlt.*

¦ AT 425 ⁝ H 56 ¦ A 41

Demnach bleibt nur die Deduktion, durch die wir Dinge so 50,12
zusammensetzen können, daß wir ihrer Wahrheit gewiß sein
können. Dennoch können auch in ihr etliche Mängel auftre-
ten. Etwa wenn wir daraus, daß wir in diesem mit Luft erfüll-
ten Raum weder mit dem Sehvermögen, noch mit dem Tastsinn,
noch mit irgendeinem anderen Sinn irgendetwas erfassen, schlie-
ßen, daß er leer ist, indem wir unrichtig die Natur des Vaku-
ums mit der Natur dieses Raumes verbinden. Das passiert immer,
wenn wir urteilen, wir könnten aus einem besonderen oder kon-
tingenten Ding irgendetwas Allgemeines und Notwendiges de-
duzieren. Es liegt aber in unserem Einfluß, diesen Irrtum zu ver-
meiden, nämlich indem wir nur dann das eine mit dem anderen
verbinden, wenn wir intuitiv erkennen, daß die Verbindung des
einen mit dem anderen insgesamt eine notwendige ist; wie etwa,
wenn wir daraus, daß Gestalt eine notwendige Verknüpfung mit
Ausdehnung hat, deduzieren, daß nur gestaltet sein kann, was
ausgedehnt ist usw.

Aus all dem läßt sich erstens entnehmen: Wir haben deutlich 50,25
und, wie ich vermute, durch eine hinreichende Aufzählung das
auseinandergesetzt, was wir am Anfang nur verworren und ganz
vorläufig haben zeigen können: nämlich daß den Menschen au-
ßer evidenter Intuition und notwendiger Deduktion keine Wege
zu sicherer Erkenntnis offenstehen; und ebenso auch, was jene
einfachen Naturen sind, über die wir in der achten Vorschrift
gesprochen haben. Außerdem ist es transparent, daß sich die In-
tuition des Geistes nicht nur auf alle diese einfachen Naturen er-
streckt, sondern auch darauf, ihre notwendigen Verknüpfungen
untereinander zu erkennen, und darüber hinaus auch auf alles
Übrige, wovon der Verstand präzise erfährt, daß es entweder in
ihm selbst oder in der Phantasie ist. Über die Deduktion aber
wird im Folgenden mehr gesagt werden.

Zweitens läßt sich entnehmen: Man darf keine Mühe dafür 51,5
aufwenden, diese einfachen Naturen zu erkennen, weil sie ganz
selbstverständlich sind, sondern nur darauf, sie voneinander ab-
zutrennen und die einzelnen isoliert mit konzentrierter Schär-
fe des Geistes intuitiv zu erkennen. Denn niemand hat eine so

stat in pedes[1]; sed non omnes aeque distincte ¦ separant naturam situs a reliquo eo quod in illa cogitatione continetur, nec possunt asserere nihil tunc[2] immutari praeter situm. Quod non frustra hic monemus, quia saepe literati tam ingeniosi esse solent, ut invenerint modum caecutiendi etiam in illis quae per se evidentia sunt atque a rusticis nunquam ignorantur; quod illis accidit, quotiescumque res istas per se notas per aliquid evidentius tentant exponere: vel enim aliud explicant, vel nihil omnino; nam quis non percipit illud omne quodcumque est, secundum quod immutatur, dum mutamus locum, & quis est qui concipit[3] eamdem rem, cum dicitur illi[4], *locum esse superficiem corporis ambientis?* cum superficies ista possit mutari, me immoto & locum non mutante; vel contra mecum ita moveri, ut quamvis eadem me ambiat, non tamen amplius sim in eodem loco. At vero nonne videntur illi verba magica proferre, quae vim habeant[5] occultam & supra captum humani ingenii, qui dicunt *motum*, rem unicuique notissimam, *esse actum entis in potentia, prout in potentia est?*[6] quis enim intelligit haec verba? quis igno⁝rat quid ¦ sit motus? & quis non fatetur[7] illos nodum in scirpo quaesivisse? Dicendum est igitur, nullis unquam definitionibus ejusmodi res esse explicandas, ne loco simplicium compositas apprehendamus; sed illas tantum,
C 52 ab aliis omnibus | ¦ secretas, attente ab unoquoque & pro lumine ingenii sui esse intuendas.

Colligitur tertio, omnem humanam scientiam in hoc uno consistere, ut distincte videamus, quomodo naturae istae simplices ad compositionem aliarum rerum simul concurrant. Quod per-

[1] stat in pedes] A, AT: pedibus insistit. [2] tunc] A: hinc. [3] et quis est qui concipit] H: *erst nach* locum esse. concipit] A: conciperet. [4] cum dicitur illi] H: cu dicitur illi; L: *verbessert in* quam dicunt illi. [5] habeant] A: habent. [6] in potentia est] A, AT: est in potentia. [7] fatetur] A, AT: fateatur.

¦ AT 427 ⁝ H 57 ¦ A 42

stumpfe Geisteskraft, nicht erfassen zu können, daß er sich in irgendeiner Weise von sich selbst unterscheidet, ob er sitzt oder ob er auf den Füßen steht. Nicht alle aber trennen ebenso deutlich die Natur der Lage von dem Übrigen, das in diesem Gedanken enthalten ist, und können deshalb auch nicht behaupten, daß sich außer der Lage nichts verändert. Wir machen hier nicht umsonst darauf aufmerksam; denn Gelehrte sind oft so geistreich, daß sie sogar einen Modus erfunden haben, sich auch gegen das blind zu machen, das durch sich selbst evident ist und selbst einem Bauern niemals unbekannt bleibt. Das passiert ihnen immer, wenn sie versuchen, solche selbstverständlichen Dinge durch irgendetwas noch Evidenteres auseinanderzusetzen; denn dann erklären sie entweder etwas anderes oder überhaupt nichts. Wer erfaßt denn nicht alles, was sich mitverändert, wenn wir den Ort wechseln? Und wer begreift diesen Sachverhalt, wenn ihm gesagt wird, *der Ort sei die Oberfläche des umgebenden Körpers?* Diese Oberfläche kann sich doch verändern, solange ich unbewegt bin und den Ort nicht verändere; während sie doch im Gegenteil so mit mir mitbewegt werden kann, daß sie mich umgibt, obwohl ich nicht mehr an demselben Ort bin. Und offenbar murmeln diejenigen Zaubersprüche, die eine dunkle, und das Auffassungsvermögen der menschlichen Geisteskraft übersteigende Kraft besitzen, die sagen, *Bewegung*, ein jederman ganz bekanntes Ding, *sei der Akt eines in der Möglichkeit Seienden, insofern es in der Möglichkeit ist.* Denn wer versteht diese Worte? Wem ist unbekannt, was Bewegung ist? Und wer räumt nicht ein, daß diese Leute ein Problem suchen, wo gar keines ist? Es muß demnach gesagt werden, daß wir derartige Dinge niemals durch irgendwelche Definitionen erklären dürfen, damit wir nicht anstelle der einfachen zusammengesetzte auffassen. Sondern jeder muß vermöge des Lichts seiner Geisteskraft nur jene Dinge intuitiv erkennen, die von allen anderen getrennt sind.

Drittens läßt sich entnehmen: Alles menschliche Wissen be- 52,3
steht allein darin, deutlich zu sehen, wie diese einfachen Naturen bei der Zusammensetzung der anderen Dinge mitwirken. Dies

utile est annotare; nam quoties aliqua difficultas examinanda proponitur, fere omnes haerent in limine, incerti quibus cogitationibus mentem debeant praebere, & rati quaerendum esse novum aliquod genus entis sibi prius ignotum: ut si petatur quae[1] sit magnetis natura, illi protinus, quia rem arduam & difficilem esse augurantur, ab iis omnibus quae evidentia sunt animum removentes, eumdem ad difficillima quaeque convertunt, & vagi exspectant utrum forte per inane causarum multarum[2] spatium oberrando aliquid novi sint reperturi[3]. Sed qui cogitat, nihil in magnete cognosci posse[4], quod non constet ex simplicibus quibusdam naturis & per se notis, non incertus quid agendum sit, primo diligenter colligit illa omnia quae de hoc lapide habere potest experimenta, ex quibus deinde deducere conatur, qualis necessaria sit naturarum simplicium mixtura ad omnes illos, quos in magnete expertus est, effectus producendos; qua semel inventa, audacter potest asserere, se veram percepisse magnetis naturam, quantum ab homine & ex datis experimentis potuit inveniri.

Denique colligitur quarto ex dictis, nullas rerum cognitiones unas aliis obscuriores esse putandas, cum ¦ omnes ejusdem sint naturae, & in sola rerum per se notarum compositione consistant. Quod fere nulli advertunt, sed contraria ⁝ opinione praeventi, confidentiores quidem[5] conjecturas suas tanquam veras demonstrationes asserere sibi permittunt, atque in rebus, quas prorsus ignorant, obscuras saepe veritates quasi per nebulam se videre praesagiunt; quas proponere non verentur, conceptus suos quibusdam verbis alligantes, quorum ope multa disserere & con-
C 53 sequenter loqui solent, sed quae revera nec ipsi, nec audien|tes

[1] quae] A, AT: quid. [2] quaeque … multarum] H: *fehlt* [3] sint reperturi] A, AT: sit reperturus; H: reperturus (sint *fehlt*); Crap. sint reperturi (*konj. nach* N). [4] cognosci posse] A, AT: posse cognosci. [5] quidem] H: quidam.

¦ AT 428 ⁝ H 58 ¦ A 42

anzumerken ist äußerst nützlich. Denn immer wenn uns irgendeine Schwierigkeit vorgelegt wird, die einer Prüfung zu unterziehen ist, bleiben fast alle an der Schwelle haften, weil sie unsicher sind, welchen Gedanken sie ihren Geist zuwenden müssen, und sie zugleich überzeugt sind, daß nach irgendeiner neuen Gattung des Seienden zu fragen ist, die ihnen vorher unbekannt war. Wenn z. B. jemand zu wissen verlangt, was die Natur des Magneten ist, wenden sie unverzüglich ihr Gemüt von allem ab, das evident ist, und – weil sie prophezeien, daß die Natur des Magneten eine harte und schwierige Sache ist – ausgerechnet dem Schwierigsten zu, in unbestimmter Erwartung, ob sie nicht durch Herumirren im leeren Raum der vielen Ursachen irgendetwas Neues antreffen. Wer hingegen denkt, daß es im Magneten nur etwas zu erkennen gibt, das aus bestimmten einfachen und selbstverständlichen Naturen besteht, ist nicht unsicher, was zu tun ist: Er sammelt zuerst sorgfältig alle Experimente, die er über diesen Stein haben kann, und versucht, aus ihnen dann die erforderliche Mischung einfacher Naturen zu deduzieren, die notwendig ist, um alles das als Wirkungen zu produzieren, was sich am Magneten erfahren läßt. Hat er dies einmal herausgefunden, kann er ohne Bedenken behaupten, die wahre Natur des Magneten erfaßt zu haben, insoweit ein Mensch sie aufgrund der gegebenen Experimente hat heraufinden können.

Schließlich läßt sich viertens aus dem Gesagten entnehmen: 52,24
Man darf nicht meinen, irgendwelche Erkenntnisse von Dingen seien dunkler als die von anderen. Denn alle Erkenntnisse haben dieselbe Natur und bestehen allein in der Zusammensetzung selbstverständlicher Dinge. Dies beachtet fast niemand, sondern viele sind so von der gegenteiligen Meinung eingenommen, daß sie es sich mit gesteigertem Selbstvertrauen erlauben, ihre Vermutungen sogar als wahre Beweise hinzustellen. Oft wähnen sie sogar bei Dingen, die ihnen schlichtweg unbekannt sind, dunkle Wahrheiten gleichsam durch den Nebel hindurch zu sehen, und scheuen sich nicht, sie vorzulegen, wobei sie ihre Begriffe an bestimmte Wörter binden, mit deren Hilfe sie zwar vieles erörtern und konsequent über es sprechen können, was tatsächlich

intelligunt. Modestiores vero a multis examinandis saepe abstinent, quamvis facilibus atque apprime necessariis ad vitam, quia tantum se illis impares putant; cumque eadem ab aliis majori ingenio praeditis percipi posse existiment, il¦lorum sententias amplectuntur, quorum auctoritati magis confidunt.

Dicimus octavo[1], deduci tantum posse, vel res ex verbis, vel causam ab effectu, vel effectum a[2] causa, vel simile ex simili, vel partes sive totum ipsum ex partibus [*Caetera desunt*]

Caeterum, ne quem forte lateat praeceptorum nostrorum catenatio, dividimus quicquid cognosci potest in propositiones simplices, & quaestiones. Ad propositiones simplices non alia praecepta tradimus, quam quae vim cognoscendi praeparant ad objecta quaevis distinctius intuenda & sagacius perscrutanda, quoniam hae sponte occurrere debent, nec quaeri possunt; ¦ quod in duodecim prioribus praeceptis complexi sumus, ac[3] quibus nos ea omnia[4] exhibuisse existimamus, quae rationis usum aliquomodo faciliorem reddere posse arbitramur. Ex quaestionibus autem aliae intelliguntur perfecte, etiamsi illarum solutio ignoretur, de quibus solis agemus in duodecim regulis proxime sequentibus; aliae denique non perfecte intelliguntur, quas ad duodecim posteriores regulas reservamus. Quam[5] divisionem non sine consilio inivimus[6], tum ut nulla dicere cogamur, quae sequentium cognitionem praesupponunt[7], tum ut illa priora doceamus, quibus etiam ad inge¦nia excolenda prius incumbendum esse sentimus. Notandum[8] est, inter quaestiones quae perfecte intelliguntur,

[1] quinto] H, (N): quinto (5to); A: octavo. [2] a] A: a; H: ab. [3] ac] A, AT: & in. [4] nos ea omnia] H: nos ea omnia nos; L: *streicht das erste* nos. [5] quam] H: quarum (?). [6] inivimus] H, A, AT: invenimus; Crap.: inivimus (*konj.*). [7] praesupponunt] AT: paresupponant. [8] Notandum] H: Notandumque.

¦ AT 429 ¦ H 59 ¦ A 43

aber weder sie selbst, noch ihre Zuhörer einsehen. Die Bescheideneren hingegen unterlassen es oft bei vielen Dingen, sie einer Prüfung zu unterziehen, obwohl sie leicht und für das Leben ganz besonders wichtig sind, nur weil sie meinen, ihnen nicht gewachsen zu sein; da sie außerdem der Ansicht sind, andere, mit einer größeren Geisteskraft begabte Leute könnten diese Dinge erfassen, übernehmen sie die Einschätzungen derjenigen, deren Autorität sie am meisten vetrauen.

Wir sagen achtens:[1] Deduzieren lassen sich nur entweder Din- 53,6
ge aus Worten, oder die Ursache aus der Wirkung oder die Wirkung aus der Ursache oder das Ähnliche aus dem Ähnlichen oder die Teile bzw. das Ganze selbst aus den Teilen ...[2]

Damit nun außerdem niemandem die Verkettung unserer Vor- 53,9
schriften verborgen bleibt, teilen wir alles, was erkannt werden kann, in einfache Propositionen und Fragen. Wir stellen für die einfachen Propositionen nur solche Vorschriften zur Verfügung, die die Kraft, zu erkennen darauf vorbereiten, beliebige Objekte deutlicher intuitiv zu erkennen und findiger zu durchforsten; denn sie müssen sich von selbst zeigen und es läßt sich nicht nach ihnen fragen. Das haben wir in den vorangegangenen zwölf Vorschriften zusammengefaßt, und wir sind der Ansicht, in ihnen alles dargestellt zu haben, wovon wir meinen, daß es die Verwendung der Vernunft in gewisser Weise leichter machen kann. Von den Fragen aber werden die einen vollkommen eingesehen, obwohl ihre Lösung unbekannt ist – allein diese werden wir in den unmittelbar folgenden zwölf Regeln thematisieren –; die anderen hingegen werden nicht vollkommen eingesehen – diese bewahren wir für die späteren zwölf Regeln auf. Diese Einteilung haben wir nicht ohne Absicht vorgenommen, zum einen, damit wir nicht gezwungen sind, etwas zu sagen, was die Erkenntnis des Folgenden voraussetzt, und zum anderen, damit wir dasjenige zuerst lehren, womit man sich nach unserer Einschätzung zuerst befassen muß, um die Geisteskraft auszuarbeiten. Es muß darauf hingewiesen werden, daß wir zu den Fragen,

[1] *Lesart:* fünftens. [2] *Lücke im Text.*

nos illas tantum ponere, in quibus tria distincte percipimus: nempe, quibus signis id quod quaeritur possit agnosci[1], cum occurret; quid sit praecise, ex quo illud deducere debeamus; & quomodo
C 54 probandum sit, illa ab invicem ita | pendere, ut unum nulla ratione possit mutari, alio immutato. Adeo ut habeamus omnes praemissas, nec aliud supersit docendum, quam quomodo conclusio inveniatur, non quidem ex una re simplici unum quid deducendo, hoc enim sine praeceptis fieri posse jam dictum est,[2] sed unum quid ex multis simul implicatis dependens tam artificiose evolvendo[3], ut nullibi major ingenii capacitas requiratur, quam ad simplicissimam illationem faciendam. Cujusmodi quaestiones, quia abstracte sunt ut plurimum, & fere tantum in Arithmeticis vel Geo¦metricis occurrunt[4], parum utiles videbuntur imperitis; moneo tamen in hac arte addiscenda diutius versari debere & exerceri illos, qui posteriorem hujus methodi partem, in qua de aliis omnibus tractamus, perfecte cupiant[5] possidere. ¦

REGULA XIII

Si quaestionem perfecte intelligamus, illa est ab omni superfluo conceptu abstrahenda, ad simplicissimam revocanda, & in quam minimas partes cum enumeratione dividenda.

Atque in hoc uno Dialecticos imitamur, quod, sicut illi ad syllogismorum formas tradendas, eorumdem terminos, sive materiam cognitam esse supponunt, ita etiam nos hic ⁝ praerequirimus, quaestionem esse perfecte intellectam. Non autem, ut illi, duo

[1] agnosci] H: cognosci. [2] hoc … est] A, AT: *in Klammern.* [3] evolvendo] A: involvendo. [4] occurrunt] H: occurrant. [5] cupiant] A: cupiunt.

¦ AT 430 ⁝ H 60 ¦ A 44

die vollkommen eingesehen werden, nur diejenigen zählen, bei denen wir dreierlei deutlich erfassen, nämlich: Durch welches Merkmal das, wonach gefragt wird, erkannt werden kann, wenn es vorkommt; was genau dasjenige ist, aus dem wir es deduzieren müssen; und: wie nachgewiesen werden muß, daß sie so voneinander abhängen, daß das eine in keiner Weise verändert werden kann, solange das andere unverändert bleibt. Wir haben daher alle Prämissen beisammen, und es bleibt nur noch übrig, zu lehren, wie man den Schluß herausfinden kann – und zwar nicht, um aus einem einfachen Ding ein einzelnes zu deduzieren, denn wie bereits gesagt wurde, kann man das ohne Vorschriften machen –, sondern um ein einzelnes Etwas, das von vielen Dingen abhängt, die ineinander eingeschlossen sind, so fachgerecht zu entwickeln, daß dafür kein größeres Fassungsvermögen der Geisteskraft erforderlich ist als dazu, die allereinfachste Ableitung vorzunehmen. Weil solche Fragen zu einem Gutteil abstrakt sind und fast nur in der Arithmetik und der Geometrie vorkommen, scheinen sie den Ahnungslosen wenig nützlich zu sein; ich erinnere jedoch daran, daß diejenigen, die sich den letzten Teil dieser Methode, in dem wir all das abhandeln, vollkommen zu eigen machen wollen, sich länger damit befassen müssen, diese Technik zu erlernen und auszuüben.

REGEL XIII

Wenn wir eine Frage vollkommen einsehen wollen, müssen wir sie von jedem überflüssigen Begriff abstrahieren, sie auf die einfachste Frage zurückführen und in einer Aufzählung in möglichst kleine Teile teilen.

In diesem einen Punkt ahmen wir die Dialektiker nach: Genau- 54,18
so wie sie, wenn sie eine Frage in den Formen der Syllogismen vortragen, voraussetzen, daß deren Merkmale bzw. die Materie erkannt sind, so fordern auch wir hier im voraus, daß die Frage vollkommen eingesehen ist. Anders als sie unterscheiden wir

extrema distinguimus & medium; sed hoc pacto rem totam consideramus: primo, in omni quaestione necesse est aliquid esse ignotum, aliter enim frustra quaereretur; secundo, illud idem debet aliquomodo esse[1] designatum, aliter enim non essemus determinati ad illud potius quam ad aliud[2] quidlibet inveniendum[3]; tertio, non potest ita[4] designari, nisi per aliud quid quod
C 55 sit cognitum. Quae omnia reperiuntur etiam in quaestionibus | imperfectis: ut si quaeratur, qualis sit magnetis natura, id quod ¦ intelligimus significari per haec duo vocabula, magnes & natura, est cognitum, a quo determinamur ad hoc potius quam ad aliud quaerendum, &c. Sed insuper ut quaestio sit perfecta, volumus illam omnimode[5] determinari, adeo ut nihil amplius quaeratur, quam id quod[6] deduci potest ex datis: ut si petat aliquis a me quid de natura magnetis sit inferendum praecise ex illis experimentis, quae Gilbertus se fecisse asserit, sive vera sint, sive falsa; item, si petat, quid de natura soni judicem praecise tantum ex eo quod tres nervi A, B, C, aequalem edant sonum, inter quos ex suppositione B duplo crassior est quam A, sed non longior, & tenditur a pondere duplo graviori; C vero non quidem crassior est quam A, sed[7] duplo longior tantum, & tenditur tamen a pondere quadruplo graviori, &c. Ex quibus facile percipitur, quomodo omnes quaestiones imperfectae[8] ad perfectas[9] reduci possint, ut fusius exponetur suo loco; & apparet etiam, quomodo haec regula possit observari, ad difficultatem bene intellectam ab omni superfluo conceptu abstrahendam, eoque reducendam, ut non amplius cogitemus nos circa hoc vel illud subjectum versari, sed tantum in genere circa magnitudines quas⁝dam inter se comparandas[10]: nam, verbi gratia, postquam determinati su-

[1] aliquomodo esse] A, AT: esse aliquo modo. [2] quam ad aliud] H: quam aliud. [3] inveniendum] AT: investigandum. [4] ita] H: *fehlt.* [5] omnimode] A, AT: omnino. [6] quod] H: *fehlt;* L: *hinzugefügt.* [7] non longior … sed] H: *fehlt.* [8] quaestiones imperfectae] H: imperfectae quaestiones. [9] ad perfectas] H: *fehlt.* [10] comparandas] A: componendas.

¦ AT 431 ⁝ H 61 ¦ A 44

aber nicht zwei äußere und einen mittleren Satz, sondern wir betrachten die ganze Sache auf folgende Weise. Erstens: Bei jeder Frage muß es notwendig etwas Unbekanntes geben, denn ansonsten wäre es zwecklos zu fragen. Zweitens: Dieses Unbekannte muß irgendwie bezeichnet werden, denn sonst wären wir nicht dazu bestimmt, gerade es und nicht irgendetwas anderes herauszufinden. Drittens: Dieses Unbekannte kann nur durch etwas Erkanntes bezeichnet werden. All dies gilt auch für unvollkommene Fragen. Wenn z. B. gefragt wird, wie die Natur des Magneten beschaffen ist, dann verstehen wir, was durch diese zwei Wörter, *Magnet* und *Natur,* bezeichnet wird, und es ist dieses bereits Erkannte, das uns dazu bestimmt, eher nach diesem als nach etwas anderem zu fragen usw. Damit aber darüber hinaus die Frage auch vollkommen ist, wollen wir, daß sie in jeder Hinsicht bestimmt wird; dann fragen wir nur nach dem, was sich aus dem Gegebenen deduzieren läßt. Zum Beispiel: Jemand verlangt von mir zu wissen, was genau sich über die Natur des Magneten aus jenen Experimenten ableiten läßt, die Gilbert* angestellt zu haben behauptet, seien sie nun wahr Anm. S. 239 oder falsch. Ebenso: Jemand verlangt zu wissen, was genau ich über die Natur des Tons ausschließlich aufgrund des Folgenden urteile: Die Saiten *A*, *B*, *C* mögen den gleichen Ton von sich geben. Der Voraussetzung nach sei *B* zweimal so dick wie *A* aber nicht länger und werde von einem zweimal so schweren Gewicht gespannt. Hingegen sei *C* zwar nicht dicker als *A*, aber doppelt so lang, und werde von einem viermal so schweren Gewicht gespannt usw. Daraus läßt sich leicht erfassen, wie sich alle unvollkommenen Fragen auf vollkommene zurückführen lassen, wie an geeigneter Stelle ausführlicher auseinandergesetzt werden wird. Es zeigt sich auch, wie sich, wenn man diese Regel einhält, eine gut verstandene Schwierigkeit von jedem überflüssigen Begriff abstrahieren und so reduzieren läßt, daß wir nicht länger daran denken, daß wir uns ja mit diesem oder jenem Gegenstand beschäftigen, sondern nur mit bestimmten, miteinander zu vergleichenden Größen im allgemeinen. Denn nachdem wir zum Beispiel bestimmt haben, nur diese oder jene

mus ad haec vel ⁝ illa tantum de magnete experimenta spectanda, nulla superest difficultas in cogitatione nostra ab omnibus aliis removenda. ¦

Additur praeterea, difficultatem esse ad simplicissimam reducendam, nempe juxta regulas quintam & sextam, & dividendam juxta septimam: ut si magnetem examinem ex pluribus experimentis, unum post aliud[1] separatim percurram; item si sonum, ut dictum est, separatim inter se comparabo nervos A & B, deinde A & C, &c., ut postea omnia simul sufficienti enumeratione complectar. Atque haec tria tantum occurrunt circa alicujus pro-
C 56 positionis terminos servanda ab intellectu puro, antequam | ejus ultimam solutionem aggrediamur, si sequentium undecim regularum usu indigeat; quae quomodo facienda sint, ex tertia parte hujus tractatus clarius patebit. Intelligimus autem per *quaestiones,* illa omnia in quibus reperitur verum vel falsum; quarum diversa genera enumeranda sunt ad determinandum, quid circa unamquamque praestare valeamus.

Jamjam diximus, in solo intuitu rerum, sive simplicium, sive copulatarum, falsitatem esse non posse; neque etiam hoc sensu quaestiones appellantur, sed nomen istud[2] acquirunt, statim atque de iisdem judicium aliquod determinatum ferre deliberamus. Neque enim illas petitiones tantum, quae ab aliis fiunt, inter quaestiones numeramus; sed de ipsa etiam ignorantia[3], sive[4] potius dubitatione Socratis quaestio fuit, cum primum ad illam conversus Socrates coepit inquirere, an verum esset se de omnibus dubitare, atque hoc ipsum asseruit. ¦

Quaerimus autem vel res ex verbis, vel ex effectibus causas, vel ex causis effectus, vel ex partibus totum, sive alias partes, vel denique plura simul ex istis.[5]

[1] aliud] H: aliquid ut; L: quid *durchgetrichen.* [2] istud] A, AT: illud. [3] ignorantia] H: ignoratitie; L: ignoratione. [4] sive] H: si; L: seu. [5] istis] H: *kein Absatz.*

¦ AT 433 ⁝ H 61 ¦ A 45

Experimente über den Magneten zu betrachten, macht es keine Schwierigkeit mehr, unser Denken von allem anderen fernzuhalten.

Es kommt noch hinzu, daß die Schwierigkeit entsprechend 55,25
der Regeln fünf und sechs auf die einfachste zurückgeführt und entsprechend der Regel sieben geteilt werden muß. Wenn ich z. B. den Magneten in mehreren Experimenten einer Prüfung unterziehen möchte, gehe ich ein Experiment nach dem anderen durch. Ebenso wenn ich in der angegebenen Weise einen Ton einer Prüfung unterziehe, vergleiche ich getrennt voneinander die Saiten *A* und *B*, dann *A* und *C* usw., um später alles miteinander in einer hinreichenden Aufzählung zusammenfassen. Was die Merkmale (terminus) irgendwelcher Propositionen betrifft, so muß der reine Verstand nur diese drei Regeln befolgen, bevor wir ihre endgültige Lösung in Angriff nehmen, wozu dann auch noch die Verwendung der folgenden elf Regeln erforderlich sein mag – wie das aber zu geschehen hat, wird im dritten Teil dieses Traktats klarer werden. Unter *Fragen* verstehen wir aber all das, in dem Wahres oder Falsches angetroffen wird. Ihre verschiedenen Gattungen müssen aufgezählt werden, um zu bestimmen, was wir in bezug auf jede von ihnen zu leisten vermögen.

Wir haben bereits gesagt, daß es in der bloßen Intuition so- 56,7
wohl einfacher als auch verkoppelter Dinge keine Falschheit geben kann. In diesem Sinne nennt man sie auch nicht Fragen; aber sie erhalten diesen Namen, sobald wir uns entschließen, auch über sie ein bestimmtes Urteil zu fällen. Denn zu den Fragen zählen wir nicht nur jene Nachfragen, die von anderen gestellt werden; denn sogar bei der Unkenntnis oder vielmehr dem Zweifel des Sokrates handelte es sich um eine Frage, als er sich ihr zuerst zuwandte und zu erforschen begann, ob es wahr wäre, daß er an allem zweifle, und er eben dies behauptete.

Wir fragen aber entweder nach Dingen aufgrund der Worte, 56,16
oder nach Ursachen aufgrund der Wirkungen, oder nach Wirkungen aufgrund der Ursachen, oder nach dem Ganzen aufgrund der Teile, bzw. nach anderen Teilen aufgrund von Teilen, oder schließlich zugleich nach mehreren von diesem.

Res ex verbis quaeri dicimus, quoties difficultas in ora⁝tionis obscuritate consistit; atque huc referuntur non solum omnia aenigmata, quale fuit illud Sphingis de animali, quod initio est quadrupes, deinde bipes, & tandem postea fit tripes; item, illud piscatorum qui, stantes in littore, hamis & arundinibus ad pisces capiendos instructi, ajebant se non habere amplius illos quos ceperant, sed viceversa se habere illos quos nondum capere potuerant, &c; sed praeterea in maxima parte eorum de quibus litterati disputant, fere semper de nomine quaestio est. Neque oportet de majoribus ingeniis tam male sentire, ut arbitremur illos res ipsas male concipere, ¦ quoties easdem non satis aptis verbis explicant: si quando, ex. gr., superficiem corporis ambientis vocant *locum*[1], C 57 nullam rem falsam revera conci|piunt, sed tantum nomine *loci* abutuntur, quod ex usu communi significat illam naturam simplicem & per se notam, ratione cujus aliquid dicitur hic esse[2] vel ibi; quae tota in quadam[3] relatione rei, quae dicitur esse in loco, ad partes spatii externi[4], consistit, & quam nonnulli, videntes nomen *loci* a superficie ambiente esse occupatum, *ubi intrinsecum*[5] improprie dixerunt, & sic ¦ de caeteris. Atque hae quaestiones de nomine tam frequenter occurrunt ut, si de verborum significatione inter Philosophos semper conveniret, fere omnes illorum controversiae tollerentur.

Ex effectibus causae quaeruntur, quoties de aliqua re, utrum sit, vel quid sit, investigamus [*reliqua desunt*].

Caeterum quia, dum aliqua quaestio nobis solvenda proponitur, saepe non statim advertimus, cujus illa generis existat, nec

[1] superficiem corporis ambientis [...] locum] A, AT: *kursiv.* [2] illam ... esse] H: *fehlt.* [3] tota in quadam] H: todam. [4] externi] H, A: extensi; AT: *konj.* exterioris; Crap.: *konj.* [5] ubi intrinsecum] A, AT: *kursiv.*

¦ AT 434 ⁝ H 62 ¦ A 46

Wir sagen immer dann, daß wir nach Dingen aufgrund von 56,19
Worten fragen, wenn die Schwierigkeit in der Dunkelheit der verwendeten Sprechweise besteht. Hierzu zählen zunächst einmal alle Rätsel wie z. B. das der Sphinx von dem Tier, das am Anfang vierfüßig ist, danach zweifüßig, und dann später dreifüßig wird; oder das von den Fischern, die ausgerüstet mit Angelhaken und Angelruten am Strand stehen, um Fische zu fangen, und sagen: »Die, die wir gefangen haben, haben wir nicht mehr, aber wir haben die, die wir noch nicht haben fangen können« usw. Aber auch bei dem größten Teil dessen, worüber die Gelehrten disputieren, geht die Frage fast immer auf den Namen. Freilich sollten wir diese großen Geister nicht als so schlecht einschätzen, daß sie immer, wenn sie die Dinge mit unzureichenden Wörtern erklären, auch die Dinge selbst schlecht begreifen. Wenn sie zum Beispiel die Oberfläche eines benachbarten Körpers *Ort* nennen, dann begreifen sie tatsächlich nichts falsch, sondern mißbrauchen nur den Namen *Ort*. Denn der allgemeinen Verwendung gemäß bezeichnet *Ort* jene einfache und selbstverständliche Natur, aufgrund derer gesagt wird, etwas sei hier oder dort, und die ganz in einer bestimmten Relation des Dinges, von dem gesagt wird, daß es an dem Ort ist, zu den Teilen des äußeren[1] Raumes besteht, und die einige Leute – weil sie gesehen haben, daß der Name *Ort* von der umgebenden Oberfläche besetzt ist – unangemessen das *innere Wo* genannt haben; und ebenso mit dem Übrigen. Solche auf einen Namen gerichtete Fragen gibt es so häufig, daß fast alle Kontroversen der Philosophen verschwinden würden, wenn sie sich immer über die Bedeutung der Wörter einig wären.

Wir fragen immer dann nach den Ursachen aufgrund der Wir- 57,10
kungen, wenn wir untersuchen, ob es ein Ding gibt oder was es ist[2] …

Außerdem: Wenn uns eine Frage zur Lösung vorgelegt wird, 57,12
bemerken wir oft weder sofort, zu welcher Gattung sie gehört

[1] *Lesart:* ausgedehnten. [2] *Lücke im Text*

utrum res ex verbis, vel causae[1] ab effectibus &c., quaerantur: idcirco de his in particulari dicere plura, supervacaneum mihi videtur. Brevius enim erit & commodius, si simul omnia quae facienda sunt ad cujuslibet difficultatis solutionem ordine persequamur; ac proinde, qualibet data quaestione, imprimis enitendum est, ut distincte intelligamus, quid quaeratur. ⁝

Frequenter enim nonnulli in propositionibus investigandis ita festinant, ut ad illarum solutionem vagum ingenium applicent, antequam animadverterint, quibusnam signis rem quaesitam, si forte occurrerit, internoscent: non minus inepti quam puer aliquo missus a domino, qui tam cupidus esset obsequendi, ut currere festinaret nondum mandatis acceptis, nec sciens quonam ire juberetur.[2]

At vero in omni quaestione, quamvis aliquid debeat esse incognitum, alioqui enim frustra quaereretur, oportet tamen hoc ipsum certis conditionibus ita esse ¦ designatum, ut omnino simus
C 58 determinati ad unum quid potius quam ad aliud[3] investi|gandum. Atque hae sunt conditiones, quibus examinandis statim ab initio dicimus esse incumbendum: quod fiet, si ad singulas distincte intuendas mentis aciem convertamus, inquirentes diligenter quantum ab unaquaque illud ignotum quod quaerimus sit limitatum; dupliciter enim hic solent falli[4] humana ingenia, vel scilicet aliquid amplius quam datum sit assumendo ad determinandam quaestionem, vel contra aliquid omittendo. ¡

Cavendum est, ne plura & strictiora, quam data sint, supponamus: praecipue in aenigmatis aliisque petitionibus artificiose inventis ad ingenia circumvenienda, sed interdum etiam in aliis

[1] causae] AT *konj.*; H, A: causa. [2] juberetur] H: *kein Absatz.* [3] quam aliud] H, (n): quam aliud; A: quam ad aliud [4] solent falli] A, AT: falli solent.

¦ AT 435 ⁝ H 63 ¡ A 47

(existere), noch ob nach den Dingen aufgrund der Worte oder nach den Ursachen aufgrund der Wirkungen usw. gefragt wird. Deshalb scheint es mir überflüssig zu sein, darüber im Besonderen Weiteres zu sagen. Denn es wird kürzer und bequemer sein, wenn wir alles, was für die Lösung einer beliebigen Schwierigkeit getan werden muß, gleichzeitig geordnet verfolgen. Demgemäß müssen wir bei jeder beliebigen gegebenen Frage zuerst herausarbeiten, deutlich einzusehen, wonach gefragt wird.

Denn in vielen Fällen übereilen sich manche Leute beim Un- 57,20
tersuchen der Propositionen so sehr, daß sie mit ungeordneter Geisteskraft an ihre Lösung herangehen, bevor sie bemerkt haben, anhand welcher Merkmale sie das fragliche Ding unterscheiden werden, wenn es vielleicht auftaucht. Das ist doch nicht weniger albern als wenn ein Dienstbote so begierig wäre, zu gehorchen, daß er übereilt wegliefe, wenn er von seinem Herrn irgendwohin geschickt wird, obwohl er noch gar keine Aufträge erhalten hat und deshalb nicht weiß, wohin er gehen soll.

Bei jeder Frage muß es etwas Unerkanntes geben, weil es an- 57,27
sonsten zwecklos wäre zu fragen. Damit wir aber überhaupt dazu bestimmt sind, dieses eine zu untersuchen und nicht etwas anderes, ist es nötig, daß dieses eine durch sichere Bedingungen bezeichnet wird; und das sind die Bedingungen, von denen wir sagen, daß sie sofort am Anfang einer Prüfung unterzogen werden müssen. Das geschieht, wenn wir die Schärfe des Geistes verwenden, um das Einzelne deutlich intuitiv zu erkennen und dabei genau erforschen, inwiefern jedes solche Einzelne das Unbekannte begrenzt, nach dem wir fragen. Denn hierin täuschen sich die menschlichen Geisteskräfte gewöhnlich zweifach, nämlich entweder indem sie mehr annehmen, als gegeben ist, um die Frage zu bestimmen, oder indem sie im Gegenteil etwas auslassen.

Wir müssen aufpassen, nicht mehr und strengere Bedingun- 58,8
gen vorauszusetzen als gegeben sind. Das gilt insbesondere bei Rätseln und irgendwelchen Nachfragen, die so kompliziert erfunden wurden, um die Geisteskräfte an der Nase herumführen; bisweilen aber auch bei anderen Fragen, wenn es scheint, daß wir,

quaestionibus, quando ad illas solvendas aliquid quasi certum supponi videtur, quod nulla nobis certa ratio, sed inveterata opinio persuasit. Ex. causa, in aenigmate Sphingis, non putandum[1] est, *pedis* nomen veros tantum animalium pedes significare, sed videndum etiam, utrum ad alia quaedam possit transferri, ut contingit, nempe ad manus infantis, & ad scipionem senum, quia utrique his utuntur quasi pedibus ad incedendum. Item, in illo piscatorum cavendum est, ne cogitatio piscium ita mentem nostram occupaverit, ut illam avertat a cognitione[2] illorum animalium, quae saepe pauperes secum inviti circumferunt, & capta reji⁝ciunt. Item, si quaeratur, quomodo constructum fuerit vas, quale vidimus ¦ aliquando, in cujus medio[3] stabat columna, cui imposita erat Tantali effigies quasi bibere gestientis; in hoc autem vase aqua quidem infusa optime continebatur, quamdiu non erat satis alta ut os Tantali ingrederetur; sed statim atque ad infelicia labra pervenerat, tota protinus effluebat: videtur quidem prima fronte totum artificium fuisse in hac Tantali effigie construenda, quae tamen revera nullo modo determinat quaestionem, sed illam tantum comitatur: tota enim difficultas in hoc uno consistit,
C 59 ut quaeramus quomodo vas sit ita con|struendum, ut aqua ex eo tota effluat, statim atque ad certam altitudinem pervenerit, prius autem nullo modo. Item denique, si ex iis omnibus, quas circa astra habemus, observationibus[4] quaeratur[5], quid de illorum motibus possimus certi asserere, non gratis assumendum est, terram esse immobilem atque in rerum medio constitutam, ut fecere Antiqui, quia nobis ab infantia ita visum est; sed hoc ipsum etiam in dubium revocari debet, ut examinemus postea, quid certi de hac re liceat judicare. Et sic de caeteris[6].

[1] putandum] H: pudantum; L: statuendum. [2] cognitione] AT: cogitatione (*Konj.*). [3] medio] H: *fehlt;* L: *hinzugefügt.* [4] habemus, observationibus] H: habemus observationes. [5] quaeratur] A, AT: quaeritur. [6] sic de caeteris] H: sicde caetegis; L: inde colligi; H: *kein Absatz danach.*

¦ AT 436 ⁝ H 64 ¦ A 47

um sie zu lösen, irgendetwas gewissermaßen als sicher voraussetzen müssen, wovon uns keine sichere Begründung, sondern eine althergebrachte Meinung überzeugt hat. Zum Beispiel darf man beim Rätsel der Sphinx nicht meinen, der Name *Fuß* bezeichne nur die wahren Füße der Tiere, sondern man muß auch sehen, ob er sich auf irgendwelche anderen übertragen läßt. Das ist hier der Fall: Nämlich auf die Hände eines Kleinkindes und den Gehstock von Greisen – weil beide sie gewissermaßen als Füße verwenden, um zu gehen. Ebenso muß man beim Rätsel der Fischer aufpassen, daß der Gedanke an Fische unseren Geist nicht so mit Beschlag belegt, daß er ihn von der Erkenntnis derjenigen Tiere abwendet, die die Armen häufig gegen ihren Willen herumtragen und wegwerfen, wenn sie sie gefangen haben. Ebenso, wenn gefragt wird, wie jenes Gefäß konstruiert war, das wir einmal gesehen haben: In der Mitte dieses Gefäßes stand eine Säule und auf ihr eine Abbildung, die Tantalus zeigte, als verlange er zu trinken. Das in dieses Gefäß eingegossene Wasser blieb in ihm enthalten, solange es nicht hoch genug stand, um in seinen Mund hineinzufließen; sobald es aber an die Lippen des Unglücklichen heranreichte, floß es sofort ganz heraus. Zwar scheint auf den ersten Blick der ganze Kunstgriff darin zu bestehen, die Nachbildung des Tantalus zu konstruieren. Aber diese Nachbildung bestimmt die Frage tatsächlich in keiner Weise, sondern begleitet sie nur. Denn die gesamte Schwierigkeit besteht allein darin, zu fragen, wie man ein Gefäß so konstruieren muß, daß das gesamte Wasser aus ihm herausfließt, sobald es eine bestimmte Höhe erreicht hat, vorher aber überhaupt nicht. Ebensowenig darf man schließlich, wenn danach gefragt wird, was wir aufgrund aller Beobachtungen, die wir über die Gestirne haben, über ihre Bewegungen sicher behaupten können, wie die Alten irgendetwas Hergeholtes annehmen, wie etwa, daß die Erde unbeweglich und in die Mitte der Dinge gestellt ist, weil es uns von Kindheit an so erschienen ist; sondern auch dies muß in Zweifel gezogen werden, damit wir später einer Prüfung unterziehen, was sich über diesen Sachverhalt Sicheres urteilen läßt. Und ebenso bei dem Übrigen.

Omissione vero peccamus, quoties aliqua conditio ad quaestionis determinationem requisita, in eadem vel expressa est, vel aliquo modo intelligenda, ad quam non reflectimus: ut si quaeratur motus perpetuus, non naturalis, qualis est astrorum vel fontium, sed ab humana industria factus, & aliquis[1], sicut nonnulli fieri posse crediderunt, existimantes terram perpetuo mo¦veri circulariter circa suum axem, magnetem vero omnes terrae proprietates, retinere, putet[2] se motum perpetuum inventurum[3], si hunc lapidem ita apta¦verit[4], ut in orbem[5] moveatur, vel certe ferro suum motum ⁝ cum aliis suis virtutibus communicet; quod etsi contingeret, non tamen motum perpetuum arte faceret[6], sed illo tantum qui naturalis est utere[n]tur[7], non aliter quam si ad fluminis lapsum rotam ita applicaret[8], ut semper moveretur; omitteret[9] igitur ille[10] conditionem ad quaestionis determinationem requisitam, &c.

Quaestione sufficienter intellecta, videndum est praecise, in quo difficultas ejus consistat, ut haec ab aliis omnibus[11] abstracta facilius solvatur.

Non semper sufficit quaestionem intelligere, ad cognoscen-
C 60 dum in quo sita sit ejus difficultas; sed insuper reflectendum est | ad singula quae in illa requiruntur, ut si quae occurrant nobis inventu facilia, illa omittamus, & illis ex propositione sublatis, illud tantum remaneat quod ignoramus.[12] Ut in illa quaestione de vase paulo ante descripto, facile quidem advertimus[13] quomodo vas faciendum sit: columna in ejus medio statuenda, avis[14] pingenda, &c.: quibus omnibus rejectis, ut ad rem non facientibus, superest nuda difficultas in eo, quod aqua prius in vase contenta, post-

[1] et aliquis] A: *fehlt.* [2] putet] AT *konj.*; H, A: putantes. [3] inventurum] A: inventuros. [4] aptaverit] A: aptaverint. [5] orbem] A: orbem ita. [6] faceret] A: facerent. [7] uteretur] H, A: uterentur; L: uteretur. [8] applicaret] A: applicarent. [9] omitteret] A: omitterent. [10] ille] A: illi. [11] ab aliis omnibus] A, AT: ab omnibus aliis. [12] ignoramus] H: *Absatz.* [13] advertimus] A, AT: animadvertimus. [14] avis] H: anis.

¦ AT 437 ⁝ H 65 ¦ A 48

Eine Unterlassung begehen wir aber immer dann, wenn wir 59,10
nicht über eine Bedingung nachdenken, die zur Bestimmung der Frage erforderlich ist und die in ihr entweder ausgedrückt ist oder in irgendeiner Weise eingesehen werden kann. Zum Beispiel: Wenn nach einer ewig fortdauernden Bewegung gefragt wird, die keine natürliche wie die der Gestirne oder der Quellen, sondern eine von menschlicher Aktivität geschaffene ist, und jemand meint, eine solche ewig fortdauernde Bewegung erfinden zu können, indem er einen Magneten so zurechtmacht, daß er sich im Kreis bewegt oder zumindest seine Bewegung mitsamt seinen anderen besonderen Kräften auf das Eisen überträgt – so wie manche ja auch der Ansicht sind, daß die Erde sich ohne aufzuhören kreisförmig um ihre Achse bewegt, und ein Magnet alle Eigenschaften der Erde beibehält. Denn selbst wenn das gelänge, würde er dennoch eine nie aufhörende Bewegung nicht durch Technik erzeugen, sondern nur die natürlich vorkommende verwenden; und das wäre genauso, als wenn er ein Rad so in die Strömung eines Flusses halten würde, daß es sich immer bewegt. Er würde also eine für die Bestimmung der Fragestellung erforderliche Bedingung vernachlässigen usw.

Ist die Frage hinreichend eingesehen, muß man ganz genau 59,25
nachsehen, worin ihre Schwierigkeit besteht, damit sie abstrahiert von allem anderen leichter gelöst wird.

Um zu erkennen, worin bei einer Frage die Schwierigkeit liegt, 59,28
genügt es nicht immer, sie einzusehen, sondern man muß außerdem über alles Einzelne nachdenken, was in ihr verlangt wird; denn wenn es etwas gibt, das leicht herauszufinden ist, können wir es vernachlässigen und aus der Proposition entfernen, damit nur noch das übrigbleibt, was uns unbekannt ist. Zum Beispiel bemerken wir bei der gerade eben beschriebenen Frage nach dem Gefäß zwar leicht, wie das Gefäß zu machen ist, also daß die Säule in seine Mitte gestellt werden und der Vogel angemalt werden muß usw. Erst nachdem aber all dies als nicht zur Sache gehörig beiseitegesetzt ist, bleibt die bloße Schwierigkeit übrig, nämlich das Wasser, das vorher in dem Gefäß enthalten ist, ganz herausfließen zu lassen, wenn es eine bestimm-

quam ad ¦ certam altitudinem pervenit, tota effluat; quod unde accidat, est quaerendum.

Hic igitur tantum operae pretium esse dicimus, illa omnia, quae in propositione data sunt, ordine perlustrare, rejiciendo illa, quae ad rem non facere aperte videbimus, necessaria retinendo, & dubia ad diligentius examen remittendo. ⁝

REGULA XIV

Eadem est ad extensionem realem corporum transferenda, & tota per nudas figuras imaginationi proponenda: ita enim longe distinctius ab intellectu percipietur.

Ut autem etiam imaginationis utamur adjumento, notandum est, quoties unum quid ignotum ex aliquo alio jam ante cognito deducitur, non idcirco novum aliquod genus entis inveniri, sed tantum extendi totam hanc cognitionem ad hoc, ut percipiamus rem quaesitam participare hoc vel illo modo naturam eorum quae in propositione data sunt. Exempli causa, si quis a nativitate caecus sit, ⁞ non sperandum est ullis unquam argumentis nos effecturos, ut veras percipiat colorum ideas, quales nos habemus a sensibus haustas; sed si quis primarios colores viderit quidem aliquando, intermedios autem & mixtos nunquam, fieri potest ut illorum etiam, quos[1] non vidit, imagines ex aliorum similitudi-
C 61 ne per ¦ deductionem quamdam effingat[2]. Eodem | modo, si in magnete aliquod sit[3] genus entis, cui nullum simile intellectus

[1] quos] H: quas. [2] Exempli … effingat] H: *Randbemerkung:* non absolute verum est hoc exemplum, sed melius non habui ad explicandum id quod verum est; A: *keine Randbemerkung.* [3] aliquod sit] A, AT: sit aliquod.

¦ AT 439 ⁝ H 66 ⁞ A 49

te Höhe erreicht hat. Und wie das vonstatten gehen soll, ist zu fragen.

Deshalb sagen wir hier: Es lohnt sich nur, alles das geordnet 60,10
durchzugehen, was in der Proposition gegeben ist, und es ist alles zurückzuweisen, von dem wir sehen, daß es offenbar nicht zur Sache gehört, indem wir das Notwendige zurückzubehalten und das Zweifelhafte einer eingehenderen Prüfung unterziehen.

REGEL XIV

Die Frage muß auf die reale Ausdehnung der Körper übertragen und der Anschauung ganz durch bloße Figuren vorgelegt werden: denn so wird der Verstand sie viel deutlicher erfassen.

Damit wir aber auch die Anschauung als Hilfsmittel verwen- 60,18
den können, ist darauf hinzuweisen, daß nicht immer deswegen schon eine neue Gattung des Seienden herausgefunden wird, wenn etwas Unbekanntes aus etwas vorher bereits Erkanntem deduziert wird, sondern wir nur die gesamte Erkenntnis auf es ausdehnen, damit wir erfassen, daß das fragliche Ding in dieser oder jener Weise an der Natur dessen teilhat, was in der Proposition gegeben ist. Zum Beispiel: Wenn jemand von Geburt an blind ist, sollten wir nicht hoffen, wir könnten jemals durch irgendwelche Argumente bewirken, daß er die wahren Ideen der Farben erfaßt, wie wir sie aus den Sinnen geschöpft haben. Wenn dagegen jemand zumindest die Grundfarben irgendwann einmal gesehen hat, die dazwischen liegenden Mischfarben aber niemals, ist es aufgrund der Ähnlichkeit mit den anderen Farben möglich, daß er durch eine gewisse Deduktion auch die Bilder derjenigen Farben ausbildet, die er nicht gesehen hat.[1] Ebenso: Wenn es im Magneten eine Gattung des Seienden gibt, die keiner von denen

[1] *am Rand:* Dieses Beispiel ist nicht absolut wahr, aber ich habe kein besseres gehabt, um das Wahre zu erklären.

noster hactenus perceperit, non sperandum est nos illud unquam ratiocinando cognituros; sed vel novo aliquo[1] sensu instructos esse oporteret, vel mente divina; quicquid autem hac in re ab humano ingenio praestari potest, nos adeptos esse credemus[2], si illam jam notorum entium sive naturarum mix⁝turam, quae eosdem, qui in magnete apparent, effectus producat, distinctissime percipiamus.

Et quidem omnia haec entia jam nota, qualia sunt extensio, figura, motus, & similia, quae enumerare non est hujus loci, per eamdem ideam in diversis subjectis cognoscuntur, neque aliter imaginamur figuram coronae, si sit argentea, quam si sit aurea; atque haec idea communis non aliter transfertur ex uno subjecto ad aliud, quam per simplicem comparationem, per quam affirmamus quaesitum esse secundum hoc aut[3] illud simile, vel idem, vel aequale cuidam dato: adeo ut in omni ratiocinatione per comparationem tantum veritatem praecise agnoscamus[4]. Verbi gratia, hic: omne A est B, omne B est C, ergo omne A est[5] C; comparantur inter se quaesitum & datum, nempe A & C, secundum hoc quod utrumque sit B, &c. Sed quia, ut jam saepe[6] monuimus, syllogismorum formae nihil juvant ad ¦ rerum veritatem percipiendam, proderit lectori si, illis plane rejectis, concipiat omnem omnino[7] cognitionem, quae non habetur per simplicem & purum unius rei solitariae intuitum, haberi per comparationem duorum aut plurium inter se. Et quidem tota fere rationis humanae industria in hac operatione praeparanda consistit; quando enim aperta est & simplex, nullo artis adjumento, sed solius naturae lumine est opus ad veritatem, quae per illam habetur, intuendam.[8]

Notandumque est, comparationes dici tantum simplices & apertas, quoties quaesitum & datum aequaliter participant quam-
C 62 dam naturam; caeteras autem omnes non aliam ob[9] causam |

[1] novo aliquo] A, AT: aliquo novo. [2] credemus] H: credamus. [3] aut] A, AT: vel. [4] agnoscamus] A, AT: cognoscamus. [5] est] H: et. [6] jam saepe] A, AT: saepe jam. [7] omnem omnino] H: omnenino. [8] intuendam] *Absatz von* AT. [9] aliam ob] H: *fehlt.*

¦ AT 440 ⁝ H 67 ¦ A 49

ähnlich wäre, die unser Verstand bislang erfaßt hat, dann darf man nicht hoffen, daß wir sie jemals schlußfolgernd erkennen werden; denn dazu müßten wir entweder mit einem neuen Sinn oder mit einem göttlichen Geist ausgerüstet sein. Wir aber glauben, alles erreicht zu haben, was die menschliche Geisteskraft leisten kann, wenn wir diejenige Mischung von bereits bekannten Seienden bzw. Naturen ganz deutlich erfaßt haben, die dieselben Wirkungen produziert, die beim Magneten erscheinen.

Wir erkennen alle diese bereits bekannten Seienden, wie Aus- 61,9
dehnung, Gestalt, Bewegung und dergleichen – die aufzuzählen nicht hierher gehört – in den verschiedenen Gegenständen durch dieselbe Idee. Wir schauen die Gestalt einer Krone nicht anders an, wenn sie silbern als wenn sie golden ist. Die gemeinsame Idee übertragen wir von dem einen Gegenstand auf den anderen allein durch einen einfachen Vergleich, durch den wir behaupten, daß das Fragliche einem bestimmten Gegebenen in dieser oder jener Beziehung ähnlich oder identisch oder gleich ist, so daß wir bei jeder Schlußfolgerung die Wahrheit nur durch Vergleich genau erkennen. Zum Beispiel: Jedes *A* ist *B*, jedes *B* ist *C*, also ist jedes *A C*. Das Fragliche und das Gegebene, nämlich *A* und *C*, werden insofern miteinander verglichen, als jedes der beiden *B* ist usw. Weil aber – woran wir schon oft erinnert haben – die Formen der Syllogismen nichts dazu beitragen, die Wahrheit der Dinge zu erfassen, wird es für den Leser nützlich sein, wenn er sie ganz verwirft und begreift, daß sich überhaupt jede Erkenntnis, die sich nicht durch eine einfache und reine Intuition eines vereinzelten Dinges gewinnen läßt, durch den Vergleich zweier oder mehrerer gewinnen läßt. Tatsächlich besteht fast die gesamte Aktivität der menschlichen Vernunft darin, diese Operation vorzubereiten; denn wenn sie verfügbar und einfach ist, ist kein Hilfsmittel der Technik, sondern allein das Licht der Natur nötig, um die Wahrheit intuitiv zu erkennen, die sich durch sie gewinnen läßt.

Es muß darauf hingewiesen werden, daß Vergleiche nur dann 61,30
einfach und verfügbar genannt werden, wenn das Fragliche und das Gegebene in gleicher Weise an einer bestimmten Natur teilhaben. Die Ursache, weshalb alle anderen Vergleiche einer Vor-

praeparatione indigere, quam quia natura illa communis non aequaliter est in utraque, sed secundum alias quasdam habitudines sive proportiones, in quibus involvitur; & praecipuam partem humanae ¦ industriae[1] non in alio collocari, quam in proportionibus istis ⁞ eo reducendis, ut aequalitas inter quaesitum, & aliquid quod sit cognitum, clare videatur.

Notandum est deinde, nihil ad istam aequalitatem reduci posse, nisi quod recipit majus & minus, atque illud omne per *magnitudinis* vocabulum comprehendi: adeo ut, postquam juxta regulam praecedentem difficultatis termini ab omni subjecto abstracti sunt, hic tantum deinceps circa magnitudines in genere intelligamus nos versari.

Ut vero aliquid etiam tunc imaginemur, nec intellectu puro utamur, sed speciebus in phantasia depictis ¦ adjuto, notandum est denique, nihil dici de magnitudinibus in genere, quod non etiam ad quamlibet in specie possit referri.

Ex quibus facile concluditur, non parum profuturum, si transferamus illa, quae de magnitudinibus in genere dici intelligemus, ad illam magnitudinis speciem, quae omnium facillime & distinctissime in imaginatione nostra pingetur[2]: hanc vero esse extensionem realem corporis abstractam ab omni alio, quam quod sit figurata, sequitur ex dictis ad regulam duodecimam, ubi phantasiam ipsam cum ideis in illa existentibus nihil aliud esse concepimus, quam verum corpus reale extensum & figuratum. Quod per se etiam est evidens, cum in nullo alio subjecto distinctius omnes proportionum differentiae exhibeantur; quamvis enim una res dici possit magis vel minus alba quam altera, item unus sonus magis vel minus acutus, & sic de caeteris, non tamen exacte

[1] industriae] H: *fehlt;* L: *vor* humanae *hinzugefügt:* ratiocinationes.
[2] pingetur] A: *Absatz*

¦ AT 441 ⁞ H 68 ¦ A 50

bereitung bedürfen, ist: Weil diese gemeinsame Natur nicht in jedem der beiden in gleicher Weise vorhanden ist, sondern gemäß bestimmter anderer äußerer Verhältnisse bzw. Proportionen, in die sie verwickelt ist. Der hauptsächliche Teil der menschlichen Aktivität wird nun genau darauf verwendet, diese Proportionen soweit zurückzuführen, bis die Gleichheit zwischen dem Fraglichen und etwas Erkanntem klar gesehen wird.

Es muß sodann darauf hingewiesen werden, daß nur dasjeni- 62,7
ge auf diese Gleichheit zurückgeführt werden kann, das einem Mehr und Weniger unterliegt, denn dies alles wird unter dem Wort *Größe* verstanden. Nachdem die Merkmale der Schwierigkeit gemäß der vorangehenden Regel von jedem Gegenstand abstrahiert sind, befassen wir uns, wie wir einsehen, ab sofort nur noch mit Größen im allgemeinen.

Damit wir aber dann auch etwas anschauen und dazu nicht 62,13
den reinen Verstand verwenden, sondern ihn, insofern er durch die in der Phantasie abgemalten Erscheinungsbilder (species) unterstützt wird, muß schließlich darauf hingewiesen werden, daß sich nichts über die Größen im allgemeinen (in genere) sagen läßt, was sich nicht auch auf irgendeine Größe im besonderen (in specie) beziehen ließe.

Daraus läßt sich leicht schließen, daß es ziemlich nützlich sein 62,17
wird, wenn wir das, von dem wir einsehen, daß es sich über Größen im allgemeinen sagen läßt, auf die Art (species) von Größen übertragen, die sich von allen am leichtesten und deutlichsten in unserer Anschauung abmalt. Aus der Erläuterung zur Regel 12 folgt, daß dies die reale Ausdehnung des Körpers ist, die von allem abstrahiert ist außer von dem, was gestaltet ist. Denn dort haben wir begriffen, daß die Phantasie mit den in ihr existierenden Ideen selbst nur ein real ausgedehnter und gestalteter wahrer Körper ist. Das ist auch für sich genommen evident, da sich in keinem anderen Gegenstand alle Unterschiede der Proportionen deutlicher darstellen lassen. Denn ein Ding kann mehr oder weniger weiß als ein anderes, und ein Ton kann mehr oder weniger hoch genannt werden als ein anderer, und ebenso bei dem Übrigen; aber wir können nur durch eine bestimmte Analogie zum

definire possumus, utrum talis excessus consistat in proportione
dupla vel tripla, &c., nisi per analogiam quamdam ad extensio-
nem corporis figurati. Maneat ergo ratum & fixum, quaestiones
perfecte determinatas vix ullam difficultatem continere praeter
illam, quae consistit in proportionibus in aequalitates[1] evolven-
C 63 dis; atque illud omne, in quo praecise talis diffi|cultas invenitur,
facile posse & debere ab omni alio subjecto separari, ac dein-
de transferri ad extensionem & figuras, de quibus solis idcirco
deinceps usque ad regulam vigesimam quintam, omissa omni alia
cogitatione, tractabimus. ⁝ ¦

Optaremus hoc in loco lectorem nancisci[2] Arithmeticae & Geometriae studiis[3] propensum, etiamsi in iisdem nondum versatum esse malim, quam vulgari more eruditum: usus enim regularum, quas hic tradam, in illis addiscendis, ad quod omnino sufficit, longe fa¦cilior est, quam in ullo[4] alio genere quaestionum; hujusque utilitas est tanta ad altiorem sapientiam consequendam, ut non verear dicere, hanc partem nostrae methodi non propter mathematica problemata fuisse inventam, sed potius haec fere tantum hujus excolendae gratia esse addiscenda. Nihilque supponam ex istis disciplinis, nisi forte quaedam per se[5] nota & unicuique obvia; sed earumdem cognitio, sicut ab aliis solet haberi, etiamsi nullis apertis erroribus sit corrupta, plurimis tamen obliquis & male conceptis principiis obscuratur, quae passim[6] in sequentibus emendare conabimur.

Per *extensionem* intelligimus, illud omne quod habet longitudinem, latitudinem, & profunditatem, non inquirentes, sive sit verum corpus, sive spatium tantum; nec majori explicatione in-

[1] aequalitates] H: in aequalitatibus; A: inaequalitatis; *Crapulli folgt der Konj. von* AT. [2] nancisci] H: namisci; A: non nisi ad; *Verbesserung von* L. [3] studiis] A, AT: studia [4] ullo] H: illo; L: ullo. [5] se] H: *fehlt;* L: *hinzugefügt.* [6] passim] H: pasa sum.

¦ AT 442 ⁝ H 69 ¦ A 51

gestalteten Körper exakt definieren, ob eine solche Abweichung in einer doppelten oder dreifachen Proportion usw. besteht. Es möge also gültig und festgelegt bleiben, daß die vollkommen bestimmten Fragen fast nur Schwierigkeiten enthalten, die in Verhältnissen bestehen, die sich in Gleichheiten[1] ausdrücken lassen; und daß all das, in dem sich eine Schwierigkeit genau solcher Art findet, leicht von jedem anderen Gegenstand getrennt und dann auf Ausdehnung und Gestalten übertragen werden kann und muß. Wir werden deshalb unter Vernachlässigung jedes anderen Gedankens im weiteren bis zur Regel fünfundzwanzig allein Ausdehnung und Gestalten abhandeln.

An dieser Stelle wünsche ich mir einen Leser, der zu Studien 63,5
der Arithmetik und der Geometrie neigt, auch wenn es mir lieber wäre, wenn er mit ihnen noch nicht vertraut ist, als wenn er im gewöhnlichen Stil in ihnen ausgebildet ist. Denn die Verwendung der Regeln, die ich hier vortrage, läßt sich durch sie viel einfacher erlernen als durch irgendeine andere Gattung von Fragen und reicht dafür auch vollkommen aus. Diese Regeln haben einen solchen Nutzen, um sich die höhere Weisheit zu eigen zu machen, daß ich mich nicht scheue, zu sagen, daß dieser Teil unserer Methode nicht umwillen mathematischer Probleme erfunden worden ist, sondern vielmehr diese mathematischen Probleme fast nur erlernt werden müssen, um diese Methode weiter auszuarbeiten. Ich werde auch nichts aus diesen Disziplinen voraussetzen, außer vielleicht einiges, was selbstverständlich und jedem leicht zugänglich ist. Aber die Erkenntnis dieser Dinge wird so, wie man sie gewöhnlich von anderen erwirbt, oft auch dann, wenn sie nicht durch offenkundige Irrtümer verdorben ist, durch viele schiefe und schlecht begriffene Prinzipien verdunkelt, die wir im Folgenden nach und nach zu verbessern versuchen werden.

Unter *Ausdehnung* verstehen wir alles, was Länge, Breite und 63,19
Tiefe hat, wobei wir nicht erforschen, ob es ein wahrer Körper oder nur ein Raum ist. Dies scheint keiner weiteren Erklärung

[1] *Lesart:* Ungleichheiten.

digere videtur, cum nihil omnino facilius ab imaginatione nostra
percipiatur. Quia tamen saepe litterati tam acutis utuntur distinc-
tionibus, ut lumen naturale dissipent, & tenebras inveniant etiam
in illis quae a rusticis nunquam ignorantur: monendi sunt, hic
per *extensionem* non distinctum quid & ab ipso subjecto separa-
tum designari, neque in universum nos agnoscere ejusmodi entia
philosophica, quae revera sub imaginationem non cadunt. Nam
etiamsi aliquis sibi persuadere possit, ex. causa, si ad nihilum re-
ducatur quicquid est extensum in rerum natura, ¦ non repugnare
interim, ipsam extensionem per se solam existere, non utetur ta-
C 64 men[1] idea corporea ad hunc con|ceptum, sed solo intellectu male
judicante. Quod ipse fatebitur, si attente reflectat ad illam ipsam
extensionis imaginem, ⁝ quam tunc in phantasia sua fingere co-
nabitur: advertet enim, se eamdem non percipere omni subjecto
destitutam, sed omnino aliter imaginari quam judicet; adeo ut
illa entia abstracta (quidquid credat intellectus de rei veritate)
nunquam tamen in phantasia a subjectis separata formentur.

Quia vero deinceps nihil[2] sine imaginationis auxilio sumus acturi, operae pretium est caute distinguere, per quas ideas singulae verborum significationes intellectui nostro sint proponendae. Quamobrem has tres loquendi formas considerandas proponimus: *extensio occupat locum, corpus habet extensionem,* & *extensio non est corpus.*[3]

Quarum prima ostendit, quomodo extensio sumatur pro eo quod est extensum; idem enim plane concipio, si dicam: *extensio occupat locum,* quam si dicam: *extensum occupat locum.* Neque tamen idcirco, ad fugiendam ambiguitatem, voce *extensum* uti melius est: non ¦ enim tam distincte significaret id quod concipimus, nempe subjectum aliquod occupare locum, quia extensum

[1] tamen] A: tunc; L: tamen. [2] deinceps nihil] A, AT: nihil deinceps.
[3] corpus] *Absatz von* AT.

¦ AT 443 ⁝ H 70 ¦ A 52

zu bedürfen, denn nichts erfaßt unsere Anschauung leichter. Die Gelehrten aber verwenden oft so zugespitzte Unterscheidungen, daß sie das natürliche Licht zerstreuen, und finden Finsternis auch in dem, was selbst Bauern niemals unbekannt ist. Sie sollen deshalb daran erinnert werden, daß *Ausdehnung* hier nichts bezeichnet, das vom Gegenstand selbst unterschieden und von ihm getrennt ist. Wir erkennen solche philosophischen Seienden überhaupt nicht an, die tatsächlich gar nicht unter die Anschauung fallen. Zum Beispiel: Jemand kann davon überzeugt sein, daß Ausdehnung ohne Widerspruch auch dann noch für sich allein existieren kann, wenn alles vernichtet wird, was in der dinglichen Natur ausgedehnt ist. Auch dann aber wird er für diesen Begriff keine körperliche Idee verwenden, sondern allein den schlecht urteilenden Verstand. Er selbst wird das einräumen, wenn er aufmerksam über das Bild der Ausdehnung nachdenkt, das er dann in seiner Phantasie zu konstruieren versucht. Denn er wird beachten, daß er es nicht getrennt von jedem Gegenstand erfaßt, sondern er ganz anders anschaut als urteilt. Was auch immer also der Verstand über die Wahrheit der Sache glauben mag, alle abstrahierten Seienden werden gleichwohl niemals in der Phantasie getrennt von den Gegenständen gebildet.

Künftig werden wir aber nichts mehr ohne die Unterstützung 64,8
der Anschauung tun. Deshalb lohnt es sich, sorgfältig zu unterscheiden, durch welche Ideen die einzelnen Bedeutungen der Wörter unserem Verstand vorzulegen sind. Deshalb schlagen wir diese drei Redeweisen zur Betrachtung vor: *Ausdehnung nimmt einen Raum ein; Ein Körper hat Ausdehnung* und *Ausdehnung ist kein Körper.*

Die erste dieser Redeweisen zeigt, wie *Ausdehnung* für das 64,14
Ausgedehnte gebraucht wird. Denn ich begreife genau dasselbe, wenn ich sage: *Ausdehnung nimmt einen Raum ein,* als wenn ich sage: *Das Ausgedehnte nimmt einen Raum ein.* Deswegen ist es auch zur Vermeidung einer Zweideutigkeit nicht besser, den Ausdruck *das Ausgedehnte* zu verwenden, denn er würde nicht so deutlich das bezeichnen, was wir begreifen, nämlich daß ein Gegenstand einen Ort einnimmt, weil er ausgedehnt ist. Außer-

est[1]; possetque aliquis interpretari tantum *extensum esse subjectum occupans locum,* non aliter quam si dicerem: *animatum occupat locum.* Quae ratio explicat, quare hic de extensione nos acturos esse dixerimus, potius quam de extenso, etiamsi eamdem non aliter concipiendam esse putemus[2] quam extensum[3]. ¦

Jam pergamus ad haec verba: *corpus habet extensionem,* ubi *extensionem* aliud quidem significare intelligimus quam *corpus;* non tamen duas distinctas ideas in phantasia nostra formamus, unam corporis, aliam extensionis, sed unicam tantum corporis extensi; nec aliud est a parte rei, quam si dicerem: *corpus est extensum;* vel potius[4]: *extensum est extensum.* Quod peculiare est istis entibus, quae in alio tantum sunt, nec unquam sine subjec-
C 65 to | concipi possunt[5]; aliterque contingit in illis, quae a subjectis realiter distinguuntur: nam si dicerem, verbi gratia: *Petrus habet divitias,* plane diversa ⁞ est idea Petri ab illa divitiarum; item si dicerem: *Paulus est dives,* omnino aliud imaginarer[6], quam si dicerem[7]: *dives est dives.* Quam diversitatem plerique non distinguentes falso opinantur, extensionem continere aliquid distinctum ab eo quod est extensum, sicut divitiae Pauli aliud sunt quam Paulus[8].

Denique si dicatur: *extensio non est corpus,* tunc *extensionis* vocabulum longe aliter sumitur quam supra; atque in hac significatione nulla illi peculiaris idea in phantasia correspondet, sed tota haec enunciatio ab intellectu puro perficitur, qui solus habet facultatem ejusmodi entia abstracta separandi. Quod plerisque erroris occasio est, qui non advertentes[9] extensionem ita sumptam non posse ab imaginatione comprehendi, illam sibi per veram ideam repraesentant; qualis idea cum necessario involvat corporis conceptum, si dicant extensionem ita conceptam non

[1] est] H: ō (*für* est?). [2] putemus] A, AT: putamus. [3] extensum] *Absatz von* AT. [4] potius] H: potius e (= potius est). [5] possunt] H: possint. [6] imaginarer] H: imaginares; L: imaginarer. [7] dicerem] H: dicam. [8] Paulus] *Absatz von* AT. [9] advertentes] A, AT: animadvertentes.

¦ AT 444 ⁞ H 71 ¦ A 52

dem könnte jemand das nur dahingehend interpretieren, daß *das Ausgedehnte ein Gegenstand ist, das einen Ort einnimmt,* genauso als wenn ich sagen würde: *Ein Lebendiges nimmt einen Raum ein.* Diese Begründung erklärt, weshalb wir gesagt haben, daß wir hier lieber Ausdehnung thematisieren als das Ausgedehnte, obwohl wir meinen, daß sie genau so zu begreifen ist wie das Ausgedehnte.

Gehen wir aber nun zu diesen Worten über: *Ein Körper hat* 64,25
Ausdehnung. Wir sehen zwar ein, daß *Ausdehnung* hier etwas anderes bezeichnet als *Körper,* aber dennoch bilden wir in unserer Phantasie nicht zwei unterschiedene Ideen, eine des Körpers und eine andere der Ausdehnung, sondern nur eine einzige des ausgedehnten Körpers. Es ist der Sache nach nichts anderes, ob ich sage *Der Körper ist ausgedehnt* oder *Das Ausgedehnte ist ausgedehnt.* Das ist solchen Seienden eigentümlich, die nur in einem anderen sind und niemals ohne Gegenstand begriffen werden können. Anders steht es bei solchen, die real von den Gegenständen unterschieden werden. Denn wenn ich zum Beispiel sage *Peter hat Reichtümer,* ist die Idee Peters von der der Reichtümer ganz verschieden. Ebenso wenn ich sage *Paul ist reich,* schaue ich etwas ganz anderes an als wenn ich sage *Der Reiche ist reich.* Weil die meisten Leute diese Verschiedenheit nicht unterscheiden, vermuten sie fälschlich, Ausdehnung enthalte irgendetwas, was von dem, was ausgedehnt ist, unterschieden wäre, so wie die Reichtümer Pauls etwas anderes sind als Paul.

Wenn schließlich gesagt wird: *Ausdehnung ist kein Körper,* 65,9
dann wird die Vokabel *Ausdehnung* ganz anders gebraucht als oben. In dieser Bedeutung korrespondiert ihr keine eigentümliche Idee in der Phantasie, sondern der reine Verstand, der allein das Vermögen hat, derartige abstrakte Seiende zu trennen, vollzieht die gesamte Formulierung. Das ist für viele Leute eine Gelegenheit zum Irrtum, die sich die Ausdehnung durch eine wahre Idee repräsentieren, aber nicht beachten, daß Ausdehnung so aufgefaßt nicht durch die Anschauung verstanden werden kann. Denn da eine solche Idee notwendig den Begriff des Körpers beinhaltet, geraten diese Leute dadurch unklugerweise in einen

esse corpus, imprudenter implicantur in eo, quod *idem* ¦ *simul sit corpus & non corpus.* Et[1] magni est momenti distinguere enunciationes, in quibus ejusmodi nomina: *extensio, figura, numerus, superficies, linea, punctum, unitas,* &c., tam strictam habent significationem, ut aliquid excludant, a quo revera non sunt distincta[2], ut cum dicitur: *extensio,* vel *figura non est corpus; numerus non est res numerata; superficies est terminus corporis, linea superficiei, punctum lineae; unitas non est quantitas,* &c. Quae omnes & similes propositiones ab imaginatione omnino removendae sunt, ut sint[3] verae; quamobrem de illis in sequentibus non sumus acturi[4]. ¦

Notandumque est diligenter, in omnibus aliis propositionibus, in quibus haec nomina, quamvis significationem eamdem[5]
C 66 retineant, dicanturque[6] eodem modo a subjectis abstracta, nihil | tamen excludunt vel negant, a quo non realiter distinguantur, imaginationis adjumento nos ⁞ uti posse & debere: quia tunc[7], etiamsi intellectus praecise tantum attendat ad illud quod verbo designatur, imaginatio tamen veram rei ideam fingere debet, ut ad ejus alias conditiones vocabulo non expressas, si quando usus exigat, idem intellectus possit converti, nec illas unquam imprudenter judicet fuisse exclusas. Ut si de numero sit quaestio, imaginemur subjectum aliquod per multas unitates mensurabile, ad cujus solam multitudinem licet intellectus in[8] praesenti reflectat, cavebimus tamen ne inde postea aliquid concludat, in quo res numerata a nostro conceptu exclusa fuisse supponatur: sicuti faciunt illi qui numeris mira ¦ tribuunt mysteria & meras nugas, quibus certe non tantam adhiberent fidem, nisi numerum a rebus

[1] Et] A, AT: Ac. [2] distincta] A, AT: distinctae. [3] sint] A: sint licet. [4] acturi] *Absatz von* AT. [5] significationem eamdem] A, AT: eamdem significationem. [6] dicanturque] H: dicaubjurque. [7] tunc] H: *fehlt.* [8] in] H: *fehlt.*

¦ AT 446 ⁞ H 72 ¦ A 53

Selbstwiderspruch, daß, wenn sie sagen, die so begriffene Ausdehnung sei kein Körper, dasselbe zugleich ein Körper und kein Körper ist. Es ist von großer Wichtigkeit, die Aussagen zu unterscheiden, in denen Namen wie *Ausdehnung, Gestalt, (An-)Zahl, Oberfläche, Linie, Punkt, Einheit* usw. eine so strenge Bedeutung haben, daß sie etwas ausschließen, von dem sie tatsächlich nicht unterschieden sind. Wie wenn man sagt: *Ausdehnung,* oder *Gestalt ist kein Körper; (An-)Zahl ist nicht das gezählte Ding; Eine Oberfläche ist ein Merkmal eines Körpers, eine Linie die einer Oberfläche, ein Punkt die einer Linie; Einheit ist keine Quantität* usw. Alle diese und ähnliche Propositionen müssen von der Anschauung ferngehalten werden, so wahr sie auch sein mögen. Deswegen werden wir sie im Folgenden nicht thematisieren.

Was sorgfältig beachtet werden muß, ist: Wir können und 65,29
müssen das Hilfsmittel der Anschauung bei allen anderen Propositionen verwenden, bei denen diese Namen – obwohl sie dieselbe Bedeutung beibehalten und gesagt wird, daß sie auf dieselbe Weise von den Gegenständen abstrahiert sind – nichts ausschließen oder bestreiten, von dem sie nicht real unterschieden werden. Denn auch wenn der Verstand einzig und allein nur das beachtet, was das Wort bezeichnet, muß dennoch die Anschauung eine wahre Idee des Dinges konstruieren, damit sich der Verstand bei Bedarf irgendwann ebenso ihren anderen, in dem Wort nicht ausgedrückten Bedingungen zuwenden kann, und niemals voreilig urteilt, daß sie ausgeschlossen gewesen sind. Zum Beispiel: Wenn sich die Frage auf eine Zahl richtet, schauen wir einen Gegenstand an, der durch viele Einheiten meßbar ist. Nun kann es sein, daß der Verstand gegenwärtig allein über dessen Menge nachdenkt; also sollten wir aufpassen, daß er nicht später daraufhin etwas schließt, in dem vorausgesetzt wird, daß das gezählte Ding aus unserem Begriff ausgeschlossen gewesen ist. So machen es zum Beispiel diejenigen, die den Zahlen wundergleiche Mysterien und schlichten Blödsinn beilegen; denn sie würden dem sicherlich nicht ein solches Vertrauen entgegenbringen, wenn sie die Zahl als von den gezählten Dingen unterschieden begreifen

numeratis distinctum esse conciperent. Item, si agamus de figura, putemus nos agere de subjecto extenso, sub hac tantum ratione concepto, quod sit figuratum; si de corpore, putemus nos agere de eodem, ut longum, latum & profundum[1]; si de superficie, concipiamus idem[2], ut longum & latum, omissa profunditate, non negata; si de linea, ut longum tantum; si de puncto, idem omisso omni alio, praeterquam quod sit ens[3].

Quae omnia quamvis fuse hic deducam, ita tamen praeoccupata sunt mortalium ingenia, ut verear adhuc, ne valde pauci hac in parte ab omni errandi periculo sint satis tuti, explicationemque mei sensus nimis brevem in longo sermone reperiant; ipsae enim artes Arithmetica & Geometria, quamvis omnium certissimae, nos tamen hic fallunt: quis enim Logista numeros suos ab omni subjecto, non modo per intellectum abstractos, sed per imaginationem etiam vere distinguendos esse non putat? quis Geometra repugnantibus principiis objecti sui evidentiam non confundit, dum lineas carere latitudine judicat, & superficies profunditate, quas tamen easdem postea unas ex aliis componit, non advertens lineam, ex cujus fluxu superficiem ⁞ fieri concipit, esse
C 67 verum corpus; illam autem, quae latitudine caret, | non esse nisi corporis modum, &c.? Sed ne in his recensendis diutius immoremur, brevius erit exponere, quo pacto nostrum objectum concipien¦dum esse supponamus, ut de illo, quidquid[4] in Arithmeticis & Geometricis inest veritatis, quam facillime demonstremus[5]. ⁝

Hic ergo versamur circa objectum extensum, nihil plane aliud in eo considerantes praeter ipsam extensionem, abstinentesque[6] de industria a vocabulo *quantitatis*, quia tam subtiles sunt qui-

[1] longum, latum & profundum] A: longo, lato & profundo. [2] idem] *Konj. von* AT; H, A: item. [3] ens] *Absatz von* AT. [4] quidquid] H: quid. [5] demonstremus] H: *kein Absatz.* [6] abstinentesque] H: abstinentes.

¦ AT 447 ⁞ H 73 ⁝ A 54

würden. Ebenso: Wenn wir eine Gestalt thematisieren, sollten wir nicht vergessen, daß wir einen ausgedehnten Gegenstand thematisieren, der allein in der Hinsicht begriffen wird, daß er gestaltet ist; wenn einen Körper, sollten wir nicht vergessen, daß wir diesen ausgedehnten Gegenstand thematisieren, insofern er lang, breit und tief ist; wenn eine Oberfläche, begreifen wir ihn, insofern er lang und breit ist, wobei die Tiefe nur vernachlässigt, nicht bestritten wird; wenn eine Linie, insofern er nur lang ist; wenn einen Punkt, denselben ausgedehnten Gegenstand, wobei alles andere vernachlässigt ist, außer daß er ein Seiendes ist.

Obwohl ich alles dies hier ausführlich deduziere, sind die Gei- 66,21
steskräfte der Sterblichen gleichwohl so voreingenommen, daß ich immer noch befürchte, daß nur sehr wenige in dieser Hinsicht ausreichend vor jeder Gefahr des Irrens gefeit sind und sich die Erklärung meiner Absicht auch in diesem langen Vortrag noch als zu kurz herausstellen wird. Denn selbst Arithmetik und Geometrie täuschen uns hier, obwohl sie von allen Techniken die gewissesten sind. Denn welcher Rechenmeister meint nicht, seine Zahlen würden nicht nur durch Verstand abstrahiert von einem Gegenstand, sondern auch durch die Anschauung wahrlich unterschieden? Fast alle Geometriker verwechseln doch die Evidenz ihres Objekts mit widersprüchlichen Prinzipien, wenn sie urteilen, daß den Linien die Breite und den Oberflächen die Tiefe fehlt, und sie später dennoch die einen aus den anderen zusammensetzen; wobei sie unbeachtet lassen, daß sie eine Linie als wahren Körper begreifen, aus deren Ineinanderübergehen eine Oberfläche ensteht, während eine Linie, der Breite fehlt, nichts anderes als ein Modus des Körpers ist usw. Damit wir uns aber nicht länger damit aufhalten, dies durchzugehen, wird es kürzer sein, auseinanderzusetzen, auf welche Weise nach unserer Voraussetzung ein Objekt begriffen werden muß, damit wir möglichst leicht beweisen, was Arithmetik und Geometrie über es an Wahrheit enthalten.

Hier beschäftigen wir uns also mit einem ausgedehnten Ob- 67,6
jekt und betrachten in ihm überhaupt nichts außer Ausdehnung. Dabei vermeiden wir mit Absicht das Wort *Quantität,* weil ge-

dam Philosophi, ut illam quoque ab extensione distinxerint; sed quaestiones omnes eo[1] deductas esse supponimus, ut nihil aliud quaeratur, quam quaedam extensio cognoscenda, ex eo quod comparetur cum quadam alia extensione cognita. Cum enim hic nullius novi entis cognitionem expectemus, sed velimus duntaxat proportiones quantumcumque involutas eo reducere, ut illud, quod est ignotum, aequale cuidam cognito reperiatur: certum est omnes proportionum differentias, quaecumque in aliis subjectis existunt, etiam inter duas vel plures extensiones posse inveniri; ac proinde sufficit ad nostrum institutum, si in ipsa extensione illa omnia consideremus, quae ad proportionum differentias exponendas possunt juvare, qualia occurrunt tantum tria, nempe dimensio, unitas, & figura.

Per[2] *dimensionem,* nihil aliud intelligimus, quam modum & rationem, secundum quam aliquod subjectum consideratur esse mensurabile: adeo ut non solum longitudo, latitudo, & profunditas sint dimensiones corporis, sed etiam gravitas sit dimensio, secundum quam subjecta ponderantur, celeritas sit dimensio motus, & alia ejusmodi infinita. Nam divisio ipsa in ¦ plures partes aequales, sive sit realis, sive intellectualis tantum, est proprie dimensio secundum quam res numeramus; & modus ille qui numerum facit, proprie dicitur esse species dimensionis, quamvis sit aliqua diversitas ⁝ in significatione nominis. Si enim consideramus partes in ordine ad totum, tunc numerare dicimur[3]; si contra totum spectamus[4] ut in partes distributum, illud metimur:
C 68 e. g., saecula metimur annis, diebus, horis, & momentis; | si autem numeremus momenta, horas[5], dies & annos, saecula tandem[6] implebimus.

[1] eo] H: *fehlt;* L: *hinzugefügt.* [2] Per] H: *fehlt* [3] dicimur] H: dicimus. [4] spectamus] A: spectemus. [5] horas] A: *fehlt.* [6] saecula tandem] A, AT: tandem saecula.

¦ AT 448 ⁝ H 74 ¦ A 54

wisse Philosophen so spitzfindig sind, auch sie von der Ausdehnung zu unterscheiden. Wir setzen gleichzeitig alle Fragen als schon soweit deduziert voraus, daß nur danach gefragt wird, eine bestimmte Ausdehnung daraus zu erkennen, indem sie mit einer bestimmten anderen erkannten Ausdehnung verglichen wird. Denn wir erwarten hier nicht die Erkenntnis irgendeines neuen Seienden, sondern wollen lediglich die ziemlich verwickelten Verhältnisse darauf reduzieren, daß das, was unbekannt ist, einem bestimmten Erkannten gleich gefunden wird. Deshalb ist es gewiß, daß alle Unterschiede der Verhältnisse, die in irgendwelchen anderen Gegenständen existieren, auch zwischen zwei oder mehreren Ausdehnungen aufgefunden werden können; und demnach reicht es für unser Vorhaben aus, wenn wir in der Ausdehnung all das betrachten, was dazu beitragen kann, die Unterschiede der Verhältnisse auseinanderzusetzen. Davon gibt es nur drei, nämlich quantifizierbare Merkmale (Dimensionen), Einheit und Gestalt.

Unter einem *quantifizierbaren Merkmal* (dimensio) verste- 67,22
hen wir nichts anderes als den Modus und die Hinsicht, gemäß der ein Gegenstand als meßbar betrachtet wird. Deshalb sind nicht nur Länge, Breite und Tiefe quantifizierbare Merkmale des Körpers, sondern auch das Gewicht ist ein quantifizierbares Merkmal, gemäß dem Gegenstände gewogen werden, die Schnelligkeit ist ein quantifizierbares Merkmal der Bewegung und unendlich vieles andere dieser Art. Denn sogar die Division in mehrere gleiche Teile, ob sie nun real oder nur intellektuell ist, ist eigentlich ein quantifizierbares Merkmal, gemäß dem wir die Dinge zählen; und jener Modus, der die Zahl zustandebringt, wird eigentlich Art eines quantifizierbaren Merkmals genannt, obwohl eine gewisse Verschiedenheit in der Bedeutung des Namens liegt. Denn wenn wir die Teile auf das Ganze hin geordnet betrachten, dann sagen wir, daß wir zählen; wenn wir dagegen das Ganze als in Teile eingeteilt betrachten, dann messen wir es. Zum Beispiel messen wir Jahrhunderte durch Jahre, Tage, Stunden und Minuten; wenn wir aber Minuten, Stunden, Tage und Jahre zählen, werden wir schließlich zu Jahrhunderten kommen.

Ex quibus patet, infinitas esse posse in eodem subjecto dimensiones diversas[1], illasque nihil prorsus superaddere rebus dimensis, sed eodem modo intelligi, sive habeant fundamentum reale in ipsis subjectis, sive ex arbitrio mentis nostrae fuerint excogitatae. Est enim aliquid reale gravitas corporis, vel celeritas motus, vel divisio saeculi in annos & dies; non autem diei divisio[2] in horas & momenta, &c. Quae tamen omnia eodem modo se habent[3], si considerentur tantum sub[4] ratione dimensionis, ut hic & in Mathematicis disci⁞plinis est faciendum; pertinet enim magis ad Physicos examinare, utrum illarum fundamentum sit reale.

Cujus rei animadversio magnam Geometriae adfert lucem, quoniam in illa fere omnes male concipiunt tres species quantitatis: lineam, superficiem, & corpus. Jam enim ante notatum[5] est, *lineam & superficiem* non cadere sub conceptum ut vere distinctas a corpore, ¦ vel ab invicem; si vero considerentur simpliciter, ut per intellectum abstractae, tunc non magis diversae sunt species quantitatis, quam *animal & vivens* in homine sunt diversae species substantiae. Obiterque notandum est, tres corporum dimensiones, longitudinem, latitudinem, & profunditatem, nomine tenus ab invicem discrepare: nihil enim vetat, in solido aliquo dato, utramlibet extensionem pro longitudine eligere, aliam pro latitudine, &c. Atque quamvis hae tres duntaxat in omni re ⁝ extensa, ut extensa simpliciter, reale habeant fundamentum, non tamen hic illas magis[6] spectamus, quam alias infintas, quae vel finguntur ab intellectu, vel alia in rebus habent fundamenta: ut in triangulo, si illud perfecte velimus dimetiri, tria a parte rei

[1] diversae] AT: diversas (*nicht bei Springmeyer ausgewiesen*) [2] diei divisio] A, AT: divisio diei. [3] modo se habent] A, AT: se habent modo. [4] sub] H: *fehlt.* [5] notatum] A, AT: relatum. [6] hic illas magis] A, AT: illas magis hic.

¦ AT 449 ⁝ H 75 ⁞ A 55

Daraus geht hervor, daß es in demselben Gegenstand unendlich viele verschiedene quantifizierbare Merkmale geben kann, 68,3 und sie zu den ausgemessenen Dingen überhaupt nichts hinzutun, sondern in derselben Weise eingesehen werden, ob sie nun ein reales Fundament in den Gegenständen selbst haben, oder aus der Willkür unseres Geistes ausgedacht worden sind. Denn das Gewicht eines Körpers ist ebenso etwas Reales wie die Schnelligkeit einer Bewegung oder die Division eines Jahrhunderts in Jahre und Tage; nicht aber die Division eines Tages in Stunden und Minuten usw. Trotzdem verhält sich all dies in derselben Weise, wenn man es allein unter der Hinsicht des quantifizierbaren Merkmals betrachtet, wie man es hier und in den mathematischen Disziplinen tun muß. Denn einer Prüfung zu unterziehen, ob ihr Fundament etwas Reales ist, ist eine Aufgabe mehr für die Physiker.

Die Beachtung dieses Sachverhalts bringt großes Licht in die 68,13 Geometrie. Denn die meisten begreifen ihre drei Arten der Quantität – Linie, Oberfläche und Körper – nur schlecht. Es ist doch vorher bereits darauf hingewiesen worden, daß *Linie* und *Oberfläche* nicht als wirklich vom Körper oder voneinander unterschieden unter denselben Begriff fallen. Werden sie aber einfach als durch den Verstand abstrahiert betrachtet, sind sie Arten der Quantität, die genauso verschieden voneinander sind wie *Tier* und *lebendig* im Menschen verschiedene Arten der Substanz sind. Nebenbei muß darauf hingewiesen werden, daß die drei quantifizierbaren Merkmale des Körpers Länge, Breite und Tiefe lediglich dem Namen nach voneinander abweichen. Denn nichts verbietet, bei jedem gegebenen dreidimensionalen Körper eine beliebige Ausdehnung als Länge zu wählen und eine andere als Breite usw. Nur diese drei haben ein reales Fundament in jedem ausgedehnten Ding, insofern es einfach ausgedehnt ist; dennoch betrachten wir sie hier nicht eingehender als die unendlich vielen anderen, die entweder der Verstand konstruieren kann oder die Fundamente in den Dingen haben. So müssen bei einem Dreieck, wenn wir es vollkommen ausmessen wollen, von der Seite des Dinges her drei quantifizierbare Merkmale bekannt

noscenda sunt, nempe vel tria latera, vel duo latera & unus angulus, vel duo anguli & area, &c.; item in trapezio quinque, sex in tetraëdro &c.; quae omnia dici possunt dimensiones. Ut autem hic illas eligamus, quibus maxime imaginatio nostra adjuvatur,
C 69 nunquam ad plures | quam unam vel duas in phantasia nostra depictas simul attendemus[1], etiamsi intelligamus in propositione, circa quam versabimur, quotlibet alias existere; artis enim est ita illas in quam plurimas distinguere, ut nonnisi ad paucissimas simul, sed tamen successive ad omnes, advertamus.

Unitas est natura illa communis, quam supra diximus debere aequaliter participari ab illis omnibus quae inter se comparantur. Et nisi aliqua jam sit determi¦nata in quaestione, possumus pro illa assumere, sive unam ex magnitudinibus jam datis, sive aliam quamcumque, & erit communis aliarum omnium mensura; atque in illa intelligemus[2] tot esse dimensiones, quot in ipsis extremis, quae inter se erunt comparanda, eamdemque concipiemus, vel simpliciter ut extensum quid, abstrahendo ab omni alio, tuncque idem erit cum puncto Geometrarum, dum ex ejus fluxu lineam componunt, vel ut lineam quamdam, vel ut quadratum.

Quod attinet ad figuras, jam supra ostensum est, quomodo per ¦ illas solas rerum omnium ideae fingi possint[3]; superestque hoc in loco admonendum, ex innumeris illarum speciebus diversis, nos illis tantum hic usuros, quibus facillime omnes habitudinum sive proportionum differentiae exprimuntur. Sunt autem duo duntaxat genera rerum, quae inter se conferuntur, multitudines & magnitudines; habemusque ⁞ etiam duo genera figurarum ad illas conceptui nostro exponendas[4]: nam, ver. gr., puncta ∴ quibus numerus triangularis[5] designatur, vel arbor quae alicujus

[1] attendemus] A: extendemus. [2] intelligemus] *Konj. von* AT; H, A: intelligimus. [3] possint] A: possunt. [4] exponendas] A, AT: proponendas. [5] triangularis] *Konj. von* AT; A: triangulorum; H: Triang.

¦ AT 450 ⁞ H 76 ¦ A 56

sein, nämlich entweder drei Seiten oder zwei Seiten und ein Winkel oder zwei Winkel und die Fläche usw.; bei einem Trapez fünf, bei einem Tetraeder sechs usw., die man ebenso alle quantifizierbare Merkmale nennen kann. Damit wir aber hier diejenigen wählen, durch die unsere Anschauung am meisten unterstützt wird, dürfen wir auch dann niemals mehr als eine oder zwei in unserer Phantasie abgemalte zugleich berücksichtigen, wenn wir einsehen, daß in der Proposition, mit der wir uns beschäftigen, beliebige andere existieren. Denn die Technik besteht darin, sie so in möglichst viele zu unterscheiden, daß wir nur einige zugleich beachten, und zwar möglichst wenige, nacheinander jedoch alle.

Einheit ist jene gemeinsame Natur, an der, wie wir oben gesagt 69,6
haben, all das gleichermaßen teilhaben muß, was miteinander verglichen wird. Wenn nun in der Frage noch nichts davon bestimmt ist, können wir entweder eine von den bereits gegebenen Größen oder irgendeine beliebige andere an ihrer Stelle annehmen; diese wird dann das gemeinsame Maß aller anderen sein. Wir sehen ein, daß es in ihr so viele quantifizierbare Merkmale gibt, wie in den Außengliedern selbst, die miteinander verglichen werden sollen. Und wir begreifen sie entweder als etwas Ausgedehntes, wobei wir von allem anderen abstrahieren – und dann ist sie dasselbe wie der Punkt der Geometriker, wenn sie aus dessen Ineinanderübergehen eine Linie zusammensetzen –, oder als eine bestimmte Linie oder als ein Quadrat.

Was die Gestalten betrifft, so ist oben bereits gezeigt worden, 69,17
wie durch sie allein die Ideen aller Dinge konstruiert werden können. Es ist an dieser Stelle noch übrig, daran zu erinnern, daß wir von ihren unzähligen Arten hier nur diejenigen verwenden werden, durch die sich alle Unterschiede der äußeren Verhältnisse bzw. Proportionen ausdrücken lassen. Es gibt aber nur zwei Gattungen von Dingen, die sich miteinander vergleichen lassen: Mengen und Größen. Wir haben auch zwei Gattungen der Gestalten, um sie für unseren Begriff auseinanderzusetzen. Figuren, um eine Menge darzustellen, sind zum Beispiel die Punkte ∴, die die Zahl eines Dreiecks bezeichnen, oder der Baum, der

prosapiam explicat pater, filius,filia, ¦ &c., sunt figurae ad multitudinem exhibendam; illae autem, quae continuae sunt & indivisae, ut △, □tum, &c., magnitudines explicant[1].

C 70 Jam vero ut exponamus, quibusnam ex illis omnibus hic | simus usuri, sciendum est, omnes habitudines, quae inter entia ejusdem generis esse possunt, ad duo capita esse referendas, nempe ad ordinem, vel ad mensuram[2].

Sciendum praeterea, in ordine quidem excogitando non parum esse industriae, ut passim videre est in hac methodo, quae fere nihil aliud docet; in ordine autem cognoscendo, postquam inventus[3] est, nullam prorsus difficultatem contineri, sed facile nos posse juxta regulam septimam singulas partes ordinatas mente percurrere, quia scilicet in hoc habitudinum genere una ad alia[4] referuntur ex se solis, non autem mediante tertio, ut fit in mensuris, de quibus idcirco evolvendis tantum hic tractamus: agnosco enim, quis sit ordo inter A & B, nullo alio considerato praeter utrumque extremum; non autem agnosco, quae sit proportio magnitudinis inter duo & tria, nisi considerato quodam tertio, nempe unitate quae utriusque est communis mensura.

Sciendum etiam, magnitudines continuas beneficio ¦ unitatis assumptitiae posse totas interdum ad multitudinem reduci, & semper saltem ex parte; atque multitudinem unitatum posse postea tali ordine disponi, ut difficultas, quae ad mensurae cognitionem pertineat[5], tandem a solius ordinis inspectione dependeat, maximumque in hoc progressu esse artis adjumentum.

Sciendum est[6] denique, ex dimensionibus magnitudinis con⁝tinuae nullas plane distinctius concipi, quam longitudinem & latitudinem, neque ad plures simul in eadem figura esse atten-

[1] explicant] H: *kein Absatz* [2] mensuram] *Absatz von* AT. [3] inventus] H: inventuus; L: inventus; A, AT: inventum; *Crapulli verbessert nach* N. [4] una ad alia] A, AT: unae ad alias. [5] pertineat] AT: pertinebat. [6] est] H: *fehlt.*

¦ AT 452 ⁝ H 77 ¦ A 56

die Familie eines Menschen erklärt | Vater, Sohn, Tochter | usw.; Größen hingegen erklären diejenigen Figuren, die kontinuierlich und ungeteilt sind, wie △ und □ usw.

Um nun aber auseinanderzusetzen, welche von allen diesen 69,29
wir hier verwenden werden, muß man wissen, daß alle äußeren Verhältnisse, die zwischen Seienden derselben Gattung bestehen können, auf zwei Hauptpunkte zurückgeführt werden können, nämlich auf Ordnung oder Maß.

Außerdem muß man wissen, daß zwar nicht gerade geringe 70,4
Aktivität dazu gehört, die Ordnung auszudenken, wie durchgängig in dieser Methode zu sehen ist, die fast nichts anderes lehrt. Aber nachdem die Ordnung herausgefunden ist, bereitet es überhaupt keine Schwierigkeit, sie zu erkennen. Denn nach der siebten Regel können wir die geordneten Teile leicht im Geist durchlaufen, weil nämlich in dieser Gattung äußerer Verhältnisse das eine aus sich selbst heraus auf das andere bezogen ist und nicht vermittelt durch ein Drittes. Das ist aber bei den Maßen der Fall, die zu entwickeln wir deshalb hier allein abhandeln: Denn was die Ordnung zwischen *A* und *B* ist, erkenne ich, indem ich nichts anderes betrachte als beide Außenglieder; ich erkenne aber nicht, was das Größenverhältnis zwischen 2 und 3 ist, wenn ich nicht eine dritte betrachte, nämlich die Einheit, die das gemeinsame Maß beider ist.

Man muß auch wissen, daß die kontinuierlichen Größen dank 70,16
der angenommenen Einheit auf eine Menge zurückgeführt werden können, und zwar zuweilen allesamt, stets aber zumindest zu einem Teil. Die Menge der Einheiten kann danach in einer solchen Ordnung angelegt werden, daß die Schwierigkeit, die in der Erkenntnis des Maßes besteht, letztlich allein von dem Einblick in die Ordnung abhängt und daß in diesem Fortschritt das größte Hilfsmittel durch die Technik liegt.

Schließlich muß man wissen, daß von den quantifizierbaren 70,22
Merkmalen der kontinuierlichen Größen überhaupt keine deutlicher begriffen werden als Länge und Breite. Außerdem dürfen wir in derselben Figur nicht mehrere zugleich berücksichti-

dendum, ut duo diversa inter se comparemus: quoniam artis[1] est, si plura quam duo ¡ diversa inter se comparanda habeamus, illa successive percurrere, & ad duo duntaxat simul attendere.

Quibus animadversis, facile colligitur: hic non minus esse abstrahendas[2] propositiones ab ipsis figuris, de quibus Geometrae tractant, si de illis sit quaestio, quam ab alia quavis materia; nullasque ad hunc usum esse retinendas praeter superficies rectilineas & rectangulas, vel lineas rectas, quas figuras quoque appellamus, quia per illas non minus imaginamur subjectum vere exten-
C 71 sum quam per superficies, ut supra dictum | est; ac denique per[3] easdem figuras, modo magnitudines continuas, modo etiam multitudinem sive numerum esse exhibendum; neque quidquam simplicius, ad omnes habitudinum differentias exponendas, inveniri posse ab humana industria. ¦

REGULA XV

Juvat etiam plerumque has figuras describere & sensibus exhibere externis, ut hac ratione facilius nostra cogitatio retineatur attenta.

Quomodo autem illae pingendae sint, ut distinctius, dum oculis ipsis proponentur, illarum species in imaginatione nostra formentur, per se est[4] evidens: nam primo unitatem pingemus tribus modis, nempe per □tum, si attendamus ad illam ut longam & latam, vel per lineam, —, si ⁝ consideremus tantum ut longam, vel denique per punctum, •, si non aliud spectemus quam quod ex illa componatur multitudo; at quocumque modo pingatur & concipiatur, intelligemus semper eamdem esse subjectum omnimode

[1] artis] L: satis (*über einem unleserlichen Wort*). [2] esse abstrahendas] A, AT: abstrahendas esse. [3] per] H: *fehlt.* [4] est] A: *fehlt;* H: est videns.

¦ AT 453 ⁝ H 78 ¡ A 57

gen, wenn wir zwei verschiedene miteinander vergleichen wollen. Denn wenn wir mehr als zwei verschiedene miteinander zu vergleichen haben, besteht die Technik darin, sie nacheinander durchzugehen und nur zwei gleichzeitig zu berücksichtigen.

Wenn man dies beachtet, läßt sich leicht entnehmen, daß die 70,28
Propositionen hier genauso selbst von den Figuren, die die Geometriker abhandeln, abstrahiert werden müssen, wenn sich die Frage auf sie richtet, wie von irgendeiner anderen Materie. Für diese Verwendung dürfen nur geradlinige und rechtwinklige Oberflächen zurückbehalten werden oder gerade Linien, die wir auch Figuren nennen, weil wir durch sie genauso einen wahrhaft ausgedehnten Gegenstand anschauen wie durch eine Oberfläche, wie oben gesagt worden ist. Zu guter Letzt lassen sich durch dieselben Figuren sowohl kontinuierliche Größen als auch eine Menge bzw. Zahl darstellen. Die menschliche Aktivität kann nichts Einfacheres erfinden, um alle Unterschiede in den äußeren Verhältnissen auseinanderzusetzen.

REGEL XV

Es hilft meistens auch, diese Figuren aufzuzeichnen und den äußeren Sinnen darzustellen, um auf diese Weise unser Denken leichter aufmerksam halten zu können.

Wie solche Figuren gezeichnet werden müssen, damit sich ih- 71,8
re Erscheinungsbilder deutlicher in unserer Anschauung bilden, wenn sie vor Augen gestellt werden, ist durch sich selbst evident. Denn anfänglich zeichnen wir die Einheit auf drei Weisen, nämlich durch ein □, wenn wir sie berücksichtigen, insofern sie lang und breit ist, oder durch eine Linie —, wenn wir sie nur betrachten, insofern sie lang ist, oder schließlich durch einen Punkt ·, wenn wir nichts anderes betrachten als daß aus ihr eine Menge zusammengesetzt wird. Auf welche Weise auch immer sie aber gezeichnet und begriffen wird, immer sehen wir ein, daß sie ein Gegenstand ist, der in jeder Hinsicht ausgedehnt ist und unend-

extensum & infinitarum dimensionum[1] capax. Ita etiam terminos propositionis, si ad duas simul illorum magnitudines diversas attendendum sit, oculis exhibebimus per rectangulum, cujus[2] duo latera erunt duae magnitudines propositae: hoc modo 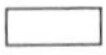, siquidem ⟨in⟩commensurabiles[3] sint cum unitate; vel hoc 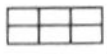, sive hoc : : : , si commensurabiles sint; nec amplius nisi de unitatum multitudine sit quaestio. Si ¦ denique ad unam tantum illorum magnitudinem attendamus, pingemus lineam[4] vel per 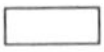, cujus unum latus sit magnitudo proposita, & aliud sit unitas, hoc modo 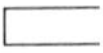, quod fit quoties eadem linea[5] cum aliqua |
C 72 superficie est comparanda; vel ⁝ per longitudinem solam, hoc pacto ____, si spectetur tantum ut longitudo incommensuarbilis; vel hoc pacto, ·····, si sit multitudo.

REGULA XVI

Quae vero praesentem mentis attentionem non requirunt, etiamsi ad conclusionem necessaria sint, illa melius est per brevissimas notas designare quam per integras figuras: ita enim memoria non poterit falli, nec tamen interim cogitatio distrahetur ad haec retinenda, dum aliis deducendis incumbit.

Caeterum, quia non plures quam duas dimensiones diversas, ex innumeris quae in phantasia nostra pingi possunt, uno & eodem, sive oculorum, sive mentis intuitu contem⁝plandas esse diximus: operae pretium est alias omnes[6] ita retinere, ut facile occurrant quoties usus exiget[7]; in quem finem memoria videtur a natura instituta. Sed quia haec saepe labilis est, & ne aliquam attentionis nostrae partem in eadem renovanda cogamur impendere, dum

[1] dimensionum] H: *fehlt.* [2] cujus] A: cujus loco. [3] ⟨in⟩commensurabiles] *Konj. von* AT; H, A: commensurabiles. [4] lineam] AT: illam. [5] linea] AT: *weggelassen.* [6] alias omnes] A, AT: omnes alias. [7] exiget] A, AT: exigit

¦ AT 454 ⁝ H 79 ⁝ A 58

lich viele quantifizierbare Merkmale haben kann. Wenn zugleich zwei verschiedene ihrer Größen zu berücksichtigen sind, werden wir ebenso auch die Merkmale der Proposition durch ein Rechteck vor die Augen führen, dessen zwei Seiten die beiden vorgelegten Größen sein werden: nämlich auf diese Weise ▭, wenn sie mit der Einheit ⟨in⟩kommensurabel sind, oder so ⊞, bzw. so ∶ ∶ ∶ , wenn sie kommensurabel sind und die Frage sich nur auf die Menge der Einheiten richtet. Wenn wir schließlich nur eine dieser Größen berücksichtigen, zeichnen wir die Linie entweder durch ▭, dessen eine Seite die vorgelegte Größe und die andere die Einheit ist, auf diese Weise ⊏ – das ist immer der Fall, wenn dieselbe Linie mit irgendeiner Oberfläche verglichen werden muß –, oder durch eine Länge allein, auf diese Weise — , wenn sie nur betrachtet wird, insofern sie mit der Länge inkommensurabel ist, oder auf diese Weise ···, wenn sie eine Menge ist.

REGEL XVI

Was keine gegenwärtige Aufmerksamkeit des Geistes erfordert, wird auch dann, wenn es für den Schluß notwendig ist, besser durch ganz kurze Kennzeichen bezeichnet als durch vollständige Figuren. Denn so wird sich das Gedächtnis nicht täuschen können, und das Denken wird dabei nicht dadurch abgelenkt, sie zu behalten, während es sich damit beschäftigt, anderes zu deduzieren.

Wir haben gesagt: Man kann in ein und derselben Intuition der Augen oder des Geistes nicht mehr als zwei verschiedene der unzähligen quantifizierbaren Merkmale überschauen, die in unserer Phantasie gemalt werden können. Deshalb lohnt es sich, alle anderen so aufzubewahren, daß man sie bei Bedarf immer leicht wiederfindet. Zu diesem Zweck scheint die Natur das Gedächtnis eingerichtet zu haben. Weil das Gedächtnis aber oft unzuverlässig ist, und damit wir nicht gezwungen sind, einen Teil unserer Aufmerksamkeit dafür aufzuwenden, es zu erneuern, während 72,10

aliis cogitationibus incumbimus, aptissime scribendi usum ars adinvenit; cujus ¦ ope freti, hic nihil prorsus memoriae committemus, sed liberam & totam praesentibus ideis phantasiam relinquentes, quaecumque erunt retinenda in charta pingemus; idque per brevissimas notas, ut postquam singula distincte inspexerimus juxta regulam nonam[1], possimus juxta undecimam omnia celerrimo cogitationis motu percurrere & quamplurima simul intueri.

Quidquid ergo ut unum ad difficultatis solutionem erit spectandum, per unicam notam designabimus, quae fingi potest ad libitum. Sed, facilitatis causa, utemur characteribus, *a*, *b*, *c*, &c., ad magnitudines jam cognitas, & *A*, *B*[2], *C* &c., ad incognitas exprimendas; quibus saepe notas numerorum, 2, 3, 4[3], &c., prae-
C 73 fi|gemus ad illarum multitudinem explicandam, & iterum subjungemus ad numerum relationum quae in iisdem erunt intelligendae: ut si scribam $2a^3$, idem erit ac si dicerem duplum magnitudinis notatae per litteram *a* tres relationes continentis. Atque hac industria non modo multorum verborum compendium faciemus, sed, quod praecipuum est, difficultatis terminos ita puros & nudos exhibebimus ut, etiamsi nihil utile omittatur, nihil tamen unquam in illis inve¦niatur superfluum, & quod frustra ingenii capacitatem occupet, dum plura simul erunt mente complectenda.

Quae omnia ut clarius intelligantur, primo advertendum est, Logistas consuevisse singulas magnitudines per plures unitates, sive per aliquem numerum designare, nos autem hoc in loco non minus abstrahere ab ipsis numeris, quam paulo ante a figuris Geo¦metricis, vel[4] quavis alia re. Quod agimus, tum ut longae & superfluae supputationis taedium ⁞ vitemus, tum praecipue,

[1] nonam] H: *fehlt.* [2] B] H: *fehlt.* [3] 2, 3, 4] A: 1 2 3 4. [4] vel] H: velis.

¦ AT 456 ⁞ H 80 ¦ A 59

wir mit anderen Gedanken beschäftigt sind, hat die Technik dafür ganz passend die Verwendung des Schreibens hinzuerfunden. Im Vertrauen auf seine Hilfe werden wir hier überhaupt nichts mehr dem Gedächtnis überlassen, sondern überlassen die Phantasie frei und vollständig den vorliegenden Ideen. Alles, was wir behalten müssen, notieren wir auf einem Papier, und zwar durch ganz kurze Kennzeichen, damit wir, nachdem wir gemäß Regel 9 deutlich in das Einzelne hineingeblickt haben, gemäß Regel 11 alles in einer äußerst schnellen Bewegung des Denkens durchlaufen und möglichst viel zugleich intuitiv erkennen können.

Wir werden also alles, was zur Lösung der Schwierigkeit als 72,25
ein Eines betrachtet werden muß, durch ein einziges Kennzeichen bezeichnen, das man sich nach Belieben konstruieren mag. Der Leichtigkeit halber werden wir die Zeichen *a*, *b*, *c* usw. verwenden, um bereits erkannte, und *A*, *B*, *C* usw. um unerkannte Größen auszudrücken. Diesen Zeichen werden wir mitunter 2, 3, 4 usw. als Kennzeichen der (An-)Zahlen voranstellen, um ihre Menge zu erklären; wir werden diese Zeichen ein weiteres Mal hinzufügen für die (An-)Zahl der Relationen, die in ihnen eingesehen werden können. Wenn ich zum Beispiel $2a^3$ schreibe, dann wird das dasselbe sein, als wenn ich sage: »Das zweifache der durch den Buchstaben a gekennzeichneten Größe, die drei Relationen enthält.« Durch diese Maßnahme werden wir nicht nur viele Worte sparen, sondern vor allem die Merkmale der Schwierigkeit so rein und bloß darstellen, daß man, obwohl nichts Nützliches ausgelassen ist, in ihnen niemals irgendetwas Überflüssiges finden wird, was das Fassungsvermögen der Geisteskraft dadurch unnötig mit Beschlag belegt, daß der Geist mehrere Dinge zugleich umfassen muß.

Um all dies klarer einzusehen, ist erstens zu beachten, daß die 73,11
Rechenmeister gewöhnt sind, einzelne Größen durch mehrere Einheiten, bzw. durch irgendeine Zahl zu bezeichnen. Wir hingegen abstrahieren an dieser Stelle genauso auch von den Zahlen wie kurz zuvor von den geometrischen Figuren oder irgendeinem anderen beliebigen Ding. Das tun wir zum einen, um den Überdruß einer langwierigen und überflüssigen Berechnung zu

ut partes subjecti, quae ad difficultatis naturam pertinent, maneant semper distinctae, neque numeris inutilibus involvantur: ut si quaeratur basis trianguli rectanguli, cujus latera data sint 9 & 12, dicet Logista illam esse $\sqrt{225}$ vel 15; nos vero pro 9 & 12 ponemus a & b, inveniemusque basim esse $\sqrt{a^2 + b^2}$, manebuntque distinctae illae duae[1] partes a^2 & b^2,[2] quae in numero sunt confusae.

Advertendum est etiam, per numerum relationum intelligendas esse proportiones illas[3] se continua serie[4] subsequentes, quas alii in vulgari Algebra per plures dimensiones & figuras conantur exprimere, & quarum primam vocant *radicem,* secundam □tum, tertiam *cubum,* quartam *biquadratum,* &c. A quibus nominibus me ipsum longo tempore deceptum fuisse confiteor: nihil enim videbatur imaginationi meae clarius posse proponi post lineam & quadratum, quam cubus & aliae figurae ad harum[5] similitudinem effictae; & non paucas quidem difficultates harum auxilio resolve-
C 74 bam. Sed tandem post multa expe|rimenta deprehendi, me nihil unquam per istum concipiendi modum invenisse, quod longe facilius & distinctius absque illo non potuissem agnoscere; atque omnino rejicienda esse talia nomina, ne conceptum turbent, quoniam eadem magnitudo, quamvis *cubus* vel *biquadratum* vocetur, nunquam tamen aliter quam ut linea vel superficies imaginationi est proponenda juxta regulam ¦ praecedentem. Maxime[6] igitur est notandum[7], *radicem, quadratum*[8], *cubum,* &c., nihil aliud esse quam magnitudines continue proportionales, quibus semper praeposita esse supponitur unitas illa assumptitia, de qua jam supra sumus locuti: ad quam unitatem prima proportionalis refertur immediate & per unicam relationem; secunda

[1] illae duae] A, AT: duae illae. [2] a^2 & b^2] A: a & b^2. [3] illas] A, AT: *fehlt.* [4] continua serie] A: continuo ordine. [5] harum] A, AT: horum. [6] Maxime] H: *fehlt.* [7] est notandum] A, AT: notandum est. [8] quadratum] H, A: quadratam. *Crap. folgt* AT.

¦ AT 457 ⁝ H 80 ¦ A 59

vermeiden, vor allem aber, damit die Teile des Gegenstandes, die zur Natur der Schwierigkeit gehören, stets deutlich bleiben und nicht durch unnötige Zahlen verwickelt werden. Wenn zum Beispiel nach der Basis eines rechtwinkligen Dreiecks gefragt wird, dessen Seiten als 9 und 12 gegeben sind, wird der Rechenmeister sagen, sie sei $\sqrt{225}$ oder 15; wir hingegen werden für 9 und 12 *a* und *b* setzen und herausfinden, daß die Basis $\sqrt{a^2 + b^2}$ ist. So werden die beiden Bestandteile a^2 und b^2 unterschieden bleiben, die in der Zahl verworren sind.

Es ist auch zu beachten, daß unter der Anzahl der Relationen 73,24
jene Verhältnisse verstanden werden müssen, die in kontinuierlicher Serie aufeinander folgen. Diese Verhältnisse versuchen die anderen in der gewöhnlichen Algebra durch mehrere quantifizierbare Merkmale und Figuren auszudrücken, von denen sie die erste *Wurzel,* die zweite □, die dritte *Kubus,* die vierte *Biquadrat* usw. nennen. Ich gestehe, mich selbst durch diese Namen lange Zeit getäuscht zu haben. Denn es erschien mir, meiner Anschauung könne nach der Linie und dem Quadrat nichts klarer vorgelegt werden als ein Kubus und die anderen nach ihrer Ähnlichkeit ausgebildeten Figuren. Und immerhin habe ich mit ihrer Unterstützung nicht wenige Schwierigkeiten gelöst. Aber nach vielen Experimenten habe ich schließlich entdeckt, daß ich niemals irgendetwas durch diesen Modus des Begreifens herausgefunden hatte, was ich nicht sehr viel leichter und deutlicher ohne ihn hätte erkennen können. Überhaupt müssen derartige Namen zurückgewiesen werden, damit sie den Begriff nicht in Unordnung bringen; denn gemäß der vorhergehenden Regel muß ja dieselbe Größe der Anschauung niemals anders denn als Linie oder Oberfläche vorgelegt werden, selbst wenn sie *Kubus* oder *Biquadrat* genannt wird. Demnach muß hier ganz besonders darauf hingewiesen werden, daß *Wurzel, Quadrat, Kubus* usw. nichts anderes sind als kontinuierlich proportionale Größen, bei denen vorausgesetzt wird, daß ihnen immer jene angenommene Einheit zugrundeliegt, über die wir oben bereits gesprochen haben. Die erste Proportionale bezieht sich auf diese Einheit unmittelbar

vero, mediante ⋮ prima, atque idcirco per duas relationes; tertia, mediante prima & secunda, & per tres relationes, &c. Vocabimus ergo deinceps *primam proportionalem,* magnitudinem illam, quae in Algebra dicitur *radix, secundam proportionalem,* illam quae dicitur □tum, & ita[1] de caeteris. ⁝

Denique advertendum est, etiamsi hic a quibusdam numeris abstrahamus difficultatis terminos ad examinandam ejus naturam, saepe tamen contingere, illam simpliciori modo resolvi posse in numeris datis, quam si ab illis fuerit abstracta: quod fit per duplicem numerorum usum, quem jam ante attigimus, quia scilicet iidem explicant, modo ordinem, modo mensuram; ac proinde, postquam illam generalibus terminis expressam quaesivimus, oportet[2] eamdem ad datos numeros revocare, ut videamus utrum forte aliquam simpliciorem solutionem nobis illi[3] suppeditent: ver. gr., postquam basim trianguli rectanguli ex lateribus *a* & *b* vidimus esse $\sqrt{a^2 + b^2}$, pro a^2 ponendum est[4] 81, & pro b^2, 144, quae, addita, sunt 225, cujus radix sive media proportionalis inter unitatem & 225 est 15; unde ¦ cognoscemus basim 15 esse commensurabilem lateribus 9 & 12, non generaliter ex eo quod sit basis ▭li △li, cujus unum latus est ad aliud, ut 3 ad 4.
C 75 Quae omnia distinguimus, nos qui rerum cognitionem | evidentem & distinctam quaerimus, non autem Logistae, qui contenti sunt, si occurrat illis summa quaesita, etiamsi non animadvertant quomodo eadem dependeat ex datis, in quo tamen uno scientia proprie consistit.

At vero generaliter observandum est, nulla unquam memoriae esse[5] mandanda ex iis, quae perpetuam attentionem non requirunt, si possimus ea in charta deponere, ne scilicet aliquam

[1] ita] A, AT: sic. [2] oportet] AT: oportere. [3] illi] A, AT: ibi. [4] est] *Konj. von Crap.*; H, A: esse. [5] memoriae esse] A, AT: esse memoriae.

¦ AT 458 ⋮ H 81 ⁝ A 60

und durch eine einzige Relation, die zweite Proportionale hingegen vermittels der ersten, und demgemäß durch zwei Relationen, die dritte vermittels der ersten und zweiten und durch drei Relationen usw. Wir werden also ab sofort diejenige Größe *erste Proportionale* nennen, die in der Algebra *Wurzel* genannt wird, die *zweite Proportionale* jene, die □ genannt wird und ebenso mit den Übrigen.

Schließlich ist zu beachten: Auch wenn wir hier die Merkmale der Schwierigkeit von bestimmten Zahlen abstrahieren, um 74,18
ihre Natur einer Prüfung zu unterziehen, passiert es dennoch oft, daß sie auf einfachere Weise gelöst werden kann, wenn die Zahlen gegeben sind, als wenn sie von ihnen abstrahiert worden ist. Dies geschieht durch die doppelte Verwendung der Zahlen, die wir vorher bereits berührt haben. Denn dieselben Zahlen erklären ja mal die Ordnung und mal das Maß. Deshalb ist es, nachdem wir nach dem gefragt haben, was in den allgemeinen Merkmalen ausgedrückt ist, angebracht, sie auf die gegebenen Zahlen zurückzuführen, damit wir sehen, ob sie uns nicht vielleicht zu irgendeiner einfacheren Lösung bringen. Zum Beispiel: Wir haben gesehen, daß $\sqrt{a^2 + b^2}$ die Basis des rechtwinkligen Dreiecks aus den Seiten a und b ist. Setzen für a^2 81 und für b^2 144 ein, die miteinander addiert 225 ergeben. Die Wurzel aus 225, bzw. die mittlere Proportionale zwischen der Einheit und 225, ist 15. Hieraus erkennen wir, daß die Basis 15 mit den Seiten 9 und 12 kommensurabel ist; wir erkennen es nicht allgemein daraus, daß die es die Basis eines ▭ligen △ ist, dessen eine Seite sich zur anderen wie 3 zu 4 verhält. Wir, die wir nach einer evidenten und deutlichen Erkenntnis der Dinge fragen, unterscheiden all dies; nicht aber die Rechenmeister, die zufrieden sind, wenn sie die fragliche Summe haben, auch wenn sie nicht bemerken, wie diese Summe von den Gegebenen abhängt, obgleich darin eigentlich das Wissen besteht.

Was allgemein eingehalten werden muß, ist: Es darf niemals 75,5
etwas dem Gedächtnis überlassen werden, das keine unablässige Aufmerksamkeit erfordert, wenn wir es auf ein Papier schrei-

ingenii nostri partem objecti praesentis cognitioni supervacua recordatio surripiat; & index quidem[1] faciendus est, in quo terminos quaestionis, ut prima vice erunt propositi, scribemus; deinde quomodo iidem abstrahantur[2], & per ⁞ quas notas designentur, ut, postquam in ipsis notis solutio fuerit reperta, eamdem facile, sine ullo memoriae adjumento, ad subjectum particulare, de quo erit quaestio, applicemus; nihil enim unquam abstractum est nisi ex aliquo minus generali. Scribam igitur[3] hoc modo: quaeritur basis *AC* in △lo ▭ lo *ABC*[4], & abstraho difficultatem, ut generaliter quaeratur magnitudo basis ex magnitudinibus laterum; deinde[5] pro *AB*, quod est 9, pono *a*, pro *BC*, quod est 12, pono *b*,[6] & sic de caeteris. ¦

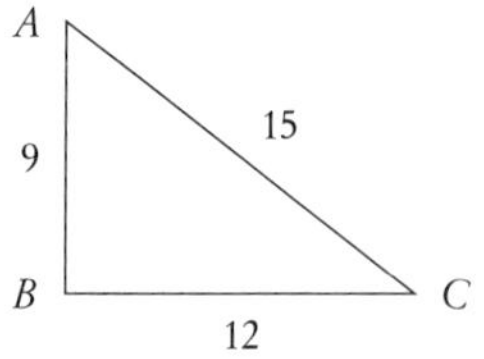

Notandumque est, his quatuor regulis nos adhuc usuros in tertia parte hujus tractatus, & paulo latius sumptis, quam hic fuerint
C 76 explicatae, ut dicetur suo loco. ¦|

[1] quidem] AT: quidam. [2] iidem abstrahantur] A, AT: abstrahantur iidem. [3] nihil … Scribam igitur] H: nihil … scribamij tȝ. [4] *AC* in △lo ▭ lo ABC] H: ac ex △ ▭ lo abc; A: ac in △ ▭ lo abc. [5] deinde] H: *fehlt.* [6] pro *AB* … *a*, pro *BC* … *b*] H: pro *ab* … *a*, pro *bc* .. *b*; *Crap. verbessert nach* N.

¦ AT 459 ⁞ H 82 ¦ A 61

ben können; denn keine überflüssige Erinnerung soll irgendeinen Teil unserer Geisteskraft von der Erkenntnis des vorliegenden Objekts abziehen. Außerdem ist ein Verzeichnis anzulegen, in das wir die Merkmale der Frage schreiben werden, so wie sie beim ersten Mal vorgelegt werden, und danach, wie sie abstrahiert werden, und durch welche Kennzeichen sie bezeichnet wird, damit wir sie, nachdem in den Kennzeichen selbst die Lösung gefunden ist, leicht auf den besonderen Gegenstand, auf den sich die Frage richtet, anwenden können, und zwar ohne irgendein Hilfsmittel des Gedächtnisses. Denn stets wird etwas aus etwas abstrahiert, das weniger allgemein ist. Ich werde deshalb auf diese Weise schreiben: Gefragt wird nach der Basis *AC* im ▭ligen △ *ABC*. Ich abstrahiere die Schwierigkeit, so daß allgemein nach der Größe der Basis aus den Größen der Seiten gefragt wird. Dann setze ich *a* für *AB*, was 9 ist, *b* für *BC*, was 12 ist, und ebenso bei dem Übrigen.

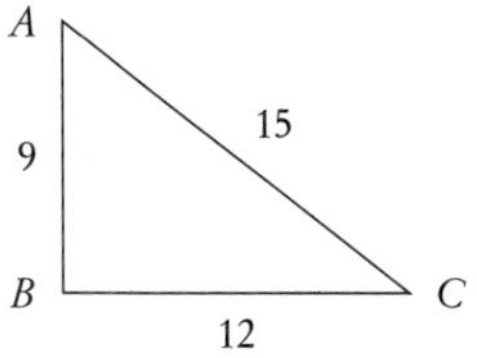

Es muß darauf hingewiesen werden, daß wir diese vier Regeln 75,21
außerdem im dritten Teil dieses Traktats verwenden werden, und zwar etwas weiter aufgefaßt als sie hier erklärt worden sind, wie an geeigneter Stelle gesagt werden wird.

REGULA XVII

Proposita difficultas directe[1] *est percurrenda, abstrahendo ab eo quod quidam ejus termini sint cogniti, alii incogniti, & mutuam singulorum ab aliis dependentiam per veros discursus intuendo.*

Superiores quatuor regulae docuerunt, quomodo determinatae difficultates & perfecte intellectae a singulis subjectis abstrahendae sint, & eo reducendae, ut nihil aliud quaeratur postea, quam magnitudines quaedam cognoscendae, ex eo quod per hanc vel illam habitudinem referantur[2] ad quasdam datas. Jam vero in his quinque regulis sequentibus exponemus, quomodo eaedem difficultates ita sint subigendae, ut quotcumque[3] erunt in una propositione magnitudines ignotae sibi invicem omnes subordinentur, & quemadmodum prima erit ad unitatem, ita secunda sit ad primam, tertia ad secun⁝dam, quarta ad tertiam, & sic consequenter, si tam multae sint, summam faciant aequalem magnitudini cuidam cognitae; idque methodo tam certa, ut hoc pacto tute asseramus, illas nulla industria ad simpliciores terminos reduci potuisse.

Quoad praesentem vero, notandum est, in omni quaestione per deductionem resolvenda quamdam esse ¦ viam planam & directam, per quam omnium facillime ex unis terminis ad alios transire possumus, caeteras autem omnes esse difficiliores & indirectas[4]. Ad quod intelligendum, meminisse oportet eorum quae dicta sunt ad regulam undecimam, ubi exposuimus qualis sit catenatio propositionum[5], quarum singulae si cum vicinis conferantur, facile percipimus quomodo etiam prima & ultima se invicem

[1] directe] H: directa. [2] referantur] H: referatur. [3] quotcumque] H: quotae; L: quotumque. [4] caeteras … indirectas] AT: caeteras indirectas; H, A: caeteros … indirectos. [5] propositionum] H: proportionum.

¦ AT 460 ⁝ H 83 ¦ A 61

REGEL XVII

Die vorgelegte Schwierigkeit muß direkt durchgegangen werden, wobei wir davon abstrahieren, daß bestimmte ihrer Merkmale erkannt, andere unerkannt sind, und indem wir die wechselseitige Abhängigkeit der einzelnen Merkmale von den anderen durch wahre Diskurse intuitiv erkennen.

Die obigen vier Regeln haben gelehrt, wie Schwierigkeiten, die 76,1
bestimmt und vollkommen eingesehen sind, von den einzelnen Gegenständen abstrahiert und so weit zurückgeführt werden müssen, damit später nur noch danach gefragt wird, bestimmte Größen daraus zu erkennen, daß sie sich durch dieses oder jenes äußere Verhältnis auf bestimmte gegebene Größen beziehen. In den folgenden fünf Regeln hingegen werden wir jetzt auseinandersetzen, wie diese Schwierigkeiten so durchgearbeitet werden müssen, daß alle unbekannten Größen, so viele es auch in einer Proposition geben wird, einander untergeordnet sein werden, damit genauso, wie die erste sich zur Einheit verhält, die dritte sich zur zweiten und die vierte zur dritten verhält, und folgerichtig weiter, bis sie, wenn sie entsprechend viele sind, eine Summe bilden, die einer bestimmten erkannten Größe gleich ist – und das alles durch eine so sichere Methode, daß wir auf diese Weise mit Sicherheit behaupten können, daß sie durch keine Maßnahme auf einfachere Merkmale hätte zurückgeführt werden können.

Gegenwärtig aber muß darauf hingewiesen werden, daß es bei 76,15
jeder Frage, die durch Deduktion aufzulösen ist, einen offenen und direkten Weg gibt, auf dem wir am leichtesten von den einen Merkmalen zu den anderen übergehen können. Dieser Weg ist der leichteste von allen, während alle übrigen schwieriger und indirekt sind. Um das einzusehen, ist es angebracht, sich an die Erläuterung zur elften Regel zu erinnern. Dort haben wir auseinandergesetzt, wie die Verkettung der Propositionen beschaffen ist; denn wenn wir einzelne Propositionen mit den benachbarten vergleichen, erfassen wir auch leicht, wie die erste und die letz-

respiciant, etiamsi non tam facile ab extremis intermedias de-
ducamus. Nunc igitur si dependentiam singularum ab invicem,
nullibi interrupto ordine, intueamur, ut inde inferamus quomo-
do ultima a prima dependeat[1], difficultatem directe percurremus;
sed contra, si ex eo quod primam & ultimam certo modo inter se
connexas esse cognoscemus, vellemus deducere quales sint me-
diae quae illas conjungunt, hunc[2] omnino ordinem indirectum
& praeposterum sequeremur. Quia vero hic versamur tantum cir-
ca quaestiones involutas, in quibus scilicet ab extremis[3] cognitis
quaedam intermedia turbato ordine sunt cognoscenda, totum
C77 hujus loci artificium consistet in eo quod, | ignota pro co⁝gnitis
supponendo, possimus facilem & directam quaerendi viam nobis
praeparare[4], etiam in difficultatibus quantumcumque intricatis;
neque quicquam impedit quominus id semper fiat, cum suppo-
suerimus ab initio hujus partis, nos agnoscere eorum, quae in
quaestione sunt ignota, talem esse depen¦dentiam a cognitis, ut
plane ab illis sint determinata, adeo ut si reflectamus ad illa ipsa,
quae primum occurrunt, dum illam determinationem agnosci-
mus, & eadem licet ignota inter cognita numeremus, ut ex[5] illis
gra⁝datim & per veros discursus caetera omnia etiam cognita,
quasi essent ignota, deducamus, totum id quod haec regula prae-
cipit, exequemur: cujus rei exempla, ut etiam plurimorum ex
iis quae deinceps sumus dicturi, ad regulam vicesimamquartam
reservamus, quoniam ibi commodius exponentur[6].

[1] dependeat] H: dependeant. [2] hunc] *Springmeyer liest* H: tunc; A: hunc. [3] extremis] A: externis. [4] praeparare] A, AT: proponere. [5] illam … ex] H: *fehlt.* [6] exponentur] H: ponentur.

¦ AT 461 ⁝ H 84 ¦ A 62

te aufeinander bezogen sind, auch wenn wir die mittleren nicht ebenso leicht aus den Außengliedern deduzieren können. Wir werden also die Schwierigkeit direkt durchlaufen, wenn wir die Abhängigkeit der einzelnen Propositionen voneinander in einer nirgendwo unterbrochenen Ordnung intuitiv erkennen, um daraus abzuleiten, wie die letzte von der ersten abhängt; hingegen würden wir einer insgesamt indirekten und verkehrten Ordnung folgen, wenn wir erkennen, daß die erste und die letzte in sicherer Weise miteinander verknüpft sind, und daraus deduzieren wollen, wie die mittleren, die sie verbinden, beschaffen sind. Hier aber befassen wir uns nur mit verwickelten Fragen, bei denen nämlich aus erkannten Außengliedern bestimmte mittlere in einer durcheinandergeratenen Ordnung erkannt werden müssen. Deshalb besteht an dieser Stelle der ganze Kunstgriff darin, uns einen leichten und direkten Weg des Fragens zu bereiten, indem wir das Unbekannte als erkannt voraussetzen, und zwar auch bei beliebig komplizierten Schwierigkeiten. Es spricht auch nichts dagegen, daß dies immer möglich ist. Denn wir haben vom Anfang dieses Teils an vorausgesetzt, daß wir erkennen, daß die Abhängigkeit dessen, was in der Frage unbekannt ist, von dem Erkannten eine solche ist, daß es völlig von ihm bestimmt ist. Wenn wir daher, während wir jene Bestimmung erkennen, über das nachdenken, was zuerst vorkommt, und es, obwohl es unbekannt ist, zu dem Erkannten zählen, so daß wir aus ihm Schritt für Schritt und durch wahre Auseinandersetzungen auch alles übrige Erkannte deduzieren, gewissermaßen als wäre es unbekannt, dann werden wir alles ausführen, was diese Regel vorschreibt. Beispiele für diesen Sachverhalt wie auch der meisten von denen, die wir im weiteren sagen werden, verschieben wir auf die Regel vierundzwanzig, da es dort bequemer auseinandergesetzt werden kann.

REGULA XVIII

Ad hoc quatuor tantum operationes requiruntur, additio, subtractio, multiplicatio, & divisio; ex quibus duae ultimae saepe hic non sunt absolvendae, tum ne quid temere involvatur, tum quia facilius postea perfici possunt.

Multitudo regularum saepe ex Doctoris imperitia procedit, & quae ad unicum generale praeceptum possent reduci, minus perspicua sunt si in multa particularia dividantur: quamobrem hic nos operationes omnes, quibus utendum est in quaestionibus percurrendis, id est, in quibusdam magnitudinibus ex aliis deducendis, ad quatuor tantum capita redigimus; quae qumodo sufficiant, ex ipsorum explicatione cognoscetur. ¦

Nempe si ad unius magnitudinis cognitionem perveniamus, ex eo quod habemus partes ex quibus componitur, id fit per additionem; si agnoscamus partem ex eo quod habemus totum, & excessum totius supra eamdem partem, hoc fit per subtractio-
C 78 nem; neque pluribus modis aliqua magnitudo ex aliis absolute | sumptis, & in quibus aliquo modo contineatur, potest deduci. Si vero aliqua invenienda[1] sit ex aliis a quibus sit plane diversa, & in quibus nullo modo contineatur, necesse est ut ad illas aliqua ratione referatur: atque haec relatio sive habitudo si sit directe[2] persequenda, tunc utendum est multiplicatione; si indirecte, divisione. ¦

Quae duo ut clare exponantur, sciendum est unitatem[3], de ⁞ qua jam sumus locuti, hic esse basim & fundamentum omnium relationum, atque in serie magnitudinum continue proportionalium primum gradum occupare[4], datas autem magnitudines in secundo gradu contineri, & in tertio, quarto, & reliquis quaesitas,

[1] invenienda] A: intermedia. [2] directe] H: recte; L: directe. [3] unitatem] A: veritatem. [4] occupare] A, AT: obtinere.

¦ AT 462 ⁞ H 85 ¦ A 63

REGEL XVIII

Dazu sind lediglich vier Operationen erforderlich, Addition, Subtraktion, Multiplikation und Division, wobei die letzten beiden hier oft nicht durchgeführt werden dürfen, zum einen, um nicht unversehens etwas zu verwickeln, und zum anderen, weil sie sich später leichter durchführen lassen.

Die Menge der Regeln entspringt oft der Ahnungslosigkeit der 77,20
Gelehrten. Was auf eine einzige allgemeine Vorschrift reduziert werden könnte, ist weniger transparent, wenn es in viele besondere geteilt wird. Deshalb führen wir hier alle Operationen, die man verwenden muß, wenn man Fragen durchgeht – das heißt: wenn bestimmte Größen aus anderen zu deduzieren sind –, auf nur vier Hauptpunkte zurück. Wieso diese ausreichen, wird aus ihrer Erklärung zu erkennen sein.

Wenn wir nämlich dadurch zu der Erkenntnis einer Größe 77,27
gelangen, daß wir die Teile haben, aus denen sie zusammengesetzt ist, geschieht dies durch Addition. Wenn wir den Teil daraus erkennen, daß wir das Ganze haben, und die Abweichung des Ganzen über diesen Teil hinaus, geschieht dies durch Subtraktion. Jede Größe muß auf eine von diesen beiden Weisen aus anderen Größen deduziert werden, die als absolut genommen werden und in denen sie in irgendeiner Weise enthalten ist. Wenn aber eine Größe aufgrund von anderen herausgefunden werden soll, von denen sie ganz verschieden und in denen sie in keiner Weise enthalten ist, ist es nötig, sie in irgendeiner Weise auf sie zu beziehen. Wenn nun diese Relation bzw. dieses äußere Verhältnis direkt durchzugehen ist, ist die Multiplikation zu verwenden, wenn indirekt, die Division.

Um diese beiden Operationen klar auseinanderzusetzen, muß 78,7
man wissen, daß die Einheit, über die wir bereits gesprochen haben, hier die Basis und das Fundament aller Relationen bildet und auf der ersten Stufe in der Serie der kontinuierlich proportionalen Größen steht. Die gegebenen Größen hingegen stehen auf der zweiten Stufe, die fraglichen auf der dritten, vierten und

si proportio[1] sit[2] directa; si vero[3] indirecta, quaesitam in secundo & aliis intermediis gradibus contineri, & datam in ultimo[4]. ¦

Nam si dicatur, ut unitas ad *a* vel ad 5 datam, ita *b* sive 7 data ad quaesitam, quae est *ab* vel 35, tunc *a* & *b* sunt in secundo gradu, & (*ab*)[5], quae producitur ex illis, in tertio. Item si addatur, ut unitas ad *c* vel 9, ita *ab* vel 35 ad quaesitam *abc* vel 315, tunc *abc* est in[6] quarto gradu, & generatur per duas multiplicationes ex *ab* & *c*, quae sunt in secundo gradu, & sic de reliquis. Item, ut unitas ad *a* ⟨vel⟩ 5,[7] ita *a* ⟨vel⟩ 5 ad a^2 sive 25; & rursum, ut unitas ad ⟨*a* vel⟩ 5, ita a^2 ⟨vel⟩ 25 ad a^3 ⟨vel⟩ 125;[8] & denique, ut unitas ad *a* ⟨vel⟩ 5, sic a^3 ⟨vel⟩ 125 ad[9] a^4 quod est 625,[10] &c.:[11] neque enim aliter fit multiplicatio, si eadem magnitudo ducatur per se ipsam, quam si per aliam plane diversam duceretur.

Jam vero si dicatur, ut unitas ad *a* vel 5 datum divisorem, ita *B* vel 7[12] quaesita ad *ab* vel 35 datum dividendum, tunc est ordo turbatus & indirectus: quapropter *B* quaesita non habetur, nisi dividendo *ab* datam per *a* etiam datam. Item, si dicatur, ut unitas ad *A* ⟨vel⟩ 5 quaesitam, ita *A* vel 5 quaesita ad a^2 vel[13] 25 datam; sive,
C 79 ut unitas ad *A*⟨vel⟩5 quaesitam, sic A^2 vel 25 | etiam[14] quaesita ad a^3 vel 125 datam; & sic de caeteris. Haec omnia complectimur sub nomine *divisionis,* quamvis[15] notandum sit has posteriores hujus species majorem continere difficultatem quam priores, quia saepius in illis reperitur[16] magnitudo quaesita, quae proinde plures relationes involvit. Idem enim est horum exemplorum sensus, ac si diceretur extrahendam esse radicem qua¦dratam ex a^2 sive[17]

[1] proportio] H, A: propositio; *Crapulli folgt der Konj.* von AT *und* Buchenau. [2] sit] A: *fehlt.* [3] vero] A: vero sit. [4] ultimo] *Absatz von* AT. [5] (*ab*)] A: *ab*. [6] in] H: *fehlt;* L: *hinzugefügt.* [7] *a* ⟨vel⟩ 5] H: as. [8] sive ... a^3] H: *fehlt;* a^3] A: a^2; *Crapulli folgt* N. [9] ad] H: *fehlt.* [10] Item ut unitas ... 625] AT: *wiederholt ergänzt durch* ⟨vel⟩; Crap.: *Zahlen in Klammern* [11] Item ... 625, &c.:] *Crapulli folgt hier und im Weiteren den Hinzufügungen* ⟨vel⟩ *von* AT. [12] 7] A: r. [13] a^2 vel] A: A^2. [14] etiam] A, AT: *fehlt.* [15] quamvis] H: *fehlt;* L: licet. [16] reperitur] H: repetitur. [17] a^2 sive] H: â sive.

¦ AT 464 ¦ H 85 ¦ A 63

den übrigen – wenn die Proposition direkt ist. Wenn sie indirekt ist, steht die fragliche auf der zweiten und anderen dazwischenliegenden Stufen, und die gegebene auf der letzten.

Denn wenn man sagt: Wie die Einheit sich zu a oder zu der 78,14
gegebenen 5 verhält, so verhält sich b bzw. die gegebene 7 zur fraglichen Größe ab oder 35: Dann stehen a und b auf der zweiten Stufe, und ab, das aus ihnen produziert wird, auf der dritten. Ebenso wenn man hinzufügt: Wie die Einheit sich zu c oder 9 verhält, so verhält sich ab oder 35 zur fraglichen Größe abc oder 315: Dann steht abc auf der vierten Stufe und wird durch zwei Multiplikationen aus a, b und c erzeugt, die sich auf der zweiten Stufe befinden, und ebenso mit dem Übrigen. Ebenso, wie sich die Einheit zu a oder 5 verhält, so verhält sich a oder 5 zu a^2 bzw. 25. Und wie sich die Einheit zu a oder 5 verhält, so verhält sich a^2 oder 25 zu a^3 oder 125. Und schließlich, wie sich die Einheit zu a oder 5 verhält, so verhält sich a^3 oder 125 zu a^4, das 625 ist usw. Denn die Multiplikation geschieht genauso, ob nun dieselbe Größe mit sich selbst oder mit einer völlig verschiedenen multipliziert wird.

Wenn man nun aber sagt: Wie sich die Einheit zu dem gegebe- 78,26
nen Teiler a oder 5 verhalt, so verhält sich das fragliche B oder 7 zu dem gegebenen Zu-Teilenden oder 35, dann ist die Ordnung durcheinander und indirekt. Deswegen erhält man das gesuchte B nur, wenn man das gegebene ab durch das ebenfalls gegebene a teilt. Ebenso, wenn man sagt: Wie sich die Einheit zu dem fraglichen A oder 5 verhält, so verhält sich das fragliche A oder 5 zu dem gegebenen a^2 oder 25; bzw., wie sich die Einheit zu dem gesuchten A oder 5 verhält, so verhält sich das ebenfalls fragliche A^2 oder 25 zu dem gegebenen a^3 oder 125; und ebenso bei dem Übrigen. Alles dies beinhaltet für uns der Name *Division.* Gleichwohl sei darauf hingewiesen, daß die letztgenannten Vertreter dieser Art eine größere Schwierigkeit enthalten als die erstgenannten, weil man in ihnen die fragliche Größe öfter antrifft, die demnach mehrere Relationen einschließt. Der Sinn dieser Beispiele ist nämlich derselbe, ob man nun sagt, man müsse die Quadratwurzel aus a^2 bzw. aus 25, oder die Kubikwurzel aus

⟨ex⟩25, vel cubicam ex a^3 sive ex 125, & sic de caeteris; qui mos ⁞ loquendi est apud Logistas usitatus. Vel ut etiam[1] Geometrarum terminis illas explicemus, idem est ac si diceretur inveniendam esse mediam proportionalem inter magnitudinem illam assumptitiam, quam unitatem appellamus[2], & illam quae designatur per a^2, vel duas medias proportionales inter unitatem & a^3, & ita de aliis[3].

Ex quibus facile colligitur, quomodo hae duae operationes sufficiant ad magnitudines quascumque inveniendas, quae propter ali¦quam relationem ex aliis sint deducendae. Atque his intellectis, sequitur ut exponamus quomodo hae operationes ad imaginationis examina[4] sint revocandae, & quomodo etiam ipsis oculis exhibendae, ut tandem postea illarum usum sive praxim explicemus.

Si additio[5] vel subtractio faciendae sint, concipimus subjectum sub ratione lineae, sive sub ratione magnitudinis extensae, in qua sola longitudo est spectanda: nam si addenda sit linea 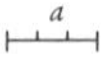 ad lineam , unam alteri adjungimus hoc modo 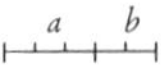 & producitur 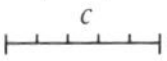.[6] ¦ Si autem minor ex majori tollenda sit, nempe  ex 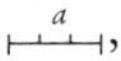, unam supra aliam applicamus hoc modo 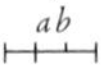 & ita habetur illa pars majoris quae a minori tegi non potest, nempe[7] 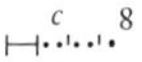.[8] In multiplicatione concipimus etiam magnitudines datas
C 80 sub ratione linearum; sed | ex illis 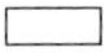 fieri imaginamur: nam si multiplicemus[9] 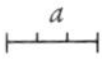 per , unam alteri aptamus ad angulos rectos hoc modo 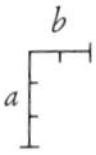 & fit[10] rectangulum 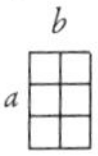;[11] ¦⁞ iterum si velimus multiplicare 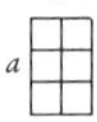 per , oportet concipere ab ut

[1] cubicam … etiam] H: *fehlt.* [2] appellamus] A, AT: vocamus. [3] aliis] H: *kein Absatz.* [4] examina] A, AT: examen. [5] additio] H, A: divisio; *Crapulli folgt der Konj. von* AT. [6] Abb.] AT: *Absatz.* [7] nempe] H: *fehlt.* [8] Abb.] AT: Absatz. [9] multiplicemus] H: multiplicamus. [10] fit] H: sit. [11] Abb.] AT: Absatz.

¦ AT 466 ⁞ H 87 ¦ A 64

a^3 bzw. aus 125 ziehen, und ebenso bei dem Übrigen. Dies ist die bei den Rechenmeistern gebräuchliche Redeweise. Damit wir sie aber auch in den Termini der Geometriker erklären: Es ist dasselbe, ob man nun sagt, daß die mittlere Proportionale zwischen jener angenommenen Größe, die wir Einheit nennen, und jener, die durch a^2 bezeichnet wird, herausgefunden werden muß, oder die beiden mittleren Proportionalen zwischen der Einheit und a^3, und ebenso bei dem anderen.

Daraus läßt sich leicht entnehmen, wieso diese beiden Opera- 79,14
tionen ausreichen, um beliebige Größen herauszufinden, die aufgrund irgendeiner Relation aus anderen deduziert werden müssen. Nachdem dies eingesehen ist, folgt, daß wir auseinandersetzen, wie diese Operationen den Prüfungen der Anschauung zu unterziehen und wie sie vor Augen zu führen sind, damit wir danach zu guter Letzt ihre Verwendung d. h. ihre Praxis erklären können.

Wenn wir eine Addition oder Subtraktion durchführen müs- 79,21
sen, begreifen wir den Gegenstand unter der Hinsicht einer Linie, bzw. unter der Hinsicht einer ausgedehnten Größe, in der allein die Länge zu betrachten ist. Wenn wir zum Beispiel die Linie  zu der Linie  addieren müssen, fügen wir die eine der anderen in dieser Weise 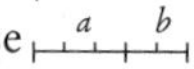 hinzu und es wird 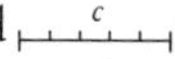 produziert. Wenn wir aber die kleinere von der größeren abziehen sollen, nämlich  von 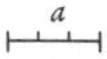, legen wir die eine in dieser Weise 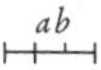 über die andere, und erhalten so jenen größeren Teil, der von dem kleineren nicht bedeckt werden kann, nämlich 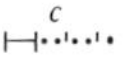. Bei einer Multiplikation begreifen wir auch die gegebenen Größen unter der Hinsicht von Linien; aber wir schauen sie an, als ob sie ein 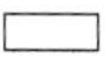 bilden. Denn wenn wir 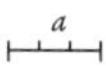 mit  multiplizieren, legen wir die eine Linie im rechten Winkel in dieser Weise 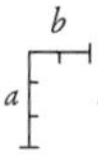 an die andere an, und es entsteht ein Rechteck 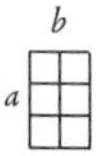. Wenn wir 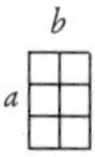 wiederum mit 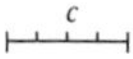 multiplizieren wollen, ist es nötig, *ab* als

lineam, nempe 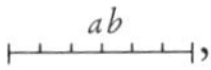, ut fiat 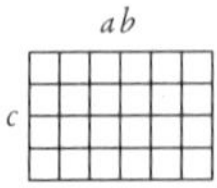 pro *abc*.[1] Denique in divisione, in qua divisor est datus, magnitudinem dividendam imaginamur esse rectangulum, cujus unum latus est divisor, & aliud est quotiens: ut si rectangulum Abb. 19 dividendum sit per 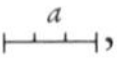, tollitur ab illo altitudo[2] 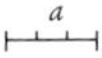 & remanet  pro quotiente; ¦ vel contra, si idem dividatur per *b*, tolletur latitudo  & quotiens erit 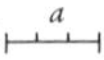. ¦

In illis autem divisionibus, in quibus divisor non est datus, sed tantum per aliquam relationem designatus, ut cum dicitur extrahendam esse radicem quadratam vel cubicam &c., tunc notandum est, terminum dividendum & alios omnes semper concipiendos esse ut lineas in serie continue proportionalium existentes, quarum prima est unitas, & ultima est magnitudo dividenda. Quomodo autem inter hanc & unitatem quotcumque mediae proportionales inveniendae sint, dicetur suo loco; & jam monuisse sufficit[3], nos supponere tales operationes hic nondum
C 81 absolvi, cum per motus imaginationis indirectos & reflexos | faciendae sunt[4]; & nunc agemus[5] tantum de quaestionibus directe percurrendis.

Quod attinet ad alias operationes, facillime quidem absolvi ⁝ possunt eo modo, quo illas concipiendas esse diximus. Superest tamen exponendum, quomodo illarum termini sint praeparandi: nam etiamsi, cum primum versamur circa aliquam difficultatem, nobis liberum sit ejus terminos concipere ut lineas, vel ut 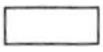 la, nec alias unquam figuras illis tribuamus, ut dictum est ad

[1] Abb.] AT: Absatz. [2] altitudo] H, A, AT: latitudo. [3] sufficit] A, AT: sufficiat. [4] sunt] A, AT: sint. [5] agemus] A, H: agemus; *Crapulli folgt der Konj. von* AT.

¦ AT 467 ⁝ H 88 ¦ A 65

Linie zu begreifen, nämlich 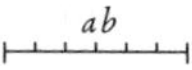, so daß sich 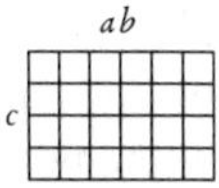 für *abc* ergibt. Schließlich schauen wir bei einer Division, in der der Teiler gegeben ist, die zu teilende Größe als Rechteck an, dessen eine Seite der Teiler und die andere der Quotient ist: Wenn wir zum Beispiel das Rechteck 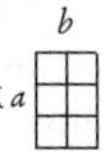 durch 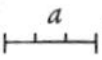 teilen müssen, ziehen wir von seiner Höhe 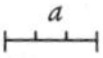 ab, und es verbleibt  als Quotient. Wenn wir dagegen dasselbe Rechteck durch *b* teilen müssen, ziehen wir die Breite  ab, und der Quotient wird 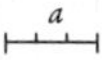 sein.

In bezug auf jene Divisionen, bei denen der Teiler nicht gege- 80,12
ben ist, sondern nur durch irgendeine Relation bezeichnet wird – wie wenn es heißt, es müsse die Quadratwurzel oder die Kubikwurzel gezogen werden usw. –, muß darauf hingewiesen werden, daß der Term (terminus), der geteilt werden soll, und alle anderen immer als Linien begriffen werden müssen, die in einer Serie kontinuierlicher Proportionen stehen (existere), deren erste die Einheit und die letzte die Größe ist, die geteilt werden soll. Wie sich aber zwischen dieser und der Einheit beliebig viele mittlere Proportionale herausfinden lassen, wird an geeigneter Stelle gesagt werden. Es genügt hier, daran zu erinnern, daß wir voraussetzen, daß wir diese Operationen hier noch nicht erledigt haben, da sie durch indirekte und reflektierte Bewegungen der Anschauung angestellt werden müssen. Jetzt thematisieren wir nur Fragestellungen, die direkt durchlaufen werden können.

Was die anderen Operationen betrifft, so können sie zwar 81,3
ganz leicht in der Weise erledigt werden, in der sie, wie gesagt, begriffen werden müssen. Gleichwohl steht noch aus, auseinanderzusetzen, wie ihre Terme vorbereitet werden müssen. Denn wenn wir uns zuerst mit irgendeiner Schwierigkeit beschäftigen, steht es uns zwar frei, ihre Terme als Linien oder als  zu begreifen. Dennoch: Obwohl wir ihnen niemals andere Figuren

regulam decimam quartam, frequenter tamen in decursu[1] rectangulum, postquam ex duarum ¦ linearum multiplicatione fuit productum, mox concipiendum est ut linea, ad aliam operationem faciendam[2]; vel idem □lum aut linea ex aliqua additione[3] aut subtractione producta mox concipienda est ut aliud quoddam □lum supra lineam designatam[4], per quam est dividendum.

Est igitur operae pretium hic exponere, quomodo omne rectangulum possit in lineam transformari, & vicissim linea aut etiam □lum in aliud □lum, cujus latus sit designatum; quod facillimum est Geometris, modo animadvertant per lineas, quoties illas[5] cum aliquo □lo comparamus, ut hoc in loco, nos semper concipere □la, quorum unum latus est longitudo illa quam pro unitate assumpsimus. Ita enim totum[6] hoc negotium ad talem propositionem reducitur: dato □lo aliud aequale construere supra datum latus.

Quod, etiamsi vel Geometrarum pueris sit tritum, placet tamen exponere ne quid videar omisisse. [*Caetera desiderantur.*] ¦

REGULA XIX

Per hanc ratiocinandi methodum quaerendae sunt tot magnitudines duobus modis differentibus expressae, quot ad difficultatem directe percurrendam terminos incognitos pro cognitis supponimus: ita enim tot comparationes inter duo aequalia habebuntur.

[1] decursu] A, AT: discursu. [2] faciendam] A, AT: faciendum. [3] additione] H: addictione. [4] designatam] A: designatum. [5] illas] H: *fehlt.* [6] enim totum] H: *fehlt.*

¦ AT 468 ⁝ H 88 ¦ A 66

beilegen, wie in der Erläuterung zur Regel vierzehn gesagt wurde, müssen wir ein Rechteck dennoch später im Verlauf, nachdem es aus der Multiplikation zweier Linien produziert worden ist, als Linie begreifen, um eine andere Operation durchzuführen. Oder wir müssen dasselbe □, oder die aus irgendeiner Addition oder Subtraktion produzierte Linie danach als ein bestimmtes anderes □ begreifen, über die bezeichnete Linie hinaus, durch die es geteilt werden muß.

Demnach lohnt es sich hier auseinanderzusetzen, wie jedes 81,15
Rechteck in eine Linie umgeformt werden kann, und eine Linie oder auch ein □ wiederum in ein anderes □, dessen eine Seite angegeben (designare) ist. Das fällt den Geometrikern ganz leicht, sofern sie nur bemerken, daß wir immer dann, wenn wir, wie an dieser Stelle, Linien mit irgendeinem □ vergleichen, unter Linien ein □ begreifen, dessen eine Seite jene Länge ist, die wir als Einheit angenommen haben. Denn so führen wir diese ganze Angelegenheit auf die Proposition zurück, zu einem gegebenen □ über einer gegebenen Seite ein anderes, gleiches Rechteck zu konstruieren.

Obwohl das auch den Schülern der Geometriker geläufig ist, 81,24
sei es mir dennoch gestattet, es auseinanderzusetzen, um nicht den Anschein zu erwecken, ich hätte etwas ausgelassen. [*Das Übrige fehlt.*]

REGEL XIX

Durch diese Methode des Schlußfolgerns können wir nach genau so vielen Größen fragen, die auf zwei unterschiedliche Weisen ausgedrückt sind, wie wir unerkannte Merkmale als erkannt voraussetzen, um die Schwierigkeit direkt durchlaufen zu können: denn so wird man ebensoviele Vergleiche zwischen zwei gleichen Größen erhalten.

REGULA XX

Inventis aequationibus, operationes, quas omisimus, sunt perficiendae, multiplicatione nunquam utendo, quoties divisioni erit locus.

REGULA XXI[1]

Si plures sint ejusmodi aequationes, sunt omnes ad unicam reducendae, nempe ad illam cujus termini pauciores gradus occupabunt in serie magnitudinum continue proportionalium, secundum quam iidem ordine disponendi.

FINIS.

[1] REGULA XXI] A: Regula XX.

¦ AT 468 ⁝ H 88 ¦ A 66

REGEL XX

Wenn wir die Gleichungen herausgefunden haben, müssen wir die Operationen vollenden, die wir ausgelassen haben, wobei wir niemals eine Multiplikation verwenden dürfen, wenn eine Division ansteht.

REGEL XXI

Wenn es mehrere solche Gleichungen gibt, müssen sie alle auf eine zurückgeführt werden, nämlich auf jene, deren Merkmale auf einer niedrigeren Stufe in der Serie kontinuierlicher Proportionaler stehen, der gemäß geordnet sie anzulegen sind.

ENDE

¦ 213

RENÉ DESCARTES

COGITATIONES PRIVATAE[1]

1619. Calendis Ianuarii.

1 Foucher de Careil: «Leibniz, qui a copié ce manuscrit, nous vertit en marge qu'il l'a découvert et qu'il en a pris copie le 1er juin 1676, c'est-à-dire pendant son séjour à Paris. Le manuscrit porte en outre la mention que ces passages ont été commencées par Descartes dans le mois de janvier 1619.»

RENÉ DESCARTES

PRIVATE GEDANKEN[1]

1. Januar 1619.

[1] Foucher de Careil: »Leibniz, der dieses Manuskript abgeschrieben hat, teilt uns in einer Randbemerkung mit, daß er es entdeckt und am 1. Juni 1676 abgeschrieben hat, also während seines Aufenthaltes in Paris. Darüber hinaus enthält das Manuskript die Bemerkung, daß Descartes im Januar 1619 begonnen hat, diese Seiten zu schreiben.«

Ut comoedi, moniti ne in fronte appareat pudor, personam induunt: sic ego, hoc mundi theatrum conscensurus, in quo hacte-
AT 214 nus spectator exstiti, larvatus prodeo. ¦

Iuvenis, oblatis ingeniosis inventis, quaerebam ipse per me possemne invenire, etiam non lecto auctore: unde paulatim animadverti me certis regulis uti.

Scientia est velut mulier: quae, si pudica apud virum maneat, colitur; si communis fiat, vilescit.

Plerique libri, paucis lineis lectis figurisque inspectis, toti innotescunt; reliqua chartae implendae adiecta sunt.

POLYBII COSMOPOLITANI THESAURUS MATHEMATICUS, *in quo traduntur vera media ad omnes hujus scientiae difficultates resolvendas, demonstraturque circa illas ab humano ingenio nihil ultra posse praestari: ad quorumdam, qui nova miracula in scientiis omnibus exhibere pollicentur vel cunctationem provocandam & temeritatem explodendam; tum ad multorum cruciabiles labores sublevandos, qui*[1], *in quibusdam hujus scien-*

[1] qui] F. d. C.: qui (F. Ros. Cruc.).

Wie Schauspieler, die eine Maske tragen,* damit man ihr Lampenfieber nicht bemerkt, so werde auch ich eine Maske tragen, wenn ich in dem Theater dieser Welt, in dem ich bislang nur Zuschauer gewesen bin, meinen Auftritt habe.[1] 213,4 Anm. S. 241

Als Jugendlicher habe ich mich bei einer geistreichen Erfindung [oft] gefragt, ob ich sie nicht selbst herausfinden könne ohne den Autoren gelesen zu haben. So habe ich nach und nach bemerkt, daß ich bestimmte Regeln verwende.[2] 214,1

Die Wissenschaft ist wie eine Frau: Wenn sie anständig beim Mann bleibt, wird sie kultiviert; wenn sie sich gemein macht, wird sie wertlos. 214,4

Die meisten Bücher verraten ihren gesamten Inhalt schon nach einigen wenigen Zeilen, die man gelesen, oder nach einigen wenigen Figuren, die man angeschaut hat; der Rest dient nur dazu, die Seiten auszufüllen. 214,6

DER THESAURUS MATHEMATICUS von POLYBIUS COSMOPOLITANUS, *der die wahren Mittel zur Verfügung stellt, mit denen alle Schwierigkeiten dieser Wissenschaft gelöst werden können, und beweist, daß die menschliche Geisteskraft in bezug auf diese Schwierigkeiten nichts darüber hinaus leisten kann. Jenen gewidmet, die die Präsentation neuer Wunder in allen Wissenschaften versprechen, um ihnen Zurückhaltung aufzuerlegen und ihren Übermut bloßzustellen; aber auch zur Erleichterung der qualvollen Arbeiten all jener, die unnütz das Öl ihrer Geisteskraft verbrennen, indem sie sich tage- und nächtelang* 214,9

[1] Sasaki, 112. [2] Reg. X: C 34, 20; Sasaki, 111–112.

tiae nodis Gordiis noctes diesque irretiti, oleum ingenii inutiliter absumunt: totius orbis eruditis & specialiter celeberrimis in G. AT 215 *(Germania) F. R.C. denuo oblatus.* ¦

Larvatae nunc scientiae sunt: quae, larvis sublatis, pulcherrimae apparerent. Catenam scientiarum pervidenti, non difficilius videbitur, eas animo retinere, quam seriem numerorum.

Praescripti omnium ingeniis certi limites, quos transcendere non possunt. Si qui principiis ad inveniendum uti non possint ob ingenii defectum, poterunt tamen verum scientiarum pretium agnoscere, quod sufficit illis ad vera de rerum aestimatione judicia perferenda.

Vitia appello morbos animi, qui non tam facile dignoscuntur ut morbi corporis, quod saepius rectam corporis valetudinem experti sumus, mentis nunquam.

Adverto me, si tristis[1] sim, aut in periculo verser, &[2] tristia occupent[3] negotia, altum dormire & comedere avidissime; si vero laetitia distendar, nec[4] edo nec dormio.

On peut faire en un jardin des ombres qui représentent diverses figures, telles que des arbres & les autres:

AT 216 *Item*, tailler des palissades, de sorte que de cer¦taine perspective elles représentent certaines figures:

[1] tristis] F. d. C.: in tristibus. [2] &] F. d. C.: aut. [3] occupent] F. d. C.: occupem. [4] nec] F. d. C.: non

in gewissen Gordischen Knoten dieser Wissenschaft verfangen. Abermals empfohlen allen Gelehrten des Erdkreises, insbesondere aber den berühmten der Bruderschaft der Rosenkreuzer in* Anm. S. 241
Deutschland.[1]

Gegenwärtig tragen die Wissenschaften eine Maske. Freilich wür- 215,1
den sie sich ohne sie in voller Schönheit zeigen, und wenn wir die Verkettung der Wissenschaften überblicken würden, wäre es genauso leicht, sie im Gedächtnis zu behalten, wie eine Serie von Zahlen.[2]

Allen Geisteskräften sind bestimmte Grenzen gezogen, die sie 215,5
nicht überschreiten können. Wer aufgrund eines Mangels an Geisteskraft keine Prinzipien verwenden kann, um etwas herauszufinden, kann gleichwohl den wahren Wert der Wissenschaften erkennen. Das reicht aus, damit auch er bei der Einschätzung von Sachverhalten wahre Urteile zustande bringt.[3]

Fehltritte nenne ich Krankheiten des Gemüts, die sich deswegen 215,11
nicht genauso leicht herausfinden lassen wie die Krankheiten des Körpers, weil wir richtige Gesundheit des Körpers mehr als einmal erfahren haben, die des Geistes aber niemals.

Ich stelle fest, daß ich tief und fest schlafe und mit großem Ap- 215,14
petit esse, wenn ich traurig oder einer Gefahr ausgesetzt und mit ernsten Angelegenheiten beschäftigt bin; bin ich jedoch voller Freude, esse und schlafe ich nicht.

In einem Garten lassen sich Schatten erzeugen, die verschiedene 215,18
Gestalten darstellen, wie Bäume und dergleichen.

Ebenso lassen sich Hecken so zuschneiden, daß sie aus einer gewissen Perspektive bestimmte Gestalten darstellen.

[1] AT X, 213–214 Sasaki, 110; Schneider, 182. [2] Sasaki, 112. [3] Sepper, 94.

Item, dans une chambre, faire ⟨que⟩ les rayons du soleil, passant par certaines ouvertures, représentent divers chiffres ou figures:

Item, faire paraître, dans une chambre, des langues de feu, des chariots de feu & autres figures en l'air; le tout par de certains miroirs qui rassemblent les rayons en ces points-là:

Item, on peut faire que le soleil, reluisant dans une chambre, semble toujours venir du même côté, ou bien qu'il semble aller de l'Occident à l'Orient, le tout par miroirs paraboliques; & faut que le soleil donne au-dessus du toit, dans un miroir ardent, duquel le point de la réflexion soit au droit d'un petit trou & donne dans un autre miroir ardent, lequel a le même point de réflexion aussi au droit de ce petit trou, & rejettera ses rayons en lignes paralleles dedans la chambre.[1]

Anno 1620, intelligere coepi fundamentum inventi mirabilis. [*En marge*: OLYMPICA, X. nov. coepi intelligere fundamentum inventi mirabilis.]

Somnium 1619 nov., in quo carmen 7 cujus initium:

Quod vitae sectabor iter? ...

AT 217 AUSON. ¦

Ab amicis reprehendi tam utile, quam ab inimicis laudari gloriosum; & ab extraneis laudem, ab amicis veritatem exoptamus.

Sunt quaedam partes in omnium ingeniis, quae, vel leviter tactae, fortes affectus excitant: ita puer forti animo, objurgatus, non flebit, sed irascetur; alius flebit. Si dicatur infortunia multa & ma-

[1] *Im Original französisch.*

Ebenso läßt sich bewerkstelligen, daß die Sonnenstrahlen, wenn sie durch gewisse Öffnungen hindurchgehen, in einem Zimmer verschiedene Symbole und Gestalten darstellen.

Ebenso lassen sich in einem Zimmer Feuerzungen, flammende Wagen und andere Gestalten in der Luft zur Erscheinung bringen: All das durch gewisse Spiegel, die die Strahlen an diesen Punkten bündeln.

Ebenso läßt sich bewerkstelligen, daß die Sonne augenscheinlich immer von derselben Seite kommt, wenn sie in ein Zimmer scheint, oder auch von Westen nach Osten wandert: All dies durch Parabolspiegel. Hierfür muß die Sonne in einen Brennspiegel oben auf dem Dach strahlen, dessen Reflexionspunkt auf einer Linie mit einem kleinen Loch liegt und die Strahlen auf einen anderen Brennspiegel überträgt, dessen Reflexionspunkt ebenfalls auf einer Linie mit diesem kleinen Loch liegt und die Strahlen in parallelen Linien in das Zimmer zurückwirft.[1]

Im Jahre 1620 begann ich, das Fundament einer wundervollen 216,19
Entdeckung einzusehen. [*Am Rand*: OLYMPICA, am 10. Nov. begann ich, das Fundament einer wundervollen Entdeckung einzusehen.]

Der Traum im Nov. 1619, in dem das Gedicht 7 mit dem Anfang [vorkam]:

Welchen Lebensweg werde ich einschlagen? ...

AUSON.

Von Freunden kritisiert zu werden ist ebenso nützlich wie es eh- 217,1
renvoll ist, von Gegnern gelobt zu werden. Von Fremden erwünschen wir uns Lob, von Freunden die Wahrheit.

In allen Geistern gibt es bestimmte Teile, die starke Affekte aus- 217,4
lösen, auch wenn sie nur ganz leicht berührt werden. Ein Kind mit starkem Gemüt weint nicht, wenn es ausgeschimpft wird, sondern wird zornig, ein anderes aber weint. Wenn man uns er-

[1] *im Original französisch.*

gna accidisse, tristabimur; si quem malum in causa fuisse addatur, irascemur. Transitus a passione in passionem, per vicinas; saepe tamen a contrariis validior transitus, ut si in convivio hilari tristis casus repente nuntietur.

Ut imaginatio utitur figuris ad corpora concipienda, ita intellectus utitur quibusdam corporibus sensibilibus ad spiritualia figuranda, ut vento, lumine: unde altius philosophantes mentem cognitione possumus in sublime tollere.

Mirum videri possit, quare graves sententiae in scriptis poetarum, magis quam philosophorum. Ratio est quod poetae per enthusiasmum & vim imaginationis scripsere: sunt in nobis semina scientiae, ut in silice, quae per rationem a philosophis educuntur, per imaginationem a poetis excutiuntur magisque elucent.

Dicta sapientum ad paucissimas quasdam regulas generales possunt reduci.

AT 218 Ante finem Novembris Lauretum petam, idque ¦ pedes e Venetiis, si commode & moris id sit; sin minus, saltem quam devotissime ab ullo fieri consuevit.

Omnino autem ante Pascha absolvam tractatum meum, & si librariorum[1] mihi sit copia dignusque videatur, emittam, ut hodie promisi, 1620, die 23 Febr.[2]

Una est in rebus activa vis, amor, charitas, harmonia.

[1] librariorum] F. d. C.: librorum. [2] 23 Febr.] F. d. C.: 23 septembris.

zählt, es hätten sich mehrere große Unglücke ereignet, werden wir traurig; wenn es dann aber heißt, ein Übeltäter habe sie verursacht, werden wir zornig. Der Übergang von einer Leidenschaft zu einer anderen verläuft über die dazwischenliegenden; oft aber gibt es einen schlagartigen Übergang von entgegengesetzten Leidenschaften, wie etwa wenn man auf einer fröhlichen Feier unerwartet die Nachricht von einem traurigen Ereignis erhält.[1]

Wie die Anschauung Figuren verwendet, um Körper begreiflich 217,12
zu machen, so verwendet der Verstand gewisse sinnliche Körper wie Wind und Licht, um spirituellen Dingen Gestalt zu geben. So können wir auf höherem Niveau philosophieren und den Geist durch Erkenntnis erheben.

Es mag erstaunen, weshalb sich in den Schriften der Dichter mehr bedeutende Einschätzungen finden als in denen der Philosophen. Der Grund dafür ist, daß die Dichter aus Begeisterung heraus und mit der Kraft der Anschauung schreiben. Die Samen des Wissens liegen in uns wie [Funken] in einem Feuerstein; die Philosophen ziehen sie mit Hilfe der Vernunft hervor, während die Dichter sie durch die Anschauung entzünden und heller zum Leuchten bringen.[2]

Die Aussagen der Weisen lassen sich auf ganz wenige allgemeine 217,23
Regeln reduzieren.[3]

Vor Ende November werde ich nach Loreto pilgern, und zwar 217,25
zu Fuß von Venedig, wenn es machbar und angebracht ist; wenn nicht, zumindest so demütig, wie es gewöhnlich alle tun.

Jedenfalls werde ich meine Abhandlung vor Ostern fertigstellen und sie veröffentlichen, wenn sie mir würdig erscheint und ich Verleger finde. Das verspreche ich heute, am 23. Febr. 1620.

Es gibt eine einzige aktive Kraft in den Dingen: Liebe, Nächsten- 218,6
liebe, Harmonie.

[1] Sepper, 74. [2] Sepper, 3. [3] Sepper, 96.

Sensibilia apta concipiendis Olympicis: ventus spiritum significat, motus cum tempore vitam, lumen cognitionem, calor amorem, activitas instantanea creationem. Omnis forma corporea agit per harmoniam. Plura humida quam sicca, & frigida quam calida, quia alioqui activa nimis cito victoriam reportassent, & mundus non diu durasset.

Deum separasse lucem a tenebris, Genesi est separasse bonos angelos a malis, quia non potest separari privatio ab habitu: quare non potest litteraliter intelligi. Intelligentia pura est Deus.

Tria mirabilia fecit Dominus: res ex nihilo, liberium arbitrium, & Hominem Deum.

Cognitio hominis de rebus naturalibus, tantum per similitudi-
AT 219 nem eorum quae sub sensum cadunt: & qui¦dem eum verius philosophatum arbitramur, qui res quaesitas felicius assimilare poterit sensu cognitis.

Ex animalium quibusdam actionibus valde perfectis, suspicamur ea liberum arbitrium non habere.

Contigit mihi ante paucos dies familiaritate uti ingeniosissimi viri, qui talem mihi queastionem proposuit:

Lapis, aiebat, descendit ab *A* ad *B* una hora; attrahitur autem a terra perpetuo eadem vi, nec quid deperdit ab illa celeritate quae illi impressa est priori attractione. Quod enim in vacuo mo-

Sinnliche Dinge eignen sich dazu, olympische begreiflich zu ma- 218,8
chen. Wind bedeutet Geist (spiritus), Bewegung gemeinsam mit Zeit bedeutet Leben, Licht Erkenntnis, Wärme Liebe, plötzliche Tätigkeit Schöpfung. Jede körperliche Form wirkt über Harmonie. Es gibt mehr feuchte als trockene und mehr kalte als warme Dinge, weil sonst die aktiven Dinge zu rasch den Sieg davongetragen und die Welt nicht lange Bestand gehabt hätte.[1]

Wenn es in der Genesis heißt, Gott habe das Licht von der Fin- 218,15
sternis getrennt, dann bedeutet das, daß Gott die guten Engel von den bösen getrennt hat. Man kann das nicht wörtlich verstehen, weil man eine Privation nicht von einer Beschaffenheit (habitus) trennen kann. Gott ist reine Einsicht.

Der Herr hat drei wunderbare Dinge geschaffen: die Dinge aus 218,19
dem Nichts, die freie Willkür und den Mensch-Gott.

Die Erkenntnis des Menschen von natürlichen Dingen ist nur 218,21
über die Abbilder derjenigen möglich, die in den Sinn fallen.[2] Deshalb meinen wir auch, derjenige philosophiere wahrheitsgemäßer, der die fraglichen Dinge besser den sinnlich Erkannten angleichen kann.[3]

Wir können aufgrund gewisser äußerst vollkommener Aktionen 219,3
der Tiere vermuten, daß sie keine freie Willkür besitzen.

Vor einigen Tagen hatte ich ein vertrauliches Gespräch mit einem 219,5
äußert geistreichen Mann, der mir folgende Frage gestellt hat:

Ein Stein, führte er aus, sinkt in einer Stunde von *A* nach *B*. Er wird aber von der Erde ständig mit derselben Kraft angezogen und verliert nichts von der Geschwindigkeit, die ihm bei der ersten Anziehung mitgegeben worden ist. Denn er ist der Ansicht,

[1] Sepper, 72. [2] *alternative Übersetzung:* Die Erkenntnis des Menschen von natürlichen Dingen geschieht nur über deren Ähnlichkeit mit den Dingen, die in den Sinn fallen. [3] Sepper, 4.

vetur, semper moveri existimabat. Quaeritur: quo tempore tale spatium percurrat.

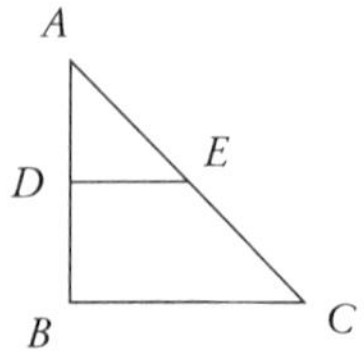

Solvi queastionem. In triangulo isoscelo rectangulo, *ABC* spatium ⟨motum⟩ repraesentat; inaequalitas spatii a puncto *A* ad basim *BC*, motus inaequalitatem. Igitur *AD* percurritur tempore, quod *ADE* repraesentat; *DB* vero tempore, quod *DEBC* repraesentat: ubi est notandum minus spatium tardiorem motum repraesentare. Est autem *AED* tertia pars *DEBC*[1]: ergo triplo tardius percurret *AD* quam
AT 220 *DB*. ¦

Aliter autem proponi potest haec quaestio, ita ut semper vis attractiva terrae aequalis sit illi quae primo momento fuit: nova producitur, priori remanente. Tunc quaestio solvetur in pyramide[2].

Ut autem hujus scientiae fundamenta jaciam, motus ubique aequalis linea repraesentabitur, vel superficie rectangula, vel parallelogrammo, vel parallelipipedo; quod augetur ab una causa, traingulo; a duabus, pyramide, ut supra; a tribus, aliis figuris.

Ex his infinitae quaestiones solventur. Verbi gratia, lapis in aëre descendit viresque acquirit eundo:[3] quandonam incipiet aequali

[1] *DEBC*] Leibniz: Si *AD* dimidia ipsius *DB*. [2] pyramide] Leibniz: Obscure. [3] Virgil: Æn., IV, 175.

daß, was sich im Vakuum bewegt, sich immer weiter bewegt. Es fragt sich, in welcher Zeit er den gegebenen Raum durchläuft.

Ich habe die Frage gelöst. In dem gleichschenklig-rechtwinkligen Dreieck *ABC* repräsentiert der Raum die Bewegung, die Ungleichheit der Räume[1] vom Punkt *A* bis zur Grundlinie *BC* die Ungleichheit der Bewegung.[2] Demnach repräsentiert *ADE* die Zeit, in der *AD* durchlaufen wird; *DEBC* hingegen repräsentiert die Zeit, in der *DB* durchlaufen wird. Hierbei ist zu beachten, daß ein geringerer Raum[3] eine langsamere Bewegung repräsentiert. Nun ist *AED* ein Drittel von *DEBC*: also durchläuft [der Stein] *AD* um ein Drittel langsamer als *DB*.

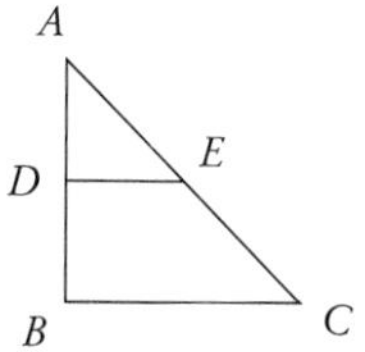

Diese Frage läßt sich aber auch anders stellen, so daß die Anziehungskraft der Erde der Kraft entspricht, die im ersten Moment vorliegt. Eine neue Kraft kommt hinzu (produci), wobei die erste bestehen bleibt. Dann läßt sich die Fragestellung in einer Pyramide lösen.

Um aber die Fundamente dieser Wissenschaft zu legen: Eine Be- 220,5
wegung wird stets durch dieselbe Linie repräsentiert oder durch eine rechtwinklige Oberfläche, ein Parallelogramm oder ein Parallelepipedon. Ein Dreieck repräsentiert das, was von einer einzelnen Ursache vergrößert wird, eine Pyramide das, was, wie oben, von zwei, andere Figuren das, was von drei Ursachen vergrößert wird.

So lassen sich unendlich viele Fragen lösen.[4] Zum Beispiel: Wann 220,10
eigentlich beginnt ein Stein, der in der Luft herabsinkt und Kraft hinzugewinnt, während er fortschreitet,[5] sich mit gleichförmiger

[1] *d. h. die Veränderung der Größe der Flächen.* [2] *d. h. die Veränderung des Betrags der Geschwindigkeit* [3] *d. h. eine kleinere Fläche* [4] Sepper, 61 (*zusammen mit dem voranstehenden Eintrag*). [5] Virgil, Aeneis, IV, 175

celeritate moveri? Quod solvetur. Haec linea repraesentet gravitatem lapidis in primo instanti: curvatura linearum *AEG* & *CFH*

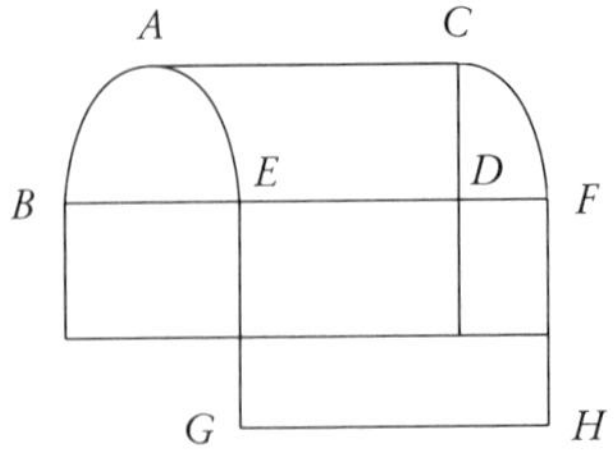

inaequalitates motus: a puncto enim *E*, *F*, aequaliter moveri incipiet, quia AEG non est curva nisi ab *A* ad *E*; ab *E* ad G est
AT 221 recta. ¦

Item, si fax accensa in aëre descendat, ut etiam ignis magna levitas de gravitate aliquid tollat, cum levitatis quantitas sit nota.

Item, etiam gravitatis totius facis & aëris impedimentum, si quaeratur quo instanti celerrime descendat & quo instanti non descendat; ubi etiam notum esse oportet, quid de face singulis
AT 222 momentis comburatur. ¦

Aliaeque innumerae quaestiones sunt ex geometrica pariter & mathematica progressione.

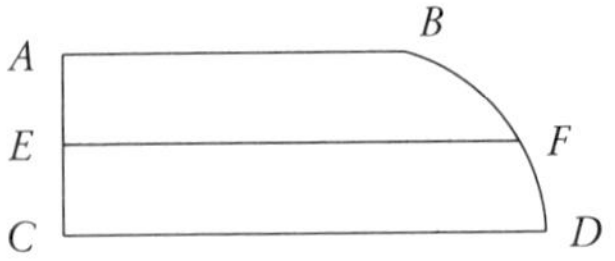

Ad talia pertinet queastio de reditu redituum. G. v., mutuo accepi *AB*; post tempus *AC*, debeo *CD*; post tempus *AE*, debebam tantum *EF*, si *BFD* ducta sit linea proportionum. Linea proportionum

Geschwindigkeit zu bewegen? Das läßt sich so lösen. Diese Linie repräsentiert das Gewicht des Steins zum ersten Zeitpunkt, die Krümmung der Linien *AEG* und *CFH* die Ungleichheit der Bewegung. Offenbar beginnt er vom Punkt *E*, *F* an, sich gleichmäßig zu bewegen, weil *AEG* nur von *A* bis *E* gekrümmt und von *E* bis *G* gerade ist.

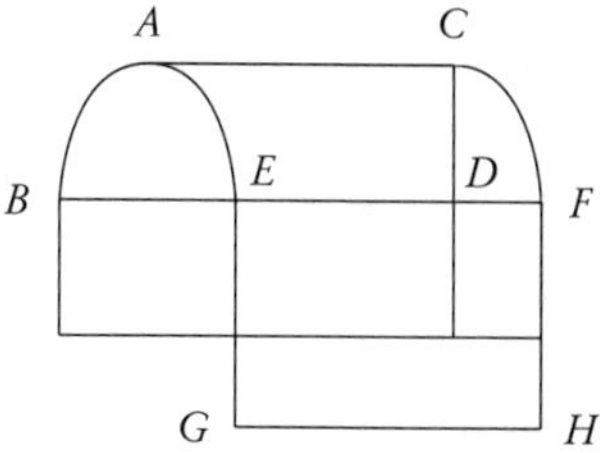

Ebenso wenn eine brennende Fackel in der Luft herabsinkt, so daß die große Leichtigkeit des Feuers auch etwas vom Gewicht fortnimmt, wenn die Quantität der Leichtigkeit bekannt ist.

Ebenso auch der Widerstand der Luft und des Gewichts der gesamten Fackel, wenn gefragt wird, zu welchem Zeitpunkt sie schneller und zu welchem Zeitpunkt sie gar nicht herabsinkt; wobei auch bekannt sein muß, was von der Fackel in einzelnen Momenten verbrannt wird.

In gleicher Weise lassen sich auch unzählige andere Fragen durch ein geometrisches und gleichermaßen mathematisches Vorgehen lösen.

Zu diesen gehört auch die 222,3
Frage nach den Zinseszinsen. Zum Beispiel: Ich habe *AB* leihweise erhalten. Nach Ablauf der Zeit *AC* schulde ich *CD*; nach Ablauf der Zeit *AE* schuldete ich nur *EF*, wenn *BFD* so gezogen ist, daß sie den Schuldenzuwachs darstellt.[1] Die Linie des Schuldenzuwachses muß mit der Quadratrix in Verbindung gebracht werden: Die Quadratrix entsteht

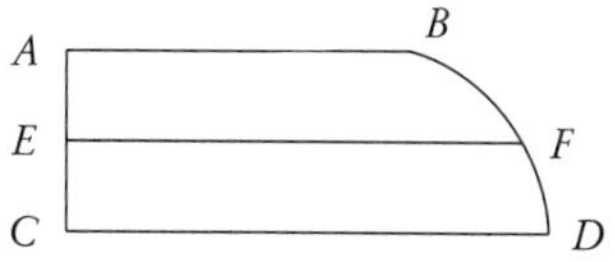

[1] *wörtlich:* … wenn *BFD* als Linie der Verhältnisse gezogen ist

AT 223 cum qua¦dratrice conjungenda: oritur enim [quadratrix] ex duobus motibus sibi non subordinatis, circulari & recto[1].

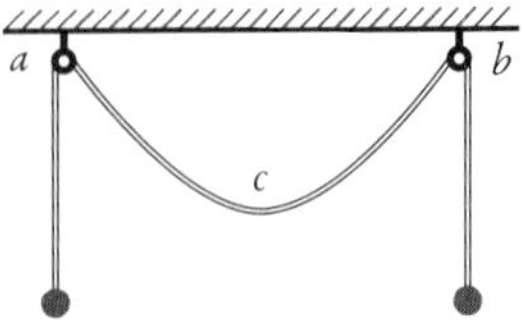

Petiit me Isaacus Middelburgensis an funis *ACB* affixus clavis *a*, *b*, sectionis conicae partem describat. Quod non licet per otium nunc
AT 223 disquirere. ¦

Idem suspicatur nervos in testitudine eo celerius moveri quo acutiores sunt, ita ut duos motus edat octava acutior, dum unum gravior; item quinta acutior $1\frac{1}{2}$, &c.

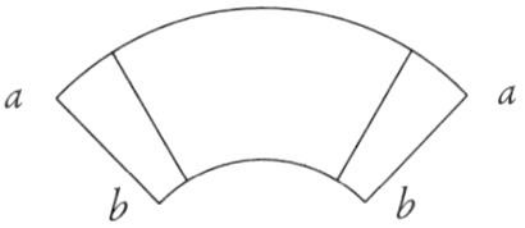

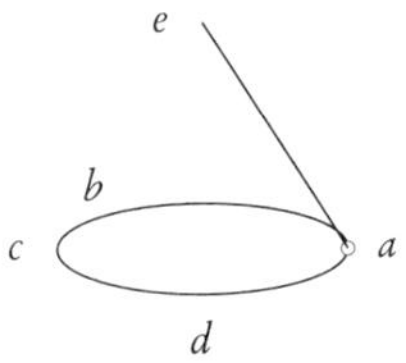

Idem advertit quare, in motu projectorum, quae e manu exeunt per vim circularem, statim ad motum rectum deflectant. Quod scilicet pars *aa* majorem describat circulum quam *bb*, ideoque celerius movetur: unde fit ut, dum e manu exit, partem *b* praecedat & eam post se trahat. Unde sequitur aliquid projici posse circulariter hoc modo: a puncto *e* pendeat pondus *a*, agiteturque libere per circulum *abcd*; quia omnes partes ponderis aequaliter moventur, ideo si funis *ea* frangatur, perget moveri circulariter. Id licebit experiri, si in aquam
AT 225 decidat. ¦

[1] Leibniz: Id est ex numero non analyticarum.

nämlich aus zwei einander nicht untergeordneten Bewegungen, einer kreisförmigen und einer geradlinigen.[1]

Isaac aus Middelburg wollte von mir wissen, ob das an den Nägeln *a*, *b* festgemachte Seil *ACB* einen Teil eines Kegelschnitts beschreibt. Ich habe jetzt keine Muße, das zu zu untersuchen.

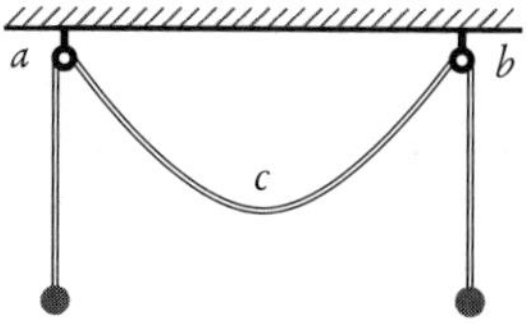

Ebenso vermutet er, daß sich bei einer Laute die Saiten desto schneller bewegen, je höher sie sind, so daß die höhere Oktave zwei Bewegungen hervorbringt, während die tiefere nur eine; ebenso die höhere Quinte $1\frac{1}{2}$ usw.

Ebenso hat er festgestellt, weswegen Geschosse, die sich entsprechend der zirkulären Kraft bewegen, sofort zu einer geradlinigen Bewegung übergehen, wenn sie aus der Hand heraustreten. Nämlich weil der Teil *aa* einen größeren Kreis beschreibt als *bb*, und sich daher schneller bewegt. Deshalb geht er dem Teil *b* voran, wenn er aus der Hand heraustritt, und zieht ihn hinter sich her. Daraus folgt, daß etwas auf diese Weise kreisförmig geworfen werden kann: Vom Punkt *e* hänge das Gewicht *a* herab und werde entlang des Kreises *abcd* frei in Bewegung gesetzt; weil sich alle Teile des Gewichts gleich bewegen, wird es sich kreisförmig weiterbewegen, wenn das Seil *ea* zerrissen wird. Das kann man erfahren, wenn es im Wasser herabsinkt. 224,5

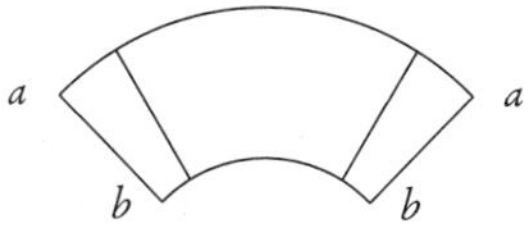

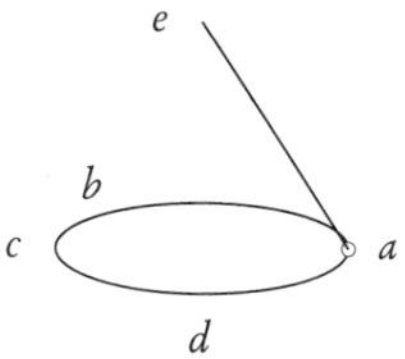

[1] Bos, 247 (Paraphrase); *zur Quadratrix und zur Linea proportionum* vgl. Bos, 245ff., Mancosu, 73–74.

Idem me monet aquam congelatam plus loci occupare quam solutam; idem expertus est glaciem in ¦medio vasis rariorem esse quam in extremitatibus. Quod fit, inquit, quia spiritus ignei qui locum occupant, intitio a frigore ad medium vasis detrahuntur; unde tandem cum exeunt etiam frigore impellente, locum in medio vacuum relinquunt. Imo etiam glaciem sublevant, cum exeunt; unde fit ut majorem locum occupet glacies quam aqua.

AT 226

Idem quoque dixit acus in his regionibus fieri tam acutas, ut monetam argenteam perforent; & tam tenues, ut aquae supernatent. Quod fieri posse existimo; parvae enim res ejusdem materiae non tam facile aquam dividunt quam magnae, quod sola superficies aquam premit, quae major est proportione in exiguo corpore quam in magno. ¦

AT 227

Instrument de musique fait avec une précision mathématique.

Pour toucher une mandoline exactement, selon mes règles de Musique, il faut diviser l'espace depuis le sillet jusqu'au chevalet en 192 parties égales pour le *A*, en ôter 12 & mettre le *B*, puis 18 pour le *C*, 2 pour le *D*, 16 pour le *E*, & 9 pour le *F*; puis accorder les cordes alternativement à la quinte & à la quarte, comme on fait ordinairement. Le *C* & le *D* serviront pour le *ré* mobile, & toute musique se pourra jouer sur cette mandoline, pourvu qu'il n'y ait point de dièses irréguliers aux chordes non destinées aux muances[1].

Si, partant de Bucolia, on veut aller droit en Chemnis ou quelque autre port de l'Egypte que ce soit, il faut remarquer exactement, avant que de partir, en quel endroit Pythius & Pythias sont oppo-

[1] muances] F. d. C.: nuances.

Er weist mich auch darauf hin, daß gefrorenes Wasser einen grö- 225,1
ßeren Raum (locus) einnimmt als flüssiges (solutus). Er hat auch in Erfahrung gebracht, daß Eis in der Mitte eines Gefäßes dünner ist als an den Rändern. Das geschieht, sagt er, weil die Kälte am Anfang die Teilchen (spiritus) des Feuers, die den Raum (locus) einnehmen, in der Mitte des Gefäßes zusammenzieht. Wenn die Teilchen dann letztlich heraustreten und dabei die Kälte verdrängen, lassen sie den Raum (locus) in der Mitte leer zurück, und heben dabei sogar das Eis hoch. Deshalb nimmt Eis einen größeren Raum (locus) ein als Wasser.

Er hat auch gesagt, daß sich in diesen Gegenden Nadeln ferti- 226,8
gen lassen, die so scharf sind, daß sie Silbermünzen durchlöchern können, und so fein, daß sie auf dem Wasser schwimmen. Ich halte das für möglich. Denn weil allein die Oberfläche das Wasser drückt, die bei einem winzigen Körper im Verhältnis größer ist als bei einem großen, teilen kleine Stücke (res) derselben Materie Wasser schwerer als große.

Ein mit mathematischer Präzision hergestelltes Musikinstrument.

Um auf einer Mandoline ganz genau zu greifen, muß nach mei- 227,3
nen Regeln der Musik der Raum vom Sattel bis zum Steg für das *A* in 192 gleiche Teile geteilt werden; davon 12 abgegriffen ergeben dann das *B*, weitere 18 das *C*, 2 das *D*, 16 das *E* und 9 das *F*. Außerdem sind die Saiten wie gewöhnlich abwechselnd in der Quinte und der Quarte zu stimmen. Das *C* und das *D* dienen als bewegliches *ré*. Auf dieser Mandoline wird sich jede Musik spielen lassen, vorausgesetzt es gibt in den Tonfolgen (cordes) keine unregelmäßigen (tonartfremden) Kreuze, die für den Übergang zwischen diesen Tonfolgen (muance)* nicht vorgesehen sind. Anm. S. 243

Wenn man von Bucolia aus auf direktem Wege nach Chemnis 227,14
oder irgendeine andere Hafenstadt in Ägypten reisen will, muß man, bevor man abreist, an der Mündung des Nils ganz genau

sés l'un à l'autre à l'embouchure du Nil[1]; puis après, en quelque lieu que ce soit, si l'on veut trouver son chemin, il faut regarder seulement où est Pythias, & de quelles servantes de Psyché elle est accompagnée; car par ce moyen, connaissant combien elle est
AT 228 éloignée du lieu où elle était à Bucolia, on trouve son chemin.[2] ¦

Petiit e Stevino Isaacus Middelburgensis quomodo aqua gravitet in fundo vasis *b* aeque ac in fundo vasis *c* & *a*; item, totum vas *c* non magis gravitet, quam *a* cujus pondus medium affixum est & immobile.

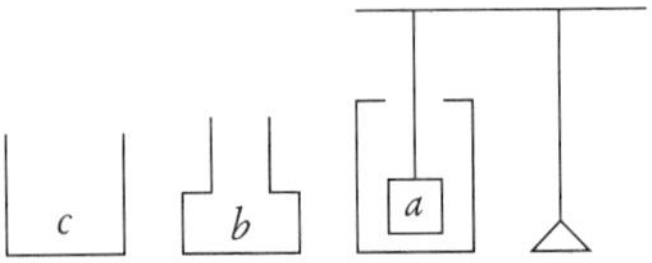

Respondi aquam aequaliter pellere omnia circumquaque corpora, quibus sublatis aeque descendit, si aliqua pars fundi aperiatur, atque fiet in vase *c*; ergo aeque premit fundum.

Objicitur, si pars inferior vasis *b* & *c* aperiatur simul, aquam in *c* magis descensuram quam in *b*, quoniam est naturalis modus celeritatis in descensu aquae, qui deberet excedi ab aqua exsistente in tubo vasis *b*, ut repleret locum relictum ab inferiore aqua.

Ubi respondeo inde sequi in motu semper minus celeriter descendere aquam vasis *b* quam *c*; atqui gravitatio non e motu sumitur, sed ab inclinatione ad descensum in ultimo instanti ante
AT 229 motum, ubi nulla est ratio celeritatis. ¦

[1] Leibniz: C'est-à-dire au départ. [2] *beide Absätze im Original französisch*. Leibniz: *Bucolia*, lieu de départ; *Egypte*, globe de la terre; *embochure du Nil*, lieu de départ; *Pythius & Pythias*, et ☽; *les servantes de Psyché*, les fixes.

feststellen, an welcher Stelle [des Himmels] Pythius [die Sonne] und Pythias [der Mond] einander gegenüberstehen. Wenn man danach dann an irgendeinem beliebigen Ort seinen Weg finden will, muß man lediglich nachsehen, wo Pythias [der Mond] steht und von welchen Dienern der Psyche [Fixsternen] er begleitet wird. Denn auf diese Weise findet man seinen Weg, nämlich indem man erkennt, wie weit er von dem Ort entfernt ist, an dem er in Bucolia stand.

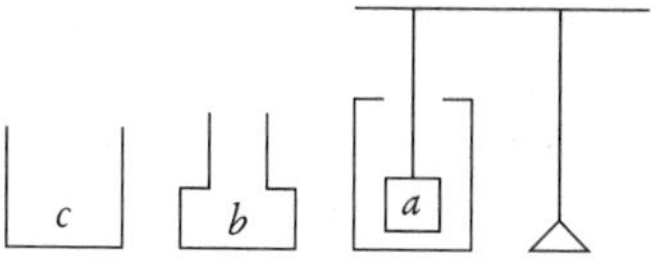

Isaac aus Middelburg woll- 228,1
te nach [seiner Lektüre von] Stevin wissen, wie das Wasser am Boden des Gefäßes *b* genauso viel wiegen kann wie am Boden der Gefäße *c* und *a*; und ebenso, wie das gesamte Gefäß *c* nicht mehr wiegen kann als *a*, in dessen Mitte ein Gewicht unbeweglich befestigt ist.

Ich habe geantwortet: Das Wasser stößt alle Körper rundherum gleichermaßen an. Wenn man diese Körper wegnimmt, sinkt es genauso wie in dem Gefäß *c*, wenn man einen Teil des Boden öffnet; also drückt es den Boden gleichmäßig.

Es läßt sich einwenden: Wenn gleichzeitig der untere Teil des Gefäßes *b* und der des Gefäßes *c* geöffnet wird, wird in *c* mehr Wasser sinken als in *b*, weil es ein natürliches Maß (modus) der Geschwindigkeit beim Sinken des Wassers gibt, das von dem in der Röhre des Gefäßes *b* befindlichen Wasser überschritten werden müßte, um den von dem unteren Wasser freigegebenen Raum (locus) auszufüllen.

Darauf antworte ich: Daraus folgt, daß das Wasser des Gefäßes *b* bei der Bewegung nie so schnell sinkt wie das des Gefäßes *c*. Die Schwerkraft läßt sich aber nicht aus der Bewegung entnehmen, sondern aus der Neigung zum Sinken im letzten Zeitpunkt vor der Bewegung, und hierbei spielt die Geschwindigkeit keine Rolle.

Quaestio in gnomonica.[1]

Sit sub linea aequinoctiali horizontali horologium faciendum, cujus linea aequinoctialis est data, ac praeterea tria puncta ad quae umbrae extremitas debeat pertingere, dum Sol est in tropico Capricorni, quomodocumque data sint, modo ne in rectam lineam incidant: centrum Solis horologii reperire est & longitudinem styli.

Hoc reducitur ad circulum tres alios inaequales tangentem, quorum centra in rectam lineam incidant.

Nulla figura est, in tota extensione, in qua & circa quam circulus duci possit, quomodocumque figura fiat, praeter triangularem, quae Divinitatis hieroglyphicon.

In omni quadrato quadrati semper ultima nota est 1, 6, 5.

In omni queastione debet dari aliquod medium inter duo extrema, per quod conjungantur vel explicite vel implicite: ut circulus & parabola, ope coni. Item per duos motus compossibiles describentur. Ut motus ad [spiralem] dicendus non est cum circulari compossibilis.

Si funis mathematicus admittatur, is erit communis mensura recti & obliqui. Verum dicimus admitti hanc lineam posse, sed a Mechanicis tantum: ea scilicet ratione qua uti possumus statera ad

[1] Leibniz: Copié 5 juni 1676.

Eine Frage betreffend Sonnenuhren.[1]

Unterhalb der horizontalen Linie der Tag- und Nachtgleiche soll 229,1
eine Sonnenuhr hergestellt werden. Gegeben sind: Die Linie der Tag- und Nachtgleiche dieser Sonnenuhr; drei beliebige Punkte, die nicht auf einer Linie liegen sollen, und bis zu denen die Enden der Schatten reichen müssen, wenn die Sonne im Wendekreis des Steinbocks steht. Zu ermitteln ist der Mittelpunkt der Sonnenuhr und die Länge des Stabes.

Dies läßt sich reduzieren auf [die Konstruktion eines] drei andere ungleiche Kreise tangierenden Kreises, deren Mittelpunkte auf einer geraden Linie liegen.

Es gibt in der gesamten [Wissenschaft von der] Ausdehnung keine Figur, in die und um die herum sich ein Kreis ziehen läßt, gleichgültig, welche Figur es sein mag, außer der dreieckigen, der Hieroglyphe der Göttlichkeit.

Bei jedem Quadrat eines Quadrats ist die letzte Ziffer (nota) im- 229,14
mer 1, 6 oder 5.

Bei jeder Frage muß es irgendetwas Mittleres zwischen zwei Ex- 229,16
tremen geben, durch das sie implizit oder explizit verbunden werden, wie etwa Kreis und Parabel mit Hilfe des Kegels. Diese beiden lassen ebenso durch zwei miteinander kompatible Bewegungen beschreiben. So sagt man, daß die Bewegung, die eine [Spiralis] hervorbringt, nicht mit der kreisförmigen kompatibel ist.[2]

Vorausgesetzt, man räumt ein, daß es ein mathematisches Seil 229,22
gibt, wird es das gemeinsame Maß des Geraden und Gekrümmten sein. Wir aber sagen, daß sich eine solche Linie einräumen läßt, jedoch nur von Mechanikern – nämlich in der Weise, in der wir eine Waage verwenden können, um Gleichheit mit ei-

[1] Leibniz *vermerkt am Rand:* »Abgeschrieben am 5. Juni 1676«.
[2] Serfati, 212.

aequandam cum pondere, vel nervo ad eamdem comparandam AT 230 cum sono; item spatio in facie horologii contento ad metien|dum tempus, & similibus in quibus duo genera conferuntur.

Perlegens Lamberti Schenkelii lucrosas nugas (lib. *De arte memoriae*) cogitavi facile me omnia quae detexi imaginatione complecti: quod fit per reductionem rerum ad causas; quae omnes cum ad unam tandem reducantur, patet nulla opus esse memoria ad scientias omnes. Qui enim intelliget causas, elapsa omnino phantasmata causae impressione rursus facile in cerebro formabit. Quae vera est ars memoriae, illius nebulonis arti plane contraria: non quod illa effectu careat, sed quod chartam melioribus occupandam totam requirat & in ordine non recto consistat: qui ordo in eo est, ut imagines ab invicem dependentes efformentur. Hoc ille omittit, nescio an consulto, quod est clavis totius mysterii.

Ipse excogitavi alium modum: si ex imaginibus rerum non inconnexarum addiscantur novae imagines omnibus communes, vel saltem si ex omnibus simul una fiat una imago, nec solum habeatur respectus ad proximam, sed etiam ad alias, ut quinta respiciat 1° per hastam humi projectam, medium vero, per scalam ex qua descendent, & secunda per telum quod ad illam projiciat, & tertia simili aliqua ratione in rationem significationis vel verae vel fictitiae.

nem Gewicht herzustellen, oder eine Saite, um sie mit einem Ton zu vergleichen, ebenso den auf dem Ziffernblatt einer Uhr abgesteckten Raum zum Messen der Zeit, und ähnliches, bei dem zwei Gattungen aufeinander bezogen werden.

Beim Durchlesen des billigen Geschwätzes von Lambert Schen- 230,3
kel (*Über die Technik des Gedächtnisses*) ist mir der Gedanke gekommen, daß ich alle Entdeckungen, die ich gemacht habe, durch die Anschauung leicht behalten kann. Das geschieht durch Reduktion der Sachverhalte auf Ursachen. Da sie alle letztlich auf eine zurückgeführt werden, liegt es auf der Hand, daß für keine Wissenschaft irgendein Gedächtnis nötig ist. Denn wer die Ursachen einsieht, wird [den Sachverhalt], wenn er alle Vorstellungen vergessen hat, durch den Eindruck der Ursache leicht erneut im Gehirn bilden. Das ist die wirkliche Technik des Gedächtnisses, die der Technik dieser trübseligen Gestalt gerade entgegengesetzt ist. Nicht daß sie ganz ohne Wirkung wäre, aber sie verbraucht das gesamte Papier, das sich besser verwenden ließe, und besteht in einer nicht richtigen Ordnung, nämlich darin, die Bilder in Abhängigkeit voneinander auszubilden. Den Schlüssel des gesamten Mysteriums läßt er unter den Tisch fallen, ich weiß nicht, ob absichtlich.[1]

Ich selbst habe mir eine andere Weise ausgedacht: Wenn aus den Bildern von zumindest nicht unverbundenen Dingen sich neue, ihnen allen gemeinsame Bilder hinzulernen lassen, oder wenn sich zumindest aus allen zusammengenommen ein einzelnes Bild machen läßt, dann hat dieses Bild Beziehungen (respectus) nicht nur zum nächstgelegenen, sondern auch zu den anderen. Das fünfte Bild bezieht sich dann auf das erste über einen in den Boden gerammten Speer, das mittlere [auf das erste] über eine Leiter, die sie hinabsteigen, das zweite über ein Pfeil, der zu ihm fliegt, und das dritte in irgendeiner ähnlichen Weise nach Maßgabe (ratio) der entweder wahren oder fiktiven Bedeutung.[2]

[1] Sasaki, 126. [2] Schneider, 195; Sepper, 76–77.

Aiunt pisces capi facilius cum tedula in rete demissa. Quidni candela in vitro conclusa?

Si esset corpus quod pro aetate ☽ mutaret pondus, daret motum
AT 231 perpetuuum. Fiat talis rota ◑ ubi nigrum ¦ sit alterius formae ☽
non subditae ex tota rota, ita in axe librata ut utraque forma in naturali statu aequalis sit ponderis: haud dubie perpetuo movebitur juxta motum ☽.

Ponatur statua, aliquid ferri habens in capite & pedibus; ponatur super funem vel virgam ferream exiguam, sed vi magnetica tinctam; item supra caput ejus alia sit, vi etiam magnetica tincta, quae altior sit & quibusdam in locis majori vi distincta. Statua autem habeat in manibus baculum oblongum ad modum funambuli, qui sit excavatus & in eo nervo contentus, cui interea principium motus automati intus inclusi: quo levissime tacto, statua omnis pedem promoveat, quoties tangitur & in locis majore vi magnetis
AT 232 in summo tactis, sponte, scilicet cum pulsabuntur instrumenta. ¦

Columba Architae[1] molas vento versatiles inter alas habebit, ut motum rectum deflectat.

Si tria trianguli latera ducuntur in se invicem & productum per areae quadruplum dividatur, habebitur semidiameter circuli, quarto triangulo circumscripti.

[1] Architae] F. d. C.: arditea.

Es wird behauptet, Fische ließen sich mit einer in das Netz mitge- 230,26
gebenen Fackel leichter fangen. Warum nicht eine in einem Glas eingeschlossene Kerze?

Wenn es einen Körper gäbe, der den Mondphasen (aetas ☽) fol- 230,28
gend das Gewicht veränderte, würde er eine permanente Bewegung (motus perpetuus) hervorbringen. Wenn man ein solches Rad ◑ herstellt, bei dem das Schwarze aus einer anderen Materie (forma) besteht, die nicht dem Einfluß des Mondes (☽) unterliegt wie der Rest, so daß im natürlichen Zustand beide Materien auf der Achse im Gleichgewicht sind, wird dieses Rad sich zweifellos permanent bewegen (perpetuo moveri) entsprechend der Bewegung des Mondes (☽).

Es soll eine Statue errichtet werden, die im Kopf und in den Fü- 231,5
ßen Eisen enthält. Diese Statue soll auf ein Seil oder einen ziemlich kleinen, aber magnetisierten eisernen Stab gestellt werden. Außerdem soll sich über dem Kopf dieser Statue ein anderes magnetisiertes Seil befinden, dessen Magnetkraft größer ist und an bestimmten Stellen (locus) unterschiedlich groß. Die Statue soll einen länglichen ausgehöhlten Stock von der Art der Seiltänzer in den Händen halten, der einen Draht enthält, der indessen wie ein Automat über ein inneres Prinzip der Bewegung verfügt. Immer wenn die Statue berührt wird, auch wenn es nur ganz leicht ist, bewegt die ganze Statue den Fuß nach vorne, und an Stellen, wo die Kraft des Magneten stärker ist, bewegt sie sich bei ganz leichter Berührung von selbst, wie bei beim Zupfen von [Musik]-instrumenten.

Die Taube des Archytas wird bewegliche Windmühlenflügel zwi- 232,1
schen den Flügeln haben, um die geradlinige Bewegung abzulenken.* Anm. S. 243

Wenn man die drei Seiten eines Dreiecks mit sich selbst multipli- 232,3
ziert (deducere), und das Produkt durch das Vierfache der Flä-

Sunt latera a, b, c, area e: semidiamter erit $\frac{abc}{4e}$. Ut fiant latera 13, 14, 15, & area 84: semidiameter est $\frac{65}{8}$.

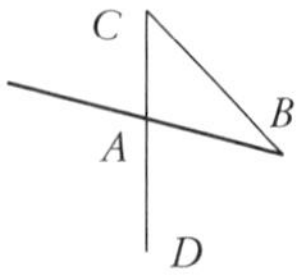

AT 233 Describi potest sectio conica tali circino: sit *AD* perpendicularis, superficies[1] obliqua *AB*[2]. Sit pes circini ¦immobilis[3], volvatur *BC* supra planum obliquum, ita tamen ut *CB* possit brevior fieri, si[4] imaginetur per *C* ascendere.

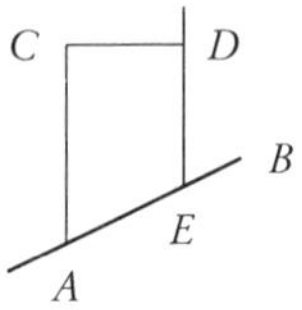

AT 234 Sectio[5] cylindri, eodem pacto, circino duci potest ita: sit *ACDE*[6] circinus, cujus[7] pes immobilis est; linea *DE* descendet vel ascendet libere per punctum *D* prout a plano distabit. ¦

Inveni[8] aequationes inter talia: 1 𝔠 & 7 𝔵 + 14, & simile hoc. Reduco ad 1 𝔵 + 2 aequ. $\frac{1}{7}$ 𝔠, & quaero 1 𝔠, quem postea multiplicabo per 7 [primi circini].

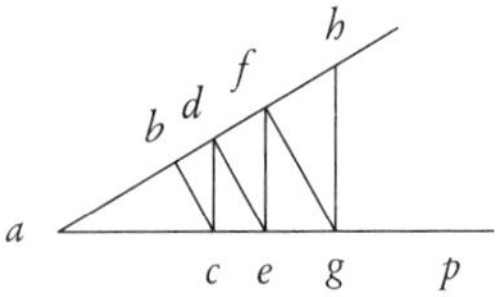

AT 235 Deinde alium circinum habere oportet, quorum duae partes sunt tales. Prima habet lineam *bc* firmiter annexam ad angulos rectos lineae *af*, lineam autem ¦ *de* ad angulos quidem rectos, sed mobilem per lineam *fb*. Linea *fb* habet praeterea in puncto *d* stylum fixum, quo lineam describit; in puncto *f* etiam

[1] perpendicularis, superficies] F. d. C.: *kein Komma* [2] *AB*] F. d. C.: *CD*. [3] immobilis] F. d. C.: immobiliter. [4] fieri, si] F. d. C.: fieri. Si. [5] ascendere. Sectio] F. d. C.: ascendere sectio. [6] *ACDE*] F. d. C.: *AC*, *DE*. [7] cujus] F. d. C.: hujus. [8] Inveni] *Ich verzichte im Folgenden darauf, die Abweichungen zwischen Foucher de Careil und AT in mathematischen Formeln als Lesarten auszuweisen.*

che dividiert, erhält man den Radius des Kreises, der dem vierten Dreieck umschrieben ist.

Sind die Seiten a, b, c, und die Fläche e, dann ist der Radius $\frac{abc}{4e}$. Sind die Seiten 13, 14, 15 und die Fläche 84, ist der Radius $\frac{65}{8}$.

Ein Kegelschnitt läßt sich durch einen solchen Zirkel beschreiben: *AD* sei eine Senkrechte, *AB* eine schräge Oberfläche. Der Fuß des Zirkels sei unbeweglich, *BC* werde über der schiefen Ebene kreisend gebildet, jedoch so, daß *CB* verkürzt werden kann, wenn man sich vorstellt, daß es [= *CB*] über *C* aufsteigt.[1] 232,9

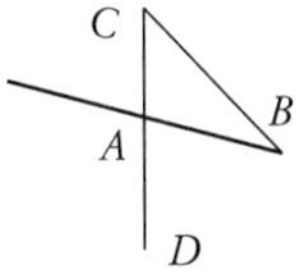

Ebenso läßt sich der Schnitt eines Zylinders mit einem Zirkel ziehen, nämlich so: *ACDE* sei der Zirkel, dessen Fuß [= *C*] unbeweglich ist; die Linie *DE* wird frei durch den Punkt *D* ab- oder aufsteigen, je nachdem, wie weit [*D*] von der Ebene [*AE*] entfernt ist.[2] 233,4

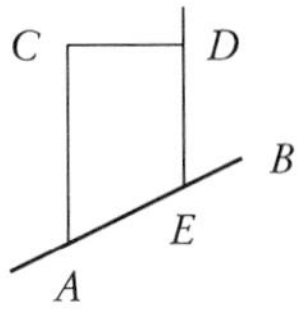

Ich habe die Lösung der Gleichung $x^3 = 7x + 14$ und ähnliche desselben Typs herausgefunden. Ich führe sie zurück auf $x + 2 = \frac{1}{7}x^3$ und frage nach x^3, das ich danach mit 7 multipliziere [erster Zirkel]. 234,1

Man benötigt außerdem einen anderen Zirkel, der aus folgenden zwei Bestandteilen besteht. Der erste besteht aus der Linie *bc*, die in rechten Winkeln fest mit der Linie *af* verbunden ist, anders als die Linie *de*, die zwar in rechten Winkeln, aber auf ihr beweglich mit der Linie *fb* verbunden ist. Auf der Linie *fb* ist außerdem im Punkt *d* ein Stift befestigt, mit dem eine Linie gezeichnet wird, und im Punkt *f* ein weiterer, der beweglich ist, und mit dem eine andere

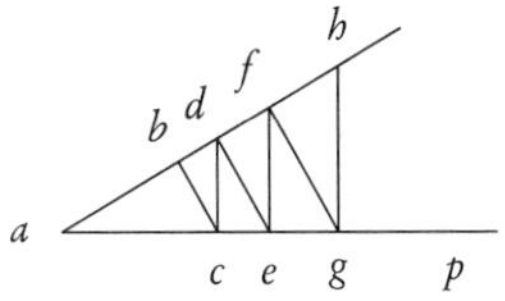

[1] Sasaki, 122. [2] Sasaki, 123.

unum[1], sed mobilem, quo aliam lineam describit[2] hoc pacto[3]. Secunda pars *dcegh*, constans lineis firme invicem annexis, fluat supra lineam *ap*, ubi affixa est prima pars in puncto *a* immobili: punctum *c* impellit lineam *dc*,[4] & ita efficiet ut tota secunda[5] pars descendat, linea autem *cd* trahit lineam *de* per spatium *fb* juxta varietatem intersectionum, & tum stylus *d* lineam primi circini describet. Linea autem *gh* intersecabit etiam lineam *de*, aliamque lineam curvam stylo *c* mobili describet, quae ultima linea secabit *ap*, in quo *ae* est[6] cubus inveniendus, si[7] *ab* primae partis sit unitas, *ce*[8] vero secundae numerus absolutus, qui in exemplo est
AT 236 binarius. ¦

Fit praeterea aequatio inter talia, ℭ, ʒ, 𝔵, dummodo quot sint ʒ tot 𝔵, & hoc modo:

1ℭ aequ. 6ʒ – 6𝔵 + 56

Reduco ad numerum radicum ternarium, habeboque

½ℭ aequ. 3ʒ – 3𝔵 + 28.

Deinde ex *N* tollo unitatem[9], ex residuo cubum formo, cujus radici unitatem addo, & quod cubice producitur[10] ex illa radice est ½ℭ; quod si multiplicetur per 2, producet cubum quaesitum.

Sed si non sunt tot ʒ quot 𝔵, reducemus ad fractiones, ita ut horum numeri superiores sint aequales hoc pacto: ut 36 + 3ʒ –
AT 237 6𝔵 aequ. 1ℭ reducam ad ¦ 9 + ¾ʒ – 3/2𝔵 aequ. ¼ℭ; quo facto, si ex *N* tollatur 1, ex eodem residuo[11] radix cubica[12] extrahatur & uni-

[1] puncto *f* etiam unum] F. d. C.: puncto etiam unam. [2] describit] F. d. C.: describat *f*. [3] hoc pacto] F. d. C.: hoc pacto ⊙. [4] *dc*] F. d. C.: *bc* [5] secunda] F. d. C.: prima. [6] *ae*] F. d. C.: *ad*. [7] inveniendus, si] F. d. C.:inveniendus. Si. [8] *ce*] F. d. C.: *ae* [9] unitatem] F. d. C.: unitates. [10] cubice producitur] F. d. C.: cubice extra producitur. [11] eodem residuo] F. d. C.: eadem hujus residui. [12] radix cubica] F. d. C.: radici cubicae.

Linie auf folgende Weise gezeichnet wird. Der zweite Bestandteil *dcegh* besteht aus fest miteinander verbundenen Linien und gleitet die Linie *ap* entlang, die am Punkt *a* unbeweglich mit dem ersten Bestandteil verbunden ist. Der Punkt *c* drängt die Linie *dc* und bewirkt so, daß sich der ganze zweite Bestandteil senkt, die Linie *cd* hingegen zieht die Linie *de* über den Raum *fb* entsprechend der jeweiligen Schnitte, so daß der Stift *d* die Linie des ersten Zirkels zeichnet. Die Linie *gh* schneidet ebenfalls die Linie *de* und zeichnet mit dem beweglichen Stift *c* eine andere, gekrümmte Linie, und diese letzte Linie schneidet *ap*. Dabei ist *ae* der Würfel, den es herauszufinden gilt, wenn *ab* des ersten Bestandteils die Einheit ist, *ce* des zweiten Bestandteils die absolute Zahl, die in diesem Beispiel die Zwei ist.[1]

Es läßt sich außerdem eine Gleichung zwischen den folgenden aufstellen, x^3, x^2, x, zumindest wenn es genausoviele x^2 wie x gibt, und zwar in dieser Weise: 236,1

$$x^3 = 6x^2 - 6x + 56$$

Dies führe ich auf die Zahl der dritten Wurzel zurück und erhalte

$$\frac{1}{2}x^3 = 3x^2 - 3x + 28.$$

Danach ziehe ich die Einheit [1] von N ab,[2] bilde aus dem Rest einen Würfel, addiere zu dessen Wurzel die Einheit und erzeuge aus dessen Wurzel einen Würfel. Das ergibt $\frac{1}{2}x^3$.[3] Wenn dies mit 2 multipliziert wird, ergibt sich der gesuchte Würfel.[4]

Wenn es jedoch nicht ebensoviele x^2 wie x sind, führen wir es auf Brüche zurück, so daß ihre oberen Zahlen[5] gleich sind, so wie ich $36 + 3x^2 - 6x = x^3$ auf $9 + \frac{3}{4}x^2 - \frac{3}{2}x = \frac{1}{4}x^3$; danach ziehe ich von N 1 ab,[6] ziehe aus dem Rest die Kubikwurzel, addiere

[1] Sasaki, 113. [2] *der absoluten Zahl, hier* 28. [3] *also*: $\frac{1}{2}x^3 = (\sqrt[3]{28-1} + 1)^3$ [4] = die gesuchte Kubikzahl. – Sasaki, 115. [5] Zähler [6] *der absoluten Zahl, hier* 9

tas[1] addatur & productum cubice multiplicetur, fiet $\frac{1}{4}$𝔠𝔢 aequalis 27, sive 𝔠𝔢 erit 108.

Item sit 1𝔠𝔢 aequ. 26 – 3ʒ – 3𝔯. Addo unitatem numero absoluto; deinde ex radice producti unitatem demo, & producitur ex
AT 238 radice cubus quaesitus. ¦

Alius circinus aequationes cubicas 1𝔠𝔢 & *O*ʒ*ON.*

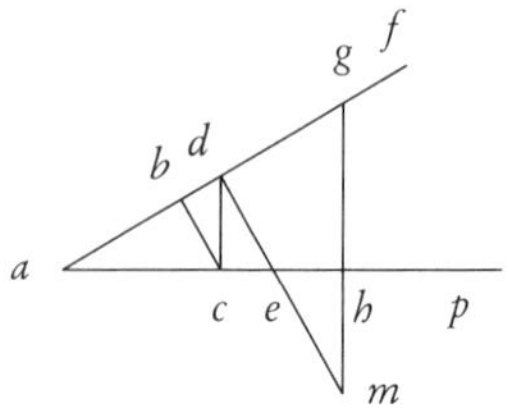

Si inveniendus sit cubus aequalis ON *dg* & quadrato uni incognito, talis circinus fabricetur: *dce* fluit supra *ap*, fluendo pellit *bc* in puncto *c* adigitque ut descendat simulque *af*, cui affixa est *bc*[2] ad angulos rectos, describitque intersectione *af* & *cd*
AT 239 lineam cir¦cini mesolabi. Praeterea trahit secum lineam *dm* quae impacta est lineae *af*, ita tamen ut moveatur, trahit etiam *dg* quae est numerus absolutus, & fluit supra *af*; item *dg* trahit *dm*. [*qd*[3] impactum est lineae *ak* ad angulos rectos, ita ut sine illa[4] moveri non possit, adeoque retrocedit rursus *z*.] Intersectio autem linearum *gm* & *dm* describit aliam lineam, quae intersecat *ap* in puncto quaesito … *ag* est 𝔠𝔢[5]. Inveniendus sit enim, verbi gratia, *dg ON* … quia intersectio *de* & *ge*[6] cadit in *ap*, dico cubum *ag* [7]esse aequalem quadrato *ad* & *ON dg*[8] [Nam triangulus *gae*[9] est isoceles propter lineam *ak*, quae impacta est ad angulos rectos lineae *gc* ex constructione.]

[1] extrahatur & unitas] F. d. C.: *fehlt* [2] *bc*] F. d. C.: *vc*. [3] *dm*. [*qd*] F. d. C.: *gmqd*. Leibniz: Non video *q* in figura. [4] illa] F. d. C.: ulla. [5] quaesito … ag est 𝔠𝔢] F. d. C.: quaesito *ab* illo in *ada* est C. Leibniz: Obscure. [6] *dg ON* … quia intersectio *de* & *ge*] F. d. C.: *dg ON* [Leibniz: id est absolutus] loco *dy* quia intersecto *de* et *ye*. [7] *ag*] F. d. C.: *ac*. [8] *dg*] F. d. C.: *dy*. [9] *gae*] F. d. C.: *yae*.

die Einheit [1] und multipliziere das Produkt dreifach mit sich selbst.[1] Es ergibt sich $\frac{1}{4}x^3 = 27$, bzw. $x^3 = 108$.

Ebenso: Wenn $x^3 = 26 - 3x^2 - 3x$. Ich addiere die Einheit [1] zur absoluten Zahl;[2] danach ziehe ich vom Produkt die Einheit [1] ab und der gesuchte Würfel[3] ergibt sich aus der Wurzel.[4]

Ein anderer Zirkel für kubische Gleichungen [der Form] 238,1
$x^3 = a_2x^2 + a_0b$

Wenn es gilt, einen Würfel (eine Kubikzahl) herauszufinden, der *b* = *dg* und einem unbekannten Quadrat gleich ist,[5] ist folgender Zirkel herzustellen: *dce* gleitet *ap* entlang und versetzt dabei *bc* im Punkt *c* in Bewegung und zieht es heran, so daß gleichzeitig auch *af* sinkt, das

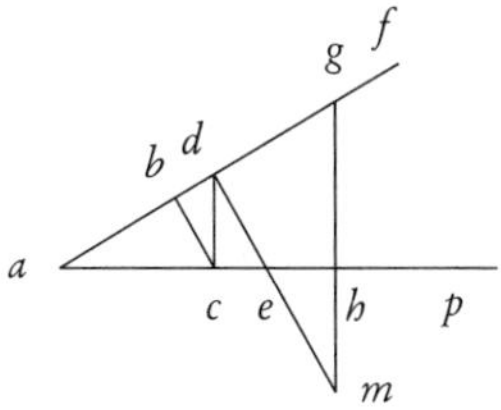

mit *bc* in rechten Winkeln verbunden ist, und beschreibt durch Schnitt von *af* und *cd* eine Linie des mesolabischen Zirkels.[6] Außerdem zieht [es] die Linie *dm* mit sich mit, die der Linie *af* aufgesetzt ist, so daß sie sich ebenfalls bewegt, zieht außerdem *dg*, das die absolute Zahl ist, und gleitet *af* entlang; ebenso zieht *dg dm*. [*qd* ist der Linie *ak* in rechten Winkeln aufgesetzt, so daß sie ohne jene nicht bewegt werden kann, und daher bis zu *z* zurückweicht.][7] Der Schnitt der Linien *gm* und *dm* beschreibt eine andere Linie, die *ap* am gesuchten Punkt schneidet ... *ag* ist x^3. Herauszufinden ist nämlich zum Beispiel *dg* = *b* ... weil die Schnittstelle von *de* und *ge* auf *ap* fällt, sage ich, der Würfel *ag* entspreche dem Quadrat von *ad* und *ON dg*. [Denn das Dreieck *gae* ist aufgrund der Linie *ak* gleichschenklig, die von der Konstruktion her der Linie *gc* in rechten Winkel aufgesetzt

[1] *also*: $\frac{1}{4}x^3 = (\sqrt[3]{9-1}+1)^3$ [2] *hier* = 26 [3] = *die gesuchte Kubikzahl* [4] *also*: $x^3 = (\sqrt[3]{26+1}-1)^3$ [5] *der Unbekannten b in der Gleichung, die der Strecke d g auf dem Zirkel entspricht* [6] Sasaki, 116. [7] *Die beiden Passagen in eckigen Klammern scheinen Gustav Eneström zufolge nicht zum vorliegenden Problem zu gehören.*

ab autem est unitas etiam ex constructione, *ac* vero radix cubi
AT 240 inventi.[1] ¦

Ex his inveniri possunt aequationes inter 1𝔠𝔠 & Oʒ – *ON*, item *ON* – Oʒ, ut ex praecedenti inveniri potest inter 1𝔠𝔠 & O𝔷𝔷 – *ON*, item *ON* – O𝔷𝔷; sed etiam aperuisse sufficiat.

Circinus ad angulum in quotlibet partes dividendum.

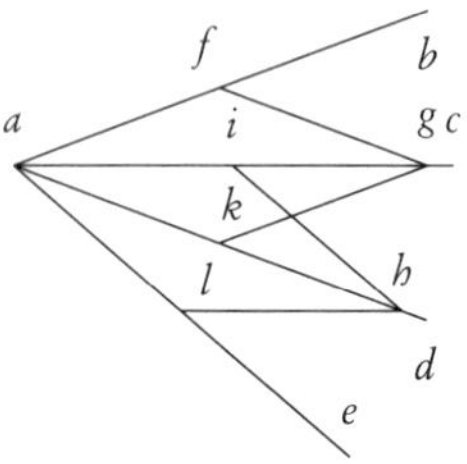

AT 241

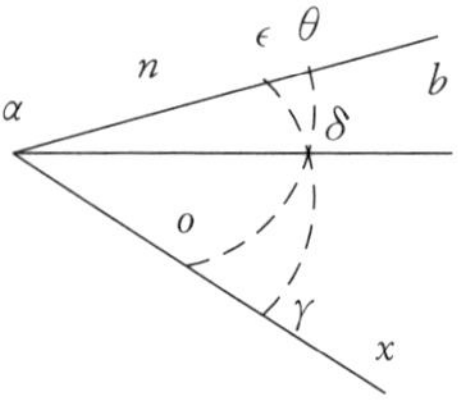

Sit talis circinus: *ab*, *ac*, *ad*, *ae* sunt aequales laminae divisae pariter in punctis *f*, *i*, *k*, *l*;[2] item *fg* aequalis *af*, &c. Unde fit ut anguli, *bac*, *cad* & *dae* sint semper aequales, nec unus possit augeri vel minui, quin alii etiam mutentur. Sit igitur angulus *bαx* [3]dividendus: applico lineam *ae* supra *αx*; qua ibi ma¦nente immobili, elevo lineam *ba* in partem *b*, quae secum trahit *ac* & *ad*, lineaque describetur a puncto *g* talis *γδϵ*. Deinde sumatur *nα* aequalis *af*, & ex puncto *n* ducatur pars circuli *θδo*, ita ut *nθ* sit etiam aequalis *fg*: dico lineam *αδ* dividere angulum in tres partes aequales. Ita potest dividi angulus in plures, si circinus constet pluribus[4] laminis.

Si subtrahatur numeri triangularis quadratus ex quadrato sequentis triangularis, restat cubus. Ut 10, 15; tolle 100 ex 225, restat 125.

[1] Leibniz: Puto inveniri primum cubum quaesitum, inde ejus radicem.
[2] *f*, *i*, *k*, *l*] F. d. C.: *feki*. [3] *bαx*] F. d. C.: *αx*. [4] pluribus] F. d. C.: plurimis.

sind.] *ab* aber ist auch von der Konstruktion her die Einheit, *ac* hingegen die Wurzel des Würfels, der herauszufinden ist.

Daraus lassen sich die Gleichungen $x^3 = a_2x^2 - a_0$, $x^3 = a_0 - a_2x^2$, wie aus der vorangegangenen zwischen $x^3 = a_2x - a_0$ herausgefunden werden kann, und ebenso $x^3 = a_0 - a_1x$; aber es möge genügen, den Weg geebnet zu haben.

Ein Zirkel zum Teilen von Winkeln in beliebig viele Teile.

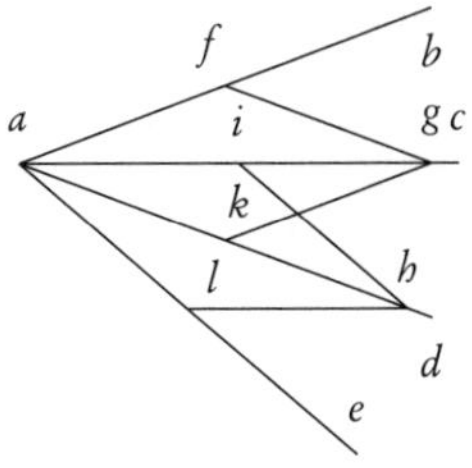

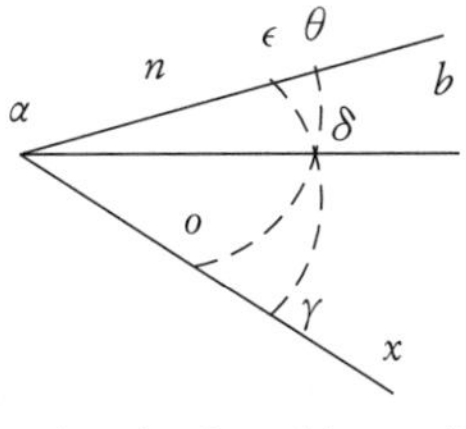

Der Zirkel soll folgendermaßen ausse- 240,6
hen: *ab*, *ac*, *ad* und *ae* sind gleiche Schenkel, die an den Punkten *f*, *i*, *k* und *l* gleich geteilt sind; ebenso ist *fg* gleich *af*, usw. Deshalb sind die Winkel *bac*, *cad* und *dae* immer gleich, und wenn irgendeiner vergrößert oder verkleinert wird, werden auch die anderen verändert. Wenn also der Winkel $b\alpha x$ zu teilen ist, lege ich die Linie *ae* über αx; indem ich sie dort unbeweglich liegenlasse, ziehe ich die Linie *ba* in Richtung *b*, die *ac* und *ad* mit sich zieht und vom Punkt *g* eine Linie beschreibt von der Art wie $\gamma\delta\epsilon$. Dann nehme ich $n\alpha$ in der Länge entsprechend *af* und lasse einen Abschnitt des Kreises $\theta\delta o$ vom Punkt *n* aus ziehen, so daß $n\theta$ ebenfalls *fg* entspricht. Ich behaupte, daß die Linie $\alpha\delta$ den Winkel in drei gleiche Teile teilt. So läßt sich der Winkel auch in mehrere Teile teilen, wenn der Zirkel aus mehreren Schenkeln besteht.[1]

Wenn das Quadrat einer Dreieckszahl von dem Quadrat der fol- 241,8
genden Dreieckszahl abgezogen wird, bleibt ein Würfel übrig. Wie 10, 15; ziehe 100 von 225 ab, es bleibt 125 übrig.

[1] Sasaki, 121–122; Bos, 237–238 (Paraphrase).

Ex progressione 1|2 – 4|8 – 16|32 habentur numeri perfecti 6, 28, 496.

Vidi commodum instrumentum ad picturas omnes transferen-
AT 242 das: constat in pede cum circino bicipiti. ¦Aliud quoque ad omnia horologia depingenda, quod per me possum invenire. Tertium ad angulos solidos metiendos. Quartum argenteum ad plana & picturas metiendas. Pulcherrimum aliud ad picturas transferendas. Aliud affixum oratoris tibiae ad momenta metienda. Aliud ad tormenta bellica noctu dirigenda. – Petri Rothen *Arithmetica philosophica*. – Benjamin Bramerus.

AT 243

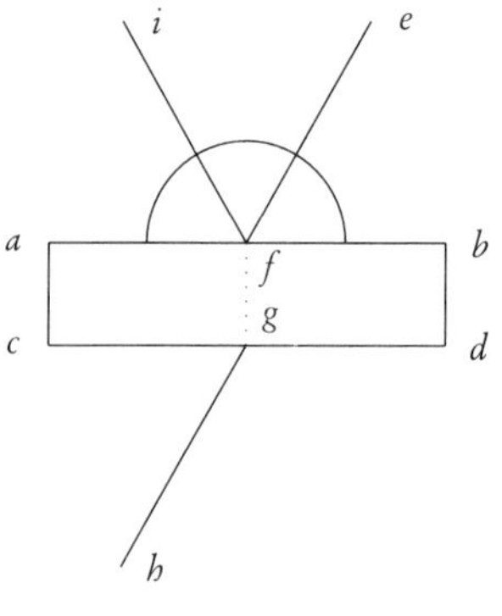

Lux quia non nisi in materia potest generari, ubi plus est materiae, ibi facilius generatur, caeteris paribus; ergo facilius penetrat per medium densius quam ¦per rarius. Unde fit ut refractio fiat in hoc a perpendiculari, in alio ad perpendicularem; omnium autem maxima refractio esset in ipsa perpendiculari, si medium esset densissimum; a quo iterum exiens radius egrederetur per eumdem angulum. Sit *abcd* medius densissimus, radius *ef* per *fg* perpendiculariter transibit in *gh*, ita ut *bfe* & *cgh* sint aequales anguli.

Aus der Zahlenfolge 1 – 2 || 4 – 8 || 16 – 32 ergeben sich die vollkommenen Zahlen 6, 28, 496.[1] 241,11

Ich habe ein komfortables Instrument gesehen, um jegliche Abbildungen zu übertragen. Es besteht aus einem Fuß mit einem zweiköpfigen Zirkel. Ich habe auch ein anderes gesehen, das ich selbst erfinden kann, zum Abmalen jeglicher Uhren. Ein drittes zum Messen räumlicher Winkel. Ein viertes silbernes zum Messen von Flächen und Abbildungen. Das schönste zum Übertragen von Abbildungen. Ein anderes zum Messen von Zeiten (momenta), das am Schienenbein eines Redners befestigt wird. Ein anderes zum Ausrichten von Kriegsgeschützen in der Nacht. – Peter Roth *Arithmetica philosophica**. – Benjamin Bramer*.[2] 241,13 Anm. S. 244 Anm. S. 247

Weil Licht nur in Materie erzeugt werden kann, wird es bei ansonsten gleichen Bedingungen dort leichter erzeugt, wo mehr Materie ist; also durchdringt es ein dichteres Medium leichter als ein dünneres. Deshalb geschieht in einem dünneren Medium Brechnung von der Senkrechten weg, in einem dichteren zur Senkrechten hin. Die größte Brechung von allen aber wäre auf der Senkrechten selbst, wenn das Medium von größtmöglicher Dichte wäre; aus diesem Medium würde der Strahl wieder im selben Winkel austreten. Wenn *abcd* ein Medium von größtmöglicher Dichte ist, geht der Strahl *ef* über *fg* senkrecht hindurch nach *gh*, so daß *bfe* und *cgh* gleiche Winkel sind. 242,9

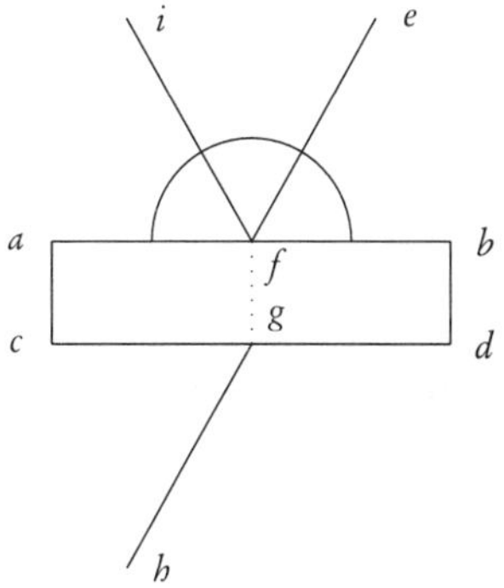

[1] Sasaki, 128 (*zusammen mit dem vorherigen Eintrag*). [2] Sasaki, 123–124.

Reflexio autem nihil est aliud quam productio lucis a superficie opaca in partem inversam, quoniam in rectum non potest. V. g., superficies *afb* producit radium reflexum *fi*, quem in rectum *gh* produxisset superficies *cgd*.

Locus imaginis est in linea recta ab oculo ad primum reflexionis vel refractionis punctum producta. In quo autem illius puncto sit, hoc non apparet nisi ex situ aliorum punctorum, quia distantia objecti non aliter advertitur. Vel dici potest esse in perpendiculari ab objecto; id enim unum fit per accidens in quibusdam,
AT 244 & non ex eo quod sit concursus perpendicularis. ¦

Dantur *adb* & *aeb*, invenire *ac* & *cb*.

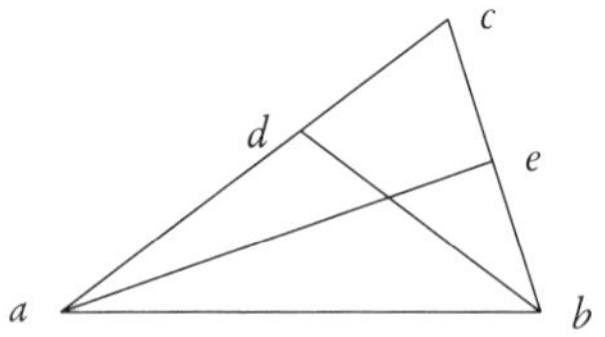

Differentiam inter *ad* ductum per *ae* & *db* ductum per *be* divido per differentiam inter quadrata ex *ae* & *db*; & productum si ducatur per *ae*, facit *ac*; si per *db*, facit *bc*. Est enim ut *ae* ad *db*, ita *ce* ad *dc*; atque ut *db* ad *ae*, ita *cb* ad *ca*.

Nuper cum aliquas chartas comburerem, & ignis in quo comburebantur, esset acrior, animadverti characteres integros manere & tam lectu faciles quam antea: e contrario scripta vidi cum atramento sulfure mixto intra viginti quatuor horas evanescere.

Reflexion aber ist nichts anderes als die Fortführung (productio) des Lichts von einer undurchsichtigen Oberfläche in umgekehrte Richtung, weil es nicht in gerader Richtung fortlaufen kann. Z. B. führt die Oberfläche *afb* den reflektierten Strahl *fi* fort, den die Oberfläche *cgd* in gerader Richtung *gh* fortgeführt hätte.

Der Ort des Bildes liegt auf der geraden Linie, die vom Auge zum ersten Punkt der Reflexion oder Brechung führt. An welcher Stelle aber dieser Punkt liegt, zeigt sich nur aus der Lage der anderen Punkte, weil sich die Distanz des Objekts nicht anders feststellen läßt. Nur im Einzelfall kann man sagen, daß er auf der Senkrechten vom Objekt liegt, denn dies geschieht nur durch Zufall (per accidens) in einem bestimmten Fall von vielen und nicht deshalb, weil die Linien senkrechter aufeinandertreffen.

Gegeben sind *adb* und *aeb*, herauszufinden sind *ac* und *cb*. 244,1

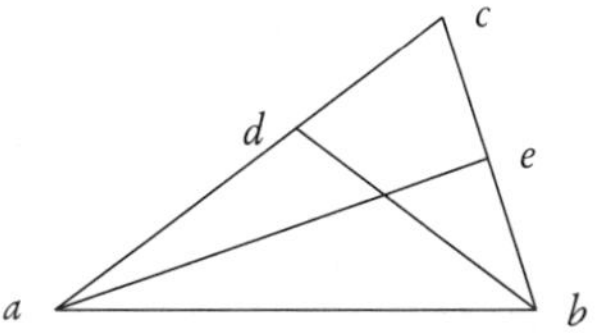

Die Differenz zwischen *ad* multipliziert (ductus) mit *ae*, und *db* multipliziert mit *be* teile ich durch die Differenz zwischen den Quadraten von *ae* und *db*; wenn man das Produkt mit *ae* multipliziert, ergibt sich *ac*; wenn mit *db*, ergibt sich *bc*. Denn wie sich *ae* zu *db* verhält, so auch *ce* zu *dc*; und wie *db* zu *ae*, so auch *cb* zu *ca*.

Als ich neulich einige Papiere verbrannte und das Feuer, in dem 244,7
ich sie verbrannte, heftiger wurde, habe ich bemerkt, daß die Zeichen unversehrt blieben und ebenso leicht zu lesen wie vorher; wohingegen ich gesehen habe, daß Zeichen, die mit Tinte und Schwefel gemischt geschrieben wurden, innerhalb von vierundzwanzig Stunden verschwanden.

Regula generalis ad aequationes quatuor terminorum completas.

Reducatur numerus quadratorum ad ternarium per divisionem. Deinde si illis addita sit nota +, tollantur ʒ & loco illorum reponantur 3 𝔵, & tollatur unitas ex toto numero; ac praeterea addantur tot unitates quot sunt 𝔵 & ʒ, deinde procedatur ad aequationem inter Oℭ & O𝔵 + ON. Qua inventa, addatur unitas radici inventae[1], & illa radix erit quae[2] quaerebatur. Si vero qua-
AT 245 dratis addita sit nota –, tollantur ʒ[3] & loco ¦ illorum addantur 3 𝔵 & unitas; deinde tollantur[4] adhuc tot unitates quot sunt 𝔵 & ʒ, ac postea si extrahatur radix ex invento nostro & ex illa extrahatur
AT 246 unitas, habebitur radix quaesita initio. ¦

In tetraedro rectangulo, basis potentia aequalis est potentiis trium facierum simul.

V. g., sint basis tria latera, $\sqrt{8}$, $\sqrt{20}$, $\sqrt{20}$; tria vero latera supra basin, 4, 2, 2: area basis erit 6; trium facierum, 2, 4, 4; quorum quadrata sunt, 36, ⟨&⟩ 4, 16, 16, quae tria aequipollent priori.

Item, sint latera basis $\sqrt{13}$, $\sqrt{20}$, 5; & supra basin, 2, 3, 4: area basis erit $\sqrt{61}$; facierum vero, 3, 4, 6, quorum quadrata sunt 61, & 9, 16, 36, aequalia priori.

Hinc plurimae quaestiones ignotae solvi possunt circa tetraedra rectangula & non rectangula per relationem ad rectangula.

[1] radici inventae] F. d. C.: radici, inventa. [2] quae] F. d. C.: quae quae.
[3] ʒ] F. d. C.: *fehlt* [4] tollantur] F. d. C.: addantur.

Allgemeine Regel für Gleichungen mit vier Termen.

Man reduziert durch Division die Anzahl der Quadrate auf 3. 244,14 Wenn davor das Zeichen + steht, läßt sich danach x^2 entfernen, an seine Stelle $3x$ setzen, und die Einheit von der gesamten Zahl abziehen; außerdem werden so viele Einheiten addiert, wie es x und x^2 gibt, und geht zur Gleichung $a_0x^3 = a_1x^2 + a_2b$ über. Nachdem diese Gleichung gefunden ist, wird die Einheit zu der gefundenen Wurzel addiert, und diese Wurzel ist die gesuchte. Wenn aber vor den Quadraten das Zeichen – steht, läßt sich x^2 entfernen und an seine Stelle $3x$ setzen und die Einheit addieren. Danach werden noch so viele Einheiten abgezogen wie es x und x^2 gibt. Wenn dann später die Wurzel aus dem von uns Gefundenen gezogen und von ihr die Einheit abgezogen wird, erhält man die am Anfang gesuchte Wurzel.[1]

*In einem rechtwinkligen Tetraeder ist die Potenz der Grundfläche gleich den Potenzen von drei Seiten.** Anm. S. 248

Wenn z. B. die drei Seiten der Grundfläche $\sqrt{8}$, $\sqrt{20}$ und $\sqrt{20}$ 246,3 sind, die drei Seiten oberhalb der Grundfläche 4, 2 und 2, dann ist der Flächeninhalt der Grundfläche 6 und die der drei Seiten 2, 4 und 4; deren Quadrate sind 36, [und] 4, 16, 16, wobei die letzten drei dem ersten entsprechen.

Ebenso: Sind die Seiten der Grundfläche $\sqrt{13}$, $\sqrt{20}$, und 5, und die oberhalb der Grundfläche 2, 3 und 4, ist der Flächeninhalt der Grundfläche $\sqrt{61}$, die der Seiten 3, 4 und 6, deren Quadrate 61, und 9, 16, 36, gleich dem ersten.

Hiervon ausgehend lassen sich viele ungelöste Fragen beantworten sowohl in bezug auf rechtwinklige Tetraeder als auch in bezug auf nicht-rechtwinkliger mittels Relation auf rechtwinklige.

[1] Vgl. AT X, 245f., Anm.

Haec demonstratio ex Pythagorica procedit, & ad quantitatem quoque quatuor dimensionum potest ampliari; in qua quadratum solidi angulo recto oppositi aequale est quadratis ex 4 aliis
AT 247 solidis simul. Sit ad ¦ hoc paradigma processionum in numeris 1, 2, 3, 4; in figuris, 𝔵, 𝔷, 𝔠𝔢[1]; in angulis rectis duarum linearum, trium, quatuor.

Data basi pyramidis rectangulae, facile inveniuntur latera super basin.

Sint, v. g., latera basis, $\sqrt{13}$, $\sqrt{20}$ & 5. Pro primo latere supra basin ponatur 1 𝔵; pro altero, $\sqrt{13 - 1}$𝔷; & pro terio, $\sqrt{20 - 1}$𝔷; quorum duorum potentia, quia aequalis potentiae lateris, est aequalis 33 – 2𝔷, vel 1𝔷 aeq. 4. Ergo nota basi & angulo opposito, totam pyramidem possumus agnoscere, ut de triangulo Euclides demonstrat.

Tetraedri rectanguli latera ad basin $\alpha\beta\gamma$ supra basin erunt:

$$\sqrt{\frac{1}{2}\alpha q + \frac{1}{2}\gamma q - \frac{1}{2}\beta q};$$

$$\sqrt{\frac{1}{2}\alpha q + \frac{1}{2}\beta q - \frac{1}{2}\gamma q};$$

AT 248

$$\sqrt{\frac{1}{2}\beta q + \frac{1}{2}\gamma q - \frac{1}{2}\alpha q}; ¦$$

areae facierum:

$$\sqrt{\frac{1}{16}\alpha qq + \frac{1}{8}\beta q\gamma q - \frac{1}{16}\beta qq - \frac{1}{16}\gamma qq};$$

[1] Leibniz: Latus, potentia, cubus quoque.

Dieser Beweis geht aus dem Pythagoreischen hervor und kann auch auf eine Quantität von vier Dimensionen ausgeweitet werden. Dabei ist das Quadrat des Körpers gegenüber dem rechten Winkel gleich den Quadraten von 4 anderen Körpern zusammengenommen. Das Paradigma dazu ist die Fortschreitung in Zahlen 1, 2, 3, 4; in Figuren x, x^2, x^3; in rechten Winkeln von zwei, drei oder vier Linien.[1]

Bei gegebener Grundfläche einer rechtwinkligen Pyramide lassen sich die Seiten oberhalb der Grundfläche leicht herausfinden.

Die Seiten der Grundfläche seien z. B. $\sqrt{13}$, $\sqrt{20}$, und 5. Für die 247,6
erste Seite oberhalb der Grundfläche werde x gesetzt, für eine andere $\sqrt{13-x^2}$, und für die dritte $\sqrt{20-x^2}$. Die Potenz dieser beiden ist, weil sie der Potenz der Seite entspricht, $33-2x^2$ oder $x^2=4$. Also können wir bei bekannter Grundfläche und dem gegenüberliegenden Winkel die gesamte Pyramide erkennen, wie Euklid beim Dreieck beweist.[2]

Die Seiten an der Grundfläche $\alpha\beta\gamma$ eines rechtwinkligen Tetraeders oberhalb dieser Grundfläche sind:

$$\sqrt{\frac{1}{2}\alpha^2+\frac{1}{2}\gamma^2-\frac{1}{2}\beta^2};$$

$$\sqrt{\frac{1}{2}\alpha^2+\frac{1}{2}\beta^2-\frac{1}{2}\gamma^2};$$

$$\sqrt{\frac{1}{2}\beta^2+\frac{1}{2}\gamma^2-\frac{1}{2}\alpha^2}$$

die Flächeninhalte der Seiten:

$$\sqrt{\frac{1}{16}\alpha^4+\frac{1}{8}\beta^2\gamma^2-\frac{1}{16}\beta^4-\frac{1}{16}\gamma^4};$$

[1] Sasaki, 129. [2] Sasaki, 130–131.

$$\sqrt{\frac{1}{16}\beta qq + \frac{1}{8}\alpha q\gamma q - \frac{1}{16}\alpha qq - \frac{1}{16}\gamma qq};$$

$$\sqrt{\frac{1}{16}\gamma qq + \frac{1}{8}\alpha q\beta q - \frac{1}{16}\alpha qq - \frac{1}{16}\beta qq};$$

area basis:

$$\sqrt{\frac{1}{8}(\alpha q\beta q + \alpha q\gamma q + \beta q\gamma q) - \frac{1}{16}(\alpha qq + \beta qq + \gamma qq)};$$

totum corpus tetraedri est:

$$\sqrt{\begin{array}{l} \frac{1}{288}\alpha qq\beta q + \frac{1}{288}\alpha qq\gamma q \\ + \frac{1}{288}\beta qq\alpha q\left[+\frac{1}{288}\beta qq\gamma q\right] \\ + \frac{1}{288}\gamma qq\alpha q + \frac{1}{288}\gamma qq\beta q - \frac{1}{144}\alpha q\beta q\gamma q \\ - \frac{1}{288}\alpha qc - \frac{1}{288}\beta qc - \frac{1}{288}\gamma qc \end{array}}.$$

Invenitur corpus pyramidis ex tribus lateribus ad basin solis cognitis, si assumatur media pars summae ex tribus illorum quadratis aggregatae, & rectangula radix trium quantitatum in se ductarum, quibus illa media summae excedit quadrata singulorum laterum, separatimque continet sexies totum corpus hexaedri.

Sint, v. g., tria latera ad basin, $\sqrt{13}$, $\sqrt{20}$, 5. Media pars summae ex tribus quadratis est 29, excedens 13, 20 & 25, numeris 164, 9, 4; quae per se ducta faciunt 576, cujus radix est 24; & hujus sexta pars est 4. Ergo corpus pyramidis est 4.

$$\sqrt{\frac{1}{16}\beta^4 + \frac{1}{8}\alpha^2\gamma^2 - \frac{1}{16}\alpha^4 - \frac{1}{16}\gamma^4};$$

$$\sqrt{\frac{1}{16}\gamma^4 + \frac{1}{8}\alpha^2\beta^2 - \frac{1}{16}\alpha^4 - \frac{1}{16}\beta^4};$$

der Flächeninhalt der Grundfläche:

$$\sqrt{\frac{1}{8}(\alpha^2\beta^2 + \alpha^2\gamma^2 + \beta^2\gamma^2) - \frac{1}{16}(\alpha^4 + \beta^4 + \gamma^4)};$$

der gesamte Körper des Tetraeders [sein Volumen] ist:

$$\sqrt{\begin{array}{l}\frac{1}{288}(\alpha^4\beta^2 + \alpha^4\gamma^2 + \beta^4\alpha^2 + \beta^4\gamma^2 + \gamma^4\alpha^2 + \gamma^4\beta^2) \\ - \frac{1}{144}\alpha^2\beta^2\gamma^2 - \frac{1}{288}(\alpha^6 + \beta^6 + \gamma^6)\end{array}}.$$

Der Körper [das Volumen] einer Pyramide läßt sich allein aus den drei bekannten Seiten an der Grundfläche herausfinden, wenn man die Hälfte der Summe aus drei zueinander addierten Quadraten dieser Seiten nimmt, von diesen Summen jeweils die Quadrate einzelner Seiten abzieht und die Rechteckwurzel dieser drei mit sich selbst multiplizierten Quantitäten zieht, die für sich genommen ein Sechstel des gesamten Körpers [des Volumens] des Hexaeders enthält.

Es seien z. B. die drei Seiten an der Grundfläche $\sqrt{13}$, $\sqrt{20}$ und 248,21
5. Die Hälfte der Summe aus diesen Quadraten ist 29. Abgezogen werden jeweils 13, 20 und 25, in Zahlen 16, 9 und 4; mit sich selbst multipliziert ergibt sich 576, dessen Wurzel 24 ist, und ein Sechstel davon 4. Also ist der Körper der Pyramide [das Volumen] 4.

ANMERKUNGEN

1. ZU DEN REGULAE

* **(S. 27)** Rechenmeister] Das Schulwesen im damaligen Deutschland unterschied zwischen Lateinschulen und deutschen Schulen. Bereits in den Niederlanden war Descartes mit dem (späteren) Rektor einer Lateinschule zusammengetroffen: Isaac Beeckman; 1620 traf er in Ulm den Rektor einer deutschen Schule, Johannes Faulhaber. Anders als die Lateinschulen waren die deutschen Schulen berufspraktisch ausgerichtet. Ihren Lehrkörper bildeten Modisten, jenes »eigenartige Zwischenglied (...) zwischen Kaufmann und Handwerker einerseits, dem Patrizier und Gelehrten andererseits« (Hans Heisinger, 2). Modisten beherrschten den *modus scribendi*, sie waren professionelle Schreiber und Rechner, die ihre Kenntnisse in von ihnen selbst eingerichteten und geführten Schulen weitergaben. Für den wirtschaftlichen Erfolg war dann die Anzahl der Schüler entscheidend, und deshalb versuchten die Modisten, durch vielfältige Veröffentlichungen auf sich aufmerksam zu machen, waren dabei aber auch stets darauf bedacht, nicht zu viel von ihrem Wissen preiszugeben. Viele von ihnen führten neben ihrer Lehrtätigkeit Aufträge ihrer Stadt aus (Faulhaber zum Beispiel entwickelte sich zu einem gefragten Ingenieur), und sie nahmen über den regulären Schulbetrieb hinaus Privatschüler auf. So hat man sich das Verhältnis von Descartes und Faulhaber wohl auch am ehesten vorzustellen, nämlich als das zwischen einem professionellen Ausbilder und einem wissensdurstigen Laien, der gesellschaftlich über seinem Lehrer stand. Dem entspricht die Darstellung ihrer ersten Begegnung, in der Descartes auf Faulhaber zunächst einen überheblichen Eindruck gemacht haben soll (»... un jeune présomptueux ...«, Baillet I, 68), sich dann aber doch von seinen mathematischen Fähigkeiten überzeugen ließ. Ein Rechenmeister (logista) unterscheidet sich von einem Mathematiker (mathematicus) im allgemeinen durch das Fehlen einer wissenschaftlichen Motivation. Aus der Sicht eines professionellen Rechenmeisters wie Faulhaber war Descartes ein Amateur, jemand, der Mathematik um ihrer selbst willen betrieb, während für einen Modisten mathematische Erkenntnisse, Fähigkeiten und Fertigkeiten ein wirtschaftliches Gut waren, das er existenzerhaltend einzusetzen hatte. Damit geht einher, daß er an einer Vereinfachung und

Vereinheitlichung mathematischer Theorien und Lösungswege eigentlich nicht so sehr interessiert war wie gerade im Gegenteil daran, durch die Vielfalt der ihm zur Verfügung stehenden Lösungswege als besonders versiert zu gelten:

> »Das verblüffende Ergebnis der Analyse ist, daß für Faulhaber und die Rechenmeister seiner Zeit z. B. Eindeutigkeit, Reduktion der verwendeten Methoden auf die einfachsten unter Weglassung aller äquivalenten, Verständlichkeit und Durchsichtigkeit der angegebenen Regeln keine erstrebenswerten Ziele darstellten. Die aus dem Lehr- und Publikationsverhalten der Rechenmeister erkennbaren und aus ihrer wirtschaftlichen Situation erklärbaren Wertsetzungen werden vor allem im mathematischen Werk Descartes' durch andere ersetzt. Insofern erscheint die Mathematik Descartes' als eine negative Reaktion auf den Stil der Rechenmeister und kann gleichzeitig den Enthusiasmus, mit dem Descartes' Werk aufgenommen wurde, erklären« (Schneider, XIII).

Descartes' erkennbar abfällige, auf Faulhaber und seinen Berufsstand gemünzte Bemerkung zeigt, daß noch nicht einmal zehn Jahre nach seiner Begegnung mit Faulhaber aus dem Laien Descartes ein Wissenschaftler, und aus dem Profi Faulhaber ein Mann der Vergangenheit geworden war – zumindest in der Selbsteinschätzung Descartes'.

* **(S. 29)** figurierte Zahlen] Anspielung auf Faulhabers Hang zu monströsen Bezeichnungen figurierter Zahlen, der als Teil des Konkurrenzkampfes zwischen den Modisten zu verstehen ist (Schneider, 75). Bei Faulhaber verbanden sich mathematische Kenntnisse aus heutiger Sicht verblüffend bruchlos mit religiöser Schwärmerei und einem Hang zu Zahlenmystik und Kabbala. Descartes spielt in den *Excerpta mathematica* offenbar ebenfalls auf Faulhaber an: »Ex quibus infinita theoremata deduci possunt, & facile exponi possunt progressiones arithmeticae, quae bases vel latera omnium ejusmodi triangulorum comprehendant, ad imitationem *Cabalae Germanorum*« (AT X, 297). Faulhaber versuchte, biblische Zahlen als Polygonal- und Pyramidalzahlen zu deuten und daraus prophetische Erkenntnisse zu gewinnen. 1612 veröffentlichte er den *Neuen Mathematischen Kunstspiegel*, 1613 die *Himmlische Geheime Magia*, beides Werke, in denen er Zahlenspekulationen vornahm. Ebenfalls 1613 veröffentlichte er in Nürnberg die *Andeutung einer unerhörten neuen Wunderkunst*, in der sich auch die »bündigste Erklärung für den Sinn solcher Zahlenspekulationen« (Schneider 9) findet:

> »Die Zahlen sind göttliche geheime Sachen, göttliche Zeugnisse. Die ganze Heilige Schrift gebraucht sich derselbigen; davon ist auch alles in der Natur in seine Proportion und Maß gegangen, durch den Willen des Allmächtigen, der es gemacht« (nach Ivo Schneider, 9).

Noch vor dem Kolloquium, auf dem 1619 der Ulmer Kometenstreit geschlichtet werden sollte, vertrat Faulhaber diese Ansicht:

> »Mein ganzes Scopus in dem Traktat des Titels *Andeutung* ist daher ausdrücklich, zu sehen (...), daß Gott zu allen Zeiten die Ordnung gehalten, daß er in den vornehmsten Prophezeiungen über die Hauptveränderungen sich der Pyramidalzahlen gebrauchet. Jetzt, nun da ich gesehen, daß in den künftigen Prophezeiungen sich die Pyramidalzahlen befinden, so hab ich auch nachgeschlagen, ob in allen dergleichen Prophezeiungen Pyramidalzahlen gefunden werden« (Notarielles Protokoll der Anhörung, zitiert nach Hawlitschek 1995, 351).

Das bedeudendste Werk in dieser Richtung war die *Himmlische geheime Magia oder Neue Cabalistische Kunst und Wunderrechnung vom Gog und Magog,* die alsbald den Zorn der Kirchenoberen hervorrief, die Faulhaber vorwarf, »daß er es nicht bei seiner Kunst der Arithmetik, Geometrie, Mathematik hat verbleiben lassen, sondern aus Buchstaben, Zahlen und versiegelten Worten eine Prophezeiung erzwingen will« (nach Schneider, 10). Faulhaber behauptete, seine Erkenntnisse über die biblischen Zahlen von Gott selbst erhalten zu haben: Gott habe die biblischen Zahlen absichtlich verschlüsselt, um sie bestimmten auserwählten Personen zu offenbaren, und er, Faulhaber, sei eine davon. Dies enthob ihn in seinem eigenen Verständnis auch gleichzeitig der Notwendigkeit, seine Erkenntnisse zu erklären. Faulhaber sah sich »in dem Maße, in dem ihm seine Gegner unsinnige Spekulationen und Phantastereien vorwarfen, als der einzige bestätigt, der aus solchen nur scheinbar unzusammenhängenden und damit sinnlosen Beziehungen einen Sinn erkennen konnte« (Schneider, 11).

Faulhabers Deutungen erscheinen aus heutiger Sicht allerdings weniger als gefährlich denn als unfreiwillig komisch. Die zugleich kurioseste und wirkungsvollste Prophezeiung Faulhabers war ohne Zweifel die Vorhersage eines Kometen für den 1. September 1618, die zum Ulmer Kometenstreit führte. Tatsächlich standen Faulhabers Chancen hierbei gar nicht so schlecht, denn im Jahre 1618 erschienen gleich drei Kometen, von denen allerdings keiner genau am 1. September sichtbar wurde, was Faulhaber den Vorwurf einbrachte, er beanspruche das Erscheinen eines dieser Kometen zu Unrecht als Bestätigung seiner Vorhersage. Faulhaber sah sich im Recht und feierte seinen Erfolg in der *Fama Sidera Nova,* die 1619 in Nürnberg unter dem Namen Julius Gerhardinus Goldtbeeg veröffentlicht wurde, ein Pseudonym, das ansonsten Daniel Mögling = Theophilus Schweighart benutzte, der seit 1618 Mathematiker und Astronom am Hofe Philipps III. von Hessen-Butzbach (1581–1643) war und als einer der Protagonisten der Rosenkreuzerbewegung gilt. Faulhaber geriet anläßlich seiner Kometenvorhersage mit dem Rektor des Ulmer Gymnasiums, Johann Baptist Hebenstreit, der ihn anfänglich bei seinen Kometenbeobachtungen noch unterstützt hatte, und Zimbertus Wehe, einem Lehrer des Ulmer Gymnasiums, in Streit. Hebenstreit und Wehe (*Expolitio famae siderae novae Faulhaberianae.* Ulm 1619) beschuldigten Faulhaber, seine Vorhersage aus Keplers *Prognosticon* für das Jahr 1618 entnommen und mit gewissen Angaben Keplers in den *Ephemeriden* für 1618 kombiniert zu haben. Wehe warf Faulhaber vor, daß er die Angabe der Marslänge bei Kepler von 3°33' mit der Mondbreite ebenfalls von 3°33' zu 666 addiert habe, der Zahl des zweiten Ungeheurs der Offenbarung Johannis (Off. Joh. 13, 18). Wie genau Faulhabers Gedankengänge waren, muß uns hier nicht interessieren; wichtig ist nur, daß Wehe mit seinem Vorwurf richtig lag, daß Faulhaber die beiden Zahlengaben bei Kepler schlicht addiert, auf das apokalyptische Ungeheuer Nr. 2 und von ihm wiederum auf einen ziemlich schlimmen Kometen geschlossen, und irgendwo in diesem Zusammenhang 666 als figurierte Zahl gedeutet hat und daran allerlei verwegene theologische Deutungen geknüpft hat. Wie dem auch sei: Auch Justus Cornelius (wahrscheinlich ein Pseudonym für den Arzt David Verbez) und Euthymius de Brusca (*Vindiciarum Faulhaberianarum Prodoromus. Continuatio.* Moltzheim 1620) widersprachen in ihren Verteidigungsschriften für Faulhaber Wehes Darstellung (Ivo Schneider, 20–21). Hebenstreit stellte sich gegen Faulhaber und wandte sich, »weil aller Orten das kabbalistische Wesen ausbreche und seltsame untheologische Applikationes« um sich griffen (nach Hawlitschek 1995, 45–46), an den Ulmer Stadtrat, der für den 18.10.1619 das bereits erwähnte Kolloquium einberief. (Die Protokolle sind abgedruckt in Hawlitschek 1995, 333–354.) Hebenstreit warf Faulhaber gegen dessen Auffassung, Gott prophezeie durch Pyramidalzahlen, vor,

> »daß in den beschiedenen Tractatibus nichts dann nur Zahlen, Zahlen, Zahlen, polygonal, pyramidal, und nichts von den Sachen selbst, nämlich von den vornehmsten Veränderungen, daraus die frommen und sündigen Weltbürger sich am Leben und Wandel zu verbessern hätten, zu finden [seien]«, weshalb ihm erscheinen wolle, »der ganze Calculus

oder Elaboration sei nur ein steriles, unfruchtbares und leeres Strohabdreschen, daraus der rechte Kern nicht wohl mag gesammelt werden« (nach Hawlitschek 1995, 352).

Zu einer Einigung kam es freilich nicht, allerdings in der Folge zu einiger Polemik vor allem gegen Faulhaber. Sogar Johannes Kepler, mit dem Hebenstreit befreundet war, griff in diesen Streit ein (*Kanones pueriles, id est Chronologia bis auf das jetzt laufende Jahr Christi 1620.* Ulm: Meder 1620 = GW Bd. V., 373–394). Der Ulmer Kometenstreit fand erst nach Faulhabers Flucht nach Augsburg und Tübingen 1621–1624 ein einigermaßen gütliches Ende, indem Faulhaber mit dem Verweis auf die ihm mitgeteilte Tatsache, daß die Bibelstelle, »da der Streit mit der Zahl 666 war, gefälscht war, in der griechischen Hauptsprache, welches ich zuvor mein Leben lang nie gewußt« (nach Schneider, 30). Dies hinderte Faulhaber in Wirklichkeit aber nicht, auch weiterhin allerlei Zufälligkeiten irgendwie mit der 666 in Verbindung zu setzen und abwegige Schlußfolgerungen daraus zu ziehen. So deutete er noch 1632 in seiner Gustav Adolf von Schweden, mit dem er im selben Jahr zusammengetroffen war, gewidmeten Schrift *Vernünftiger Creaturen Weissagungen. Das ist: Beschreibung eines Wunder Hirsches* den im Jahre 1630 erlegten Hirsch, »dessen Abmessungen wie Länge des Geweihs, des Kopfes oder der Läufe bei einer von Faulhaber passend gewählten Einheit die biblischen Zahlen, darunter auch 666 ergaben« dahingehend, daß ein Regent »aus dem Land der Rentiere in die Gegend, in der der Wunderhirsch einfallen würde, mit einer Kriegsmacht ›schnell wie ein Hirsch‹ einfallen würde« (Schneider, 33).

*** (S. 125)** Gilbert] William Gilbert: *De Magnete, Magneticisque Corporibus, et de Magno Magnete Tellure; Physiologia Nova, plurimis & argumentis, & experimentis demonstrata.* London: Short 1600; engl. Ausg. übers. v. Fleury Mottelay. New York: Dover 1958 (1893).

Es gibt keinen Grund, an Descartes' Lektüre von William Gilberts *De Magnete* zu zweifeln, aber es gibt genügend Gründe, Gilbert nicht für die einzige und schon gar nicht die erste Quelle der späteren Magnetismustheorie der *Principia* zu halten. Statt dessen spricht einiges dafür, daß Descartes zuerst über Isaac Beeckman mit Gilbert bekannt wurde und Beeckman über die Rolle des Vermittlers hinaus auch entscheidende Denkanstöße geliefert hat. Für Beeckman ist Materie nicht kompakt, denn dann könnte sie z. B. durch einen Hammer nicht zerbrochen werden (Beeckman I, 25 = Juli 1613–April 1614; I, 109 – 110 = 23. Dezember 1616–16. März 1618) – ein Problem, das Descartes dann noch in den *Principia* zu lösen versucht –, sondern ein Gebilde aus einzelnen Teilen,

Atomen, zwischen denen sich Poren befinden, in die andere Materie ein- und austreten kann. Dieser Grundgedanke führt Beeckman auch auf eine Theorie des Magnetismus, die er unabhängig von William Gilberts *De magnete* entwickelt, die aber auf demselben Grundgedanken beruht wie die Descartes' später in den *Principia.* Beeckman liest Gilbert erst 1627; das belegt der Journaleintrag vom 8. Oktober 1627, in dem er berichtet, er habe heute mit der Lektüre von Gilbert begonnen: »Den 8^{en} October. Cum hodie primum a D. Colvio Gilbertum legendum accepissem ...« (Beeckman III, 17 – 18 = 8. Oktober 1627). Der früheste Eintrag Beeckmans zum Magnetismus stammt jedoch bereits von 1614/1615 (Beeckman I, 36; April 1614–Januar 1615), Descartes konnte also 1618 bereits darauf zurückgegriffen haben. Die Fülle des bei Beeckman vorfindlichen Materials zur physikalischen Forschung legt zudem den Gedanken nahe, daß es sich bei diesem Material um das Gegenstück zu der Selbstinszenierung handelt, die Descartes im *Discours* unter der Überschrift *Lesen im Buche der Welt* vornimmt. Dieser Descartes-Mythos einer einzig und allein auf persönlichen Erfahrungen basierenden und somit zwar irgendwie empirischen, aber für einen ausgewiesenen Mathematiker erstaunlich unmathematischen und nur minimal auf Forschungsliteratur zurückgreifenden Naturphilosophie scheint durch die Werke, die Descartes dann später verfaßt – nämlich die *Principia* und deren Vorläufer *Le Monde ou Traité de la Lumière,* aber auch die *Dioptrique* und die *Météores* – bestätigt zu werden. Auch Adrien Baillet scheint dies zu bestätigen, wenn er berichtet, Descartes habe auf der Rückreise aus Italien in den Alpen »deviné la cause du tonnère« (Baillet I, 127–128): Descartes habe also die Ursache des Donners nicht etwa erforscht, also mit Fachleuten gesprochen, Meinungen ausgetauscht, Literatur studiert, Hypothesen gebildet und diese an der Realität überprüft, sondern diese Ursache »herausbekommen, erahnt, erraten«. Aber haben wir diesen Descartes-Mythos, diese hart am Kitsch entlangschrammende romantische Überhöhung eigentlich wirklich jemals so ganz geglaubt? Viel wahrscheinlicher ist es doch, daß Descartes sich für die Lektürearbeit andere zunutze gemacht hat, und am meisten von allen Beeckman. Was würde eine genaue Untersuchung der Magnetismustheorien von Gilbert, Beeckman und Descartes wohl anderes zutage fördern als daß es Beeckmans von Gilbert unabhängige Magnetismustheorie ist, die Descartes in den *Principia* dann weiterverarbeitet und die er dann nicht etwa auf Beeckman, sondern auf Gilbert zurückbezieht, um Beeckmans Leistung vergessen zu machen? Jedenfalls erschiene der spätere Streit mit Beeckman so in einem ganz anderen Licht.

2. ZU DEN COGITATIONES PRIVATAE

*** (S. 191)** Maske tragen] Als Descartes 1623 wieder in Paris eintraf, wurde ihm vorgeworfen, er habe in Deutschland Kontakte zu den Rosenkreuzern geknüpft. Insbesondere sein Besuch bei dem Querkopf Faulhaber wurde als Bestätigung dieses Vorwurfs benutzt. Descartes versuchte, diesen Verdächtigungen entgegenzutreten, aber bis heute sind die Vermutungen einer Verbindung Descartes' mit den Rosenkreuzern nicht verstummt, und sie werden sich wohl ebensowenig aus der Welt schaffen lassen wie Ufos in Amerika und Südfrankreich. Freilich gibt es dafür allenfalls Anhaltspunkte, einer davon ist dieser Eintrag in sein Notizbuch, den man, wenn man denn will, als Variante auf die Rosenkreuzermaxime verstehen kann, die Brüderschaft geheim zu halten. Schon Henri Gouhier (*Les Premières Pensées*, 30) hat diesen ersten Eintrag in die *Cogitationes privatae*, das berühmte »larvatus prodeo« jedoch viel einleuchtender dahingehend gedeutet, daß Descartes sich in Breda als Philosoph zwischen Soldaten aufhielt, zwischen denen er in der Tat ein Außenseiter gewesen sein und sich dementsprechend gefühlt haben muß. Descartes hat eine ähnliche Äußerung noch im April 1634 getan, nämlich im Brief an Mersenne (AT I, 286 = Bense 66), in dem er ausführt, er habe als Lebensmaxime den Spruch »bene vixit, bene qui latuit« (»Es lebt gut, wer sich gut versteckt hält«) gewählt.

*** (S. 193)** Rosenkreuzer] Die sog. Brüderschaft der Rosenkreuzer wurde nicht gegründet, sondern herbeigeredet. 1614 erschien in Kassel anonym ein kleines Bändchen mit dem Titel *Allgemeine und General Reformation, der ganzen weiten Welt. Daneben der Fama Fraternitatis, des Löblichen Ordens des Rosenkreuzes, an alle Gelehrte und Häupter Europae geschrieben*. Der erste Teil dieses Bandes, die *Allgemeine Generalreformation*, ist die Übersetzung eines Ausschnitts aus den *Ragguagli di Parnasso* von Traiano Boccalini (1556–1613) von 1612/1613. Den zweiten Teil des Bandes bildete die trotz des lateinischen Titels ganz auf deutsch erschienene *Fama Fraternitatis* (*Sage von der Brüderschaft*). Diese Schrift kursierte allerdings bereits spätestens seit 1610 als Manuskript (Arnold, 100; Eddingshofer, 70). Als Autor der *Fama Fraternitatis* gilt der württembergische Theologe Johann Valentin Andreae (1586–1654), und es besteht kein Zweifel daran, daß er zumindest einer ihrer Autoren ist. Dasselbe gilt für die ein Jahr später zuerst auf Latein erschienene *Confessio Fraternitatis R. C.* und der 1616 auf deutsch erschienenen *Chymischen Hochzeit Christiani Rosencreutz anno 1459* ist. Diese Schriften bilden den Korpus der sog. »echten« Rosenkreuzerschriften, obwohl es die Bruderschaft der Rosenkreuzer in der in diesen Schriften beschriebenen Weise nie gegeben hatte.

In der Tat war die Reaktion auf die Veröffentlichung der Rosenkreuzermanifeste erstaunlich. Die *Fama* mußte bereits 1614 erneut aufgelegt werden und wurde »im folgenden Jahr von drei verschiedenen Verlegern in Kassel, Frankfurt und Danzig veröffentlicht« (Eddingshofer, 11) und bis 1617 insgesamt siebenmal gedruckt. Es erschienen in den darauffolgenden Jahren um die zweihundert Antwortschriften, in denen Autoren sich zu der Brüderschaft der Rosenkreuzer zustimmend oder ablehnend in Stellung brachten. Es ist diese Welle von Publikationen, die eigentlich die Rosenkreuzerbewegung war. Zu Beginn der 1620er Jahre war die Bewegung in Deutschland jedoch bereits wieder zum Stillstand gekommen, während sie in diesem Zeitraum in anderen Ländern gerade anhob; in Frankreich erreichte sie ausgerechnet um 1623 einen Höhepunkt, als Descartes von seiner Reise zurückkehrte, die ihn mit Johann Faulhaber in Kontakt gebracht hatte, der in dem Ruf stand, (unter anderem) Rosenkreuzer zu sein. Anhänger der Rosenkreuzerbewegung hielten in Ulm Versammlungen ab, an denen gerüchteweise auch Faulhaber teilnahm. Faulhaber hatte (wie Descartes auch) erfolglos versucht, mit den Rosenkreuzern selbst in Kontakt zu treten (Brief an Rudolf von Bunau vom 21./31. 10. 1618, Stadtarchiv Ulm; Schneider 1993, 13). Johannes Remmelin, Freund Faulhabers und Übersetzer einiger seiner Werke ins Lateinische, veröffentlichte 1615 das den Rosenkreuzern gewidmete *Mysterium Arithmeticum*. Faulhaber versuchte, für Remmelin weitere Traktate der Rosenkreuzer zu erhalten (Brief an Kurz vom 13. 10. 1617; Hawlitschek 1995, 52). Er bedankt sich bei Kurz (Brief vom 6. 1. 1620) für die Übersendung von acht Exemplaren eines Buches eines Rosenkreuzersympathisanten. Hinzu kam Faulhabers Beschäftigung mit Alchemie, und er zögerte auch nicht, Rudolf von Bunau 1621 von gewissen Erfolgen beim Goldmachen zu berichten (am 21. März 1621; Schneider 1993, 14). Faulhaber selbst bestritt, Rosenkreuzer zu sein (Brief an Landgraf Philipp von Hessen-Butzbach vom 19. 5. 1618; Hawlitschek 1995, 52), aber es gibt wohl kaum jemanden, der ein geeigneterer Kandidat gewesen wäre: Faulhaber war hochbegabter Mathematiker, Zahlenmystiker, hatte einen Hang zu Kabbala und Prophetie und interessierte sich für Alchemie. Hätte es die Rosenkreuzer gegeben und hätten sie einen Pressesprecher oder Agenten gebraucht, so wäre Faulhaber sicherlich eine gute Wahl gewesen. Nur: Es gab sie eigentlich gar nicht.

Die ersten Vorwürfe an Descartes, er sei Rosenkreuzer, kamen schon zu Descartes' Lebzeiten auf im Rahmen seiner Auseinandersetzung mit dem intriganten Protestanten Gisbert Voëtius in Leiden. 1643 hatte Martin Schoock im Rahmen dieser Auseinandersetzung in seiner *Admiranda Methodus Novae Philosophiae Renati des Cartes* den Vorwurf in die Welt gesetzt, Descartes' häufige Wechsel seines Wohnsitzes in den Niederlanden deuteten auf seine Mitgliedschaft in der Brüderschaft hin (AT VIII/2, 142). Baillet thematisiert die Rosenkreuzer im Zusammenhang mit seinen spärlichen Referaten aus dem Fragment *Studium bonae mentis*. Im Winter 1619/1620 habe Descartes – im auffälligem Kontrast zu der im Zusammenhang mit der für die Entstehung der Träume in Anspruch genommenen völligen Abgeschiedenheit – viele Gespräche mit Gelehrten geführt und dabei von den Rosenkreuzern erfahren (Baillet I, 87). Baillet gibt drei Zitate aus diesem Werk auf französisch, die belegen sollen, daß Descartes die Rosenkreuzer bereits vor seiner Suche nach ihnen für Aufschneider gehalten habe, dabei aber durchaus neugierig war, einen Vertreter der Brüderschaft aufzutreiben. Er habe allerdings keinen finden können und in Ermangelung irgendwelcher Bücher auch die Manifeste und Streitschriften nicht gelesen und habe deshalb später zu Recht sagen können, daß er nichts über die Rosenkreuzer gewußt habe (Baillet I, 91 = AT X, 196). – Eine im Grundtenor zustimmende Zusammenstellung der Indizien findet sich bei Gustave Cohen, 402 ff., eine kritische Prüfung der Hinweise bei Gouhier.

* **(S. 207)** muance] *Corde* ist hier die Tonfolge, nicht die Saite. *Muance* bedeutet eigentlich Stimmbruch und bezeichnet hier den Übergang von einer Tonfolge zur nächsten. Im *Compendium musicae* heißt es »Patet denique, quomodo fiant *mutationes* ab una voce ad alteram: nempe per terminos duabus vocibus communes« (*Abrégé de Musique. Compendium musicae*. übers. v. Frédéric de Buzon. Paris: PUF 1987, 107 = AT 121), was de Buzon so übersetzt: »Enfin, on voit comment se font les *muances* d'une voix à l'autre: à savoir par des termes communs à deux voix« (FdB, 106). Johannes Brockt (*Musicae Compendium/Leitfaden der Musik*. übers. v. Johannes Brockt. Darmstadt: WB 1978, 43) hat an dieser Stelle: »Schließlich wird daraus erkannt, wie man von der einen Stimme zur anderen *überwechselt*; nämlich mit Bezeichnungen, die zwei Stimmen gemeinsam haben«.

* **(S. 215)** Taube des Archytas] Zu diesem und dem vorangegangenen Eintrag vgl. Nicolas-Joseph Poisson: *Commentaire ou Remarques sur la Méthode de René Descartes*, 156. Über die Taube des Archytas ist uns nur überliefert, was der römische Literat Aulus Gellius im 2. Jahrhundert in das X. Buch seiner Collage unter dem Titel *Noctes Atticae* eingebaut hat. Dort heißt es: »9. Was nun aber endlich ein Kunstwerk anbetrifft, welches nach seiner Angabe der Pythagoräer Archytas ersonnen und zur Ausführung gebracht hat, so muß uns dasselbe, wenn nicht weniger

wunderbar, so doch ganz [58] gewiß ebensowenig ungereimt erscheinen. Denn nicht nur viele angesehene Griechen, sondern auch der Philosoph Favorinus, der eifrigste Forscher in alten, geschichtlichen Denkmälern, sie alle berichten unter Beteuerung der Wahrheit (von einem Kunstwerke) von der Nachbildung einer Taube, durch Archytas von einem gewissen System (konstruiert) und durch mechanische Kunst aus Holz hergestellt, die sich in die Luft geschwungen. Dieses Kunstwerk wurde (wie sich's von selbst versteht) durch (gewisse) Schwungkräfte in die Höhe getrieben und durch eine verborgene und eingeschlossene Strömung von Luft in Bewegung gesetzt. 10. Es scheint mir in der Tat zweckmäßig, hier gleich Favorins eigene Worte über das (merkwürdige) unglaubliche Kunstwerk herzusetzen: ›Archytas (ein Philosoph) von Tarent war überdies auch ein (ganz bedeutender) Mechaniker und verfertigte (als solcher) eine hölzerne, fliegende Taube, die jedoch, wenn sie sich (einmal) niedergelassen, sich nicht wieder erhob‹« (Aulus Gellius: *Die Attischen Nächte*, 57–58). Archytas von Tarent lebte im 4. Jahrhundert v. Chr.

* **(S. 225)** Peter Roth] Bezeichnend für die wirtschaftliche Situation der Rechenmeister in Deutschland und die durch sie bedingte Behandlungsart der Mathematik ist der Streit Faulhabers mit dem Nürnberger Rechenmeister Peter Roth. Faulhaber hatte in seinem *Arithmetisch-Cubicossischen Lustgarten* 160 Aufgaben formuliert, ohne die Lösungswege zu ihnen zu nennen. Peter Roth veröffentlichte diese Lösungen 1608 nebst weiteren Aufgaben ohne Lösung in seiner *Arithmetica Philosophica*, die Descartes hier erwähnt. Roths Verhalten »bedeutete eine grobe Verletzung der wirtschaftlichen Interessen Faulhabers« (Schneider 1993, 5), weil dessen potentielle Schüler nicht mehr auf ihn angewiesen waren, um seine Aufgaben zu lösen. Zudem wies Roth bereits auf dem Titelblatt auf Hieronymus Cardanus hin, was Schüler wie evt. Descartes, die (im Gegensatz zu Faulhaber) Latein lesen konnten, dazu hätte bewegen können, direkt auf Cardanos Werk zurückzugreifen. Faulhaber versuchte durch einige Intrigen, Roth zur Herausgabe der Restauflage seines Buches zu bewegen. Nachdem das keinen Erfolg hatte, drohte er ihm, seinerseits die Lösungswege in einer kurzen Abhandlung publik zu machen. Roth willigte letztlich in einen Vergleich ein, dergestalt, daß Faulhaber in den nächsten zwei Jahren nichts von den Aufgaben des *Lustgartens* und den dazugehörigen Lösungen veröffentlichen durfte, während Roth Faulhaber die Restauflage seiner *Arithmetica* zu überlassen hatte. Faulhaber behauptete stets, die von Roth in seiner *Arithmetica* gestellten Aufgaben lösen zu können, habe dies aber nicht durchgeführt, weil er sich auf anderen Gebieten betätigt und keine Zeit mehr gehabt habe (Schneider 1993, 92–93). Es gibt vorderhand keine Hinweise darauf,

daß diese Aussagen vorgetäuscht waren, d. h. daß Faulhaber nicht in der Lage gewesen wäre, diese Aufgaben zu lösen, wenn er es versucht hätte. Die Aufgaben, mit denen Faulhaber Baillet zufolge Descartes' mathematische Fertigkeiten prüfte, stammen mit großer Wahrscheinlichkeit aus dem Fundus dieser Aufgaben in Peter Roths *Arithmetica*, aber sicherlich ist Lipstorps Darstellung weit übertrieben, der Descartes zu einer Art Erlöser hochstilisiert, der Faulhaber endlich die Rothschen Probleme von Hals schafft, an denen er seit 1608 knabbert (Schneider 1993, 175–176). 1622 setzte sich Faulhaber erneut mit diesen Problemen auseinander und veröffentlichte seine Untersuchungen in den *Miracula Arithmetica*. Dort findet sich im Zusammenhang mit einem mathematischen Verfahren, durch das sich »zwei Aufgaben aus dem dritten Teil der *Arithmetica Philosophica* von Peter Roth [...] gelöst werden können« (Schneider 1993, 98), der Hinweis auf gewisse dazu erforderliche Tafeln, die Faulhaber aber nicht veröffentliche,

> »weil der wohledle und hochgelehrte Herr Carolus Zolindius (Polybius), mein günstiger und hochvertrauter Herr und guter Freund, sich gegen mir vernehmen lassen, dergleichen Tafeln in Bälde (wie auch andere Sachen, sonderlich auch unter meinen Inventionen etliche freundlich zu traktieren) zu Venedig oder Paris in offenen Druck ausgehen zu lassen etc. Welchem ich auf sein Begehren, da er sich eine Zeitlang bei mir in der Kost aufgehalten, viele andere Secreta vertrauet etc.« (*Miracula Arithmetica*, 59).

Ist dieser Mann Descartes? Der Name Polybius wird oben in AT X, 214 erwähnt. Indes ist der Status des dortigen Textstücks völlig unklar. Foucher de Careil hat es in seiner Ausgabe kursiv gedruckt und es so als Werksentwurf oder Fremdzitat von den anderen Einträgen abgehoben. Wir wissen aber nicht, ob dem im Original oder in Leibniz' Abschrift irgendetwas korrespondierte, das diese Hervorhebung rechtfertigen würde, oder ob das eine Eigenmächtigkeit Fouchers ist, der AT dann folgen mußte. Damit ist jedoch auch der Sinn und die Zuordnung des Namens Carolus Zolindius (Polybius) nicht auszumachen. Diese kurze Skizze könnte durchaus auch einfach eine Parodie sein, nämlich »auf die bombastischen, vor Importanz triefenden Titel einiger von Faulhaber und seinem Umfeld veröffentlichten Traktate« (Schneider, 184). Diese Form der Abhebung von der Kunst der Rechenmeister, die den Textstellen der *Regulae* entspricht, an denen Descartes von den *Logistae* spricht, deutet also auf die Überwindung der Rechenmeisterei, d. h. der Mathematik als Gewerbe, hin, damit aber zumindest auf eine Vertrautheit mit diesem Gewerbe, zumindest über entsprechende Veröffentlichungen, wahrscheinlicher noch auf eine Bekanntschaft mit einem oder mehreren Rechenmeistern, also höchstwahrscheinlich Faulhaber. Warum auch nicht? Zwar gibt es in der Tat keine direkten Beweise für einen Aufenthalt Descartes' in Ulm und ein Zusammentreffen Johann Faulhaber. Eigentlich spricht aber auch nicht wirklich etwas dagegen, so daß wohl niemand ernsthaft an dieser Begegnung gezweifelt hätte, wenn nicht ausgerechnet der herausragende Descartes-Forscher Henri Gouhier sie als »zumindest suspekt« (Gouhier, 78) bezeichnet und über die wie auch immer geartete Verbindung von Descartes mit Faulhaber gesagt hätte, daß es keinerlei Wissen über sie gebe, »pas même s'ils ont existé« (130). (Die bündigste Zusammenfassung sämtlicher Argumente für ein Treffen von Faulhaber und Descartes bringt Kenneth L. Manders: *Descartes et Faulhaber*. in: Archives de Philosophie 58 (1995), Heft 3: Bulletin cartésien XXIII, 1–12.). Mir scheint, die Erwähnung eines Herrn Carolus Polybius bei Faulhaber kann im Zusammenhang mit der Tatsache, daß Descartes ebenfalls einen Mann mit diesem ungewöhnlichen Namen erwähnt, der sich als Mathematiker ansonsten nicht nachweisen läßt, als Beweis einer Zusammenkunft beider gelten, sofern man die Eintragung in die *Cogitationes privatae* auf die Zeit zwischen 1619 bis 1621 begrenzt. Denn Faulhabers *Miracula* erschienen 1622, Descartes kann unter dieser Voraussetzung diesen Namen also nicht in diesem Werk gelesen haben.

Kurt Hawlitschek (1995) geht aber wie vor ihm bereits der ansonsten ganz entspannte Ivo Schneider (Schneider 1993, 185f.) sehr viel weiter, indem er nicht nur aus dem bloßen Vorkommen dieses Namens auf eine Begegnung schließt, sondern ihn als Anagramm auf Descartes selbst deutet. Hawlitschek argumentiert, daß die ersten drei Buchstaben des Namens *Carolus* mit *Cartesius* übereinstimmen (67), und darüber hinaus *Polybius* sich aus *poly = mehrere* und *bios = Leben* zusammensetze. Dem entspreche in seiner lateinischen Form *renatus = der Wiedergeborene*, Carolus Polybius sei also gleichzusetzen mit Renatus Cartesius (70). Hawlitschek geht so weit, zu behaupten, Descartes habe sich mit diesem Namen bei Faulhaber vorgestellt (70–71) und hält den Eintrag in die *Cogitationes privatae* für den Anfang eines eigenen Werkes von Descartes, das er unter dem Pseudonym Carolus Polybius veröffentlichen wollte (70). Hawlitschek argumentiert, daß der von Faulhaber genannte Mathematiker offensichtlich kein Deutscher gewesen sei, weil er dann nicht ausschließlich Venedig und Paris als Druckorte ins Auge gefaßt hätte. Faulhaber habe sich 1622 nicht mehr so recht erinnert, ob der Mann, den er in den *Miracula Arithmetica* als »günstigen hochvertrauten Herrn und guten Freund« bezeichnet, sich ihm nun als Carolus Zolindius oder Carolus Polybius vorgestellt habe. Descartes habe sich bei Faulhaber unter einem Pseudonym eingeführt, um zu vermeiden, mit Faulhabers Rosenkreuzerei in Verbindung gebracht zu werden, was sich später als allzu berechtigt herausgestellt habe. Descartes sei eine Zeitlang bei Faulhaber in Kost gewesen, d. h. er habe bei ihm gegessen, jedoch anderswo gewohnt (nämlich in dem von Descartes im *Discours* beschriebenen *poêle*, das Hawlitschek nach Ulm verlegt). Sie hätten allerlei mathematische Probleme besprochen, und zwar vermittelt durch einen Übersetzer, da Faulhaber (was richtig ist) kein Latein oder Französisch sprach und Descartes (aller Wahrscheinlichkeit nach) Deutsch Jahre später nur insoweit, um seefahrende Halunken, die ihn auf seiner Rückreise ausrauben wollten, zu erschrecken. Descartes habe Faulhaber gegenüber Venedig als möglichen Druckort genannt, weil er zuvor im Zusammenhang mit seinen Träumen eine Pilgerfahrt nach Venedig gelobt habe.

So erstaunlich (und ganz sicherlich nicht zufällig) das Vorkommen dieses Namens sowohl bei Faulhaber als auch bei Descartes einerseits ist, so unglaubwürdig ist indes anderseits seine Identifikation als Pseudonym für Descartes. Hawlitschek stellt die vorher schon von Lüder Gäbe vorgebrachten und nur als Indizien charakterisierten Hinweise auf ein Treffen zwischen Faulhaber und Descartes und Descartes' beobachtende Teilnahme an dem Ulmer Kometenstreit zwischen Faulhaber und Johann Baptist Hebenstreit, dem Rektor des Ulmer Gymnasiums, als bewiesene Tatsachen hin, übersieht dabei aber das Zitat bei Gäbe, in dem ein Verteidiger Faulhabers im Kometenstreit sich gegen einen gewissen Zoilus wendet, der Faulhaber des Plagiats bezichtigt habe (Gäbe, 14). Ist es nicht viel naheliegender, daß der bei Faulhaber genannte Carolus Zolindius mit diesem Zoilus identisch ist? Die Tafeln, die Faulhaber mit dem Hinweis auf Carolus Zolindius oder Polybius unterdrückt, finden sich bei Descartes nirgends (Schneider, 187). In Ermangelung eines wirklichen Belegs muß Hawlitschek letztlich mit einem negativen Beweis operieren, d. h. er muß das Fehlen irgendwelcher Belege eines Treffens von Descartes mit Faulhaber darauf zurückführen, daß Descartes seinen eigenen Namen ebenso wie die Gespräche mit Faulhaber geheimhalten wollte. Unter dieser Voraussetzung wäre das Fehlen dieser Belege in der Tat erklärlich, aber dieses Argument läßt sich doch nicht einfach umkehren: Von dem Fehlen eines Belegs darauf zu schließen, daß er geheimgehalten werden sollte und also vorlag, ist doch schlichter Unsinn.

* **(S. 225)** Benjamin Bramer] Es kann bei dem »Vorwurf« an Descartes, er habe sich für die Rosenkreuzerbewegung interessiert, gar nicht um die Frage drehen, ob er dem Orden dieses Namens beigetreten war, weil es diesen Orden gar nicht gab, sondern darum, ihm Interesse für eine geistige Bewegung zu unterstellen, die eine inhaltlich eher unbestimm-

te *Generalreform* propagierte und damit allgemeines Aufsehen erregte, Hoffnungen und Ängste weckte, letztlich aber doch der Renaissance verhaftet blieb. Descartes' Leistung bestände so gesehen gerade darin, die Unvereinbarkeit der verschiedenen Strömungen, die sich unter dem historischen Sammelbegriff der Renaissance verbanden, gespürt und dem sein Modell entgegengesetzt zu haben. Auch dafür mußte es irgendeine Art der Auseinandersetzung mit dieser von Frances Yates als »rosenkreuzerische Aufklärung« bezeichneten Renaissance der Renaissance gegeben haben. Wir wissen jedoch nicht, wie genau sich diese Auseinandersetzung vollzogen hat. Edouard Mehl hat in seiner herausragenden Studie zuletzt den Vorschlag gemacht, daß sich diese Auseinandersetzung anhand des geistig-wissenschaftlichen Milieus Hessen-Kassels unter Landgraf Moritz (1592–1627) vollzogen habe. Ein Hinweis darauf ist die Erwähnung Benjamin Bramers an dieser Stelle. Benjamin Bramer (1588–1652) war 1619 Mathematiker und Architekt unter Moritz, sein Schwager Jost Bürgi (1552–1632) Assistent von Kepler in den Jahren 1604–1609. Bramer hatte Instrumente von der Art, wie Descartes sie gesehen zu haben behauptet, 1617 in seiner *Trigonometria* beschrieben. Das seltsame Nachtsichtgerät, das Descartes hier beschreibt, läßt sich zudem bis auf einen Bekannten Bramers zurückverfolgen, Levinus Hulsius (*Tractatus … instrumentorum mechanicorum*. Frankfurt: Richter 1605). Von Bürgi (und nicht etwa von Galilei) habe Descartes die Idee der besonderen Zirkel oder Kompasse entlehnt, und Hulsius habe eine Beschreibung der Geräte Tycho Brahes vorgenommen; die bereits von Baillet als unwahrscheinlich bezeichnete Idee, daß Descartes diese Geräte 1620 in Prag gesehen habe, werde so als Mißverständnis erklärbar, das letztlich auf die Lektüre dieses Werkes von Hulsius zurückzuführen sei. »Rien n'interdit de penser, par conséquent, que les registre [=Descartes' Notizbuch] consigne le souvenir d'une rencontre personelle, peut-être à Kassel, où Bramer aurait montré à Descartes ses instruments et un exemplaire de l'*Arithmetica Philosophica*« (Mehl, 39–43).

* **(S. 229)** drei Seiten] Ivo Schneider (Schneider 1993, 129) attestiert diesem Eintrag in die *Cogitationes privatae* (AT X, 246f.) »inhaltliche Nähe […] zu den von Faulhaber in den *Miracula Arithmetica* nur angedeuteten Sätzen«: »Zunächst zeigt ein Vergleich der Arbeiten von Faulhaber und Descartes überraschende fachliche Übereinstimmungen. So findet man in den […] Juvenilia von Descartes eine Reihe von Problemen und Ergebnissen der *Miracula Arithmetica* Faulhabers von 1622. Solche Übereinstimmungen betreffen die Polyederzahlen, die Descartes in einem Manuskript *De Solidorum Elementis* behandelt hat, das seinerseits eine Vorstufe des Eulerschen Polyedersatzes enthält. In einem

anderen cartesischen Manuskript [AT X, 246–248] findet sich ein Beweis des von Faulhaber formulierten dreidimensionalen Pythagoras sowie des dreidimensionalen Äquivalents der Heronischen Formel für die Dreiecksfläche [*Miracula Arithmetica*, 73–76]. Außerdem enthält die 1637 veröffentlichte *Géométrie* Descartes' die Reduktion der allgemeinen Gleichung vierten Grades auf eine Gleichung dritten Grades, deren äquivalente und vollkommen allgemein dargelegte Form auf der Grundlage der Faktorisierung eines Polynoms durch den Ansatz in unbekannten Koeffizienten Faulhaber 15 Jahre früher veröffentlicht hatte [*Miracula*, 67]« (Schneider 1996, 210).

INDEX ZU DEN REGULAE

(Paginierung nach Crapulli)

INDEX ZU DEN COGITATIONES PRIVATAE

(Paginierung nach AT)

A. Lateinischer Index

B. Französischer Index

René Descartes · Philosophische Bibliothek: Neuübersetzungen

Die Prinzipien der Philosophie

Lateinisch-deutsch. Vollständig neu übersetzt, mit einer Einleitung und Anmerkungen hrsg. von Christian Wohlers. PhB 566. 2007. LXII, 711 Seiten.

Discours de la méthode

Französisch-deutsch. Übersetzt, mit einer Einleitung herausgegeben von Christian Wohlers. PhB 624. 2011. Ca. LXXXIV, 180 Seiten.

Meditationen über die erste Philosophie

Übersetzt und herausgegeben von Christian Wohlers. PhB 596. 2009. 112 Seiten.

Meditationes de prima philosophia. Meditationen über die Grundlagen der Philosophie

Lateinisch-deutsch. Vollständig neu übersetzt, mit einer Einleitung hrsg. von Christian Wohlers. PhB 597. 2008. LVII, 214 Seiten.

Meditationen. Mit sämtlichen Einwänden und Erwiderungen

Vollständig neu übersetzt, mit einer Einleitung herausgegeben von Christian Wohlers. PhB 598. 2009. 651 Seiten. 978-3-7873-1888-9.

Regulae ad directionem ingenii. Cogitationes privatae. Regeln zur Ausrichtung der Geisteskraft – Private Gedanken

Lateinisch-Deutsch. Übersetzt und herausgegeben von Christian Wohlers. PhB 613. 2011. LXXXVII, 269 Seiten.